普通高等学校土木工程专业创新系列规划教材

混凝土结构(下)

——混凝土结构设计

主　编　秦　力　张自荣
副主编　杨永东　刘　卉
主　审　王立成

WUHAN UNIVERSITY PRESS
武汉大学出版社

图书在版编目(CIP)数据

混凝土结构.下,混凝土结构设计/秦力,张自荣主编.—武汉:武汉大学出版社,2017.1

普通高等学校土木工程专业创新系列规划教材

ISBN 978-7-307-18196-0

Ⅰ.混… Ⅱ.①秦… ②张… Ⅲ.混凝土结构—高等学校—教材 Ⅳ.TU37

中国版本图书馆 CIP 数据核字(2016)第 145000 号

责任编辑:方竞男 路亚妮 责任校对:李嘉琪 装帧设计:吴 极

出版发行:**武汉大学出版社** (430072 武昌 珞珈山)

(电子邮件:whu_publish@163.com 网址:www.stmpress.cn)

印刷:珞珈山学苑印务有限公司

开本:850×1168 1/16 印张:17.75 字数:482 千字

版次:2017 年 1 月第 1 版 2017 年 1 月第 1 次印刷

ISBN 978-7-307-18196-0 定价:39.00 元

普通高等学校土木工程专业创新系列规划教材
编审委员会

特别提示

教学实践表明，有效地利用数字化教学资源，对于学生学习能力以及问题意识的培养乃至怀疑精神的塑造具有重要意义。

通过对数字化教学资源的选取与利用，学生的学习从以教师主讲的单向指导模式转变为建设性、发现性的学习，从被动学习转变为主动学习，由教师传播知识到学生自己重新创造知识。这无疑是锻炼和提高学生的信息素养的大好机会，也是检验其学习能力、学习收获的最佳方式和途径之一。

本系列教材在相关编写人员的配合下，逐步配备基本数字教学资源，主要内容包括：

文本：课程重难点、思考题与习题参考答案、知识拓展等。

图片：课程教学外观图、原理图、设计图等。

视频：课程讲述对象展示视频、模拟动画，课程实验视频，工程实例视频等。

音频：课程讲述对象解说音频、录音材料等。

数字资源获取方法：

① 打开微信，点击“扫一扫”。

② 将扫描框对准书中所附的二维码。

③ 扫描完毕，即可查看文件。

更多数字教学资源共享、图书购买及读者互动敬请关注“开动土木传媒”微信公众号！

前　言

本书是根据全国高等学校土木工程专业指导委员会审定通过的《高等学校土木工程本科指导性专业规范》编写的，分上、下两册，上册为《混凝土结构基本原理》，属专业基础课教材，主要讲述基本理论和基本构件；下册为《混凝土结构设计》，属专业课教材，主要讲述楼盖、单层厂房、砌体结构设计、多层框架结构和高层建筑结构。

本书的编写以教学为主，突出重点、讲清难点，与相关规范和工程实际紧密结合，注意与其他相关课程的衔接和综合应用，尽量体现国内外最新科技成果。为使学生掌握每章的核心内容，每章开篇设有内容提要和能力要求，每章结束设有知识归纳；为利于学生巩固每章学习内容，每章章末设有思考题。

本书由秦力、张自荣担任主编，杨永东、刘卉担任副主编。具体编写分工为：长春工程学院张自荣（第1、5章）、东北电力大学秦力（第2、5章）、陇东学院杨永东（第3章）、长春工程学院刘卉（第4章）。大连理工大学王立成教授担任本书主审，详细审阅了编写大纲和全部书稿，并提出了宝贵的修改意见，特此感谢。

本书可作为土木工程专业及相关专业本科学生的基础教材，也可作为从事混凝土结构设计与施工专业技术人员的参考用书。

在本书编写过程中，编者参考了国内近年来正式出版的相关规范和教材，在此特向规范编制部门和有关作者表示衷心的感谢。

限于作者水平，书中不妥之处在所难免，敬请读者批评、指正。

编　者

2016年11月

目 录

数字资源目录

1 楼　盖

内容提要

本章主要内容包括现浇单向板肋梁楼盖、双向板肋梁楼盖、无梁楼盖、装配式楼盖和楼梯等结构设计。本章的教学重点是现浇单向板肋梁楼盖和双向板肋梁楼盖设计，教学难点是双向板肋梁楼盖设计。

能力要求

通过本章的学习，学生应掌握现浇单向板肋梁楼盖、双向板肋梁楼盖的设计方法，了解无梁楼盖、装配式楼盖的设计思路，理解楼梯的设计方法。

重难点

1.1 概　述

楼盖是房屋结构中的重要组成部分，对保证建筑物的承载力、刚度、耐久性及抗风、抗震性能具有重要的作用，对建筑效果和建筑隔声、隔热也有直接的影响。混凝土楼盖在整个房屋的材料用量和造价中所占的比重较大，因此，合理选择楼盖形式，并正确进行设计，对整个房屋的使用和技术经济指标至关重要。

此外，楼盖的设计概念和方法也被广泛用于土木工程中的其他相关领域，比如挡土墙、梁板式基础、桥面、水池等梁板形式的结构设计。

1.1.1 楼盖的结构类型

混凝土楼盖的结构主要有两种分类方法。

按照结构形式可分为单向板肋梁楼盖、双向板肋梁楼盖、无梁楼盖、密肋楼盖、井字楼盖、扁梁楼盖等，分别如图 1-1(a)～(f)所示，其中单向板肋梁楼盖和双向板肋梁楼盖的应用最为普遍。

按照施工方法可分为现浇式楼盖、装配式楼盖和装配整体式楼盖三种。现浇式楼盖整体性好，刚度大，抗震抗冲击性好，防水性好，易于开洞，对不规则平面适用性强。其缺点是费工、费模板、施工周期长。装配式楼盖可以克服现浇楼盖的缺点，施工速度快，但整体性较差，在抗震设防区有限制使用的趋势。而装配整体式楼盖是对装配式楼盖的一种改进，它是在装配式楼盖的面板上做配筋细石混凝土现浇层，以提高楼盖的刚度、整体性和抗震性能，因此，它兼具现浇式楼盖和装配式楼盖的优点。

随着商品混凝土、泵送混凝土及工具式模板的广泛使用，钢筋混凝土结构，包括混凝土楼盖，大多采用现浇式。

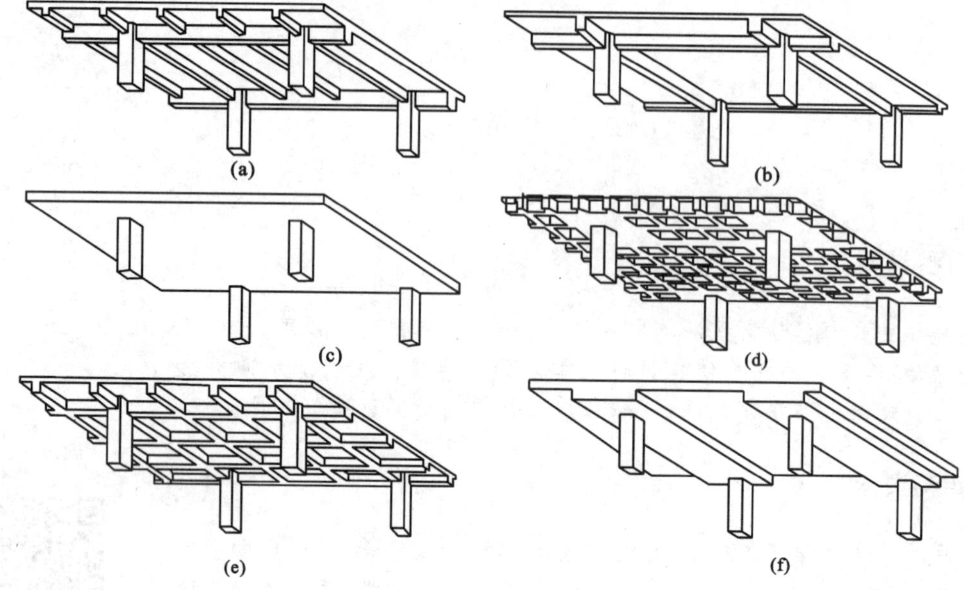

图 1-1 楼盖的结构形式

(a) 单向板肋梁楼盖；(b) 双向板肋梁楼盖；(c) 无梁楼盖；(d) 密肋楼盖；(e) 井字楼盖；(f) 扁梁楼盖

1.1.2 单向板与双向板的定义

肋梁楼盖是由板、次梁、主梁所组成的，如图 1-2 所示。

肋梁楼盖每一区格板的四边一般均有梁或墙支撑，板上的荷载主要通过板的弯曲作用传递到四边支撑的构件上。根据弹性薄板理论的分析结果，当区格板的长边与短边之比超过一定数值时，荷载主要是通过沿板的短边方向的弯曲作用传递的，沿长边方向传递的荷载可以忽略不计，这时可称其为单向板；如果荷载沿着板的两个方向均存在弯曲作用传递，且不能忽略任意一个方向的弯曲时，这样的板称为双向板。

如图 1-3 所示，承受竖向均布荷载 q 的四边简支矩形板，l_1，l_2 分别为其长跨、短跨方向的计算跨度，现在来研究荷载 q 在长跨、短跨方向的传递情况。取出跨度中点两个相互垂直的宽度为 1 m 的板带来分析，沿短跨方向传递的荷载为 q_1，沿长跨方向传递的荷载为 q_2，则 $q=q_1+q_2$，当不计相邻板带对它们的影响时，这两条板带的受力如同简支梁，且其跨度中点的挠度相等，即 $\frac{5q_1 l_1^4}{384EI}=\frac{5q_2 l_2^4}{384EI}$，由此可求得两个方向传递的荷载的比值，$\frac{q_1}{q_2}=\left(\frac{l_2}{l_1}\right)^4$，故 $q_1=\frac{l_2^4}{l_1^4+l_2^4}q=\eta_1 q$，$q_2=\frac{l_1^4}{l_1^4+l_2^4}q=\eta_2 q$，式中，$\eta_1$，$\eta_2$ 为短跨、长跨方向的荷载分配系数。

当 $l_2/l_1=2$ 时，$\eta_1=0.941$，$\eta_2=0.059$，此时由长跨方向传递的荷载不超过 6%，可见，当 $l_2/l_1>2$时，荷载绝大部分由短跨方向传递，如忽略荷载沿长跨方向的传递，可近似地将板视为单向板。《混凝土结构设计规范》(GB 50010—2010)(附录 9)有以下规定。

① 两对边支承的板，应按单向板计算。

② 四边支承的板，应按下列规定计算：

a. 当长边与短边之比不大于 2.0 时，应按双向板计算；

b. 当长边与短边之比大于 2.0，但小于 3.0 时，宜按双向板计算；

c. 当长边与短边之比不小于 3.0 时，宜按短边受力的单向板计算，并应沿长边方向布置构造钢筋。

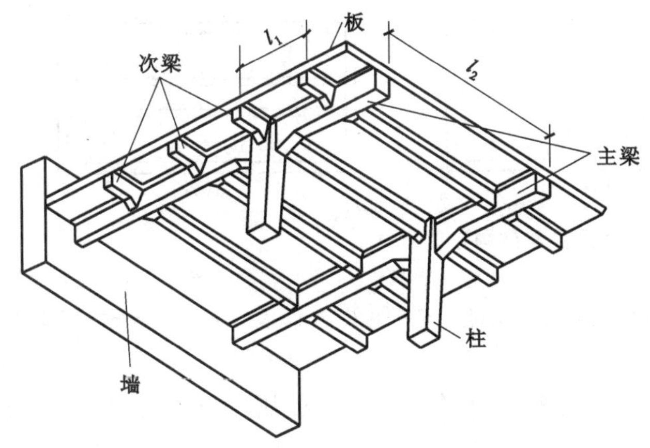

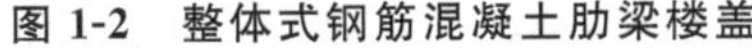

图 1-2 整体式钢筋混凝土肋梁楼盖

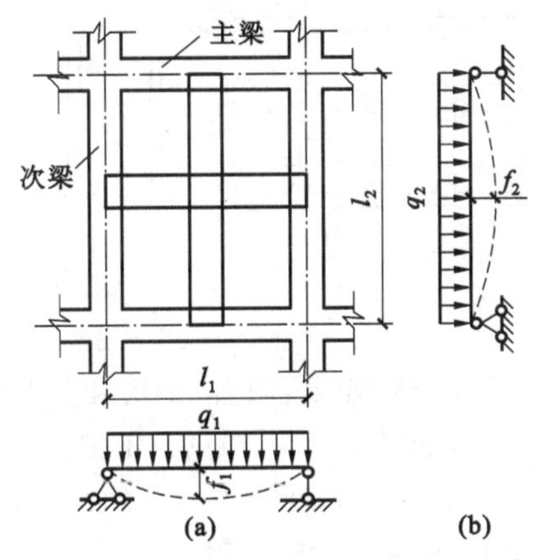

图 1-3 受均布荷载作用的四边支承矩形板

1.2 现浇单向板肋梁楼盖

现浇钢筋混凝土楼盖视频

现浇单向板肋梁楼盖由单向区格板、次梁和主梁组成，其特点是传力明确，计算简单，荷载不大时较为经济，被广泛应用于一般的工业与民用建筑的楼屋盖。其设计步骤为：① 结构平面布置，并拟定板厚及次梁和主梁的截面尺寸；② 确定板、次梁和主梁的计算简图；③ 荷载计算及板、次梁和主梁的内力分析；④ 截面配筋计算及构造要求；⑤ 绘制结构施工图。

1.2.1 结构平面布置

单向板肋梁楼盖结构平面布置主要是确定柱网和梁格的平面尺寸，梁格布置应综合考虑房屋的使用要求和梁的合理跨度，与柱网布置统一考虑。梁格及柱网布置应力求简单、规整、统一，以减少构件类型，方便设计和施工。具体布置方案有以下三种。

① 主梁横向布置，次梁纵向布置，如图 1-4(a)所示。主梁截面较大，抗弯刚度较好，与框架柱形成横向框架，可以增强承受水平作用力的侧向刚度，各榀横向框架由板和次梁纵向连接，房屋的整体性较好。此外，由于主梁与外纵墙垂直，窗户高度可以开得大些，有利于采光、通风。

② 主梁纵向布置，次梁横向布置，如图 1-4(b)所示。这种布置适用于横向柱距比纵向柱距大得多的情况，此时可以减小主梁截面高度，增大室内净空，多用于多层工业厂房。

③ 只布置次梁，不设主梁，如图 1-4(c)所示。它适用于有中间走廊的砌体墙承重的混合结构房屋。

在进行楼盖的结构平面布置时，应注意以下几个问题。

① 受力合理，荷载传递明确，梁应连续贯通，尽量避免将梁，特别是主梁搁置在门、窗洞口过梁上；主梁跨间最好不要只布置 1 根次梁，以减小主梁跨间弯矩的不均匀性；在楼盖上有较大集中荷载处宜设置次梁，楼板上开有较大洞口时(大于 800 mm)，应在洞口周边设置加劲小梁。

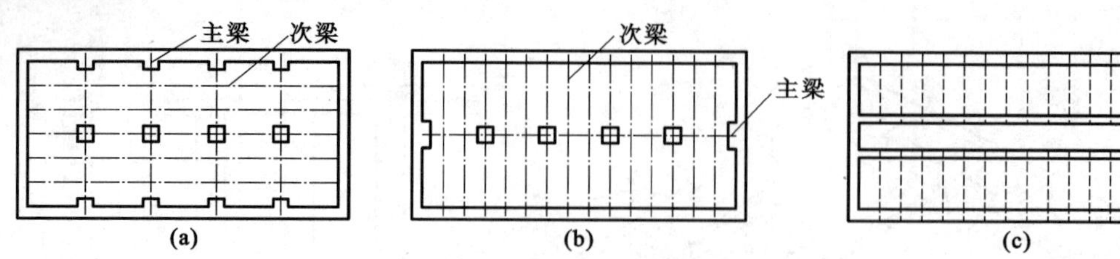

图 1-4 单向板肋梁楼盖结构布置方案

(a) 主梁沿横向布置;(b) 主梁沿纵向布置;(c) 只布置次梁

② 满足建筑要求,阳台、厨房和卫生间的楼板标高宜低于其他部位板面 30~50 mm;当不做吊顶时,一个房间平面内不宜只放 1 根次梁。

③ 规则整齐,方便施工。梁的截面种类不宜过多,梁的布置尽可能规则,梁的截面尺寸应考虑模板设置的方便性,符合模数。

④ 考虑经济效益,柱网尺寸决定主梁跨度,主梁间距决定次梁跨度,次梁间距决定板的跨度。板、次梁和主梁的常用经济跨度:单向板为 1.7~2.5 m,次梁为 4~6 m,主梁为 5~8 m。此外,要尽量减小板厚。在现浇楼盖中,板的混凝土用量占混凝土总用量的 50%~60%,所以在满足承载力、隔声和防水等条件的情况下,应尽量减少板厚。

1.2.2 计算简图

1.2.2.1 设计思路

单向板肋梁楼盖的板、次梁、主梁和柱均整浇在一起,形成一个复杂体系,但由于板的刚度很小,次梁的刚度又比主梁的刚度小很多,所以整个楼盖体系可以分解为板、次梁、主梁几个构件单独进行计算。作用在板面上的荷载传递路线为:荷载—板—次梁—主梁—墙或柱。墙或柱是主梁支座,主梁是次梁的支座,次梁是板的支座。

1.2.2.2 计算单元

为减少计算工作量,进行结构内力分析时,常常不是对整个结构进行分析,而是从实际结构中选取有代表性的一部分作为计算的对象,称为计算单元。

① 对单向板,可以沿着区格板的长边方向取 1 m 宽板带作为计算单元,如图 1-5(a)所示,并将 1 m 宽板简化成一根连续梁,次梁和两边的墙体简化为板的铰支座,荷载可取 1 m 宽板带上的线荷载, 如图 1-5(b)所示。

② 次梁的计算简图可取以主梁和墙为铰支座的连续梁,如图 1-5(c)所示,其荷载包括板传来的荷载和次梁的自重,均按线荷载考虑。板传来荷载的负荷范围如图 1-5(a)的阴影所示,即次梁两侧板跨各一半荷载传给次梁。

③ 当主梁与柱的混凝土为整体浇筑时,梁与柱组成一个整体,其内力可按刚架计算。如果梁的刚度比柱的刚度大很多时(如梁与柱的线刚度比大于 5),可将主梁视为铰支于柱上的连续梁计算,如图 1-5(d)所示。主梁承受次梁传来的集中力及主梁自重,由于主梁自重比次梁传来的荷载小得多,为简化计算,可将其换算成集中荷载一并计算。

1.2.2.3 荷载计算

楼盖上的荷载有恒荷载和活荷载两种,恒荷载标准值按其截面尺寸和材料重度计算,活荷载标准值可从《建筑结构荷载规范》(GB 50009—2012)(附录 10)中直接查取。

在确定连续梁、板计算简图时,假定为铰支座,即假定支座可以自由转动,实际上忽略了次梁对板、主梁对次梁、柱对主梁的支座弯曲转动的约束能力。在现浇楼盖中,板和次梁是整浇在一起的,

板发生弯曲转动时，支承它的次梁将产生扭转，反过来，次梁的抗扭刚度将约束板的弯曲转动，使板在支承处的实际转角 θ' 比理想铰支承的转角 θ 小，如图 1-6(a)、(b)所示。同样的情况发生在次梁和主梁之间，由此带来的误差将通过荷载调整的方式来修正，如图 1-6(c)所示。

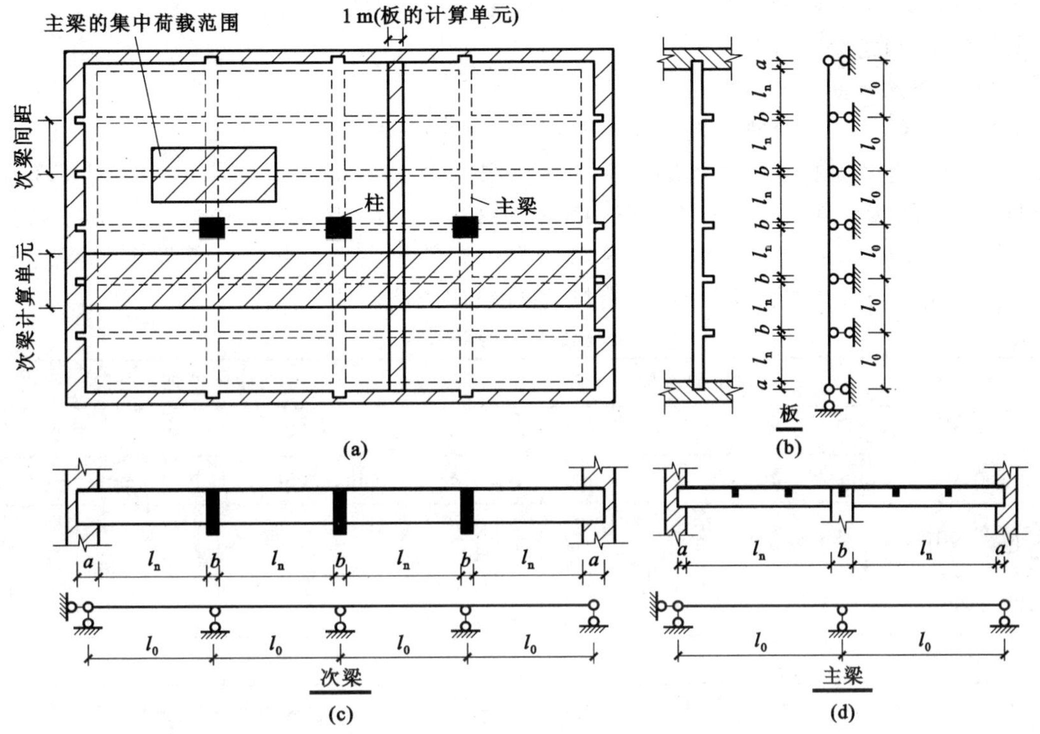

图 1-5 单向板肋梁楼盖的计算简图

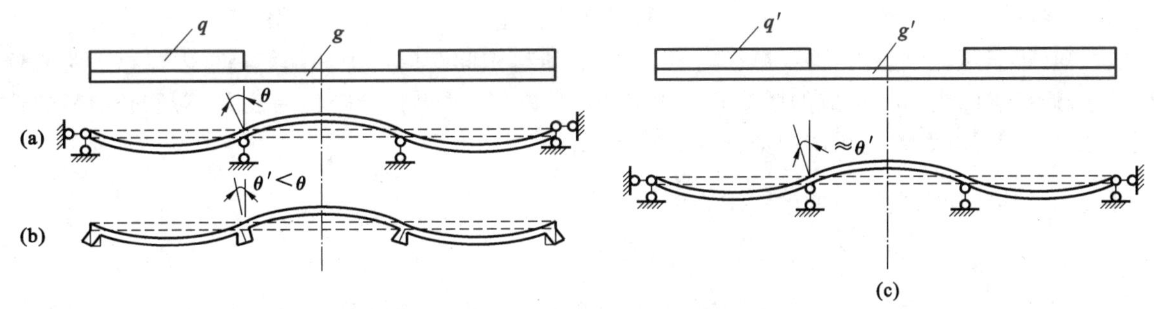

图 1-6 连续梁和单向连续板的折算荷载束影响

(a) 理想铰支座的变形；(b) 支座弹性约束时的变形；(c) 采用折算荷载时的变形

由于板、次梁支座转动主要是由活荷载不利布置产生的，因此，采用保持总荷载不变，增大恒荷载，减小活荷载这种比较简单方便的方法来进行修正，即在计算板、次梁的内力时，采用折算荷载计算。

连续板：

$$g' = g + \frac{q}{2}, \quad q' = \frac{q}{2} \tag{1-1}$$

连续次梁：

$$g' = g + \frac{q}{4}, \quad q' = \frac{3q}{4} \tag{1-2}$$

式中　g,q——单位长度上恒荷载、活荷载设计值；

g',q'——单位长度上折算恒荷载、活荷载设计值。

考虑主梁对次梁的转动约束能力要小于次梁对板的转动约束，因此荷载调整幅度要小一些。当板或次梁搁置在砌体或钢结构上时，荷载不做调整。主梁荷载不做调整，因为计算简图和实际结构之间误差较小，可忽略不计。

1.2.2.4　跨度计算

肋梁楼盖中梁、板内力计算可按弹性理论或塑性理论计算。

梁、板的计算跨度是指在计算弯矩时所取用的跨间长度。从理论上讲，某一跨的计算跨度应取为该跨两端支座处转动点之间的距离。在设计中，当按弹性理论计算时，计算跨度一般取两支座反力之间的距离；当按塑性理论计算时，计算跨度则由塑性铰位置确定。计算跨度的取值方法见表 1-1，当边支座也与梁整体浇筑时，按两端与梁、柱整体连接处理。

表 1-1　**梁、板的计算跨度 l_0**

支承情况	按弹性理论计算		按塑性理论计算	
	梁	板	梁	板
两端搁置在墙上	$\min=(1.05l_n, l_n+a)$	$\min(l_n+h, l_n+a)$	$\min(1.05l_n, l_n+a)$	$\min(l_n+h, l_n+a)$
一端搁置在墙上，另一端与支承构件整浇	$\min\begin{pmatrix}1.025l_n+\frac{b}{2}\\ l_n+\frac{a}{2}+\frac{b}{2}\end{pmatrix}$	$\min\begin{pmatrix}l_n+\frac{h}{2}+\frac{b}{2}\\ l_n+\frac{a}{2}+\frac{b}{2}\end{pmatrix}$	$\min\begin{pmatrix}1.025l_n\\ l_n+\frac{a}{2}\end{pmatrix}$	$\min\begin{pmatrix}l_n+\frac{h}{2}\\ l_n+\frac{a}{2}\end{pmatrix}$
两端与支承构件整浇	l_c	l_c	l_n	l_n

注：l_0 为梁、板的计算跨度；l_n 为梁、板的净跨；l_c 为支座中心线间距离；h 为板厚；a 为板、梁端支座长度；b 为中间支座宽度。

1.2.2.5　跨数计算

对于等跨等截面连续梁，当其各跨荷载相同且跨数超过五跨时，除两端各两跨外，其余中间各跨的内力与第三跨非常接近，为了减少计算工作量，所有中间跨的内力和配筋都可以按第三跨来处理。等跨连续梁的内力有现成的图表可以利用，非常方便；对于非等跨但跨度差不超过 10% 的连续梁，也可以借用等跨连续梁的内力图表，以简化计算。

1.2.3　按弹性理论计算连续梁板内力

(1) 内力计算

按弹性理论方法计算内力，即假定梁、板为理想弹性体系，根据前述方法选取的计算简图，按结构力学中所述的方法求出弯矩和剪力。

设计时为了减轻计算工作量，更多地采用查表法进行计算。对于各种不同布置的荷载作用下的等跨连续梁和连续单向板，先从附录 2 中直接查得相应的弯矩系数和剪力系数，再利用下列公式计算跨内或支座截面的内力。

均布及三角形荷载作用下：

$$M = k_1 g l_0^2 + k_2 q l_0^2 \tag{1-3}$$

$$V = k_3 g l_0 + k_4 q l_0 \tag{1-4}$$

集中荷载作用下：

$$M = k_5 G l_0 + k_6 Q l_0 \tag{1-5}$$

$$V = k_7 G + k_8 Q \tag{1-6}$$

式中 g,q——单位长度上的均布永久荷载设计值、可变荷载设计值；

G,Q——集中永久荷载设计值、可变荷载设计值；

k_1,k_2,k_5,k_6——附录 2 中的弯矩系数；

k_3,k_4,k_7,k_8——附录 2 中的剪力系数。

附录 2 中系数适用于等跨等截面连续梁板，对于非等跨连续梁板，当跨度差不超过 10%的，也可以借助于等跨连续梁板内力系数表(附录 2)，以简化计算。

(2) 活荷载最不利布置

楼盖所受荷载包括永久荷载和可变荷载两部分，其中可变荷载的位置是变化的。

对于单跨梁，显然是当全部永久荷载和可变荷载同时作用时将产生最大内力；但对于多跨连续梁的某一截面而言，当所有荷载同时满布各跨时引起的内力未必为最大。欲使设计的连续梁在各种可能的荷载布置下都能可靠使用，就必须求出在各个截面可能产生的最不利内力，即必须考虑可变荷载的最不利布置。

图 1-7 所示为某五跨连续梁在不同跨间布置荷载时梁的弯矩图和剪力图，从图中可以看出一些变化规律。如当可变荷载作用在某跨时，该跨跨中为正弯矩，临跨跨中为负弯矩，然后正负弯矩相同。由此不难总结出确定连续梁可变荷载最不利布置的原则如下。

① 欲求某跨跨中最大正弯矩时，应在该跨布置可变荷载，然后向两侧隔跨布置。

② 欲求某跨跨中最小正弯矩时，该跨不布置荷载，而是在该跨左右临跨布置可变荷载，然后向两侧隔跨布置。

③ 欲求某支座截面最大负弯矩时，应在该支座相邻两跨布置可变荷载，然后向两侧隔跨布置。

④ 欲求某支座截面最大剪力时，应在该支座相邻两跨布置可变荷载，然后向两侧隔跨布置。

根据上述原则可以确定可变荷载下最不利布置的各种情况，它们分别与永久荷载(布满各跨)组合在一起，就得到荷载的最不利组合。

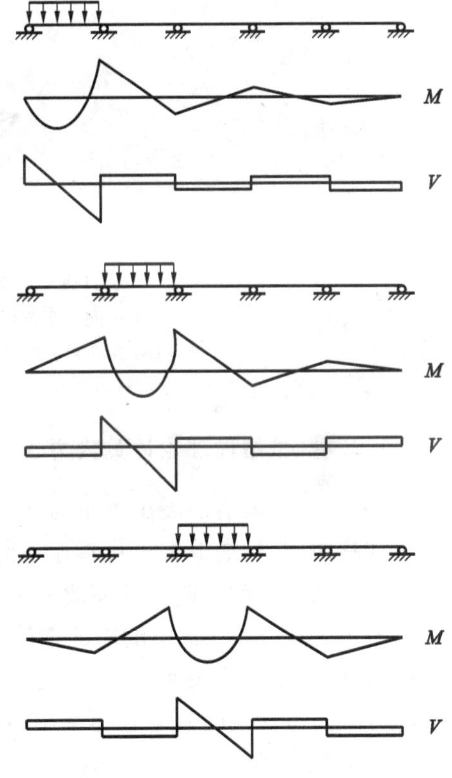

图 1-7 连续梁在不同跨间荷载作用下的内力图

(3) 内力包络图

求出了支座和跨中截面的最大弯矩值、最大剪力值，就可以进行截面设计。但这只能确定支座和跨中的配筋，而不能确定钢筋在跨内的变化情况，例如上部纵向钢筋的切断和下部纵向钢筋的弯起，为此就要知道每一跨内其他截面最大弯矩和最大剪力的变化情况，即内力包络图，包括弯矩包络图和剪力包络图。

对于多跨连续梁(板)，不同的截面将可能有不同的可变荷载最不利布置，将所用各种可能的可变荷载最不利布置下的永久荷载和可变荷载作用的内力图按同一比例画在同一基线上，其最外包线即为内力包络图。它完整地给出了各个截面可能出现的内力上、下限值，是设计时选择截面和布置钢筋的依据。图 1-8 所示为承受集中荷载的两跨连续梁的弯矩包络图，同理可作剪力包络图。

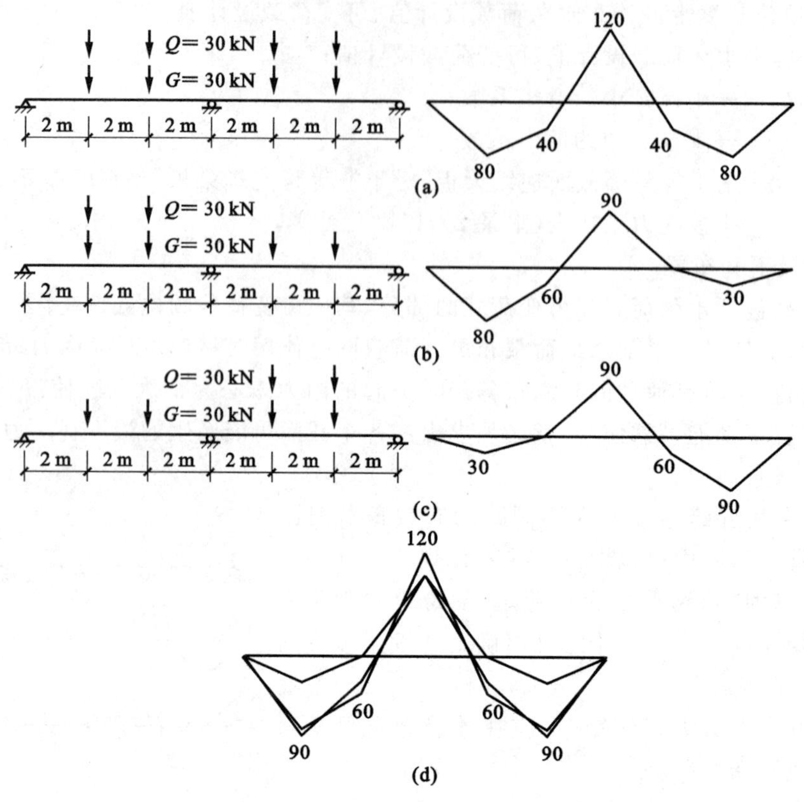

图 1-8　承受集中荷载的两跨连续梁的弯矩包络图

(a) 中间支座产生最大负弯矩的荷载最不利布置及相应的弯矩图；

(b) 第 1 跨跨中产生最大弯矩的荷载最不利布置及相应的弯矩图；

(c) 第 2 跨跨中产生最大弯矩的荷载最不利布置及相应的弯矩图；(d) 弯矩包络图

1.2.4　按塑性理论计算内力

1.2.4.1　钢筋混凝土梁中的塑性铰

试验表明，钢筋混凝土材料在不同加载阶段，均具有非弹性性质。按照弹性理论计算其内力，不能反映结构的刚度随荷载而改变的特点，与已考虑材料塑性性质的截面计算理论不协调。

图 1-9 所示为一适中配筋的钢筋混凝土简支梁，在跨中施加集中荷载 P，在加载初期跨中截面的弯矩-曲率呈直线关系，随着裂缝出现，弯矩-曲率渐呈曲线关系，当受拉钢筋达到屈服(A 点)后，弯矩-曲率曲线的斜率急剧减小，这意味着在截面弯矩增加很少的情况下截面相对转角激增，构件中塑性变形较集中的区域(相当于图 1-9 中 $M>M_y$ 的部分)表现得犹如一个能够转动的"铰"，称之为塑性铰，可以认为这是受弯构件的"屈服"现象。

塑性铰区域处于梁跨中弯矩最大截面($M=M_u$)两侧 $l_y/2$ 的范围内，l_y 称为塑性铰长度($M>M_y$ 的部分)。图中，ϕ_y 为截面钢筋屈服时的曲率，ϕ_u 为截面的极限曲率。

塑性铰与结构力学中的理想铰相比，有三个主要区别：

① 理想铰不能承受任何弯矩，而塑性铰则能承受基本不变的弯矩；

② 理想铰集中于一点，塑性铰则有一定长度；

③ 理想铰在两个方向都可能产生无限的转动，而塑性铰则是有限转动的单向铰，只能在弯矩方向做有限的转动。

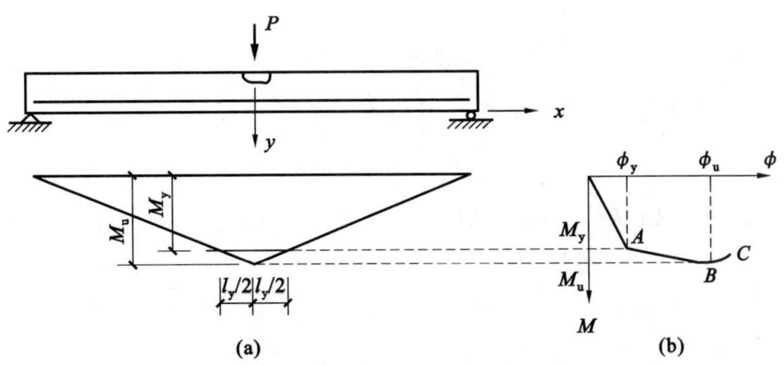

图 1-9 承受集中荷载作用的简支梁的 M 图及 M-φ 图

(a) M 图；(b) M-φ 图

1.2.4.2 超静定结构的内力重分布

对于静定结构，在任一截面出现塑性铰后，即可使其变成几何可变体系而丧失承载力；但对于超静定结构，由于存在多余约束，构件某一截面出现塑性铰后，并不能使其立即成为可变体系，仍能继续承受增加的荷载，直到其他截面也出现塑性铰构成几何可变体系为止。下面举例说明这一问题。

图 1-10 所示为跨中承受集中荷载的两跨连续梁，跨长为 l，每跨跨中作用有集中荷载 P，分析中间支座截面上及跨中截面处弯矩随荷载变化的情况。从加载到破坏的全过程，按照塑性铰的形成为界，梁的受力大致可以分为两个阶段。

(1) 塑性铰形成前

按照结构力学方法可以得到图 1-10(a)所示的该两跨连续梁的弯矩图，以中间支座截面 B 处弯矩的数值为最大，假定中间支座截面在荷载 P_1 的作用下首先达到受弯承载力 M_{yB} 而形成塑性铰，则 P_1 可由下式确定：

$$M_{yB} = \frac{3}{16}P_1 l \tag{1-7}$$

与此同时，荷载作用点跨中 A 截面的弯矩为：

$$M_{A1} = \frac{5}{32}P_1 l \tag{1-8}$$

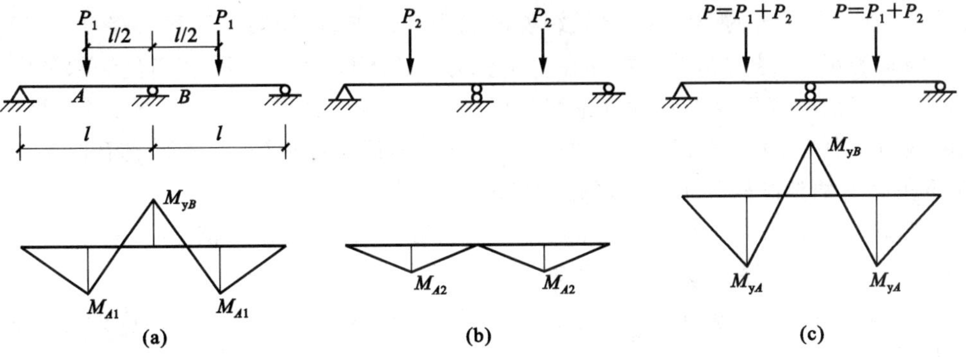

图 1-10 两跨连续梁弯矩随荷载的变化过程

此时该梁并未丧失承载能力，如果设跨中截面 A 的承载能力为 M_{yA}，则该截面的受弯承载力还有$(M_{yA}-M_{A1})$的余量。

(2) 塑性铰形成后

在中间截面 B 处形成塑性铰后，两跨连续梁变成了两个简支梁[图 1-10(b)]。如继续加载，在增量荷载 P_2 的作用下，截面 A 处引起的增量弯矩为：

$$M_{A2}=\frac{1}{4}P_2 l \tag{1-9}$$

当跨中截面 A 处也达到受弯承载力 M_{yA} 时，整个结构形成几何可变体系而破坏。令 $M_{A1}+M_{A2}=M_{yA}$，可以求得相应的荷载增量 P_2。因此，该连续梁所能承受的跨中集中荷载为 P_1+P_2。

由上述分析可见，超静定钢筋混凝土梁的内力，在塑性铰形成之前，跨中和支座截面的内力按照线性比例同时增长，但在支座形成塑性铰之后，仅跨中截面内力随荷载增加，而支座截面内力不再增加，支座截面仅随荷载的增加而发生塑性转动，这就形成了内力的重新分布，而这种内力重新分布是在塑性铰形成之后产生的，因此称为塑性内力重新分布。塑性铰的转动过程就是塑性内力重新分布的过程。

若超静定结构中各塑性铰都具有足够的转动能力，保证结构加载后能按照预期的顺序、先后形成足够数目的塑性铰，以致最后形成机动体系而破坏，这种情况称为充分的内力重分布。但是，塑性铰的转动能力是有限的，其受截面配筋率和材料极限应变值的限制。如果完成充分的内力重分布过程所需要的转角超过了塑性铰的转动能力，则在尚未形成预期的破坏机制以前，早出现的塑性铰已经因为受压区混凝土达到极限压应变值而过早被压碎，这种情况属于不充分的内力重分布。另外，如果在形成破坏机构之前，截面因受剪承载力不足而破坏，内力也不能充分地重分布。此外，在设计中除了要考虑承载能力极限状态外，还要考虑正常使用极限状态，结构在正常使用阶段，裂缝跨度和挠度也不宜过大。

塑性铰的转动能力主要取决于纵筋的配筋率、钢材品种和混凝土的极限压应变值。配筋率越低，受压区高度 x 就小，截面的极限曲率($\phi_u=\varepsilon_{cu}/x$)就越大，塑性铰的转动能力就越强；混凝土的极限压应变 ε_{cu} 越大，塑性铰的转动能力就越强。混凝土强度等级较高时，极限压应变值减小，转动能力则下降；钢材有明显屈服台阶，伸长率越大，塑性铰的转动能力也就越强。

1.2.4.3 考虑塑性内力重分布的意义和适用范围

目前，在超静定混凝土结构设计中，结构的内力分析与截面设计是不相协调的，结构的内力分析仍采用传统的弹性理论，而构件的截面设计考虑了材料的塑性性能。实际上，超静定混凝土结构在承载过程中，由于混凝土的非弹性变形、裂缝的出现和发展、钢筋的锚固和滑移，以及塑性铰的形成和转动等因素的影响，结构构件的刚度在各个受力阶段不断发生变化，从而使结构的实际内力和变形明显地不同于按刚度不变的弹性理论算得的结构。所以，在设计混凝土连续梁、板时，恰当地考虑结构的内力重分布，不仅可以使结构的内力分析与截面设计相协调，而且具有以下优点。

① 能更正确地估计结构的承载力和使用阶段的变形、裂缝。

② 利用结构内力重分布的特性，合理调整钢筋布置，可以缓解支座钢筋拥挤现象，简化钢筋构造，方便混凝土浇筑，从而提高施工效率和质量。

③ 根据结构内力重分布规律，在一定条件和范围内可以人为地控制结构中的弯矩分布，从而使设计得以简化。

④ 可以使结构在破坏时较多的截面达到其极限承载力，从而充分发挥结构的潜力，有效地节约材料。

考虑塑性内力重分布是以形成塑性铰为前提的，因此下列结构不宜采用：

① 在使用阶段不允许出现裂缝或对裂缝开展有较严格限制的结构，如水池池壁、自防水屋面，以及处于侵蚀性环境中的结构；

② 直接承受动力和重复荷载的结构；

③ 预应力结构和二次受力叠合结构；

④ 要求有较高安全储备的结构。

1.2.4.4 连续梁、板按调幅法的内力计算

(1) 调幅法的概念和原则

目前，工程上常用的考虑塑性内力重分布的计算方法是弯矩调幅法。所谓弯矩调幅法，就是在对按弹性理论方法算得的弯矩包络图基础上，将选定的某些首先出现塑性铰截面的弯矩值，按内力重分布的原理加以调整，然后进行配筋计算。弯矩调幅法是一种实用的计算方法。

截面弯矩调整的幅度用调幅系数 β 来表示，即：

$$\beta = \frac{M_e - M_p}{M_e} \tag{1-10}$$

则：

$$M_p = (1 - \beta) M_e \tag{1-11}$$

式中 M_p——调幅后的弯矩设计值；

M_e——按弹性方法计算的弯矩设计值。

根据理论和试验研究结果及工程实践，对弯矩进行调整时应遵循以下原则。

① 必须保证塑性铰具有足够的转动能力，整个结构或局部形成机动可变体系才丧失承载力，按照调幅法设计的结构，受力钢筋宜采用 HRB335、HRB400 热轧钢筋；混凝土强度等级宜在 C20～C45 范围内；截面的相对受压区高度 ξ 不应超过 0.35，也不宜小于 0.10。

② 为了避免塑性铰出现过早，转动幅度过大，致使梁的裂缝宽度及变形过大，应控制支座截面的弯矩调整幅度，调幅系数 β 值以不超过 0.20 为宜。

③ 结构的跨中截面弯矩值应取弹性分析所得的最不利弯矩值和下列计算值中的较大值：

$$M = M_0 - \frac{|M^l| + |M^r|}{2} \tag{1-12}$$

式中 M_0——按简支梁计算的跨中弯矩设计值；

M^l, M^r——左、右支座截面弯矩调幅后的设计值。

④ 调幅后，支座及跨中控制截面弯矩值均不应小于 M_0 的 1/3。

⑤ 在可能产生塑性铰的区段，考虑弯矩调幅后，连续梁下列区段计算得到的箍筋用量，一般应增大 20%，增大的范围为：对于集中荷载，取支座边至最近一个集中荷载之间的区段；对于均布荷载，取支座边 $1.05h_0$（h_0 为支座截面的有效高度），且箍筋的配筋率应满足下式要求：

$$\rho_{sv} \geqslant \frac{0.3 f_t}{f_{yv}} \tag{1-13}$$

⑥ 各控制截面的剪力设计值按荷载最不利布置和调幅后的支座弯矩由静力平衡条件计算确定。

(2) 用调幅法计算等跨连续梁、板内力

为了便于计算，对于工程中常用的承受均布荷载或集中荷载的等跨连续梁、板，用调幅法推得其内力系数，设计时可直接查用并计算内力。

① 在均布荷载作用下，连续梁、板各跨中和支座截面的弯矩设计值和支座边缘的剪力设计值，按下列公式计算：

$$M = \alpha_M (g+q) l_0^2 \tag{1-14}$$

$$V = \alpha_V (g+q) l_n \tag{1-15}$$

式中 α_M——考虑塑性内力重分布的弯矩系数，按表1-2取值；

α_V——考虑塑性内力重分布的剪力系数，按表1-3取值；

g, q——均布永久荷载和可变荷载设计值；

l_0——计算跨度，按塑性理论方法计算时的计算跨度见表1-1；

l_n——净跨。

② 在集中荷载作用下，若荷载间距相同、大小相等，则连续梁各跨中和支座截面的弯矩设计值和支座截面的剪力设计值，按下列公式计算：

$$M = \eta \alpha_M (G+Q) l_0 \tag{1-16}$$

$$V = n \alpha_V (G+Q) \tag{1-17}$$

式中 η——集中荷载修正系数，按表1-4选用；

G, Q——一个集中恒荷载和集中活荷载设计值；

n——跨内集中荷载的个数。

表1-2 **连续梁和连续单向板的弯矩计算系数 α_M**

<table>
<tr><th colspan="2" rowspan="3">支承情况</th><th colspan="5">截面位置</th></tr>
<tr><th>边支座</th><th>边跨跨中</th><th>第一内支座</th><th>中间支座</th><th>中间跨中</th></tr>
<tr><th>A</th><th>1</th><th>B</th><th>C</th><th>2,3,…</th></tr>
<tr><td colspan="2">梁、板搁置在墙上</td><td>0</td><td>$\frac{1}{11}$</td><td rowspan="4">两跨连续：$-\frac{1}{10}$
三跨以上连续：$-\frac{1}{11}$</td><td rowspan="4">$-\frac{1}{14}$</td><td rowspan="4">$\frac{1}{16}$</td></tr>
<tr><td>板</td><td rowspan="2">与梁整体连接</td><td>$-\frac{1}{16}$</td><td rowspan="2">$\frac{1}{14}$</td></tr>
<tr><td>梁</td><td>$-\frac{1}{24}$</td></tr>
<tr><td colspan="2">梁与柱整体连接</td><td>$-\frac{1}{16}$</td><td>$\frac{1}{14}$</td></tr>
</table>

注：1. 表中系数适用于荷载比 $q/g>0.3$ 的等跨连续梁和连续单向板。

2. 等跨连续梁或连续单向板的各跨长度不等，但当相邻两跨的长跨和短跨之比小于1.10时，仍可采用表中弯矩系数值；计算支座弯矩时应取相邻跨中的较长跨度值，计算跨中弯矩时，应取本跨长度。

表1-3 **连续梁的剪力计算系数 α_V**

<table>
<tr><th rowspan="2">荷载情况</th><th rowspan="2">支承情况</th><th colspan="5">截面位置</th></tr>
<tr><th>边支座右侧</th><th>第一内支座左侧</th><th>第一内支座右侧</th><th>中间支座左侧</th><th>中间支座右侧</th></tr>
<tr><td rowspan="2">均布荷载</td><td>搁置在墙上</td><td>0.45</td><td>0.60</td><td rowspan="2">0.55</td><td rowspan="2">0.55</td><td rowspan="2">0.55</td></tr>
<tr><td>与梁或柱整体连接</td><td>0.50</td><td>0.55</td></tr>
<tr><td rowspan="2">集中荷载</td><td>搁置在墙上</td><td>0.42</td><td>0.65</td><td rowspan="2">0.60</td><td rowspan="2">0.55</td><td rowspan="2">0.55</td></tr>
<tr><td>与梁或柱整体连接</td><td>0.50</td><td>0.60</td></tr>
</table>

表 1-4　**集中荷载修正系数 η**

支承情况	截面					
	边支座	边跨中	第一内支座	第二跨跨中	中间支座	中间跨中
当跨中中点处作用一个集中荷载时	1.5	2.2	1.5	2.7	1.6	2.7
当跨中三分点处作用两个集中荷载时	2.7	3.0	2.7	3.0	2.9	3.0
当跨中四分点处作用三个集中荷载时	3.8	4.1	3.5	4.5	4.0	4.8

以承受均布荷载的五跨连续梁为例(最左侧为第 1 跨),说明表 1-2 中弯矩系数的确定方法。

① 折算荷载。

假定边支座为砌体墙,可变荷载与永久荷载之比 $q/g=3$,可以改写成 $g+q=q/3+q=4q/3$ 和 $g+q=g+3g=4g$,于是

$$q=\frac{3}{4}(g+q),\quad g=\frac{1}{4}(g+q)$$

次梁的折算荷载:

$$g'=g+\frac{q}{4}=\frac{1}{4}(g+q)+\frac{3}{16}(g+q)=0.4375(g+q)$$

$$q'=\frac{3}{4}q=\frac{9}{16}(g+q)=0.5625(g+q)$$

② 支座 B 弯矩。

按照弹性理论,当支座 B 产生最大负弯矩时,可变荷载应布置在第 1、2、4 跨,相应的弯矩为(图 1-11曲线 1):

$$M_{B\max}=-0.105g'l_0^2-0.119q'l_0^2=-0.1129(g+q)l_0^2$$

考虑调幅 20%(即 $\beta_M=0.2$),则

$$M_B=0.8M_{B\max}=0.8[-0.1129(g+q)l_0^2]=-0.0903(g+q)l_0^2$$

在表 1-2 中,取 $\alpha_M=1/11=0.0909$,相当于支座调幅为 0.195。

③ 边跨跨中弯矩。

当 $M_{B\max}$下调后,根据第一跨的静力平衡条件,对应于 $M_B=-\frac{1}{11}(g+q)l_0^2$,边支座 A 的反力为 $0.409(g+q)l_0$,边跨跨中最大弯矩在离支座 A 处 $x=0.409l_0$,其值为(图 1-11 曲线 2):

$$M_1=\frac{1}{2}(0.409l_0)^2(g+q)=0.0836(g+q)l_0^2$$

按弹性理论,当可变荷载布置在第 1、3、5 跨时,边跨跨中出现最大正弯矩(图 1-11 曲线 3):

$$M_{1\max}=0.078g'l_0^2+0.1q'l_0^2=0.0904(g+q)l_0^2$$

为安全起见,取 M_1 和 $M_{1\max}$两者中的大值作为跨中弯矩设计值。为方便起见,弯矩系数 α_M取为 1/11。

其余系数可按类似方法确定。

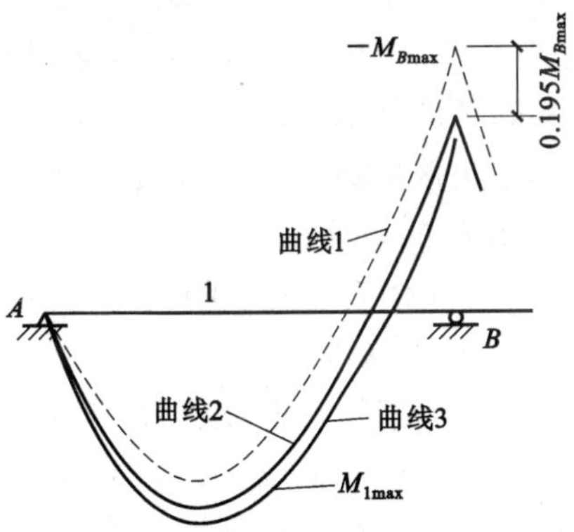

图 1-11　塑性法弯矩系数计算实例

1.2.5 单向板肋梁楼盖的截面设计与构造

1.2.5.1 单向板的截面设计与构造要求

(1) 板的截面设计

对于一般的工业与民用建筑楼盖,仅混凝土就足以承担剪力,可不必进行斜截面受剪承载力计算,仅需进行正截面受弯承载力计算。

对于连续单向板,可取 1 m 宽板带为计算单元,采用前述弹性或塑性理论,按多跨连续梁计算板的各跨中及支座最大弯矩,然后进行配筋计算。

① 板的弯矩折减。

当板的四周与梁整体连接时,板在支座处承受负弯矩,跨内承受正弯矩,在正弯矩作用下跨中截面在下部开裂,在负弯矩作用下支座截面在上部开裂,板中未开裂部分形如拱状,如图 1-12 所示。由于周边梁在水平方向对板的约束而在板跨内形成拱作用,这种拱作用使板的实际弯矩低于计算值。为了考虑这种有利影响,对于四周与梁整体连接的板,可将板内弯矩设计值适当减小;对于中间区格的单向板,其中间跨的跨中截面及支座截面弯矩可以折减 20%,但边跨的跨中截面及第一内支座截面弯矩不折减。

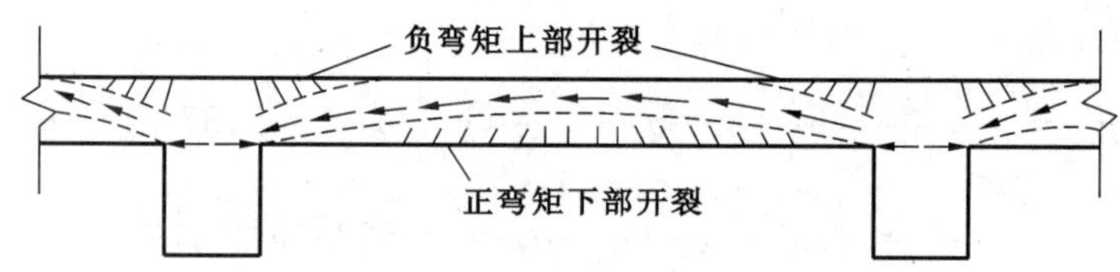

图 1-12 板的内拱作用

② 配筋计算。

在求得各跨跨中及各支座截面的弯矩设计值后,可根据正截面受弯承载力的计算来确定钢筋用量。板的计算宽度可取 1 m,按单筋矩形截面设计,内力臂系数可近似取 $\gamma_s=0.90$ (弹性法计算内力时),或 $\gamma_s=0.95$(塑性法计算内力时)。对于单向板,短跨方向的配筋由计算确定,长跨方向的配筋按构造要求即可。

(2) 板的构造要求

① 板厚。

考虑结构的安全和刚度要求,现浇混凝土单向板的板厚不应小于计算跨度的 1/30,悬臂板的板厚不应小于跨度的 1/12。当荷载和跨度较大时,板厚宜适当加大,但板在楼盖中是大面积的构件,为了节省材料,减轻结构自重,板的设计不宜过厚。

除了满足承载力和刚度要求外,板厚还应符合下列最小板厚的构造要求。屋面板:$h\geqslant60$ mm;民用建筑楼板:$h\geqslant60$ mm;工业建筑楼板:$h\geqslant70$ mm;行车道下的楼板:$h\geqslant80$ mm。

② 板的支承长度。

板在砌体墙上的支承长度一般不小于 120 mm,且应满足其受力钢筋在支座内的锚固长度的要求。

③ 板中受力钢筋。

a. 受力钢筋一般采用 HPB300、HRB335、HRB400。常用直径为 8~12 mm,当板厚较大时,钢筋直径可用 14~18 mm。为了便于施工,选择板内正、负钢筋时,一般宜使它们的间距相同而直径不同,直径不宜多于两种。

b. 受力钢筋间距不应小于 70 mm;当板厚 $h\leqslant150$ mm 时,间距不宜大于 200 mm;当板厚 $h>$

150 mm 时,间距不宜大于板厚的 1.5 倍,且不宜大于 250 mm。在简支板支座或连续板端支座及中间支座处,下部承受正弯矩的钢筋伸入支座的长度不应小于 $5d$(d 表示钢筋直径)。

c. 连续板受力钢筋的配置方式有弯起式和分离式两种。如图 1-13(a)所示,配筋可先按跨内正弯矩的需要确定钢筋的直径和间距,然后在支座附近弯起 1/2～2/3 兼做负弯矩钢筋,如果还不能满足所要求的支座负弯矩钢筋时,再另加直的负钢筋,通常取相同的间距。弯起角一般为 30°,但板厚 $h>120$ mm 时,可采用 45°。弯起式配筋的锚固效果好,并可节省钢筋,但施工较复杂。

钢筋混凝土施工三维立体图解

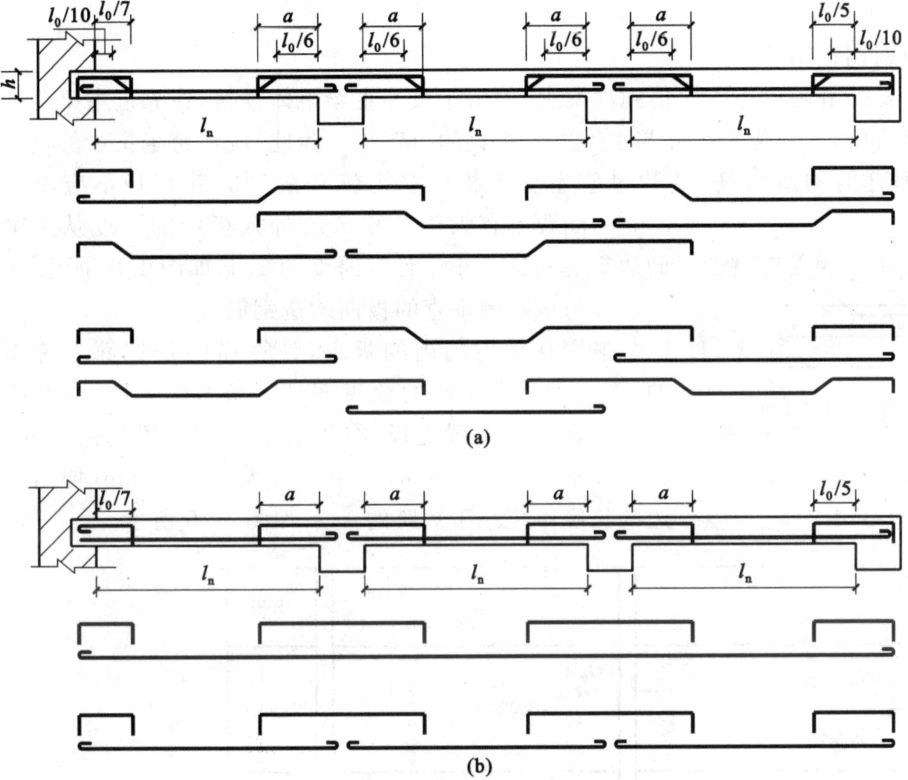

图 1-13 多跨连续单向板的配筋方式

(a) 弯起式;(b) 分离式

分离式配筋是将全部跨中正弯矩钢筋伸入支座,支座负弯矩钢筋另外设置,如图 1-13(b)所示。分离式配筋锚固稍差,钢筋用量也略大,但设计和施工比较方便,是目前最常采用的配筋方式。但板厚超过 120 mm 且承受的动荷载较大时,不宜采用分离式配筋。

d. 连续单向板内受力钢筋的弯起和截断的位置一般可按图 1-13 直接确定。图中 a 的取值为:当板上均布可变荷载 q 与永久荷载 g 的比值 $q/g\leqslant3$ 时,$a\geqslant l_0/4$;当 $q/g>3$ 时,$a\geqslant l_0/3$,l_0 为板的计算跨度。当连续板的相邻跨度之差超过 20%,或各跨荷载相差较大时,受力钢筋的弯起和切断位置则应根据弯矩包络图确定。

板的支座负弯矩钢筋,为保证在施工时不致改变有效高度,可做成直钩使其抵在模板上。

④ 板中构造钢筋。

连续单向板除了按计算配置受力钢筋外，通常还应布置以下构造钢筋。

a. 分布钢筋。

沿着单向板的长边方向，即与受力钢筋垂直的方向应设置分布钢筋，其作用是：浇筑混凝土时固定受力钢筋的位置；抵抗由于收缩或温度变化引起的内力；将板上的集中荷载更均匀地传递给受力钢筋；对四边支承的单向板，可承担在长边方向上实际存在的弯矩。分布钢筋放在受力钢筋的内侧。单位宽度上分布钢筋的截面面积不宜小于单位宽度上受力钢筋的 15%，且配筋率不宜小于 0.15%，分布钢筋直径不宜小于 6 mm，间距不宜大于 250 mm；当集中荷载较大时，分布钢筋的面积尚应增加，间距不宜大于 200 mm。

b. 与主梁垂直的板面构造钢筋。

单向板上荷载将主要是沿着短边方向传到次梁上，但由于板和主梁整体连接，在靠近主梁两侧一定宽度范围内，板内仍将产生一定大小并与主梁方向垂直的负弯矩。为此，应在跨越主梁的板上部配置附加的与主梁垂直的构造钢筋，其数量应不少于板中受力钢筋的1/3，其直径不应小于 8 mm，间距不宜大于 200 mm，伸入板中的长度从主梁肋边算起每边不小于计算跨度的 1/4，如图 1-14 所示。

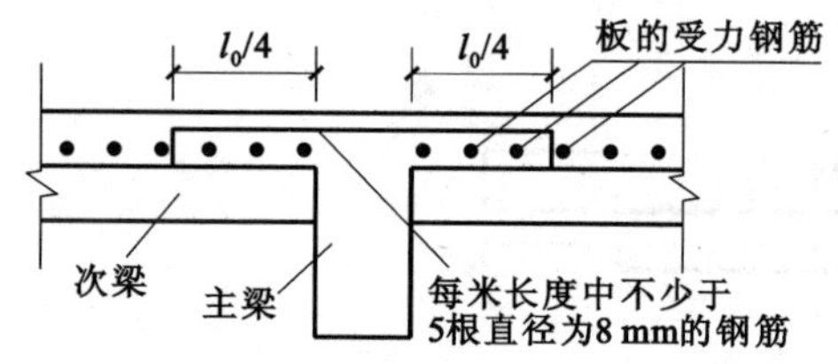

图 1-14 与主梁垂直的板面构造钢筋

c. 与承重墙垂直的板面构造钢筋。

嵌固在承重墙内的板端，计算简图是按简支考虑的，而实际上由于墙的约束而产生负弯矩。因此，对嵌固在承重墙内的现浇板，在板的上部应配置构造钢筋，其直径不应小于 8 mm，间距不应大于 200 mm，伸出墙边的长度不应小于短跨的 1/7，如图 1-15 所示。

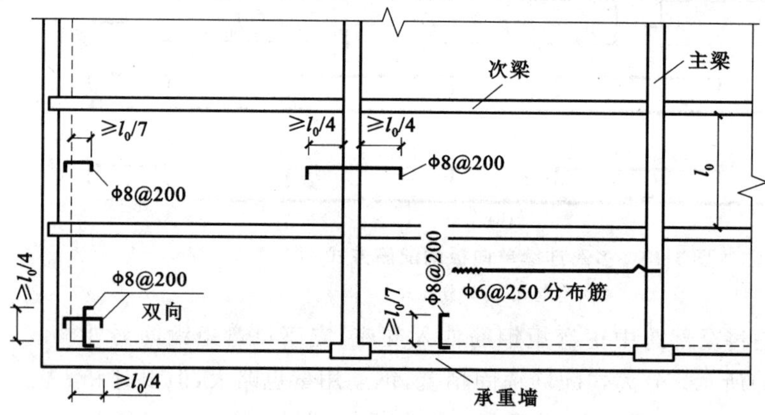

图 1-15 连续单向板的构造钢筋

d. 板角附加短钢筋。

对于两边嵌固在墙内的板角部分，在板的两个正交方向上产生负弯矩，应在板的上部双向配置板面负弯矩钢筋，其直径不应小于 8 mm，间距不应大于 200 mm，其中沿受力方向配置的钢筋面积尚不宜小于该方向跨中受力钢筋面积的 1/3。伸出墙边的长度不应小于短跨的 1/4，如图 1-15 所示。

e. 温度和收缩应力钢筋。

对于温度和收缩应力较大的现浇板区域，应在板的表面双向配置防裂构造钢筋。配筋率均不宜小于 0.10%，其间距不宜大于 200 mm，防裂构造钢筋可利用原有钢筋贯通布置，也可另行布置，

并与原有钢筋按受拉钢筋的要求搭接或在周边锚固。楼盖平面的瓶颈部位宜适当增加板厚和配筋。沿板的洞边、凹角部位宜加配防裂构造钢筋，并采取可靠的锚固措施。

1.2.5.2 次梁的截面设计与构造要求

(1) 次梁的截面设计

次梁应根据所求得的内力进行正截面和斜截面承载力及配筋计算。由于板和梁是整体连接，板可作为次梁的翼缘而参加工作。在跨内正弯矩区，板位于受压区，故应按 T 形截面计算，翼缘计算宽度 b_f' 的取值按《混凝土结构设计规范》(GB 50010—2010)的规定确定；在支座附近的负弯矩区段，板处于受拉区，应按梁宽度为 b 的矩形截面计算。

(2) 次梁的构造要求

① 次梁的截面尺寸。

次梁的截面尺寸初步估算时，满足刚度要求，截面高度一般取跨度的 1/18～1/12，梁宽为梁高的 1/3～1/2，经过承载力计算之后，如需要可进一步修正。

② 次梁的支承长度。

次梁在砌体墙上的支承长度一般不小于 240 mm。

③ 次梁的配筋。

次梁的配筋方式有弯起式和分离式两种，如图 1-16 所示。为设计和施工方便，目前多采用分离式配筋，但当跨度较大或楼板有较大动荷载时，应采用弯起式配筋。沿梁长纵向钢筋的弯起和切断，原则上应按弯矩包络图确定，但当各跨跨度相差不超过 20%，可变荷载与永久荷载的比值 $q/g \leqslant 3$ 时，可不必画抵抗弯矩图，而是按照图 1-16 的构造规定确定钢筋的弯起和切断位置。

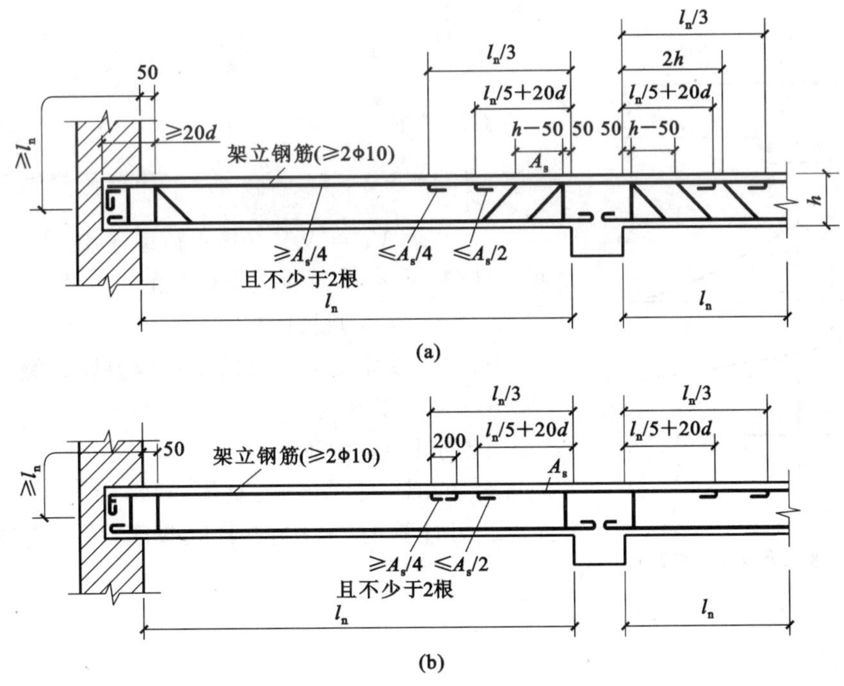

图 1-16 次梁的配筋方式

(a) 弯起式；(b) 分离式

在图 1-16 (a)中，中间支座负弯矩的弯起，第一排的上弯点距离支座边缘 50 mm(此处的弯起钢筋)，不具备抗弯能力；第二排、第三排上弯点距离支座边缘分别为 h 和 $2h$。

支座处上部受力钢筋总面积为 A_s，则第一批截断的钢筋面积不得超过 $A_s/2$，延伸长度从支座边缘起不小于($l_n/5+20d$)(d 为切断钢筋的直径)；第二批截断的钢筋面积不得超过 $A_s/4$，延伸长度不小于 $l_n/3$，所余下的钢筋面积不小于 $A_s/4$，且不少于 2 根，可同时兼做架立筋，其伸入支座的锚固长度不得小于 l_a。

位于次梁下部的纵向钢筋除了弯起的以外，应全部伸入支座，不得在跨间切断。下部纵筋伸入端支座和中间支座的锚固长度应满足受弯构件的相关要求。

连续次梁因截面上、下均配置受力钢筋，所以一般均沿梁全长配置封闭箍筋，第一根箍筋可在距离支座边 50 mm 处开始布置，同时在简支端的支座范围内，一般宜布置不少于 2 根箍筋。

当梁腹板高度大于 450 mm 时，在梁的两侧应沿高度方向配置纵向构造钢筋，每侧的钢筋截面面积(不包括两上、下受力钢筋及架立筋)不应小于腹板面积的 0.1%，且其间距不宜大于 200 mm。

1.2.5.3 主梁的截面设计与构造要求

(1) 主梁的截面设计

① 支座处内力的计算值。

在单向板肋梁楼盖中，主梁是重要承重构件，一般按弹性理论设计。连续梁、板按弹性理论计算内力时，计算跨度取自支座宽度的内部，虽然在支座中心线处求得的内力可能是最大的，但此处的截面高度由于与其整体连接的支承梁(柱)的存在而明显增大，通常并非最危险截面(图 1-17)。因此，实际计算时采用支座边缘截面的内力(M_b，V_b)进行正截面受弯承载力和斜截面受剪承载力计算较为合理，故取

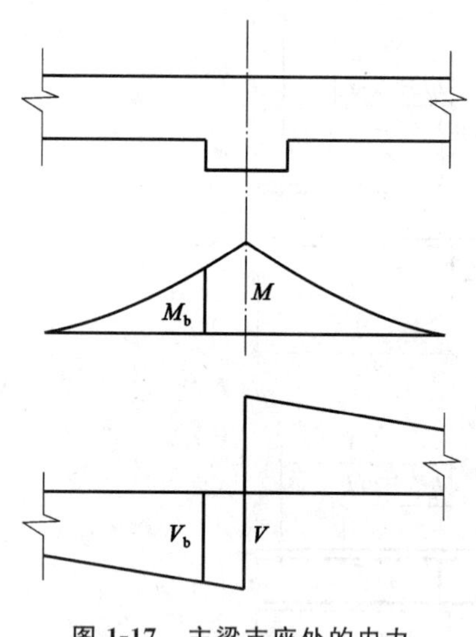

图 1-17 主梁支座处的内力

弯矩设计值：

$$M_b = M_c - V_0 \frac{b}{2} \tag{1-18}$$

剪力设计值：

$$V_b = V_c - (g+q)\frac{b}{2} \quad (均布荷载作用下) \tag{1-19}$$

$$V_b = V_0 \quad (集中荷载作用下) \tag{1-20}$$

式中 M_c，V_c——按弹性理论计算的支座中心线处的弯矩、剪力设计值；

V_0——按简支梁计算的支座剪力设计值(取绝对值)；

b——支座宽度。

② 配筋计算的截面形式。

与次梁相同，板与主梁整体连接，参与主梁受力，故在正截面承载力计算时，跨中按 T 形截面设计，支座按矩形截面设计。

(2) 主梁的构造要求

① 主梁的截面尺寸。

初步估算时，满足刚度要求，连续主梁的高度可取跨度的 1/15～1/10，简支梁高不宜小于梁跨的 1/12，悬臂梁高不小于梁跨的 1/6，梁宽取梁高的 1/3～1/2。

② 主梁支座截面的有效高度。

在主梁支座处，板、次梁与主梁截面处的上部纵向钢筋相互交叉重叠，如图 1-18 所示，致使主

梁承受负弯矩的纵向钢筋位置下移，梁的有效高度减小。所以，在计算主梁支座截面钢筋时，截面有效高度应取：一排钢筋时，$h_0=h-(55\sim60)$；两排钢筋时，$h_0=h-(75\sim80)$，h 为截面高度。

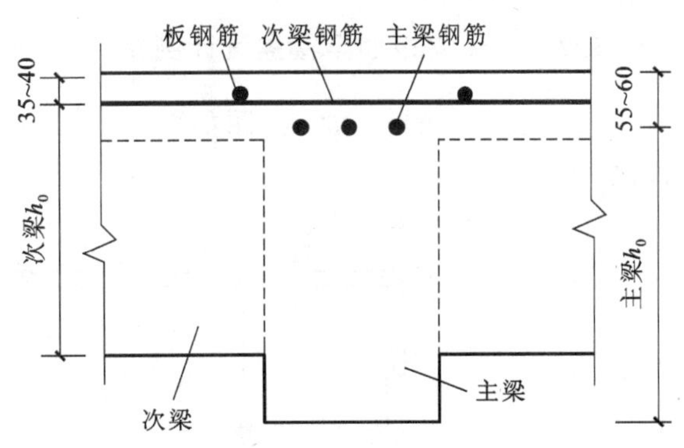

图 1-18 主梁支座截面的钢筋布置

③ 附加横向钢筋。

次梁与主梁相交处，在负弯矩作用下次梁顶部将产生裂缝，如图 1-19 所示，次梁传来的集中荷载将通过其受压区的剪切传至主梁截面高度的中、下部，使主梁下部混凝土可能产生斜裂缝。为了防止斜裂缝的发生而引起局部破坏，应在次梁传来的集中力处设置附加横向钢筋，附加横向钢筋的形式有箍筋和吊筋，一般宜优先采用箍筋。附加箍筋和吊筋的总面积应符合下列要求：

$$P \leqslant 2f_yA_{sb}\sin\alpha + mnf_{yv}A_{sv1} \tag{1-21}$$

式中 P——由次梁传来的集中力设计值；

f_y——吊筋的抗拉强度设计值；

f_{yv}——附加箍筋的抗拉强度设计值；

A_{sb}——单根吊筋的截面面积；

A_{sv1}——单肢箍筋的截面面积；

m——附加箍筋的排数；

n——在同一截面内附加箍筋的肢数；

α——吊筋与梁轴线间的夹角，宜取 45°或 60°。

计算所得的附加横向钢筋应布置在图 1-19 所示的 $s=2h_1+3b$ 范围内。

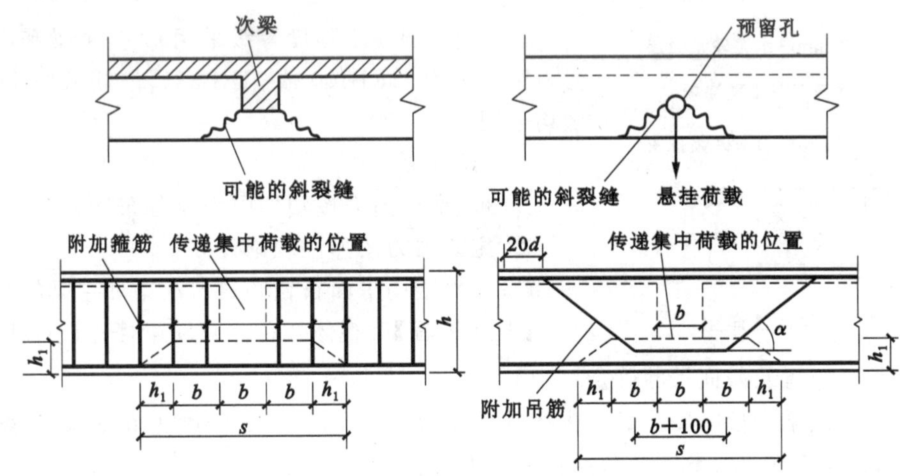

图 1-19 附加横向钢筋布置

④ 主梁的纵向钢筋的弯起和切断位置。

主梁的纵向钢筋的弯起和切断位置，应通过在弯矩包络图上作抵抗弯矩图来确定。

⑤ 主梁的支承长度。

主梁在砌体墙上的支承长度一般不小于 370 mm。

1.2.6 单向板肋梁楼盖设计例题

某多层厂房的楼盖平面图如图 1-20 所示，采用的是现浇钢筋混凝土单向板肋梁楼盖，试设计之。

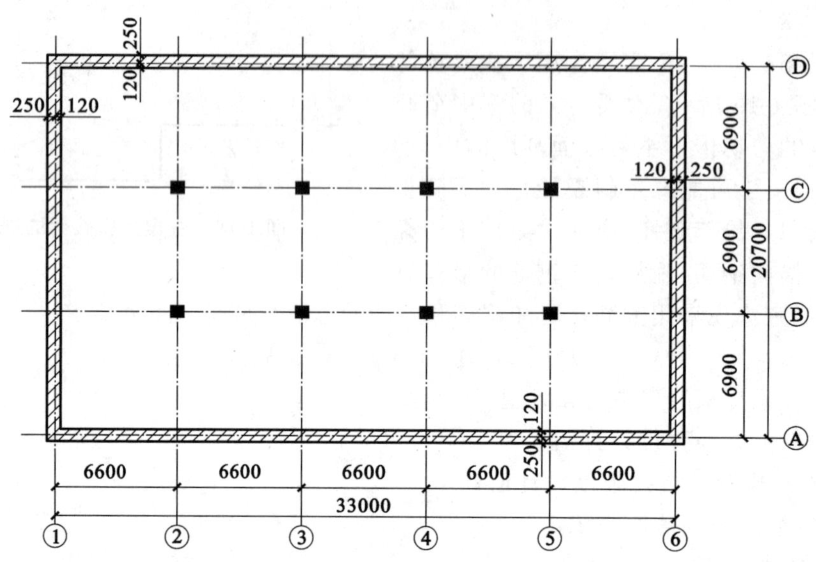

图 1-20 楼盖平面图

(1) 设计资料

① 楼面均布活荷载标准值：$q_k=10\ \text{kN/m}^2$。

② 楼面做法：楼面面层用 20 mm 厚水泥砂浆抹面（$\gamma=20\ \text{kN/m}^3$），板底及梁用 15 mm 厚石灰砂浆抹底（$\gamma=17\ \text{kN/m}^3$），如图 1-21 所示。

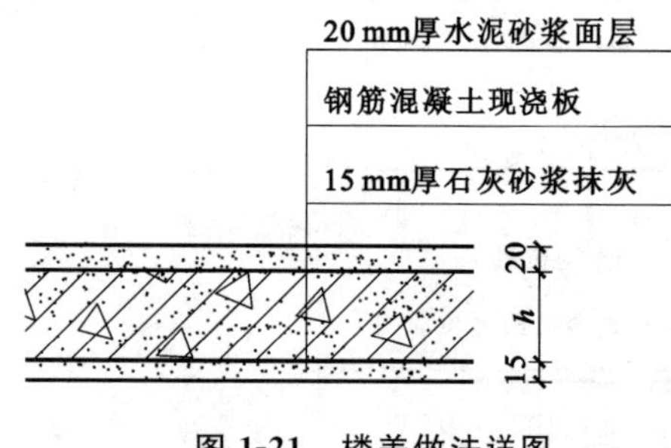

图 1-21 楼盖做法详图

③ 材料：混凝土强度等级采用 C30，主梁和次梁的纵向受力钢筋采用 HRB400 或 HRB335，吊筋采用 HRB335，其余均采用 HPB300。

(2) 设计要求

① 板、次梁内力按塑性内力重分布计算。

② 主梁内力按弹性理论计算。

③ 绘出结构平面布置图，板、次梁和主梁的配筋图。

【分析过程】 整体式单向板肋梁楼盖设计步骤如下。

(1) 楼盖梁格布置及截面尺寸确定

① 确定主梁、次梁和板跨度。确定主梁的跨度为 6.9 m，次梁的跨度为 6.6 m，主梁每跨内布置两根次梁，板的跨度为 2.3 m。楼盖结构的平面布置图如图 1-22 所示。

② 确定板厚。按高跨比条件要求，板的厚度 $h\geqslant l_0/30=2300/30=76.7$(mm)；对工业建筑的楼板，要求 $h\geqslant 80$ mm，所以板厚取 $h=80$ mm。

③ 确定次梁截面尺寸。次梁截面高度应满足 $h=(1/18\sim1/12)l=367\sim550$ mm，取 $h=550$ mm；截面宽度 $b=(1/3\sim1/2)h$，取 $b=250$ mm。

④ 确定主梁截面。主梁截面高度应满足 $h=(1/15\sim1/10)l=460\sim690$ mm，取 $h=650$ mm；截面宽度取为 $b=300$ mm。

⑤ 柱的截面尺寸：$b \times h = 400\ \text{mm} \times 400\ \text{mm}$。

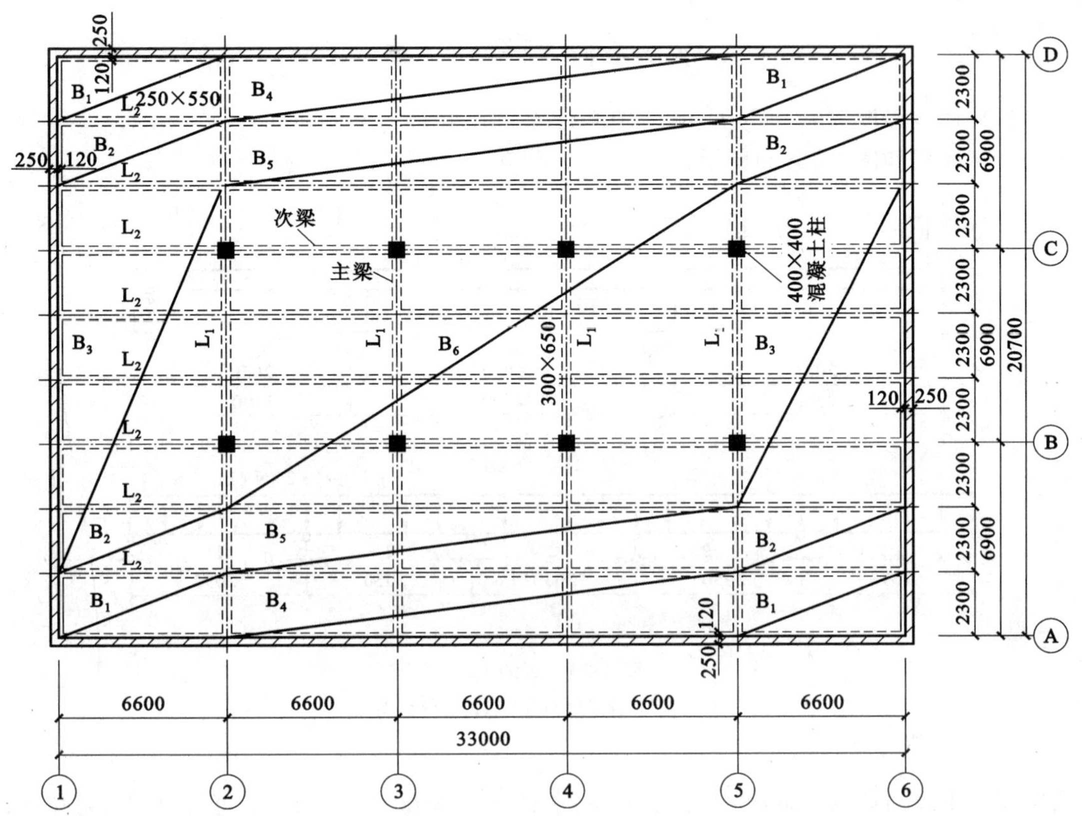

图 1-22 楼盖结构平面布置图

(2) 板的设计——按考虑塑性内力重分布设计

① 荷载计算。

恒荷载标准值：

20 mm 厚水泥砂浆面层	$0.02 \times 20 = 0.4(\text{kN/m}^2)$
80 mm 钢筋混凝土板	$0.08 \times 25 = 2.0(\text{kN/m}^2)$
15 mm 厚板底石灰砂浆	$0.015 \times 17 = 0.255(\text{kN/m}^2)$
恒荷载标准值小计	$g_k = 2.665\ \text{kN/m}^2$
活荷载标准值	$q_k = 10\ \text{kN/m}^2$

因为是工业建筑楼盖且楼面活荷载标准值大于 4 kN/m^2，所以活荷载分项系数取 1.3。

恒荷载设计值	$g = 2.655 \times 1.2 = 3.186(\text{kN/m}^2)$
活荷载设计值	$q = 10 \times 1.3 = 13(\text{kN/m}^2)$
荷载总设计值	$g + q = 16.2(\text{kN/m}^2)$

② 计算简图。

取 1 m 板宽作为计算单元，板的实际结构如图 1-23(a)所示。由图可知，次梁截面为 $b = 250\ \text{mm}$，现浇板在墙上的支承长度为 $a = 120\ \text{mm}$，则按塑性内力重分布设计，板的计算跨度如下。

边跨，按以下两项较小值确定：

$$l_{01}=l_n+\frac{h}{2}=\left(2300-120-\frac{250}{2}\right)+\frac{80}{2}=2095\ (\text{mm})$$

$$l_{01}=l_n+\frac{a}{2}=\left(2300-120-\frac{250}{2}\right)+\frac{120}{2}=2115\ (\text{mm})$$

所以边跨板的计算跨度取 $l_{01}=2095$ mm，中间跨 $l_{02}=l_{03}=l_n=2050$ mm。

板的计算简图如图 1-23(b)所示。

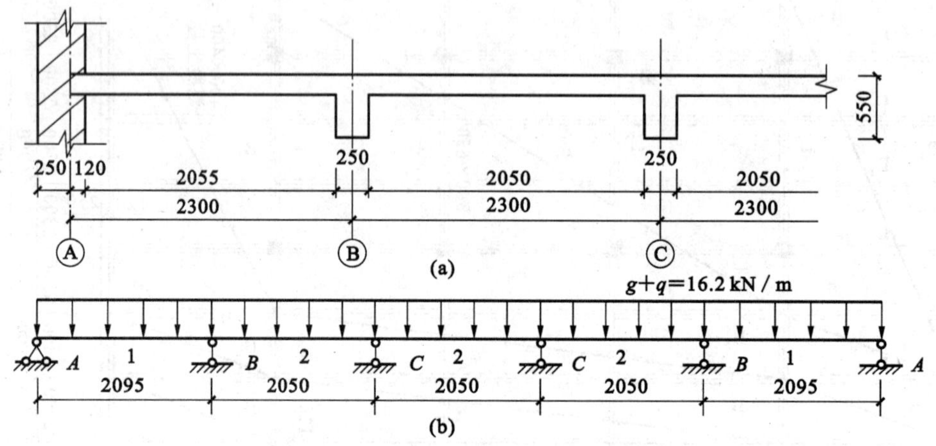

图 1-23　板的设计

(a) 板的实际结构；(b) 板的计算简图

③ 弯矩设计值计算。

因边跨与中跨的计算跨度相差 2.2%$\left(\frac{2095-2050}{2050}\times 100\%=2.2\%\right)$，小于 10%，可按等跨连续板计算，由表 1-2可查得板的弯矩系数 α_M，板的弯矩设计值计算过程见表 1-5。

表 1-5　**板的弯矩设计值计算**

截面位置	1 边跨跨中	B 离端部第二支座	2 中间跨跨中	C 中间支座
弯矩系数 α_M	1/11	−1/11	1/16	−1/14
计算跨度 l_0/m	$l_{01}=2.095$	$l_{01}=2.095$	$l_{02}=2.05$	$l_0=2.05$
$M=\alpha_M(g+q)l_0^2$/(kN·m)	$16.2\times2.095^2\div11=6.46$	$-16.2\times2.095^2\div11=-6.46$	$16.2\times2.05^2\div16=4.26$	$-16.2\times2.05^2\div14=-4.86$

④ 配筋计算——正截面受弯承载力计算。

板厚 80 mm，$h_0=100-20=80$ (mm)，$b=1000$ mm；C30 混凝土，$\alpha_1=1.0$，$f_c=14.3\ \text{N/mm}^2$；HPB3000 钢筋，$f_y=270\ \text{N/mm}^2$。

对轴线②～⑤间的板带(图 1-22)，考虑起拱作用，其跨内 2 截面和支座 C 截面[图 1-23(b)]的弯矩设计值可折减 20%，为了方便，近似对钢筋面积折减 20%。板的配筋计算过程见表 1-6。

表 1-6　**板的配筋计算**

截面位置	1	B	2	C
弯矩设计值/(kN·m)	6.46	−6.46	4.26	−4.86
$\alpha_s=M/(\alpha_1 f_c b h_0^2)$	0.127	0.127	0.083	0.094

续表

截面位置		1	B	2	C
$\xi=1-\sqrt{1-2\alpha_s}$		0.134	0.1<0.134<0.35	0.087	0.099<0.35
轴线 ①~② ⑤~⑥	计算配筋/mm² $A_s=\xi bh_0\alpha_1 f_c/f_y$	426	426	266	315
	实际配筋/mm²	Φ10@160	Φ10@160	Φ8@160	Φ8@160
		$A_s=491$	$A_s=491$	$A_s=314$	$A_s=314$
轴线 ②~⑤	计算配筋/mm² $A_s=\xi bh_0\alpha_1 f_c/f_y$	426	426	0.8×266=213	0.8×315=252
	实际配筋/mm²	Φ10@160	Φ10@160	Φ8@200	Φ8@200
		$A_s=491$	$A_s=491$	$A_s=251$	$A_s=251$

最小配筋率：

$$\rho_{min}=0.45\frac{f_t}{f_y}=0.45\times\frac{1.43}{270}=0.23\%>0.2\%$$

所需最小钢筋面积：

$$A_s=\rho_{min}bh=0.23\%\times1000\times80=191(\text{mm}^2)$$

⑤ 板的配筋图绘制。

板中除配置计算钢筋外，还应配置构造钢筋(如分布钢筋和嵌入墙内的板的附加钢筋)。板的配筋图如图 1-24 所示。

(3) 次梁设计——按考虑塑性内力重分布设计

① 荷载设计值。

恒荷载设计值：

板传来的恒荷载　　3.186×2.3=7.3278(kN/m)

次梁自重　　0.25×(0.55−0.08)×25×1.2=3.525(kN/m)

次梁粉刷　　2×0.015×(0.55−0.08)×17×1.2=0.2876(kN/m)

恒荷载设计值小计　　$g=11.14$ kN/m

活荷载设计值　　$q=13\times2.3=29.9$(kN/m)

荷载总设计值　　$g+q=11.14+29.9=41.04$(kN/m)

② 计算简图。

由次梁实际结构图[图 1-25(a)]可知，次梁在墙上的支承长度为 $a=240$ mm，主梁宽度为 $b=300$ mm。次梁的边跨的计算跨度按以下两项的较小值确定：

边跨：

$$l_{01}=l_n+\frac{a}{2}=\left(6600-120-\frac{300}{2}\right)+\frac{240}{2}=6450(\text{mm})$$

$$l_{01}=1.025l_n=1.025\times6330=6488(\text{mm})$$

所以，次梁边跨取 $l_{01}=6450$ mm，中间跨 $l_{02}=l_{03}=l_n=6600-300=6300$(mm)。

计算简图如图 1-25(b)所示。

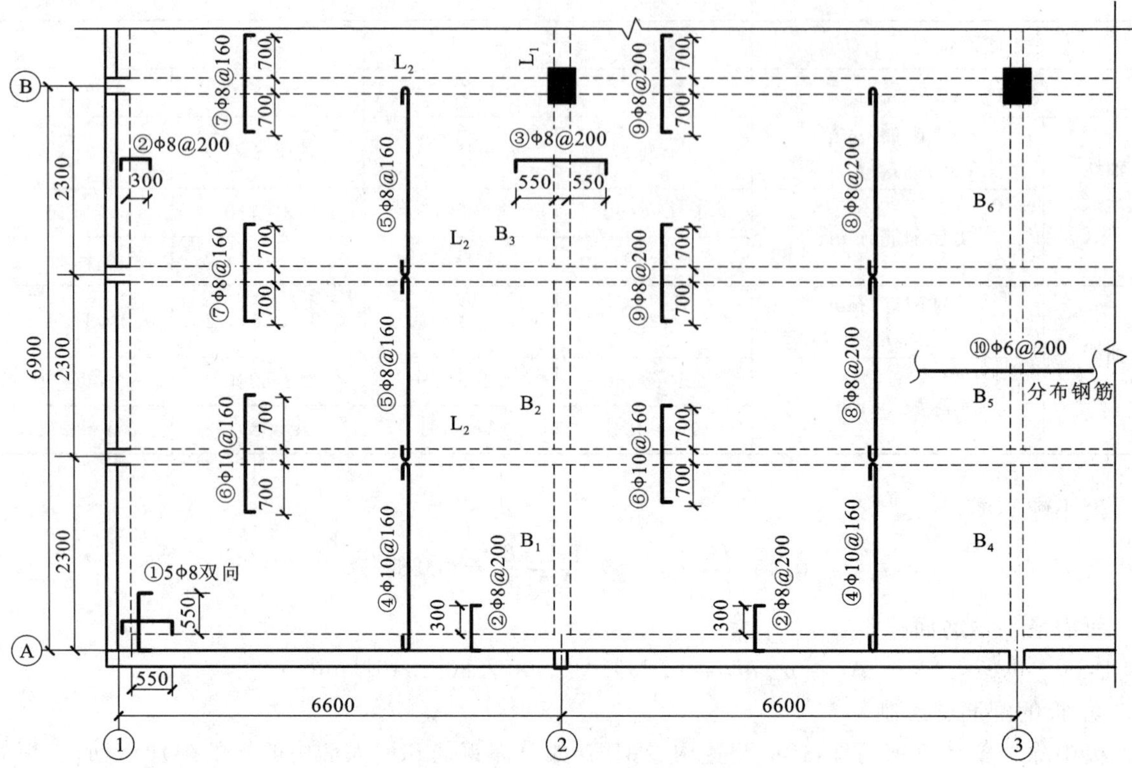

图 1-24　板的配筋图

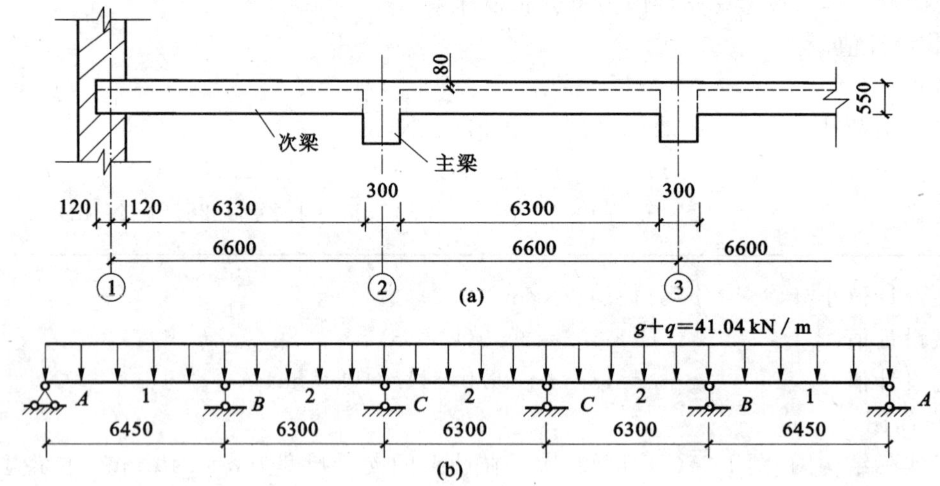

图 1-25　次梁设计

(a) 次梁的实际结构；(b) 次梁的计算简图

③ 弯矩设计值和剪力设计值的计算。

因边跨和中间跨的计算跨度相差$\frac{6450-6300}{6300}\times 100\%=2.4\%$，小于 10%，可按等跨连续梁计算。由表 1-2、表 1-3 可分别查得弯矩计算系数 α_M 和剪力计算系数 α_V。次梁的弯矩设计值的计算和剪力设计值的计算见表 1-7 和表 1-8。

表 1-7 次梁的弯矩设计值的计算

截面位置	1 边跨跨中(M_1)	B 第一内支座	2 中间跨跨中(M_2)	C 中间支座
弯矩系数 α_M	1/11	−1/11	1/16	−1/14
计算跨度 l_0/m	$l_{01}=6.45$	$l_{01}=6.45$	$l_{02}=6.30$	$l_{02}=6.30$
$M=\alpha_M(g+q)l_0^2$/(kN·m)	$41.04\times6.45^2\div11=155.2$	$-41.04\times6.45^2\div11=-155.2$	$41.04\times6.3^2\div16=101.8$	$-41.04\times6.3^2\div14=-116.3$

表 1-8 次梁的剪力设计值的计算

截面位置	A 边支座	B(左)第一内支座	B(右)第一内支座	C 中间支座
剪力系数 α_V	0.45	0.6	0.55	0.55
净跨度 l_n/m	$l_n=6.33$	$l_n=6.33$	$l_n=6.3$	$l_n=6.3$
$V=\alpha_V(g+q)l_n$/kN	$0.45\times41.04\times6.33=116.9$	$0.6\times41.04\times6.33=156.1$	$0.55\times41.04\times6.3=142.2$	$0.55\times41.04\times6.3=142.2$

④ 配筋计算。

a. 正截面受弯承载力计算。

次梁跨中正弯矩按 T 形截面进行承载力计算，其翼缘宽度取下面两项的较小值：

$$b_f' = \frac{l_0}{3} = \frac{6300}{3} = 2100(\text{mm}),\quad b_f' = b + S_n = 250 + 2300 - 250 = 2300(\text{mm})$$

故取 $b_f'=2100$ mm。

C30 混凝土，$f_t=1.43\ \text{N/mm}^2$，$f_c=14.3\ \text{N/mm}^2$；纵向钢筋采用 HRB335，$f_y=300\ \text{N/mm}^2$；箍筋采用 HPB300，$f_y=270\ \text{N/mm}^2$，$h_0=550-40=510(\text{mm})$。

判别跨中截面属于哪一类 T 形截面：

$$\alpha_1 f_c b_f' h_f'\left(h_0-\frac{h_f'}{2}\right)=1.0\times14.3\times2100\times80\times\left(510-\frac{80}{2}\right)=1129.1(\text{kN}\cdot\text{m})>M_1(M_2)$$

所以属于Ⅰ类 T 形。

支座截面按矩形截面计算，正截面承载力计算过程见表 1-9。

表 1-9 次梁正截面受弯承载力计算

截面		1	B	2	C
弯矩设计值/(kN·m)		155.4	−155.4	102.0	−116.5
$\alpha_s=\dfrac{M}{\alpha_1 f_c b h_0^2}$		$\dfrac{155.4\times10^6}{1.0\times14.3\times2100\times510^2}=0.0199$	$\dfrac{155.4\times10^6}{1.0\times14.3\times250\times510^2}=0.167$	$\dfrac{102.0\times10^6}{1.0\times14.3\times2100\times510^2}=0.013$	$\dfrac{116.5\times10^6}{1.0\times14.3\times250\times510^2}=0.125$
$\xi=1-\sqrt{1-2\alpha_s}$		0.020	0.1<0.184<0.35	0.013	0.1<0.134<0.35
选配钢筋	计算配筋/mm² $A_s=\xi b h_0 \alpha_1 f_c/f_y$	$0.020\times2100\times510\times14.3\div300=1021$	$0.184\times250\times510\times14.3\div300=1119$	$0.013\times2100\times510\times14.3\div300=664$	$0.134\times250\times510\times14.3\div300=815$
	实际配筋/mm²	2Φ20+1Φ22	3Φ22	1Φ22+2Φ14	2Φ22+1Φ14
		$A_s=1008$	$A_s=1140$	$A_s=688$	$A_s=914$

b. 斜截面受剪承载力计算(包括复核截面尺寸、腹筋计算和最小配箍率验算)。

(a) 复核截面尺寸。

$$h_w = h_0 - h_f' = 510 - 80 = 430(\text{mm}), \quad \frac{h_w}{b} = \frac{430}{250} = 1.72 < 4$$

截面尺寸按下式验算:

$$0.25\beta_c f_c bh_0 = 0.25 \times 1.0 \times 14.3 \times 250 \times 510 = 455.8(\text{kN}) > V_{max} = 156.1 \text{ kN}$$

故截面尺寸满足要求。

$$0.7 f_t bh_0 = 0.7 \times 1.43 \times 250 \times 510 = 127.6(\text{kN}) > V_A = 117.1 \text{ kN}[< V_B(V_C)]$$

所以支座 B 和 C 均需要按计算配置箍筋,支座 A 只需要按构造配置箍筋。

(b) 计算所需箍筋。采用 ϕ6 双肢箍,计算支座 B 左侧截面。

由 $V_{cs} = 0.7 f_t bh_0 + f_{yv}\dfrac{nA_{sv1}}{s}h_0$ 得:

$$s = \frac{f_{yv} nA_{sv1} h_0}{V_{cs} - 0.7 f_t bh_0} = \frac{270 \times 2 \times 28.3 \times 510}{156.1 \times 10^3 - 0.7 \times 1.43 \times 250 \times 510} = 273(\text{mm})$$

调幅后受剪承载力应加强,梁局部范围将计算的箍筋面积增加 20%,现调整箍筋间距:

$$s = 0.8 \times 273 = 218.4(\text{mm}) < s_{max} = 250 \text{ mm}$$

为满足最小配筋率的要求,最后箍筋间距 s=100 mm。

(c) 配箍率验算。

弯矩调幅时要求配筋率下限为:

$$\rho_{sv} = 0.3\frac{f_t}{f_{yv}} = 0.3 \times \frac{1.43}{270} = 0.16\%$$

实际配箍率:

$$\rho_{sv} = \frac{nA_{sv1}}{bs} = \frac{2 \times 28.3}{250 \times 100} = 0.23\% > \rho_{sv} = 0.16\%$$

满足要求。

因各个支座处的剪力相差不大,为方便施工,沿梁长不变,取双肢Φ 6@100。

⑤ 施工图的绘制。

次梁配筋图如图 1-26 所示,其中次梁纵筋锚固长度按以下方法确定。

伸入墙支座时,梁顶面纵筋的锚固长度按式确定:$l_a = \alpha\dfrac{f_y}{f_t}d = 0.14 \times \dfrac{300}{1.43} \times 22 = 647(\text{mm})$,取 650 mm。

伸入墙支座时,梁底面纵筋的锚固长度按式确定:$l = 12d = 12 \times 20 = 240(\text{mm})$。

梁底面纵筋伸入中间支座的长度应满足:$l = 12d = 12 \times 22 = 264(\text{mm})$,取 300 mm。

纵筋的截断点距支座的距离:$l = \dfrac{l_n}{5} + 20d = \dfrac{6330}{5} + 20 \times 22 = 1706(\text{mm})$,取 1750 mm。

(4) 主梁设计——主梁内力按弹性理论设计

① 荷载设计值(为简化计算,将主梁的自重等效为集中荷载)。

次梁传来的恒载:11.14×6.6=73.52(kN)。

主梁自重(含粉刷层):

$$[(0.65 - 0.08) \times 0.3 \times 2.3 \times 25 + 2 \times (0.65 - 0.08) \times 0.015 \times 17 \times 2.3] \times 1.2 = 12.60(\text{kN})$$

总恒荷载:G=73.52+12.60=86.2(kN)。

总活荷载:Q=29.9×6.6=197.4(kN)。

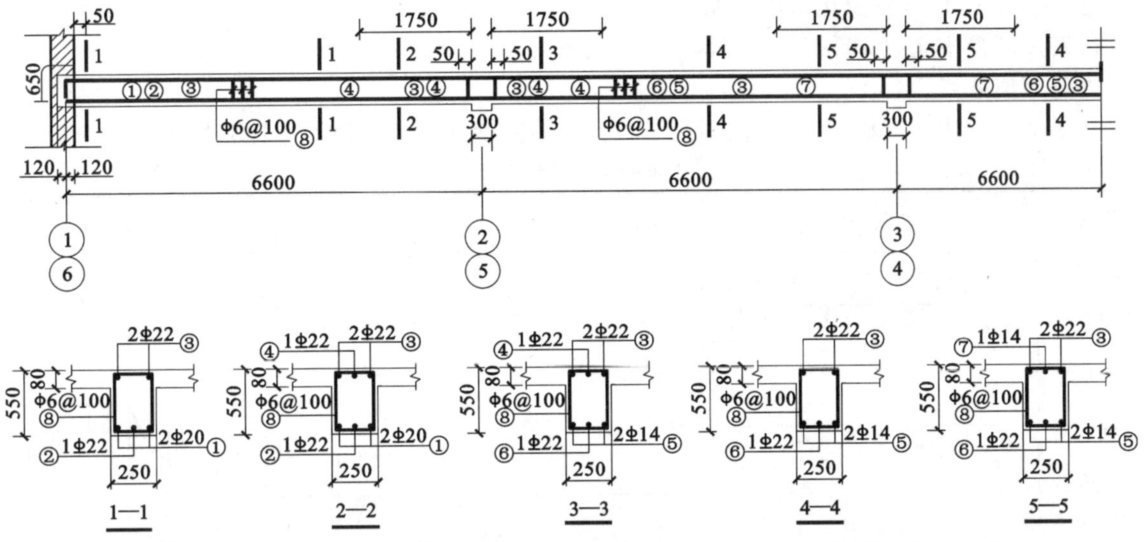

图 1-26 次梁的配筋图

② 计算简图。

主梁的实际结构如图 1-27(a)所示，主梁在端支座墙上的支撑长度 $a=370$ mm，中间支撑在 400 mm×400 mm 的混凝土柱上，计算跨度方法如下。

边跨：

$$l_{n1}=6900-120-200=6580(\text{mm})$$

$$l_{01}=\min\begin{pmatrix}1.025l_n+\dfrac{b}{2}\\ l_n+\dfrac{a}{2}+\dfrac{b}{2}\end{pmatrix}=\begin{pmatrix}1.025\times 6580+\dfrac{400}{2}\\ 6580+\dfrac{370}{2}+\dfrac{400}{2}\end{pmatrix}=\begin{pmatrix}6944.5\\ 6965\end{pmatrix}=6945(\text{mm})$$

中间跨：$l_{02}=6900$ mm。

计算简图如图 1-27(b)所示。

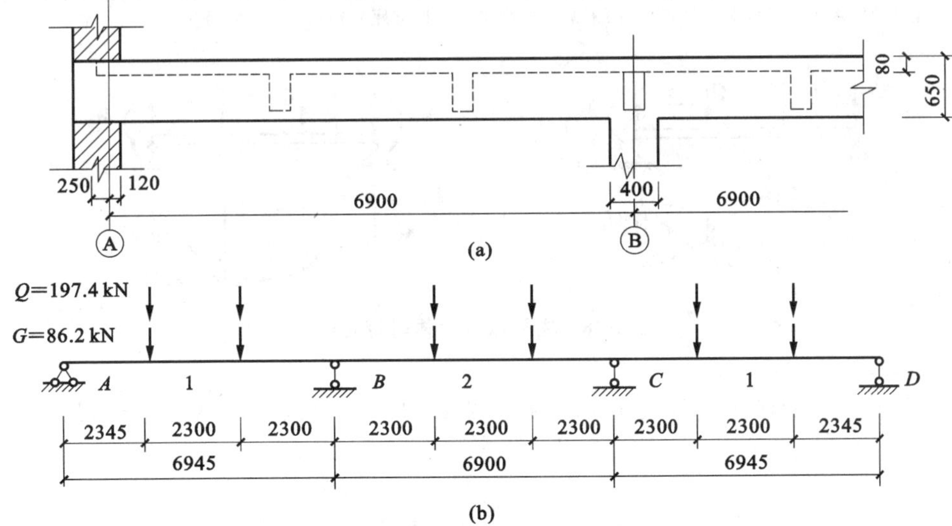

图 1-27 主梁设计

(a) 主梁的实际结构；(b) 主梁的计算简图

③ 内力设计值计算及包络图绘制。

因跨度相差不超过10%,可按等跨连续梁计算。

a. 弯矩值计算。

弯矩 $M=kGl_0+kQl_0$,式中 k 由附录2查得。不同截面的弯矩值经过计算如表1-10所示。

表1-10 主梁的弯矩设计值计算 (单位:kN·m)

项次	荷载简图	$\frac{k}{M_1}$	$\frac{k}{M_B}$	$\frac{k}{M_2}$	$\frac{k}{M_C}$	弯矩图示意图
① 恒荷载		$\frac{0.244}{146.1}$	$\frac{0.267}{160.1}$	$\frac{0.067}{39.9}$	$\frac{-0.267}{-160.1}$	
② 活荷载		$\frac{0.289}{396.2}$	$\frac{-0.133}{-182.3}$	$\frac{-0.133}{-182.3}$	$\frac{-0.133}{-182.3}$	
③ 活荷载		$\frac{-0.044^*}{-61.7}$	$\frac{-0.133}{-182.3}$	$\frac{0.200}{272.4}$	$\frac{-0.133}{-182.3}$	
④ 活荷载		$\frac{0.229}{313.9}$	$\frac{-0.311}{-426.4}$	$\frac{0.096^*}{130.8}$	$\frac{-0.089}{-122.0}$	
⑤ 活荷载		$\frac{0.089/3^*}{-40.7}$	$\frac{-0.089}{-122.0}$	$\frac{0.17}{231.6}$	$\frac{-0.311}{-426.4}$	
组合项次 M_{min}/(kN·m)		①+③ 84.4	①+④ −586.5	①+② −141.3	①+⑤ −586.5	
组合项次 M_{max}/(kN·m)		①+② 542.3	①+⑤ −282.1	①+③ 312.3	①+④ −282.1	

注:* 表示此处的弯矩可通过取脱离体,由力的平衡条件确定。根据支座弯矩,按图1-28确定。

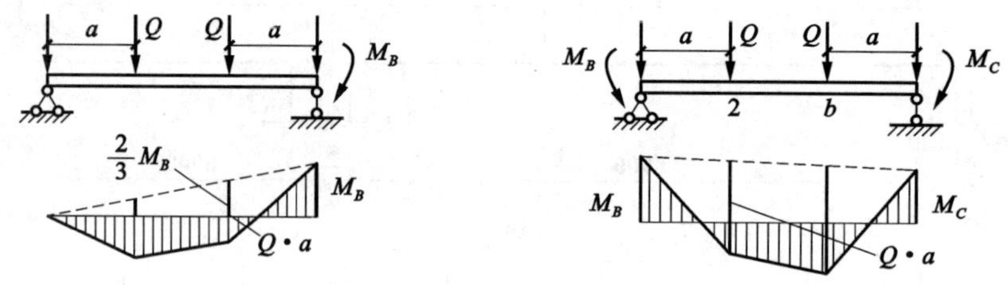

图1-28 主梁取脱离体时弯矩图

b. 剪力设计值。

剪力计算公式:$V=kG+kQ$,式中 k 由附录2查得。不同截面的剪力值经过计算如表1-11所示。

表 1-11 主梁的剪力设计值计算 (单位:kN)

项次	荷载简图	$\frac{k}{V_A}$	$\frac{k}{V_{BL}}$	$\frac{k}{V_{BR}}$
① 恒荷载		$\frac{0.733}{63.2}$	$\frac{-1.267}{-109.2}$	$\frac{1.00}{86.2}$
② 活荷载		$\frac{0.866}{170.9}$	$\frac{-1.134}{223.9}$	$\frac{0}{0}$
④ 活荷载		$\frac{0.689}{136.0}$	$\frac{-1.311}{-258.8}$	$\frac{1.222}{241.2}$
⑤ 活荷载		$\frac{-0.089}{-17.6}$	$\frac{-0.089}{-17.6}$	$\frac{0.778}{153.6}$
组合项次 V_{max}/kN		①+② 234.1	①+⑤ −126.8	①+④ 327.4
组合项次 V_{min}/kN		①+⑤ 45.6	①+④ −368	①+② 86.2

c. 弯矩、剪力包络图绘制。

根据表 1-10 和表 1-11 中的弯矩值和剪力值可绘制出主梁的弯矩包络图及剪力包络图，如图 1-29所示。

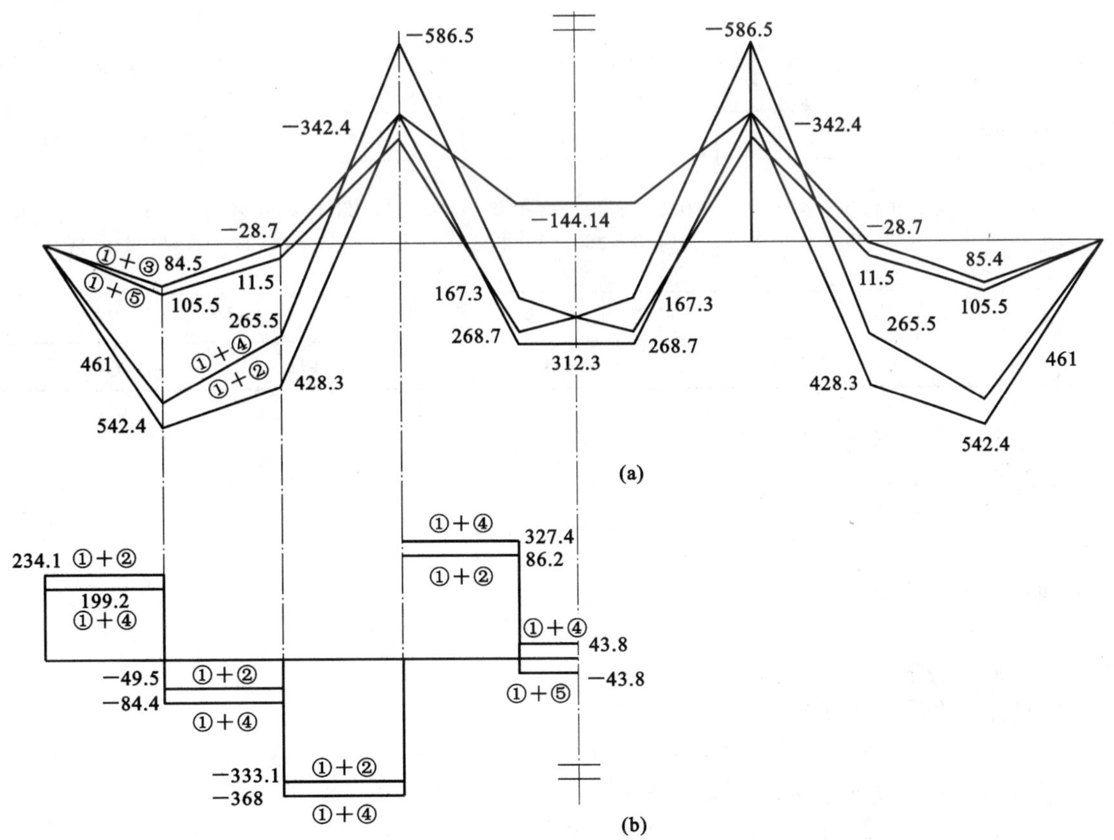

图 1-29 主梁弯矩包络图和剪力包络图

(a) 主梁弯矩包络图(单位:kN·m);(b) 主梁剪力包络图(单位:kN)

④ 承载力计算——配筋计算。

C30 混凝土，$f_t=1.43\ N/mm^2$，$f_c=14.3\ N/mm^2$，纵向钢筋采用 HRB400，$f_y=360\ N/mm^2$，箍筋采用 HPB300，$f_y=270\ N/mm^2$，$h_0=650-40=610(mm)$。

a. 正截面受弯承载力计算及纵筋的计算。

跨中正弯矩按 T 形截面计算，翼缘计算宽度按下面两项的较小值确定：

$$b_f'=\frac{l_0}{3}=\frac{6900}{3}=2300(mm),\quad b_f'=b+S_n=300+6600-300=6600(mm)$$

故取 $b_f'=2300$ mm。

B 支座处的弯矩设计值：

$$M_B=M_{max}-V_0\frac{b}{2}=-586.5+283.6\times\frac{0.4}{2}=-529.9(kN\cdot m)$$

判别跨中截面属于哪一类 T 形截面：

$$\alpha_1 f_c b_f' h_f'\left(h_0-\frac{h_f'}{2}\right)=1.0\times 14.3\times 2300\times 80\times\left(610-\frac{80}{2}\right)$$
$$=1499.8(N\cdot m)>M_1(M_2)$$

所以该跨中截面属于Ⅰ类 T 形。

支座截面按矩形截面计算，正截面承载力计算过程列于表 1-12 中。

表 1-12 **主梁正截面受弯承载力及配筋计算**

截面		1	B	2	
弯矩设计值/(kN·m)		542.3	−529.9	312.3	−141.3
$\alpha_s=M/(\alpha_1 f_c b h_0^2)$		$\frac{542.3\times10^6}{1.0\times14.3\times2300\times585^2}=0.048$	$\frac{529.9\times10^6}{1.0\times14.3\times300\times570^2}=0.380$	$\frac{312.3\times10^6}{1.0\times14.3\times2300\times610^2}=0.026$	$\frac{141.3\times10^6}{1.0\times14.3\times300\times590^2}=0.095$
$\xi=1-\sqrt{1-2a_s}$		0.049<0.518	0.510<0.518	0.026<0.518	0.1<0.518
配筋	计算配筋/mm² $A_s=\xi b h_0\alpha_1 f_c/f_y$	0.049×2300×585×14.3÷360=2619	0.051×300×570×14.3÷360=3464	0.026×2300×610×14.3÷360=1449	0.1×300×590×14.3÷360=703
	实际配筋/mm²	6Φ25(弯 2)	6Φ25(弯 3)2Φ18	2Φ25+2Φ18(弯)	2Φ25
		$A_s=2945$	$A_s=3454$	$A_s=1491$	$A_s=982$

b. 斜截面受剪承载力计算及腹筋计算。

(a) 复核截面尺寸。

$$h_w=h_0-h_f'=585-80=505(mm),\quad \frac{h_w}{b}=\frac{505}{300}=1.68<4$$

截面尺寸按下式验算：

$$0.25\beta_c f_c b h_0=0.25\times1.0\times14.3\times300\times585=627.4(kN)>V_{max}=368\ kN$$

故截面尺寸满足要求。

(b) 验算是否需要计算配置箍筋。

$$0.7f_t b h_0=0.7\times1.43\times300\times585=175.7(kN)<V_A(V_B)$$

所以，支座 A、B 均需要按计算配置箍筋，采用Φ8@100 双肢箍。

$$\rho_{sv}=\frac{nA_{sv1}}{bs}=\frac{2\times50.3}{300\times100}=0.34\%>\rho_{sv\,min}=0.24\frac{f_t}{f_{yv}}=0.24\times\frac{1.43}{270}=0.13\%$$

配箍率满足要求。

$$V_{cs}=0.7f_tbh_0+f_{yv}\frac{nA_{sv1}}{s}h_0$$

得：

$$V_{cs}=0.7f_tbh_0+f_{yv}\frac{nA_{sv1}}{s}h_0=0.7\times1.43\times300\times585+270\times\frac{2\times50.3}{100}\times585$$

$$=334.6\ (\text{kN})>V_A=234.1\ \text{kN}(V_{BR}=327.4\ \text{kN})$$

$$<V_{BL}=368\ \text{kN}$$

因此，应在 B 支座截面左边按计算配置弯起钢筋，主梁剪力图呈矩形，在 B 截面左边的2.3 m范围内需布置 3 排弯起钢筋才能覆盖此最大剪力区段。现先后弯起第一跨跨中的 2Φ25 和支座处的一根 1Φ25 附加钢筋，$A_s=490.9\ \text{mm}^2$，弯起角取 $\alpha_s=45°$。

$$V_{sb}=0.8f_yA_{sb}\sin\alpha=0.8\times360\times490.9\times\sin45°=99.96\ (\text{kN})$$

$$V_u=V_{cs}+V_{sb}=334.6+99.96=434.56(\text{kN})>V_{BL}=368\ \text{kN}$$

满足要求。

c. 次梁两侧附加横向钢筋计算。

次梁传来的集中力 $P=73.5+197.4=270.9(\text{kN})$，$h_1=650-550=100(\text{mm})$，附加箍筋布置范围：$s=3b+2h_1=3\times250+2\times100=950(\text{mm})$，选用Φ8@100 双肢箍，则在 s 范围内可布置附加箍筋的排数：$m=(950-250)/100+1=8$，在次梁两侧各布置 4 排，另外需加设吊筋 1Φ18，$A_{sb}=254.5\ \text{mm}^2$。

$$2f_yA_{sb}\sin\alpha+mnf_{yv}A_{sv1}=2\times360\times254.5\times\sin45°+8\times2\times270\times50.3$$

$$=346.8(\text{kN})>270.9\ \text{kN}$$

满足要求。

⑤ 主梁正截面抗弯承载力图(材料图)、纵筋的弯起和截断。

a. 按比例绘出主梁的弯矩包络图。

b. 按同样比例绘出主梁的抗弯承载力图(材料图)，并满足以下构造要求：弯起钢筋之间的间距不超过箍筋的最大容许间距 $s_{max}=250\ \text{mm}$；钢筋的弯起点距充分利用点的距离应大于等于$h_0/2$，如 2、3 和 5 号钢筋。

按《混凝土结构(上)——混凝土结构基本原理》(张自荣，秦力主编)所述的方法绘制材料图，并根据每根钢筋的正截面抗弯承载力直线与弯矩包络图的交点，确定钢筋的理论截断点(即按正截面抗弯承载力计算不需要该钢筋的截面)。当 $V>175.7$ kN，且其实际截断点到理论截断点的距离不应小于等于 h_0 或 $20d$ 时，钢筋的实际截断点到充分利用点的距离应大于等于$(1.2l_a+h_0)$。

若按以上方法确定的实际截断点仍位于负弯矩的受拉区，其实际截断点到理论截断点的距离不应小于 $1.3h_0$ 或 $20d$，钢筋的实际截断点到充分利用点的距离应大于等于$(1.2l_a+1.7h_0)$。

如 5 号钢筋的截断计算：因为剪力 $V=368\ \text{kN}>0.7f_tbh_0=175.7$ kN，且钢筋截断后仍处于负弯矩区，所以钢筋的截断点距充分利用点的距离应大于等于$(1.2l_a+1.7h_0)$，即：

$$1.2l_a+1.7h_0=1.2\times0.14\times\frac{360}{1.43}\times25+1.7\times585=2052\ (\text{mm})$$

且距不需要点的距离应大于等于 $1.3h_0$ 或 $20d$，即：

$$1.3h_0=1.3\times585=761(\text{mm})$$

$$20d=20\times25=500(\text{mm})$$

通过画图可知，从$(1.2l_a+1.7h_0)$中减去钢筋充分利用点与理论截断点(不需要点)的距离后的长度为 1840 mm>761 mm(500 mm)，现在取距离柱边 2000 mm 处截断 5 号钢筋。

其他钢筋的截断如图 1-30 所示。

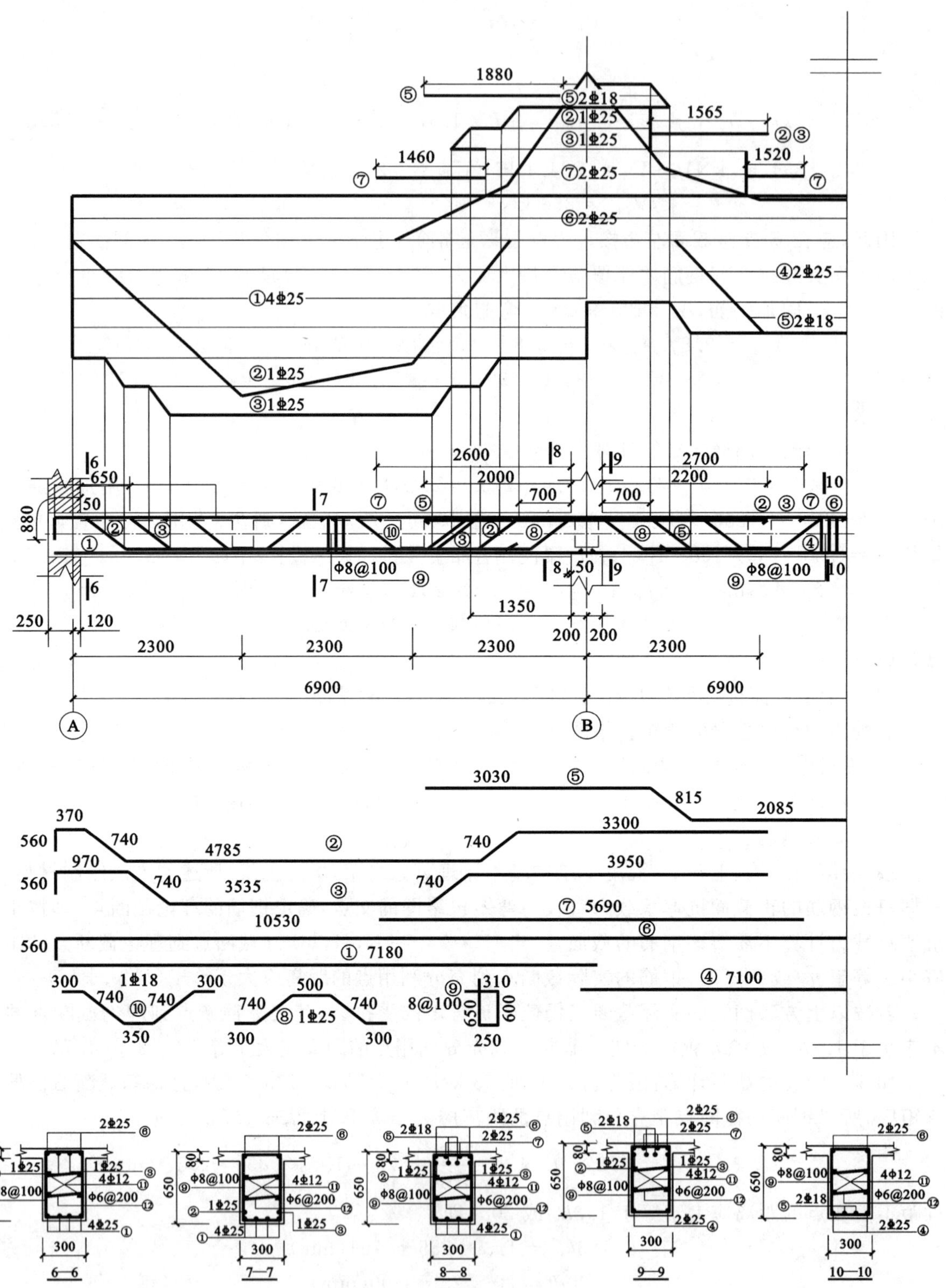

图 1-30 主梁材料图与配筋图

注：主、次梁相交处的次梁每侧加设 4 个Φ8@100 箍筋。

主梁纵筋的伸入墙中的锚固长度按以下方法确定。

梁顶面纵筋的锚固长度：

$$l = l_a = \alpha \frac{f_t}{f_y} d = 0.14 \times \frac{1.43}{360} \times 25 = 880(\text{mm})$$

取 880 mm。

梁底面纵筋的锚固长度：

$$12d = 12 \times 25 = 300\ (\text{mm})$$

取 300 mm。

c. 检查正截面抗弯承载力图是否包住弯矩包络图及是否满足构造要求。

主梁的材料图和实际配筋图如图 1-30 所示。

1.3 双向板肋梁楼盖

在肋梁楼盖中，如果梁格布置使各区格板的长边与短边之比 $l_2/l_1 \leqslant 2$，则应按双向板设计；$2 < l_2/l_1 < 3$时，宜按双向板设计，这种楼盖称为双向板肋梁楼盖。双向板肋梁楼盖和单向板肋梁楼盖的主要区别是：双向板上的荷载除了传给次梁外，还有一部分直接传给主梁。双向板沿两个方向传递荷载，板的跨中弯矩较小，刚度较大，受力性能比单向板优越，其跨度可达 5 m 左右，当梁格尺寸及使用荷载较大时，采用双向板楼盖比单向板楼盖更为经济。

1.3.1 双向板的受力特点

用弹性力学理论来分析，双向板的受力特征不同于单向板，单向板是认为一个方向作用有弯矩和剪力，另一方向不传递荷载。而双向板在两个方向的横截面上都作用有弯矩和剪力，另外还有扭矩（由于两个相邻板带的竖向位移是不相同的，靠近双向板边缘的板带，其竖向位移比靠近中央的相邻板带的竖向位移小，可见在相邻板带之间存在着竖向剪力，这种剪力构成了扭矩）；双向板中因有扭矩的存在，使板的四角有翘起的趋势，受到墙或梁的约束后，使板的跨中弯矩减少，板的刚度增大，因此，双向板的受力性能比单向板优越。

四边简支的钢筋混凝土双向板在均布荷载作用下的试验结果表明：当荷载逐渐增加时，首先在板底中央出现裂缝，矩形板的第一批裂缝①出现在板底中央且平行于长边方向；当荷载继续增加时，这些裂缝逐渐延伸，并沿 45°方向向四角扩散（裂缝②），在接近破坏时，板的顶面四角附近出现圆弧裂缝③、④，它促进板底对角线方向裂缝进一步扩展，最终由于跨中钢筋屈服导致了板的破坏。如图 1-31 所示。

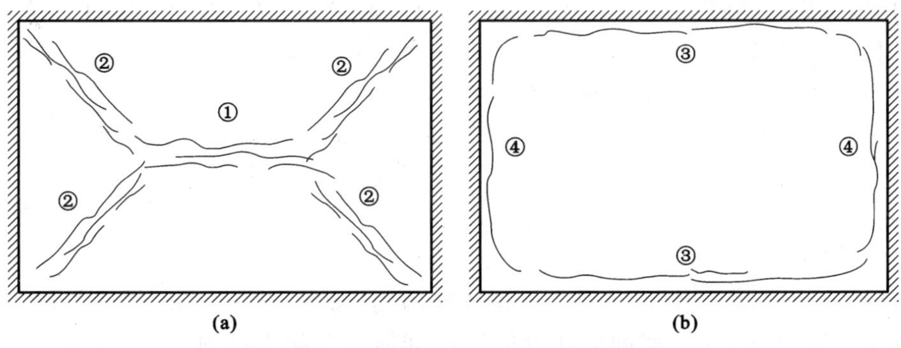

图 1-31 钢筋混凝土双向板的破坏裂缝

(a) 板底裂缝；(b) 板面裂缝

双向板在荷载作用下，板的四角都有翘起的趋势，板传给四边支承梁的压力沿边长并非均匀分布，而是中部较大，两端较小。试验结果表明，双向板的受力是比较复杂的。

1.3.2 双向板按弹性理论的内力计算

1.3.2.1 单区格双向板的内力计算

双向板按弹性理论方法计算属于弹性理论小挠度薄板的弯曲问题，由于内力分析很复杂，在实际设计工作中，为了简化计算，通常直接应用根据弹性理论编制的计算用表(附录 2)进行内力计算。在该附录表中，对六种边界条件的单区格双向板，分别给出了在均布荷载作用下的跨内弯矩系数(泊松比 $\nu=0$ 时)、支座弯矩系数和挠度系数，则可算出有关弯矩和挠度。

$$m = k_1(g+q)l^2 \tag{1-22}$$

$$f = k_2\frac{(g+q)l^4}{B_C} \tag{1-23}$$

式中 m——单位宽度中央板带跨内或支座处截面最大弯矩设计值；

f——中央板带出跨内最大挠度值；

g,q——板上均布恒荷载及活荷载设计值；

B_C——板带截面的抗弯刚度；

k_1,k_2——计算用附录 3 中的弯矩系数和挠度系数；

l——取 l_{01} 和 l_{02} 中较小者，l_{01} 和 l_{02} 为板两个方向的计算跨度。

考虑泊松比的影响，跨中弯矩可按下式计算：

$$m_1^{\nu} = m_1 + \nu m_2 \tag{1-24}$$

$$m_2^{\nu} = m_2 + \nu m_1 \tag{1-25}$$

式中 m_1^{ν},m_2^{ν}——考虑 ν 的影响时，l_{01} 和 l_{02} 方向单位宽度板内弯矩设计值；

m_1,m_2——泊松比 $\nu=0$ 时，l_{01} 和 l_{02} 方向单位宽度板带跨内弯矩设计值；

ν——泊松比，对于钢筋混凝土，$\nu=0.2$。

1.3.2.2 多区格连续双向板的内力计算

精确计算连续双向板的内力相当复杂，为了满足使用要求，可通过对双向板上可变荷载的最不利布置及支座情况等的合理简化，将多区格连续板转化为单区格板进行计算。该方法假定双向板支承梁的抗弯刚度很大，其竖向变形可忽略不计；同时假定支承梁抗扭刚度很小，可以转动。当同一方向等跨或相邻最大跨度差不大于 20%时，一般均可采用下述实用计算方法。

(1) 各区格板跨中最大弯矩的计算

连续双向板与连续单向板类似，也需要考虑活荷载的最不利位置。当求某区格板跨中最大弯矩时，应在该区格布置活荷载，然后在其左右前后分别隔跨布置活荷载，即所谓棋盘式布置，如图 1-32(a)所示。此时在活荷载作用的区格内，将产生跨中最大弯矩。

在图 1-32(a)所示的荷载作用下，任一区格板的边界条件为既非完全固定又非理想简支的情况。为了能利用单区格双向板的内力计算系数计算连续双向板，可以采用下列近似方法：把棋盘式布置的可变荷载分解为各跨满布的对称荷载($q/2$)[图 1-32(b)]和各跨向上向下相间作用的反对称荷载($\pm q/2$)[图 1-32(c)]。

在对称荷载 $g'=g+q/2$ 作用下，所有中间支座两侧荷载相同、跨度相等(或相近)，若忽略远跨荷载的影响，可以近似地认为支座截面处转角为 0，即所有中间支座均可视为固定支座，从而所有中间区格板均可视为四边固定双向板。

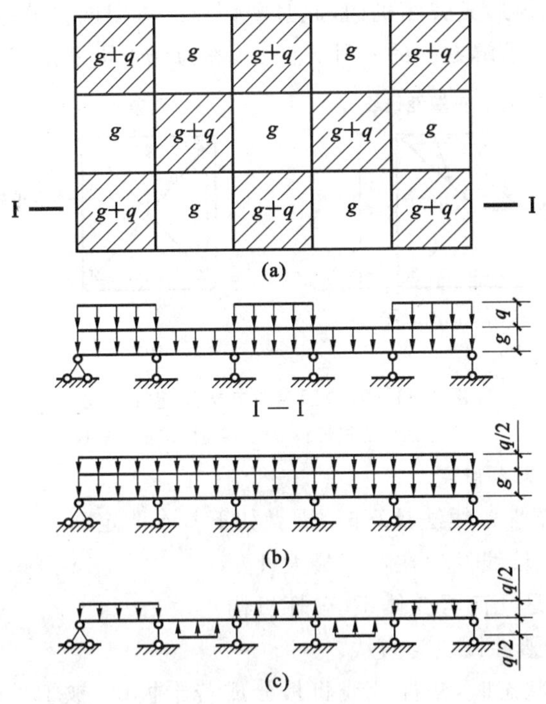

图 1-32　连续双向板可变荷载的最不利布置

在反对称荷载 $q'=\pm q/2$ 作用下，相邻区格板在支座处的转角方向一致，大小相同，中间支座的弯矩为 0，可近似地将中间支座视为简支支座，从而中间所有区格板均可视为四边简支座。

对于上述两种情况，根据对应的边界条件和相应的荷载，利用单区格板的内力系数先求出各区格板的跨中弯矩，然后将两种情况下的跨中弯矩叠加，即得到各区格板的跨中最大弯矩。

对于边、角区格，跨中弯矩仍然采用上述方法计算，但边界条件应按实际情况确定。如楼盖周边，可视为简支支座。

(2) 支座最大弯矩的计算

为求支座最大弯矩，还应考虑活荷载的最不利布置，为简化计算，可近似认为恒荷载和可变荷载均满布在连续双向板所有区格时支座产生最大弯矩。此时，在对称荷载 $(g+q)$ 作用下，采用前述的方法简化支座，即各中间支座均视为固定，各周边支座视为简支，可利用单区格双向板内力系数求得各区格板中各固定边的支座最大弯矩。

但对于中间支座，由相邻两个区格板求出的支座弯矩常常并不相等，可近似地取其平均值作为该支座弯矩值。

1.3.3　双向板按塑性铰线法的内力计算

钢筋混凝土为弹塑性体，因而按弹性理论计算与实际结构存在一定的差异，并且双向板是一种超静定结构，在受力过程中将发生塑性内力重分布，所以应考虑材料的塑性性能来计算双向板的内力才能符合实际受力情况，并可节约钢材。

四边固定的钢筋混凝土双向板在接近破坏时，最大裂缝开展处的受拉钢筋达到屈服强度时，反映出一定的塑性性质，截面承受一定的弯矩并发生转动，这种塑性转动面所连成的线称为塑性铰线。与“正弯矩”和“负弯矩”的名称相对应，将位于板底和板面的塑性铰线分别称为“正塑性铰线”和“负塑性铰线”，如图 1-33 所示。塑性铰线在板面的上部和下部裂缝处连续出现，引起板内截面发生塑性内力重分布，直至板形成破坏机构，此时塑性铰线将双向板分割成若干板块。塑性铰线法是根据板的破坏机构而建立求解方程的一种方法，又称为极限平衡法。

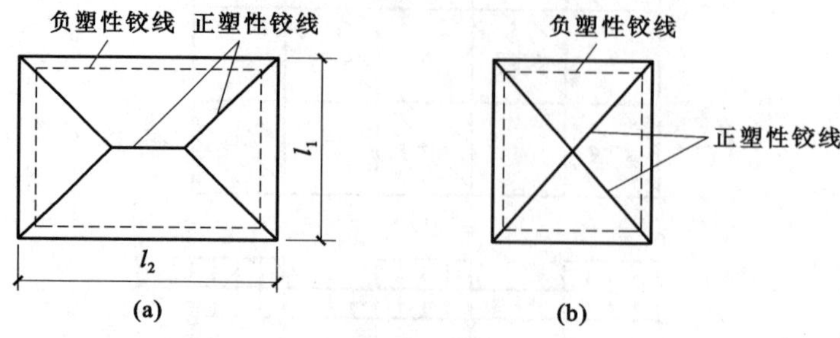

图 1-33　四边固定双向板的塑性铰线

(a) 四边固定矩形板；(b) 四边固定正方形板

1.3.3.1　塑性铰线法基本假定

钢筋混凝土双向板按塑性铰线法计算时，需做如下基本假定。

① 板即将破坏时，塑性铰线发生在弯矩最大处。

② 形成塑性铰线的板是几何可变体系(破坏机构)。

③在均布荷载作用下，塑性铰线为直线。

④ 假定结构进入极限状态时，塑性铰线将板分成若干板块，被塑性铰线分割的各板块为绝对刚体，每个板块满足各自的平衡条件，整个板的变形都集中在塑性铰线上，破坏时各块板都绕塑性铰线转动。

⑤ 板在理论上存在多种可能的塑性铰线形式，但只有相对于极限荷载为最小的塑性铰线形式才是最危险的。

⑥ 塑性铰线上只存在一定数值的极限弯矩，且沿塑性铰线单位长度的弯矩为常数，等于相应配筋板的极限弯矩值。剪力、扭矩为 0。

塑性铰线位置与板的平面形状、边界条件、荷载形式、配筋情况等多种因素有关。通常负塑性铰线发生在固定边界，正塑性铰线则通过相邻板块转动轴的交点，如图 1-34 所示。

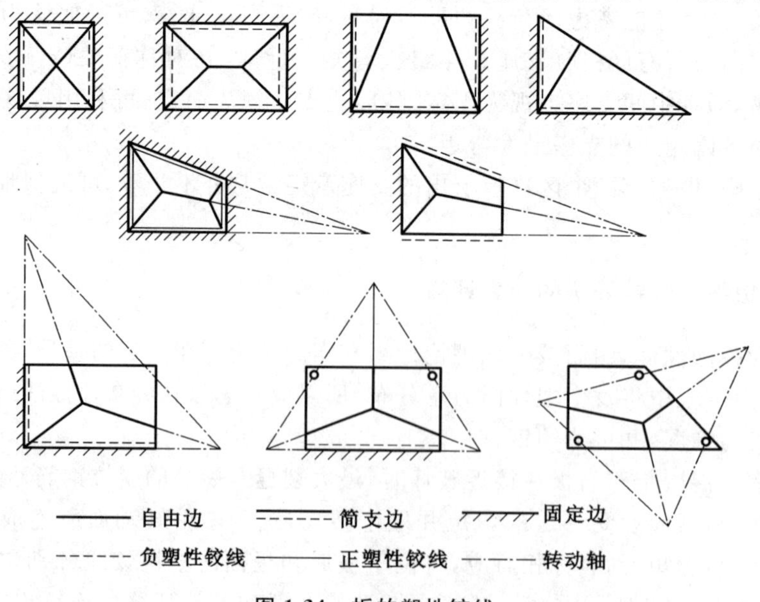

图 1-34　板的塑性铰线

1.3.3.2 塑性铰线法基本方程

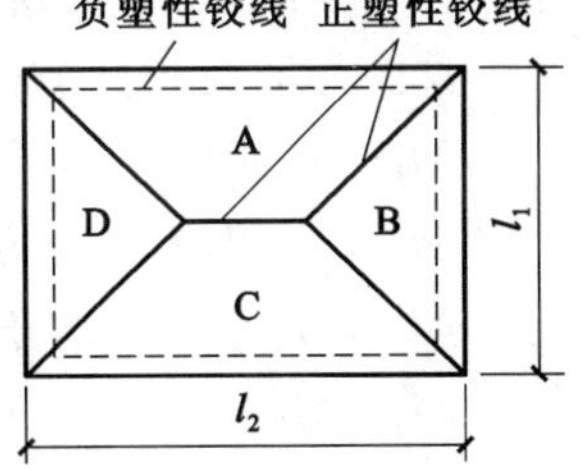

图 1-35 四边固定双向板的塑性铰线及极限板块

图 1-35 所示为一块四边固定矩形双向板，短边及长边跨长分别为 l_1 及 l_2，板面作用有均布荷载 $g+q$，假定破坏时，形成图 1-35 所示塑性铰线，即四周支承边形成负塑性铰线，跨中形成正塑性铰线，呈对称形并沿 $\theta=45°$方向四角发展，将板分成 A、B、C、D 四块。每块板处于极限平衡状态，分别对各板块建立极限平衡方程，然后将四个板块的平衡方程相加，即可得到整个板的极限平衡方程式，即双向板的塑性法的基本计算公式。

现取板块 A 为脱离体，如图 1-36(b)所示，对支座塑性铰线取矩，得到荷载和塑性铰线极限弯矩的力矩平衡方程式为：

$$M_1+M_{\mathrm{I}}=(g+q)\times\frac{l_1}{2}\times(l_2-l_1)\times\frac{l_1}{4}+2\times\frac{1}{2}\times\frac{l_1}{2}\times\frac{l_1}{2}\times(g+q)\times\frac{1}{3}\times\frac{l_1}{2}$$

$$=\frac{(g+q)l_1^2}{24}(3l_2-2l_1) \tag{1-26}$$

同理，对于板块 C，其极限平衡方程式为：

$$M_1+M_{\mathrm{I}}'=\frac{(g+q)l_1^2}{24}(3l_2-2l_1) \tag{1-27}$$

取板块 B 为脱离体，如图 1-36(c)所示，对支座塑性铰线取矩，得到荷载和塑性铰线极限弯矩的力矩平衡方程式为：

$$M_2+M_{\mathrm{II}}'=(g+q)\times\frac{1}{2}\times\frac{l_1}{2}\times l_1\times\frac{l_1}{6}=\frac{1}{24}(g+q)l_1^3 \tag{1-28}$$

同理，对于板块 D，其极限平衡方程式为：

$$M_2+M_{\mathrm{II}}=(g+q)\times\frac{1}{2}\times\frac{l_1}{2}\times l_1\times\frac{l_1}{6}=\frac{1}{24}(g+q)l_1^3 \tag{1-29}$$

将以上四式相加即得：

$$2M_1+2M_2+M_{\mathrm{I}}+M_{\mathrm{I}}'+M_{\mathrm{II}}+M_{\mathrm{II}}'=\frac{(g+q)l_1^2}{12}(3l_2-l_1) \tag{1-30}$$

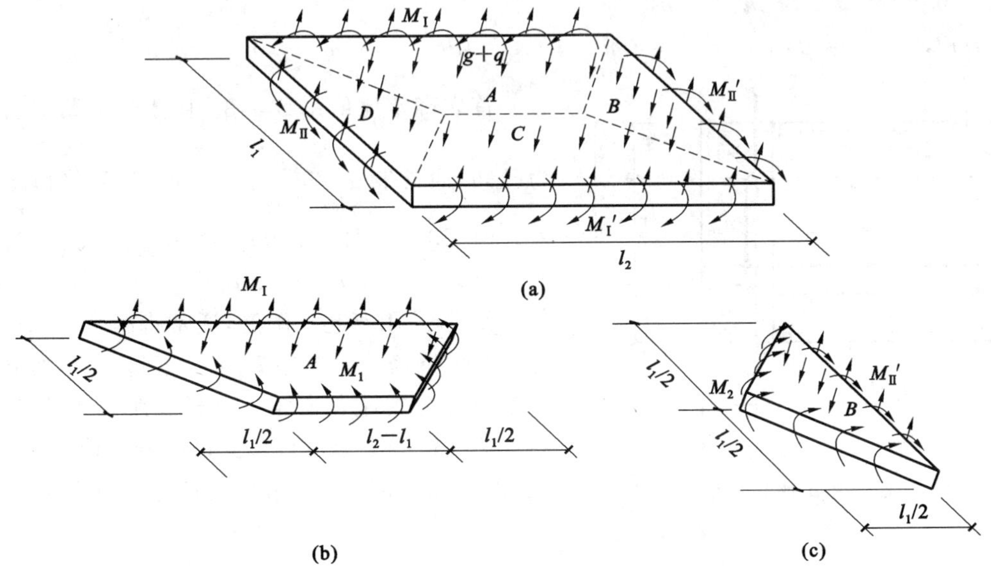

图 1-36 四边固定双向板的塑性铰线及脱离体

式中 l_1——沿板短边方向的计算跨度；

l_2——沿板长边方向的计算跨度；

M_1——相应于 l_1 方向的整个板宽内的跨中塑性铰线上的极限弯矩设计值；

M_2——相应于 l_2 方向的整个板宽内的跨中塑性铰线上的极限弯矩设计值；

$M_{\mathrm{I}}, M'_{\mathrm{I}}$——相应于 l_1 方向的整个板宽内的一对支座塑性铰线上的极限弯矩设计值；

$M_{\mathrm{II}}, M'_{\mathrm{II}}$——相应于 l_2 方向的整个板宽内的一对支座塑性铰线上的极限弯矩设计值。

式(1-30)为塑性铰线法基本方程。

若板块某支承边为简支边，式中相应支座的弯矩为0。如四边简支时，式(1-30)应为

$$2M_1 + 2M_2 = \frac{(g+q)l_1^2}{12}(3l_2 - l_1) \tag{1-31}$$

1.3.3.3 塑性铰线法的配筋计算

(1) 配筋方式

双向板的受力钢筋沿纵横两个方向配置，配置形式类似于单向板，有弯起式和分离式两种。设沿跨中塑性铰线 l_1 及 l_2 方向的单位宽度弯矩为 m_1、m_2，沿支座塑性铰线 l_1 及 l_2 方向的单位宽度弯矩分别为 m_{I}、m'_{I}、m_{II}、m'_{II}。

① 若采用分离式配筋，跨中和支座总弯矩可写成：

$$\begin{cases} M_1 = m_1 l_2, \quad M_2 = m_2 l_1 \\ M_{\mathrm{I}} = m_{\mathrm{I}} l_2, \quad M'_{\mathrm{I}} = m'_{\mathrm{I}} l_2 \\ M_{\mathrm{II}} = m_{\mathrm{II}} l_1, \quad M'_{\mathrm{II}} = m'_{\mathrm{II}} l_1 \end{cases} \tag{1-32}$$

将上述6个公式代入塑性铰线法基本公式(1-30)中，可得：

$$2m_1 l_2 + 2m_2 l_1 + m_{\mathrm{I}} l_2 + m'_{\mathrm{I}} l_2 + m_{\mathrm{II}} l_1 + m'_{\mathrm{II}} l_1 = \frac{(g+q)l_1^2}{12}(3l_2 - l_1) \tag{1-33}$$

双向板设计时，通常已知板的设计荷载$(g+q)$和计算跨度 l_1、l_2，要求确定内力和配筋。由于一个方程无法同时确定多个变量，因此，需要补充附加条件。

令 $\alpha = \frac{m_2}{m_1}$，$\beta = \frac{m_{\mathrm{I}}}{m_1} = \frac{m'_{\mathrm{I}}}{m_1} = \frac{m_{\mathrm{II}}}{m_2} = \frac{m'_{\mathrm{II}}}{m_2}$，则可得：

$$m_2 = \alpha m_1, \quad m_{\mathrm{I}} = \beta m_1, \quad m'_{\mathrm{I}} = \beta m_1, \quad m_{\mathrm{II}} = \beta m_2 = \alpha\beta m_1, \quad m'_{\mathrm{II}} = \beta m_2 = \alpha\beta m_1 \tag{1-34}$$

首先确定比值系数 α,β。由于长短跨比值 $n = \frac{l_2}{l}$ 为已知，通常取 $\alpha = \frac{1}{n^2}$，$\beta = 1.5 \sim 2.5$，将以上各式代入式(1-33)，即可求得 m_1，然后根据式(1-34)，可相继求出 m_2、m_{I}、m'_{I}、m_{II}、m'_{II}。

② 若采用弯起式配筋，通常将两个方向的跨中承受正弯矩钢筋在距支座 $l_1/4$ 处弯起一半，弯起钢筋可以承担部分支座负弯矩。这样在距离支座 $l_1/4$ 以内的正塑性铰线上单位板宽的极限弯矩值分别为$m_1/2$，$m_2/2$，如图1-37所示，故此时两个方向的跨中总弯矩分别为：

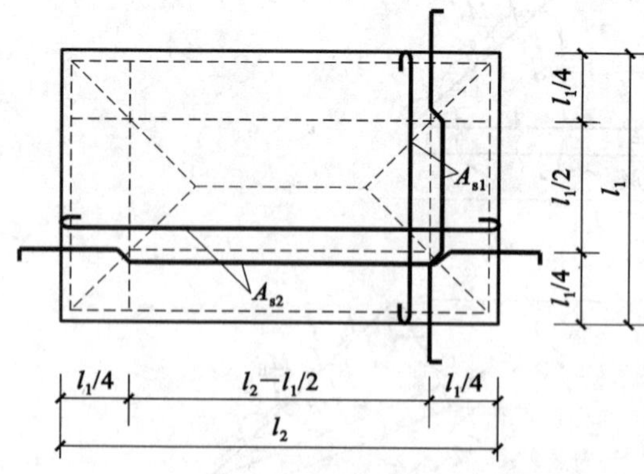

图1-37 双向板跨中钢筋弯起示意图

$$M_1 = \left(l_2 - \frac{l_1}{2}\right)m_1 + 2 \times \frac{l_1}{4} \times \frac{m_1}{2} = \left(l_2 - \frac{l_1}{4}\right)m_1 \tag{1-35}$$

$$M_2 = \frac{l_1}{2}m_2 + 2 \times \frac{l_1}{4} \times \frac{m_2}{2} = \frac{3}{4}l_1 m_2 = \frac{3}{4}\alpha\beta m_1 \tag{1-36}$$

支座上承受负弯矩钢筋仍各自沿全长布置，和分离式相同，即支座总弯矩仍表示为：

$$M_{\text{I}} = m_1 l_2,\quad M_{\text{I}}' = m_{\text{I}}' l_2,\quad M_{\text{II}} = m_{\text{II}} l_1,\quad M_{\text{II}}' = m_{\text{II}}' l_1 \tag{1-37}$$

将上述关系式代入式(1-30)，即可确定板中的各个内力 $m_1, m_2, m_{\text{I}}, m_{\text{I}}', m_{\text{II}}, m_{\text{II}}'$。

对于连续双向板，可以首先从中间区格板开始，按四边固定的单区格板进行计算。中间区格板计算完毕后，可将中间区格板计算得出的各支座弯矩值作为计算相邻区格板支座的已知弯矩值。这样，依次由内向外直至外区格板可一一解出。对于边、角区格板，按边界的实际支承情况进行计算。

(2) 配筋计算

在求得板各跨跨中及支座截面的弯矩设计值后，可根据正截面受弯承载力的计算来确定配筋。设板内配筋两个方向均为等间距布置，则跨中承受正弯矩的钢筋与相应于 l_1 和 l_2 方向单位板宽塑性铰线上的极限弯矩的关系为：

$$\begin{aligned} m_1 &= A_{s1} f_y \gamma_s h_{01} \\ m_2 &= A_{s2} f_y \gamma_s h_{02} \end{aligned} \tag{1-38}$$

支座上承受负弯矩的钢筋与相应于 l_1 和 l_2 方向单位板宽塑性铰线上的极限弯矩的关系为：

$$\begin{aligned} m_{\text{I}} &= A_{s\text{I}} f_y \gamma_s h_{0\text{I}} \\ m_{\text{I}}' &= A'_{s\text{I}} f_y \gamma_s h'_{0\text{I}} \\ m_{\text{II}} &= A_{s\text{II}} f_y \gamma_s h_{0\text{II}} \\ m_{\text{II}}' &= A_{s\text{II}}' f_y \gamma_s h'_{0\text{II}} \end{aligned} \tag{1-39}$$

式中 A_{s1}, A_{s2}——沿 l_1、l_2 方向跨中单位板宽内的纵向受拉钢筋截面面积。

$A_{s\text{I}}, A_{s\text{I}}'$——沿 l_1 方向支座单位板宽内的纵向受拉钢筋截面面积。

$A_{s\text{II}}, A_{s\text{II}}'$——沿 l_2 方向支座单位板宽内的纵向受拉钢筋截面面积。

h_{01}, h_{02}——沿 l_1、l_2 方向跨中截面的有效高度。$h_{01}=h-20(25)$ mm，$h_{02}=h_{01}-10$ mm，h 为截面高度。由于短跨方向弯矩比长跨方向大，短跨方向钢筋应放在长跨方向受力钢筋的外侧，以充分利用板的有效高度。

$h_{0\text{I}}, h_{0\text{I}}'$——沿 l_1 方向支座截面有效高度，$h_{0\text{I}}=h_{0\text{I}}'=h-20(25)$ mm。

$h_{0\text{II}}, h_{0\text{II}}'$——沿 l_2 方向支座截面有效高度，$h_{0\text{II}}=h_{0\text{II}}'=h-20(25)$ mm。

γ_s——内力臂系数，采用塑性法内力计算时可近似取 0.95，采用弹性法内力计算时可近似取 0.90。

1.3.4 双向板的构造要求

(1) 双向板的厚度

双向板的厚度不宜小于 80 mm。为满足刚度要求，双向板的板厚与短跨跨度的比值宜满足 $h/l_1 \geqslant 1/40$。

(2) 板中弯矩折减

双向板在荷载作用下由于支座的约束，整块板存在着拱的作用，从而使板的跨中弯矩减小。因此，截面设计时考虑这种有利的影响，对于周边与梁整体连接的板，其计算弯矩可根据下列情况予以减少。

① 中间区格的跨中截面及中间支座截面，计算弯矩可减少 20%。

② 边区格的跨中截面及从楼板边缘算起的第二个支座截面：

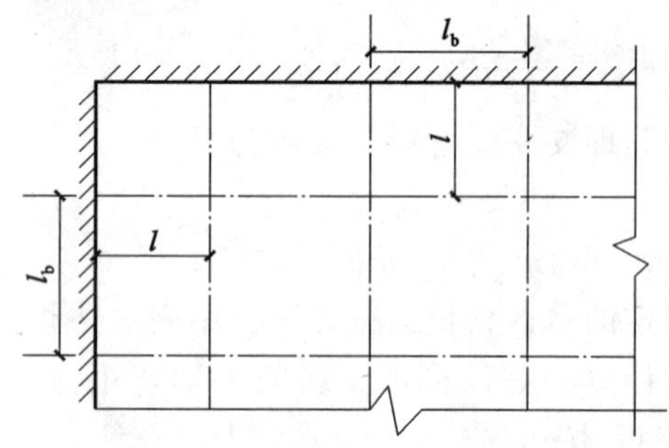

图 1-38　双向板的计算跨度示意图

当 $l_b/l<1.5$ 时，计算弯矩可减少 20%；当 $1.5\leqslant l_b/l\leqslant 2$时，计算弯矩可减少 10%。

其中，l 为垂直于板边缘方向的计算跨度，l_b 为沿边缘方向的计算跨度(图 1-38)。

③ 角区格板截面弯矩值不应减少。

(3) 钢筋配置

按弹性理论计算时，板底钢筋数量是根据跨中最大弯矩求得的，而分析表明，跨中弯矩沿短板宽向两边逐渐减小，故配筋也应向两边逐渐减小。考虑施工方便，可将板在两个方向各划分成三个板带(图 1-39)，边缘板带的宽度为较小跨度的 1/4，其余为中间板带。在中间板带内按最大弯矩配筋，而边缘板带配筋减少一半，但每米宽度内不得少于 4 根。对于支座处顶板的负弯矩钢筋，应按各支座最大负弯矩求得，沿全支座均匀布置，而不再边缘板带内减少。

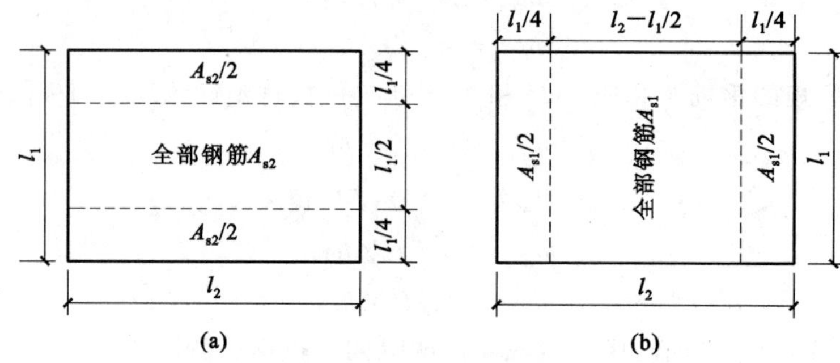

图 1-39　按弹性理论计算正弯矩配筋板带

(a) 平行于 l_2 方向的钢筋；(b) 平行于 l_1 方向的钢筋

双向板按塑性理论计算时，其配筋应符合内力计算的假定，通常跨中及支座钢筋均匀布置。

双向板受力钢筋的直径、间距及弯起点、切断点的位置等规定，与单向板的有关规定相同，如图 1-40所示。

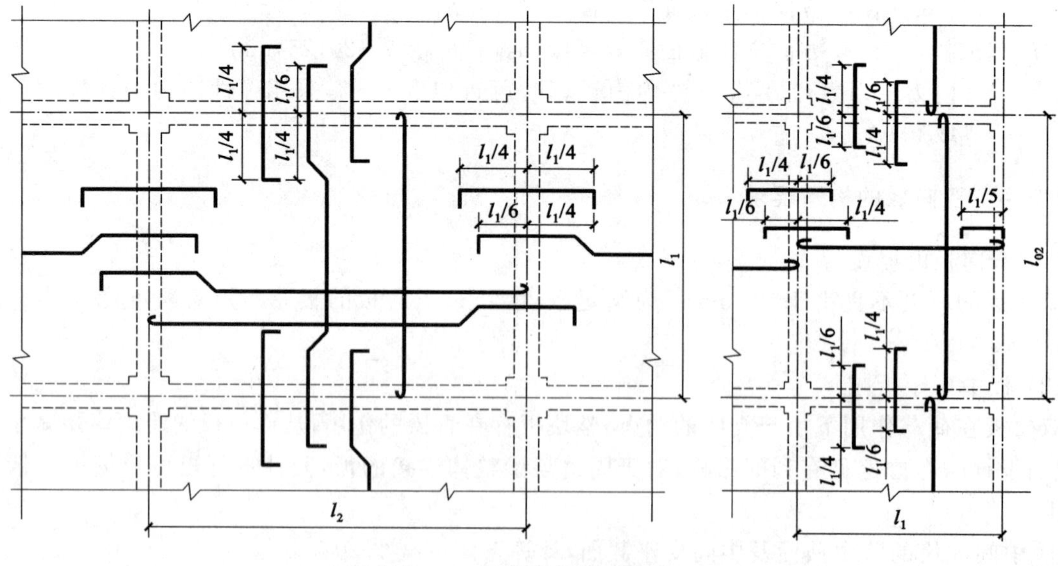

图 1-40　双向板配筋示意图

对于支承在砌体上的双向板简支边，考虑墙体的约束作用，应配置板边与板角构造钢筋，其数量、尺寸要求与单向板相同。

1.3.5 双向板支承梁

双向板传给支承梁的荷载通常采用下述方法近似确定，如图 1-41 所示。从每一区格的四角作 45°线与平行于长边的中线相交，将整块板分成四个板块，每个板块的荷载转至相邻的支承梁上。因此，作用在双向板支承梁上的荷载不是均匀分布的，长跨梁上荷载呈梯形分布，短跨梁上的荷载呈三角形分布。

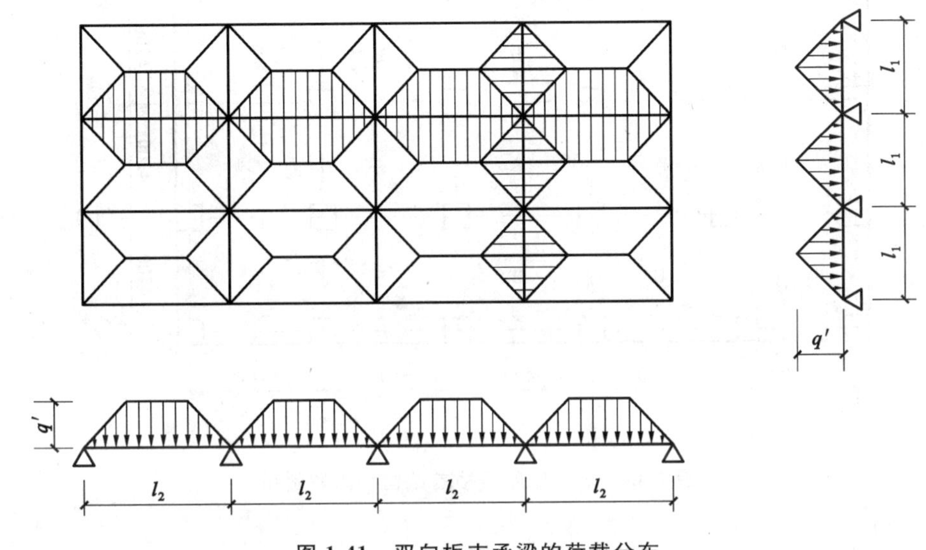

图 1-41 双向板支承梁的荷载分布

支承梁的内力可按弹性理论或塑性理论计算。

按弹性理论计算时，可先将梁上的梯形或三角形荷载，根据支座转角相等的条件换算为等效均布荷载，如图 1-42 所示，再利用等效均布荷载下等跨连续梁的计算表格求得支座弯矩，然后根据所求得的支座弯矩和每跨的实际荷载（梯形或三角形分布荷载），由平衡条件求得跨中弯矩和支座剪力。

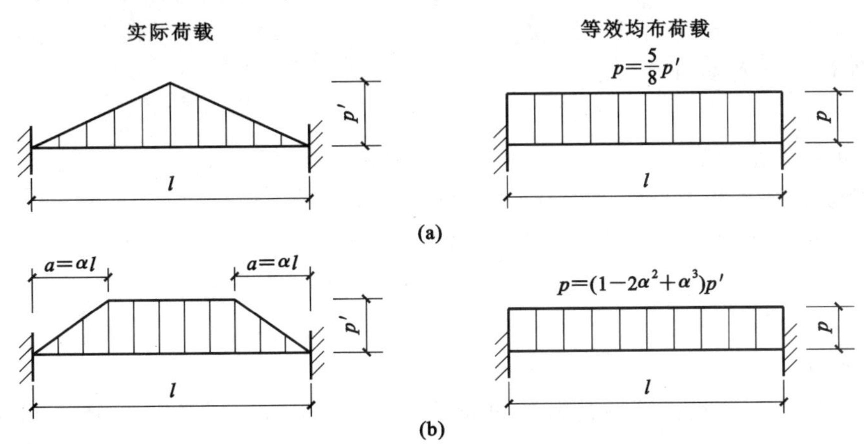

图 1-42 换算的等效均布荷载

按塑性理论计算，可在弹性理论计算所得支座弯矩的基础上，应用调幅法选定支座弯矩，再按实际荷载求得跨中弯矩。

双向板支承梁的截面设计及构造要求与单向板肋梁楼盖的支承梁相同。

1.3.6 双向板设计例题

某厂房双向板肋梁楼盖的结构平面布置如图 1-43 所示，结构安全等级为二级，环境类别为一类。试计算板的内力和截面配筋。

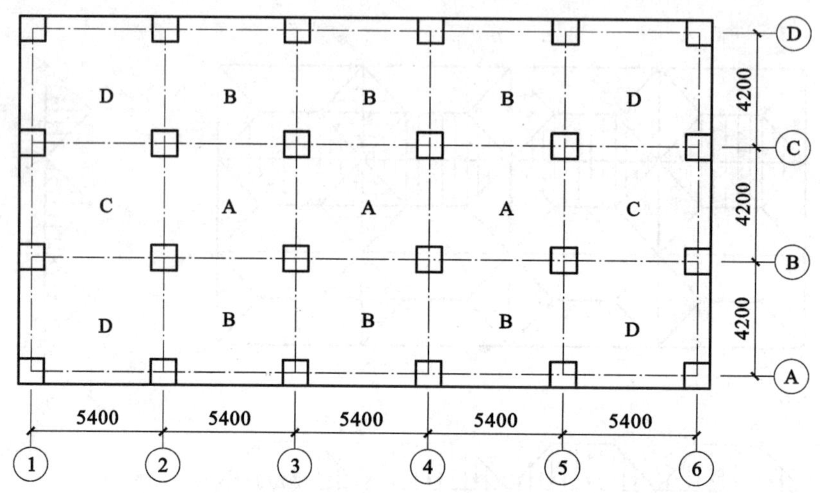

图 1-43　双向板肋梁楼盖结构平面布置图

设计资料如下。

① 楼面构造做法：20 mm 厚水泥砂浆面层，15 mm 厚混合砂浆顶棚抹灰。

② 楼面可变荷载：标准值为 6.0 kN/m。

③ 材料选用：采用 C30 混凝土（$f_t=1.43\ \mathrm{N/mm^2}$，$f_c=14.3\ \mathrm{N/mm^2}$），钢筋采用 HPB300（$f_y=270\ \mathrm{N/mm^2}$）。

④ 截面尺寸。

柱：400 mm×400 mm；梁：两个方向的梁宽均为 $b=200$ mm；板：选用 100 mm[按连续双向板 $h\geqslant l/40=4200/40=105$(mm)计算并取整]。

【分析过程】 (1) 荷载计算

恒荷载标准值：

20 mm 厚水泥砂浆面层	$0.02\times20=0.4(\mathrm{kN/m^2})$
100 mm 钢筋混凝土板	$0.1\times25=2.5(\mathrm{kN/m^2})$
15 mm 厚板底石灰砂浆	$0.015\times17=0.255(\mathrm{kN/m^2})$
恒荷载标准值小计	$g_k=3.16\ \mathrm{kN/m^2}$
活荷载标准值	$q_k=6\ \mathrm{kN/m^2}$

因为是工业建筑楼盖且楼面活荷载标准值大于 4 kN/m²，所以活荷载分项系数取 1.3。恒荷载设计值 $g=3.16\times1.2=3.79(\mathrm{kN/m^2})$，活荷载设计值 $q=6\times1.3=7.8(\mathrm{kN/m^2})$，荷载总设计值 $g+q=11.59(\mathrm{kN/m^2})$。

（2）按弹性理论计算

在求各区格板跨内正弯矩时，按恒荷载满布及活荷载棋盘式布置计算，取荷载

$$g' = g + \frac{q}{2} = 3.79 + \frac{7.8}{2} = 7.69(\text{kN/m}^2)$$

$$q' = \frac{q}{2} = \frac{7.8}{2} = 3.9(\text{kN/m}^2)$$

在 g' 作用下，各内支座均可视为固定；在 q' 作用下，各区格板四边均可视为简支，跨内最大正弯矩取两者荷载作用下弯矩之和。

在求各中间支座最大负弯矩时，按恒荷载及活荷载均满布各区格板计算，取荷载 $g+q=11.59\ \text{kN/m}^2$ 作用下的支座弯矩值。在上述各种情况下，周边梁对板的作用均视为固定支座。

计算跨度：

纵向

$$\text{中间跨}\ l_0 = l_c = 5.4\ \text{m},\quad \text{边跨}\ l_0 = l_c = 5.4 + \frac{0.2}{2} = 5.5(\text{m})$$

横向

$$\text{中间跨}\ l_0 = l_c = 4.2\ \text{m},\quad \text{边跨}\ l_0 = l_c = 4.2 + \frac{0.2}{2} = 4.3(\text{m})$$

按弹性理论算得的弯矩汇总于表 1-13，板间支座弯矩是不平衡的，实际应用时可近似取相邻两区格板支座弯矩的平均值，即

A-B 支座：

$$m_{\text{A-B}} = -\frac{1}{2} \times (13.88 + 16.54) = -15.21$$

A-C 支座：

$$m_{\text{A-C}} = -\frac{1}{2} \times (11.47 + 11.69) = -11.58$$

B-D 支座：

$$m_{\text{B-D}} = -\frac{1}{2} \times (15.15 + 16.14) = -15.65$$

C-D 支座：

$$m_{\text{C-D}} = -\frac{1}{2} \times (15.22 + 19.34) = -17.28$$

配筋计算时截面有效高度的取值，对跨中截面：纵向 $h_0 = 70$ mm，横向 $h_0 = 80$ mm；对支座截面均取 $h_0 = 80$ mm，配筋计算结果略。

表 1-13　**按弹性理论计算弯矩**　（单位：kN·m）

计算内容	A 区格	B 区格	C 区格	D 区格
l_1/l_2	4.2/5.4=0.78	4.3/5.4=0.80	4.2/5.5=0.76	4.3/5.5=0.78
跨中计算简图	g' + q'	g' + q'	g' + q'	g' + q'

续表

计算内容		A区格	B区格	C区格	D区格
$\nu=0$	m_1	$0.0281\times7.69\times4.2^2+0.0585\times3.9\times4.2^2=7.84$	$0.0311\times7.69\times4.3^2+0.0561\times3.9\times4.3^2=8.47$	$0.03308\times7.69\times4.2^2+0.06082\times3.9\times4.2^2=8.67$	$0.0375\times7.69\times4.3^2+0.0585\times3.9\times4.3^2=9.55$
	m_2	$0.0138\times7.69\times4.2^2+0.0327\times3.9\times4.2^2=4.12$	$0.0224\times7.69\times4.3^2+0.0334\times3.9\times4.3^2=5.59$	$0.0139\times7.69\times4.2^2+0.03204\times3.9\times4.2^2=4.09$	$0.0213\times7.69\times4.3^2+0.0327\times3.9\times4.3^2=5.39$
$\nu=0.2$	m_1^{ν}	$7.84+0.2\times4.12=8.66$	$8.47+0.2\times5.59=9.59$	$8.67+0.2\times4.09=9.49$	$9.55+0.2\times5.39=10.63$
	m_2^{ν}	$4.12+0.2\times7.84=5.69$	$5.59+0.2\times8.47=7.28$	$4.09+0.2\times8.67=5.82$	$5.39+0.2\times9.55=7.30$
支座计算简图		$g+q$	$g+q$	$g+q$	$g+q$
m_{I}'		$-0.0679\times11.59\times4.2^2=-13.88$	$-0.0772\times11.59\times4.3^2=-16.54$	$-0.07444\times11.59\times4.2^2=-15.22$	$-0.0905\times11.59\times4.3^2=-19.34$
m_{II}'		$-0.0561\times11.59\times4.2^2=-11.47$	$-0.0707\times11.59\times4.3^2=-15.15$	$-0.05716\times11.59\times4.2^2=-11.69$	$-0.0753\times11.59\times4.3^2=-16.14$

(3) 按塑性理论计算

设计荷载 $g+q=11.59\ \mathrm{kN/m^2}$。

计算跨度：

纵向

$$\text{中间跨}\ l_0=l_n=5.2\ \mathrm{m},\quad \text{边跨}\ l_0=l_n=5.4-\frac{0.2}{2}=5.3(\mathrm{m})$$

横向

$$\text{中间跨}\ l_0=l_n=4.0\ \mathrm{m},\quad \text{边跨}\ l_0=l_n=4.2-\frac{0.2}{2}=4.1(\mathrm{m})$$

先从A区格板开始计算，取 $n=\frac{l_2}{l_1}=\frac{5.2}{4.0}=1.3$，$\alpha=\frac{1}{n^2}=0.6$，$\beta=2$，板的配筋方式采用弯起式，跨中钢筋在距支座 $l_0/4$ 处弯起一半，故得跨中及支座塑性铰线上的总弯矩为：

$$M_1=\left(l_2-\frac{l_1}{4}\right)m_1=\left(5.2-\frac{4.0}{4}\right)m_1=4.2m_1$$

$$M_2=\frac{3}{4}\alpha l_1 m_1=\frac{3}{4}\times0.6\times4\times m_1=1.8m_1$$

$$M_{\mathrm{I}}=m_{\mathrm{I}}'l_2=\beta m_1 l_2=2\times5.2\times m_1=10.4m_1$$

$$M_{\mathrm{I}}'=m_{\mathrm{I}}'l_2=\beta m_1 l_2=2\times5.2\times m_1=10.4m_1$$

$$M_{\mathrm{II}}=m_{\mathrm{II}}l_1=\beta m_2 l_1=\alpha\beta m_1 l_1=0.6\times2\times4\times m_1=4.8m_1$$

$$M_{\mathrm{II}}'=m_{\mathrm{II}}'l_1=\beta m_2 l_1=\alpha\beta m_1 l_1=0.6\times2\times4\times m_1=4.8m_1$$

将以上各式代入式(1-30)，即 $2M_1+2M_2+M_{\mathrm{I}}+M_{\mathrm{I}}'+M_{\mathrm{II}}+M_{\mathrm{II}}'=\frac{(g+q)l_1^2}{12}(3l_2-l_1)$ 得

$$2\times4.2m_1+2\times1.8m_1+2\times10.4m_1+2\times4.8m_1=\frac{1}{12}\times11.59\times4.0^2\times(3\times5.2-4.0)$$

解得

$$m_1=4.23\ \text{kN}\cdot\text{m},\quad m_2=\alpha m_1=0.6\times4.23=2.54(\text{kN}\cdot\text{m})$$

$$m_{\text{I}}=m_{\text{I}}'=\beta m_1=2\times4.23=8.46(\text{kN}\cdot\text{m})$$

$$m_{\text{II}}=m_{\text{II}}'=\beta m_2=\alpha\beta m_1=0.6\times2\times4.23=5.08(\text{kN}\cdot\text{m})$$

同理可求得 B、C、D 板块内力。按塑性理论计算得到的弯矩汇总于表 1-14，配筋计算结果见表 1-15和图 1-44。

表 1-14 **按塑性理论计算的弯矩** (单位:kN·m)

计算内容	A 区格	B 区格	C 区格	D 区格
l_1/m	4.0	4.1	4.0	4.1
l_2/m	5.2	5.2	5.3	5.3
M_1	$4.2m_1$	$4.175m_1$	$4.3m_1$	$4.275m_1$
M_2	$1.8m_1$	$1.845m_1$	$1.8m_1$	$1.845m_1$
M_{I}	$10.4m_1$	8.46×5.2=43.99	$10.6m_1$	8.56×5.3=45.37
M_{I}'	$10.4m_1$	$10.4m_1$	$10.6m_1$	$10.6m_1$
M_{II}	$4.8m_1$	$4.92m_1$	$4.8m_1$	$4.92m_1$
M_{II}'	$4.8m_1$	$4.92m_1$	5.08×4.0=20.32	5.30×4.1=21.73
m_1	4.23	4.42	4.28	4.48
m_2	2.54	2.65	2.57	2.69
m_{I}	8.46	8.46	8.56	8.56
m_{I}'	8.46	8.84	8.56	8.96
m_{II}	5.08	5.30	5.14	5.38
m_{II}'	5.08	5.30	5.08	5.30

表 1-15 **配筋计算结果**

截面			有效高度/mm	M/(kN·m)	计算面积 A_s/mm²	选配钢筋	实际面积 A_s/mm²
跨中	A 区格	l_1 方向	80	4.23×0.8=3.38	164.7	Φ8@200	251
		l_2 方向	70	2.54×0.8=2.03	113.1	Φ8@200	251
	B 区格	l_1 方向	80	4.42×0.8=3.54	172.5	Φ8@200	251
		l_2 方向	70	2.65×0.8=2.12	118.1	Φ8@200	251
	C 区格	l_1 方向	80	4.28×0.8=3.42	166.7	Φ8@200	251
		l_2 方向	70	2.57×0.8=2.06	114.7	Φ8@200	251
	D 区格	l_1 方向	80	4.48	218.3	Φ8@200	251
		l_2 方向	70	2.69	149.8	Φ8@200	251

续表

截面		有效高度/mm	$M/(\mathrm{kN\cdot m})$	计算面积 A_s/mm^2	选配钢筋	实际面积 A_s/mm^2
支座	A-A	80	5.08×0.8=4.06	197.9	Φ8@200	251
	A-B	80	8.46×0.8=6.77	329.9	Φ8@200+Φ8@400	378
	A-C	80	5.08×0.8=4.06	197.9	Φ8@200	251
	B-B	80	5.30×0.8=4.24	206.6	Φ8@200	251
	B-D	80	5.30	258.3	Φ8@200	251
	C-D	80	8.56	417.2	Φ8@100	503
	B 边支座	80	8.84	430.8	Φ8@100	503
	C 边支座	80	5.14	250.5	Φ8@200	251
	D 边支座 l_1 方向	80	8.96	436.6	Φ8@100	503
	D 边支座 l_2 方向	80	5.38	262.2	Φ8@400+Φ10@400	322

配筋计算公式为：$A_s=\dfrac{m}{\gamma_s h_0 f_y}$，$\gamma_s=0.95$，$f_y=270\ \mathrm{N/mm^2}$，$\rho_{\min}=0.45\dfrac{f_t}{f_y}=0.45\times\dfrac{1.43}{270}=0.24\%>0.2\%$，$A_{s\min}=\rho_{\min}bh=0.24\%\times1000\times100=238.3(\mathrm{mm^2})$。

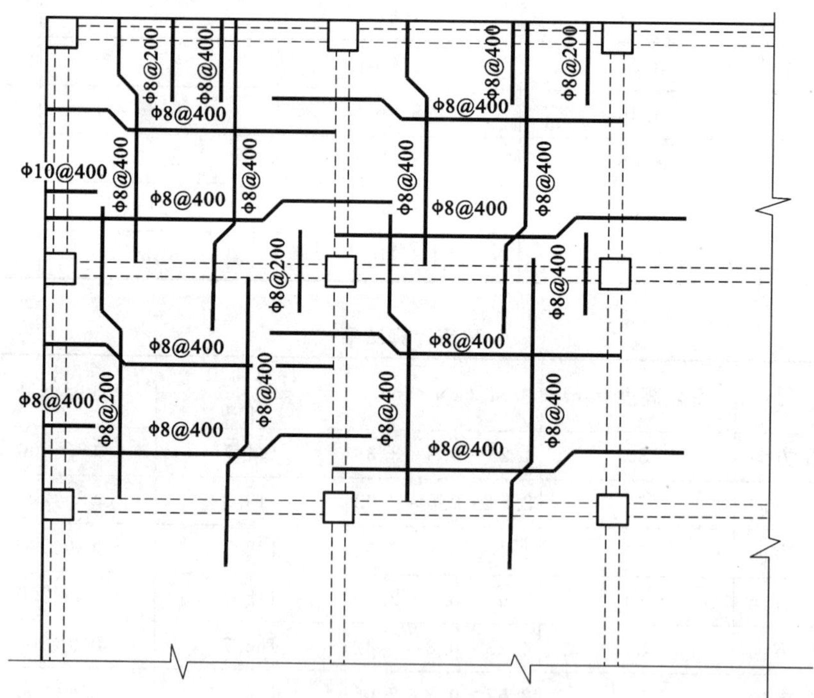

图 1-44　按塑性理论设计的板的配筋图

1.4 无梁楼盖

1.4.1 无梁楼盖的结构组成及特点

所谓无梁楼盖，就是不设梁肋，而将板直接支承在柱上。

无梁楼盖的优点是结构高度小，可以减小房屋的层高，降低房屋的总高度；板底平整，构造简单，施工方便。一般说来，当楼面有效荷载在 5 kN/m^2 以上，跨度在 6 m 以内时，无梁楼盖较肋梁楼盖经济，因而无梁楼盖常用于多层厂房仓库、商场、冷藏库等建筑。

无梁楼盖的缺点是由于取消了肋梁，其抗弯刚度减小，挠度增大；柱子周边的剪应力高度集中，容易引起局部板的冲切破坏。通过在柱的上端设置柱帽、托板，可以减小板的挠度，提高板柱在连接处的抗冲切承载力，如图 1-45 所示。当不设柱帽、托板时，一般需在板柱连接处配置剪切钢筋来满足受冲切承载力的要求。

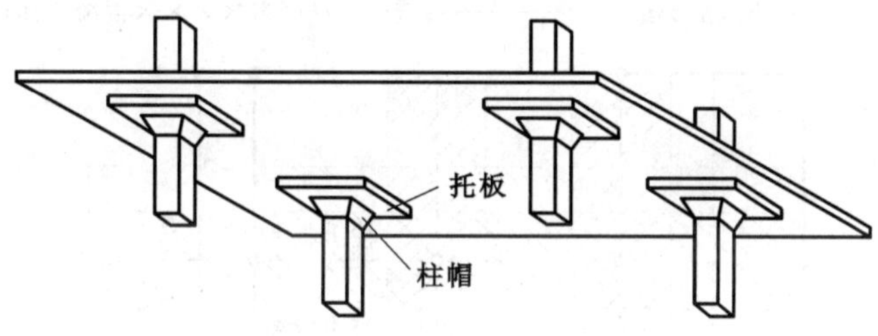

图 1-45 设置柱帽、托板的无梁楼盖

无梁楼盖的柱网通常布置成正方形和矩形，以正方形最为经济。楼盖的四周可支承在墙上和边梁上，或悬臂伸出边柱以外，悬臂板挑出适当的距离，能减小边跨的跨中弯矩，可取得较好的经济效果，但这将使房屋周边形成狭窄地带，对建筑使用不利。

无梁楼盖可以是整浇的，也可以是预制装配的。

1.4.2 无梁楼盖的内力计算

1.4.2.1 破坏特征及受力特点

图 1-46 所示为有柱帽无梁楼盖在破坏时的裂缝分布，实验研究表明，在均布荷载作用下，第一批裂缝出现在柱帽顶面边缘上。继续加荷时，在板顶沿柱列轴线也出现裂缝。随着荷载的增加，板顶裂缝不断发展，板底跨中出现互相垂直且平行于柱列轴线的裂缝。当即将破坏时，在柱帽顶面和柱列轴线的板顶及跨中板底的裂缝中出现一些特别大的主裂缝。在这些裂缝处，受拉钢筋达到屈服，裂缝处塑性铰线相继出现，楼盖产生塑性内力重分布，至塑性铰线处受压混凝土被压碎，此时楼板即告破坏。

无梁楼盖在竖向荷载作用下，相当于点支承的平板，是双向受力的。在实际工程中，可将楼板在纵横两个方向假想划为两种板带。如图 1-47 所示，柱中心线两侧各 $l_1/4(l_2/4)$宽的板带称为柱上板带；柱距中间宽为 $l_1/2(l_2/2)$的板带称为跨中板带。柱上板带可以视作是支承在柱上的“连续板”，而跨中板带则可视作是支承在柱上板带上的“连续板”。考虑钢筋混凝土板具有塑性内力重分布的能力，可以假定在同一板带宽度内，内力的数值是均匀的，钢筋也可以均匀地分布。

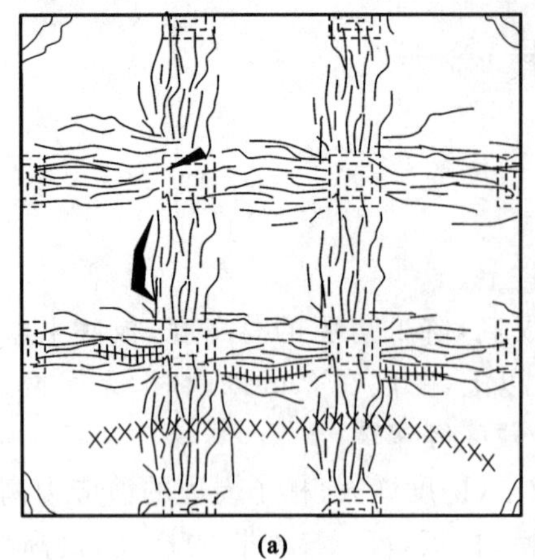

(a)

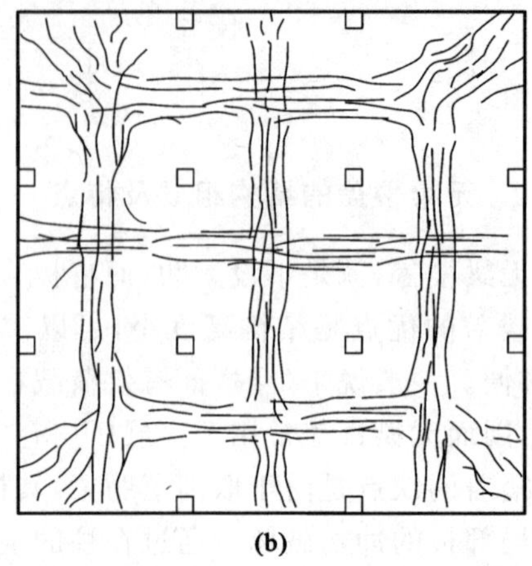

(b)

图 1-46 无梁楼盖的破坏裂缝

(a) 板顶;(b) 板底

——新出现的裂缝 ┼┼┼┼┼┼┼ 很宽的裂缝 ×××××混凝土压碎

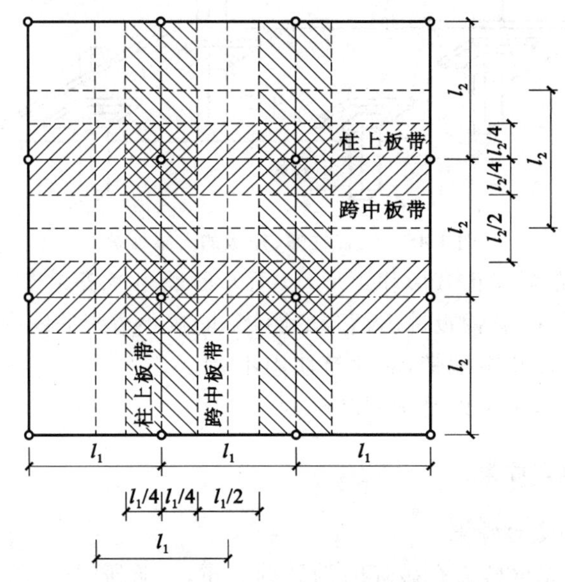

图 1-47 无梁楼盖的板带划分

1.4.2.2 内力计算

无梁楼盖的内力也有弹性理论和塑性理论两种计算方法。下面简单介绍两种应用较为广泛的按弹性理论计算的方法:弯矩系数法和等代框架法。

(1) 弯矩系数法

弯矩系数法是在弹性薄板理论分析的基础上,给出柱上板带和跨中板带在跨中截面、支座截面上的弯矩计算系数。计算时,先算出总弯矩,再乘以相应的弯矩系数即可得出各截面的弯矩。

① 弯矩系数法的适用条件。

a. 每个方向至少应有 3 个连续跨。

b. 同方向相邻跨度的差值不超过较长跨度的 1/3。

c. 任一区格板的长跨与短跨的跨度之比不大于 1.5。

d. 可变荷载不大于永久荷载的 3 倍。

用该方法计算时，只考虑全部均布荷载，不考虑活荷载的不利布置。为了保证无梁楼盖本身不承受水平荷载，在楼盖的结构体系中应设置抗侧力支撑或剪力墙。

② 弯矩系数法的计算步骤。

a. 分别按下式计算每个区格板两个方向的总弯矩设计值：

l_1 方向

$$M_{01}=\frac{1}{8}(g+q)l_2\left(l_1-\frac{2}{3}c\right)^2 \tag{1-40}$$

l_2 方向

$$M_{02}=\frac{1}{8}(g+q)l_1\left(l_2-\frac{2}{3}c\right)^2 \tag{1-41}$$

式中 l_1，l_2——沿纵、横两个方向的柱网尺寸；

g，q——板面永久荷载和可变荷载设计值，kN/m^2；

c——柱帽在计算弯矩方向的有效计算宽度，按图 1-48 确定。

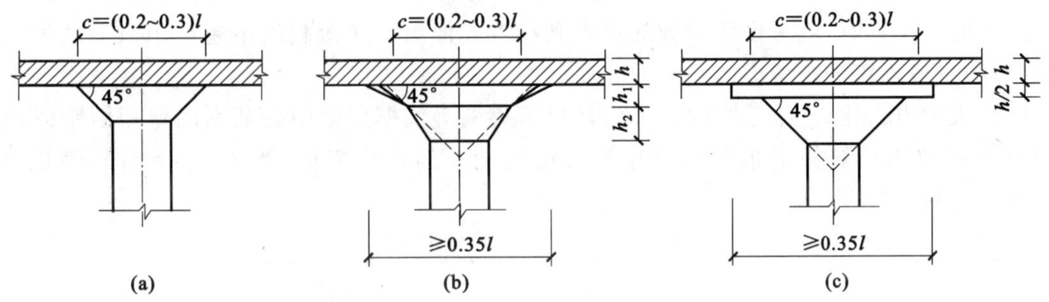

图 1-48 各种形式的柱帽和有效宽度

(a) 台锥形柱帽；(b) 折线形柱帽；(c) 带托板柱帽

b. 将每一方向的总弯矩（M_{01} 和 M_{02}），分别乘以表 1-16 中所列系数，即可分别求得柱上板带和跨中板带的支座截面和跨中截面相应位置的弯矩。

表 1-16 **无梁板的弯矩计算系数**

截面位置	端跨			内跨	
	边支座	跨中	内支座	跨中	支座
柱上板带	−0.48	0.22	−0.50	0.18	−0.50
跨中板带	−0.05	0.18	−0.17	0.15	−0.17

注：端跨外有悬臂板且悬臂板端部的负弯矩大于端跨边支座弯矩时，需要考虑悬臂弯矩对边支座和内跨弯矩的影响。

(2) 等代框架法

当无梁楼盖结构不符合弯矩系数法的应用条件时，可采用等代框架法计算结构的内力。

等代框架法是将整个结构分别沿纵、横柱列方向划分为具有“等代柱”和“等代梁”的纵向与横向框架。

等代柱的截面即原柱的截面，等代柱的计算高度为：对底层，取基础顶面至该楼层楼板底面的高度减去柱帽的高度；对于其他各楼层，取层高减去柱帽的高度。

等代梁的高度为板的厚度；等代梁的跨度，在两个方向分别取 $l_1-\frac{2}{3}c$ 和 $l_2-\frac{2}{3}c$。

当竖向荷载作用时，等代梁的宽度取与梁跨方向相垂直的板跨中心线的距离（l_2 或 l_1）。

当水平荷载作用时，取与梁跨方向相垂直的板跨中心线距离的1/2较为适宜。

当仅有竖向荷载时，框架可按分层法简化计算，即所计算的上、下层楼板均视作上层柱与下层柱的固定远端。这样，就将复杂的多层等效框架的计算转化为简单的二层和单层(顶层)框架的计算，如图1-49所示。

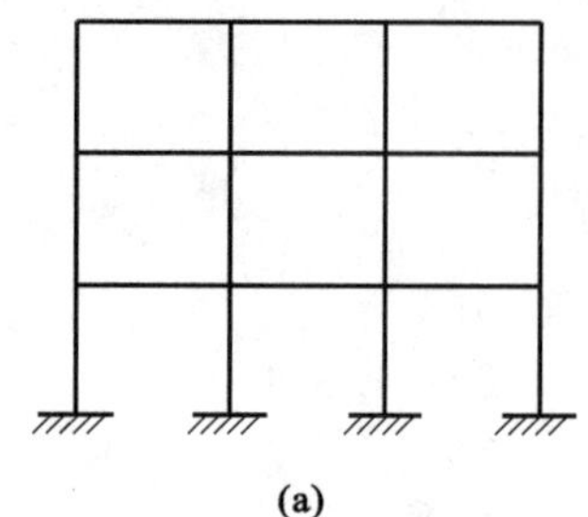
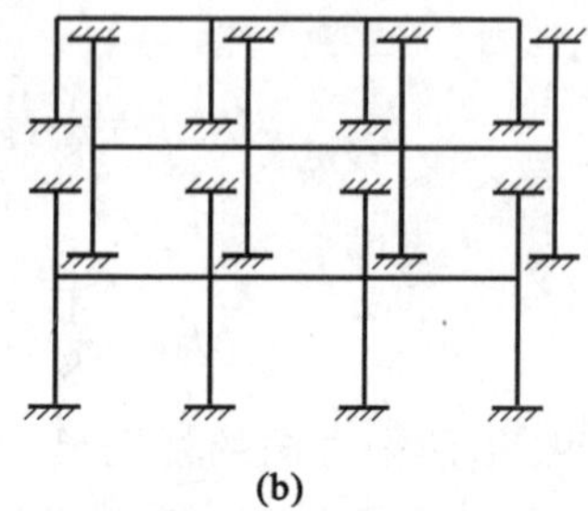

(a) (b)

图1-49 各种形式的柱帽和有效宽度

(a) 等效框架；(b) 分层框架

按等代框架计算时，应考虑活荷载的最不利布置。但当可变荷载值不超过永久荷载值的75%时，可变荷载可按各跨满布考虑。

当区格板的边长比$l_2/l_1 \leqslant 1.5$时，可将计算所得的等代框架梁中各截面的弯矩值乘以表1-17所列的分配系数来计算柱上板带和跨中板带的弯矩。但严格来讲，当$l_2/l_1 \neq 1$时，就应该采用表1-18所列的弯矩分配系数。

表1-17 **等代框架计算的弯矩分配系数**

截面位置	端跨			内跨	
	边支座	跨中	内支座	跨中	支座
柱上板带	0.90	0.55	0.75	0.55	0.75
跨中板带	0.10	0.45	0.25	0.45	0.25

注：本表适用于周边连续板。

表1-18 **不同边长比时等代框架计算的弯矩分配系数**

l_1/l_2	负弯矩		正弯矩	
	柱上板带	跨中板带	柱上板带	跨中板带
0.5～0.6	0.55	0.45	0.50	0.50
0.6～0.75	0.65	0.35	0.55	0.45
0.75～1.33	0.70	0.30	0.60	0.40
1.33～1.67	0.80	0.20	0.75	0.25
1.67～2.0	0.85	0.15	0.85	0.15

注：1. 本表适用于周边连续板。

2. 对于有柱帽的平板，表中的分配比值应做如下修正：负弯矩，柱上板带+0.05，跨中板带−0.05；正弯矩，柱上板带−0.05，跨中板带+0.05。

3. 在保持总弯矩不变的情况下，允许在板带之间或支座弯矩与跨中弯矩之间相应调幅10%。

1.4.3 截面设计与构造要求

(1) 截面的弯矩设计值

当竖向荷载作用时，有柱帽的无梁楼盖内跨具有明显的弯隆作用，这时截面的弯矩设计值可以适当折减。除边跨及边支座外，所有其余部位截面的弯矩设计值均为内力分析得到的弯矩乘以 0.8。

(2) 板厚及板的截面有效高度

无梁楼盖通常是等厚的。对板厚的要求，除要满足承载力要求外，还需满足如下刚度的要求。

① 有顶板柱帽时，$h \geqslant l_2/35$；无顶板柱帽时，$h \geqslant l_2/32$，且均应满足 $h \geqslant 150$ mm。

② 当采用无柱帽时，柱上板带可适当加厚，加厚部分的宽度可取相应跨度的 0.3 倍。

板的有效高度取值与双向板类同。同一部位的两个方向弯矩同号时，由于纵横向钢筋叠置，应分别取各自的截面有效高度。

(3) 板的配筋

根据柱上板带和跨中板带截面弯矩算得的钢筋，可沿纵、横两个方向均匀布置于各自的板带上。钢筋的直径和间距，与一般双向板的要求相同，对于承受负弯矩的钢筋，其直径不宜小于 12 mm，以保证施工时具有一定的刚性。

无梁楼盖中的配筋形式也有弯起式和分离式两种。钢筋的弯起和切断点的位置应满足图 1-50的构造要求。

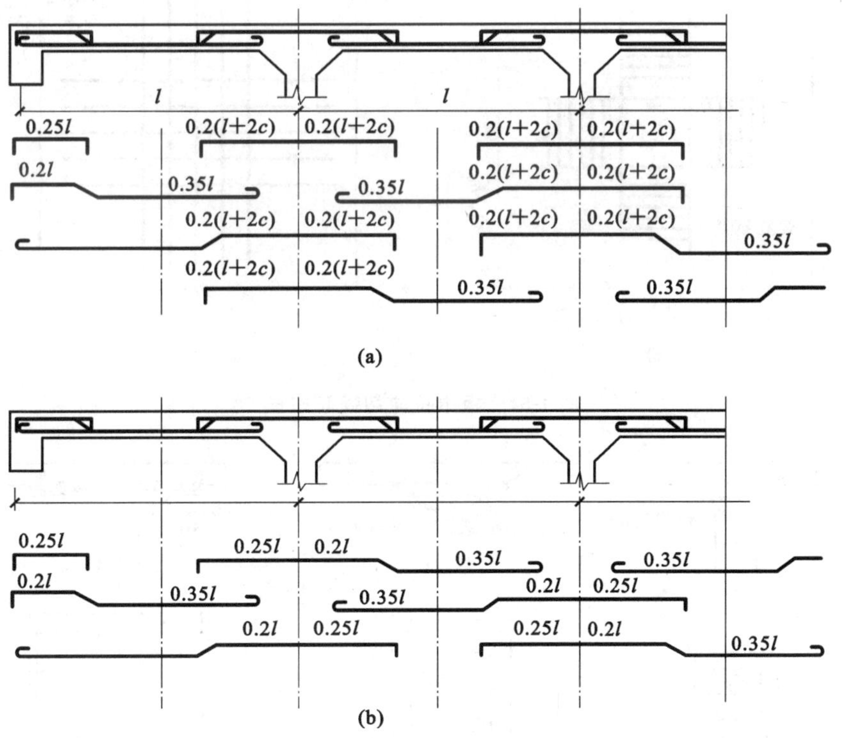

图 1-50 无梁楼盖的配筋构造

(a) 柱上板带；(b) 跨中板带

(4) 边梁

无梁楼盖的周边应设置边梁，其截面高度应不小于板厚的 2.5 倍，与板形成倒 L 形截面。边梁除承受荷载产生的弯矩和剪力之外，还承受由垂直边梁方向各板带传来的扭矩，因此应配置必要的抗扭构造钢筋。

(5) 柱帽和配筋要求

无梁楼盖全部楼面荷载是通过板柱连接面上的剪力传给柱的。柱帽的配筋应根据板的受冲切承载力确定，计算所需的箍筋应配置在冲切破坏锥体范围内。此外，尚应按相同的箍筋直径和间距向外延伸不小于 $0.5h_0$ 范围内。箍筋宜为封闭式，并应箍住架立钢筋，箍筋直径不应小于 6 mm，其间距不应大于 $h_0/3$，如图 1-51(a)所示。

计算所需要的弯起钢筋，可由一排或两排组成，其弯起角度可根据板的厚度在 30°～45°之间选取，弯起钢筋的倾斜段应与冲切破坏斜截面相交，其交点应在离集中反力作用面积周边以外 $h/3$～$h/2$ 的范围内，如图 1-51(b)所示。弯起钢筋不应小于 12 mm，且每一方向不应少于 3 根。

柱帽内的应力通常很小，钢筋按构造配置即可。不同类型柱帽的一般构造要求如图 1-52 所示。

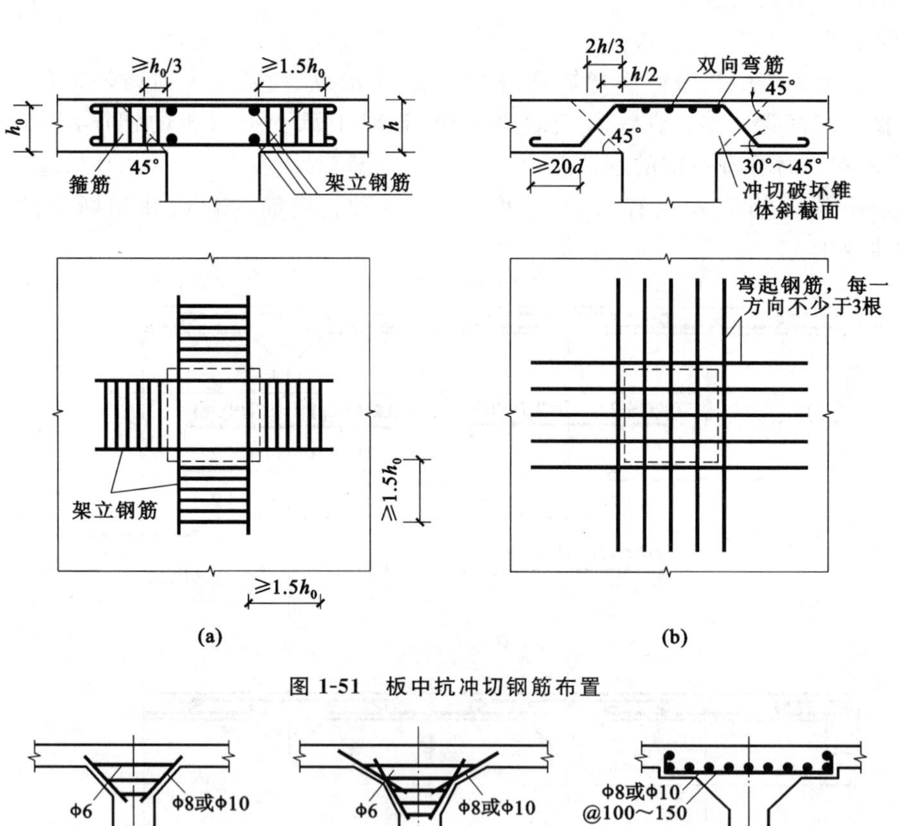

图 1-51　板中抗冲切钢筋布置

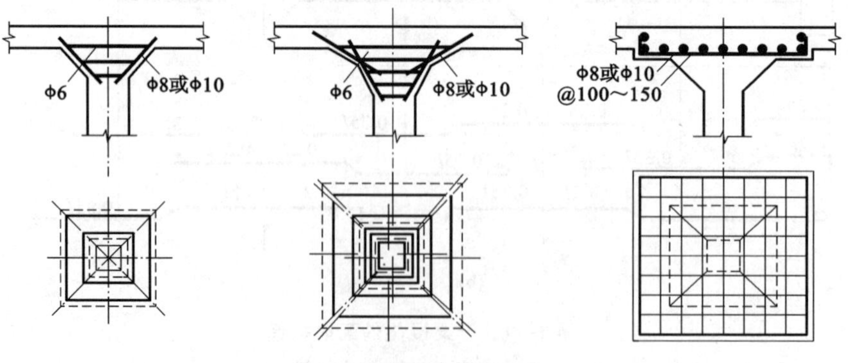

图 1-52　柱帽的配筋构造

1.5 装配式楼盖

在工业与民用建筑中，装配式楼盖因其构造简单，施工方便，得到了一定程度的应用。但由于其楼盖的整体性较差，在地震区的使用受到限制。

装配式楼盖有铺板式、无梁式和密肋式等多种形式，其中以铺板式应用最为广泛。下面仅介绍铺板式楼盖。

1.5.1 铺板式楼盖

铺板式楼盖是将预制楼盖铺设在支承梁或承重墙上构成。预制板多为单跨简支布置，铺板宽度应视施工条件而定，可从 300 mm 到整个房间宽度，长度一般为 2～6 m。预制板可以分为预应力和非预应力两种。

(1) 预制板的形式

① 实心板。

实心板上、下表面平整，制作方便，但用料多，自重大，且刚度小。适用于荷载不大、跨度较小的场合。常用跨度 $l=1.2\sim2.4$ m，板厚可取 $h\geqslant l/30$，常用板厚 $h=80\sim100$ mm，常用板宽 $B=500\sim1000$ mm(标准尺寸)。实心板如图 1-53(a)所示。

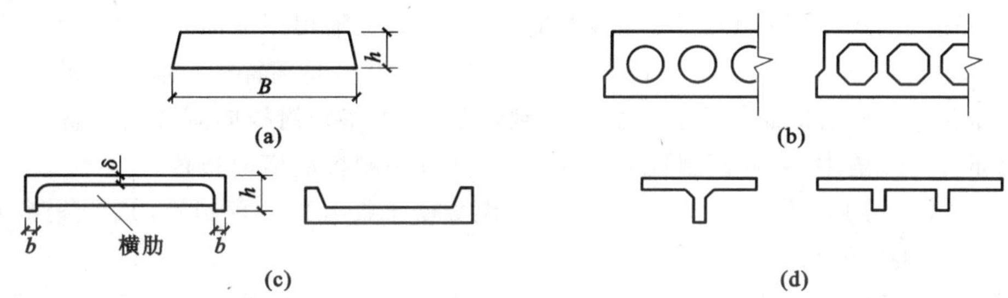

图 1-53 常用的预制板形式

(a) 实心板；(b) 空心板；(c) 槽形板；(d) T 形板

② 空心板。

空心板的形状有圆形、矩形和长方形等，如图 1-53(b)所示，空心板材料用量省，自重轻，隔音效果好，上、下板面平整，并且刚度大，受力性能好。但板面不能任意开洞。

普通钢筋混凝土空心板常用跨度 $l=2.4\sim4.8$m，板厚 $h\geqslant(1/25\sim1/20)l$；预应力混凝土空心板常用跨度 $l=2.4\sim7.5$ m，板厚 $h\geqslant(1/35\sim1/30)l$。空心板厚 h 通常有 110 mm，120 mm，180 mm，240 mm。常用板宽 $B=600$ mm，900 mm，1200 mm。

③ 槽形板。

槽形板由面板、纵肋和横肋组成，横肋除在板的两端设置外，在板的中部也可以设置数道，以提高板的整体刚度。根据肋的方向是向下或向上，槽形板又可分为正槽形板和倒槽形板两种，如图 1-53(c)所示。

槽形板受力合理，并且用料省，自重轻，便于开洞，但它不能提供平整天棚，隔音、隔热效果差。

槽形板的常用跨度 $l=1.5\sim5.6$ m，板厚 $\delta=25\sim30$ mm，纵肋高 $h\geqslant(1/17\sim1/22)l$；通常有 $h=120$ mm，180 mm，240 mm；肋宽 $b=50\sim80$ mm，常用板宽 $B=500$ mm，600 mm，900 mm，1200 mm。

④ T形板。

T形板有单T形板和双T形板两种，如图1-53(d)所示。T形板受力性能好，能跨越较大跨度。但整体刚度略低于其他形式的预制楼板。

T形板常用跨度 $l=6\sim12$ m，肋高 $h=300\sim500$ mm；$\delta=40\sim50$ mm，常用板宽 $B=1500\sim2100$ mm。

(2) 预制梁的形式

预制混凝土梁一般为单跨简支梁或伸臂梁。梁的截面形式有矩形、T形、倒T形及花篮型，如图1-54所示。当梁截面较高时，采用十字形梁或花篮形梁，可增加房屋净空高度。梁的跨高比一般为1/14～1/8。

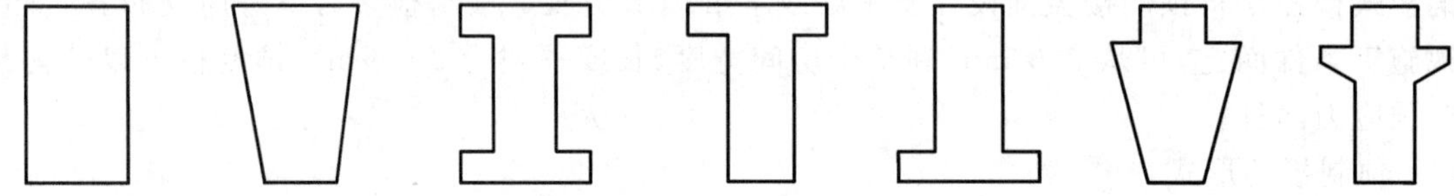

图1-54 预制梁的截面形式

(3) 铺板式楼盖的结构布置

铺板式楼盖的结构布置，应根据建筑平面尺寸、墙体承重方案及施工吊装能力等要求综合考虑。在混合结构房屋中，一般有以下几种布置方案。

① 纵向布置。当房屋开间不大、横墙较多时，可将预制板沿房屋纵向直接搁置在横墙上；当横墙间距较大时，也可以通过在纵墙上架设横梁，再将预制板沿纵向搁置在横墙或横梁上。

② 横向布置。当横墙间距较大且层高又受到限制时，可将板沿横向搁置在纵墙上。

③ 混合布置。楼盖中，部分预制板沿纵向布置，部分预制板沿横向布置。

结构布置方案确定后，可根据建筑平面尺寸从图集中选择合适的预制板，如果预制板铺排后还有空隙，可采用下列措施处理。

① 采用调缝板。调缝板的宽度一般为400 mm，以它为替换标准板，可调宽为100 mm倍数的空隙。

② 扩大板缝。预制板的实际宽度比标准宽度一般要小10 mm左右，当排板所剩空隙不大时，可适当调整板缝宽度使空隙匀开，每缝调整不宜超过10 mm。

③ 挑砖。当排板剩下的缝隙不大于半砖(120 mm)时，可通过自墙面将砖挑出的办法来填补缝隙，如图1-55(a)所示。

④ 局部现浇。当上述方法均不适合时，可采用现浇混凝土板带来填补缝隙，如图1-55(b)所示。

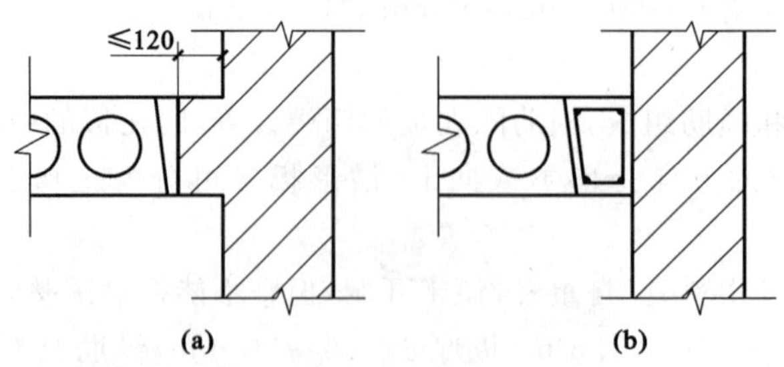

图1-55 排板缝隙的处理

(a) 挑砖；(b) 现浇板带

(4) 装配式楼盖的连接

为了加强结构的整体性，保证各个预制构件有效地发挥作用，设计时应处理好构件间的连接构造。

① 板与板的连接。

板与板的连接一般可采用灌缝的办法，灌缝材料可为 C15 细石混凝土或 M15 砂浆，如图 1-56(a)所示，当板面有动荷载或房屋有抗震设防要求时，可在板缝内加设纵横向拉结筋以加强整体性。必要时可在预制板上现浇配有钢筋网的混凝土面层，如图 1-56(b)所示。

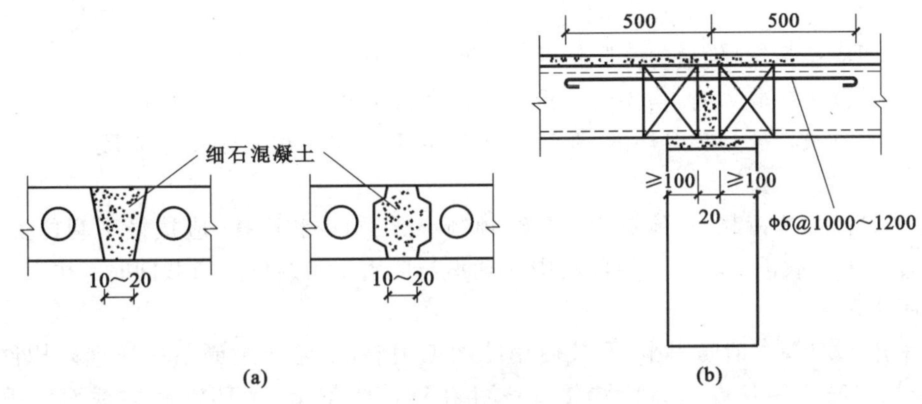

图 1-56　板与板的连接构造

② 板与墙、梁的连接。

预制板搁置在墙、梁上时，板底应坐 10～20 mm 厚砂浆，板在墙上的支承长度应不小于 100 mm，板在梁上的支承长度应不小于 80 mm。

板与非承重墙的连接，一般可采用细石混凝土灌缝，如图 1-57(a)所示，当板跨大于或等于 4.8 m时，应配置拉结筋以加强其与墙体的连接，如图 1-57(c)所示，或将圈梁设置于楼盖平面处，如图 1-57(b)所示。

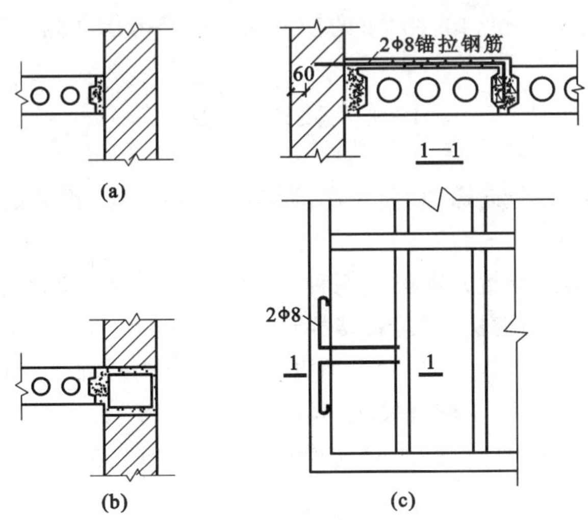

图 1-57　板与墙的连接构造

③ 梁与墙的连接。

梁在墙上的支承长度应满足梁内力钢筋在支座处的锚固要求，并满足支座处砌体局部受压承载力的要求。预制梁在墙上的支承长度应不小于 180 mm，在支承处应坐 10～20 mm 厚砂浆。

1.5.2 装配式楼盖的计算特点

装配式楼盖的主要构件是梁和板，计算特点应分为使用阶段和施工阶段两个方面。

(1) 使用阶段的计算

装配式楼盖一般受弯构件(梁、板)的计算需进行承载力和变形、裂缝宽度验算。

(2) 施工阶段的验算

预制构件在运输、堆放及吊装时的受力情况与使用阶段不同，应按实际情况进行验算。验算时注意以下问题。

① 计算简图应按运输、堆放的实际情况和吊点位置确定。

② 对构件进行吊装验算时，构件的自重应乘以动力系数 1.5。

③ 考虑施工阶段荷载是临时性的，验算时结构的重要性系数应较使用阶段降一级，但最低不得低于三级。

④ 施工或检修集中荷载：对预制梁、檩条、预制小梁、挑檐和雨篷，应按最不利位置作用 1 kN 的施工或检修集中荷载进行验算。但此集中荷载不与使用阶段的可变荷载同时考虑。

(3) 吊环计算

吊环应采用 HPB300 钢筋制作，严禁使用冷加工钢筋，以防止脆断。吊环埋入构件的深度应不小于 l_a(受拉钢筋锚固长度)，并应焊接或绑扎在钢筋骨架上，吊环钢筋的截面面积可按下式确定：

$$A_s = \frac{G_k}{2m[\sigma_k]} \tag{1-42}$$

式中 G_k——构件自重标准值(不考虑动力系数)；

m——受力吊环数，当一个构件上设有四个吊环时，计算时最多只考虑三个吊环同时发挥作用($m \leqslant 3$)；

$[\sigma_k]$——吊环钢筋的容许设计拉应力，《混凝土结构设计规范》(GB 50010—2010)规定 $[\sigma_k]=50\ \text{N/mm}^2$(构件自重的动力系数已经考虑在内)。

1.6 楼　梯

楼梯是多层和高层房屋的竖向通道，是房屋的重要组成部分。钢筋混凝土楼梯的特点是经济、耐久、防火性能好而被广泛采用。

通常采用的楼梯结构形式有板式和梁式两种，如图 1-58 所示。有时也采用一些结构形式比较特殊的楼梯，如悬挑式(剪刀式)楼梯、螺旋式楼梯等。

板式楼梯的优点是下表面平整，施工时支模方便；缺点是当楼梯跨度较大时，斜板较厚，材料用量多。因此，板式楼梯适用于当可变荷载较小、梯段跨度小于 3 m 的情况。

梁式楼梯由于斜梁的存在而使得施工时支模比较复杂，但当梯段跨度大于 3 m 时，采用梁式楼梯较为经济。

楼梯可以是现浇的，也可以采用预制的。

楼梯的结构设计包括以下方面。

① 根据建筑要求和施工条件确定楼梯的结构形式和结构布置。

② 根据建筑类型确定楼梯的活荷载标准值。

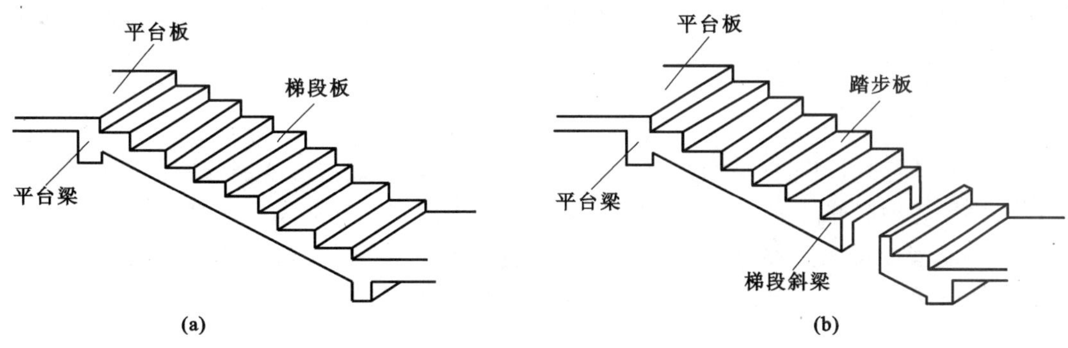

图 1-58 楼梯的结构形式

(a) 板式楼梯;(b) 梁式楼梯

③ 进行楼梯各部件的内力分析和结构设计。

④ 绘制施工图,处理连接部件的配筋构造。

1.6.1 板式楼梯设计

板式楼梯由梯段板、平台板和平台梁组成,如图 1-58(a)所示。梯段板是一块带有踏步的斜板,两端支座在上、下平台梁上。荷载传递路线为:梯段板—平台梁—柱(或梁、墙)。梯段板、平台板和平台梁皆可按均布荷载简支梁进行设计。

(1) 梯段板

梯段板两端支承在平台梁和楼层梁上,底层下段一般支承在地垄梁上。梯段板板厚一般取作 $h=\left(\frac{1}{30}\sim\frac{1}{25}\right)l_0$,$l_0$ 表示梯段板水平投影长度(净跨)。梯段板是一块斜放的带踏步的单向板,可取出 1 m 宽板带作为计算单元。计算简图假定为图 1-59 所示的简支斜梁,可再进一步简化为水平梁计算。两者之间存在如下关系:

$$l_0' = \frac{l_0}{\cos\alpha}$$

$$g' + q' = (g + q)\cos\alpha$$

$$g_v' + q_v' = (g' + q')\cos\alpha$$

式中 l_0'——梯段板的斜向计算跨度;

l_0——梯段板的水平计算跨度;

α——梯段板的倾角;

g,q——作用于梯段板上沿水平投影方向的恒荷载、活荷载设计值;

g',q'——作用于梯段板斜向的恒荷载、活荷载设计值。

图 1-59 梯段斜板的计算简图

斜板的跨中最大弯矩为:

$$M_{\max} = \frac{1}{8}(g_v' + q_v')l_0'^2 = \frac{1}{8}(g+q)\cos^2\alpha \times \frac{l_0^2}{\cos^2\alpha} = \frac{1}{8}(g+q)l_0^2 \tag{1-43}$$

可见,简支斜梁在竖向均布荷载$(g'+q')$作用下的最大弯矩,等于其水平投影长度的简支梁在$(g+q)$作用下的最大弯矩。同理可以推证,最大剪力为水平投影长度的简支梁在$(g+q)$作用下的最大剪力值乘以 $\cos\alpha$。

考虑梯段板与平台及平台梁整浇，平台对斜板的转动变形有一定的约束作用，故计算板的跨中正弯矩时，常近似取值为

$$M_{max}=\frac{1}{10}(g+q)l_0^2 \tag{1-44}$$

截面承载力计算时，斜板的截面高度应垂直于斜面高度，并取齿形的最薄处。

梯段板中受力钢筋按跨中弯矩计算求得，并沿板长方向布置于板底。配筋方式可采用弯起式或分离式。在垂直于受力钢筋方向应按构造配置分布钢筋，并要求每个踏步内至少放置 1 根钢筋，如图 1-60 所示。为避免斜板在支座处产生过大裂缝，应在板面配置一定数量的钢筋，一般取 Φ8@200，长度取 $l_n/4$。

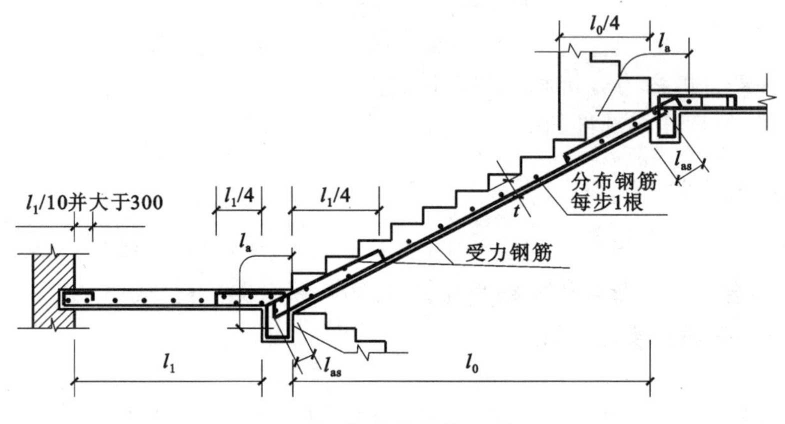

图 1-60　板式楼梯的配筋图

(2) 平台板

平台板一般可视为单向板，可取 1 m 宽板带进行计算，当板的一端与平台梁整体连接，另一端可能支承在砖墙上时，板的跨中弯矩可按 $M=\frac{1}{8}(g+q)l_0^2$ 计算。当板的两端与梁整体连接时，考虑梁对板的约束作用，板的跨中弯矩可按 $M=\frac{1}{10}(g+q)l_0^2$ 计算，其中，l_0 为平台板的计算跨度。

(3) 平台梁

平台梁两端一般支承在楼梯间承重墙上，承受梯段板、平台板传来的均布荷载和平台梁自重，可按简支的倒 L 形梁计算。平台梁截面高度一般取 $h\geqslant l_0/12$，l_0 为平台梁的计算跨度。其他构造与一般梁相同。

1.6.2　梁式楼梯设计

梁式楼梯由踏步板、梯段斜梁、平台板和平台梁组成[图 1-58(b)]，踏步板支承在两边斜梁上，斜梁再支承在平台梁及楼层梁上。斜梁可设在踏步下面或上面，也可用现浇栏板兼做斜梁。荷载传递路线为：踏步板—斜梁—平台梁—柱(或梁、墙)。踏步板、斜梁、平台板和平台梁皆可按均布荷载简支梁进行设计。

(1) 踏步板

踏步板为两端支承在梯段斜梁上的单向板，由于踏步板的受力情况相同，计算时可在竖向切出一个踏步作为计算单元，计算截面简图如图 1-61(a)所示，其跨中弯矩为 $M=\frac{1}{8}(g+q)l_0^2$。当踏步板的两端与梯段斜梁整体连接时，考虑支座的嵌固作用，其跨中弯矩可取 $M=\frac{1}{10}(g+q)l_0^2$。

踏步板的截面为梯形，可按截面面积相等的原则折算为同宽度的矩形截面简支梁设计，截面可采用折算高度 $h=\frac{c}{2}+\frac{\delta}{\cos\alpha}$，$c$ 为踏步高度，δ 为斜板厚度。由于三角形踏步参与工作，斜板厚度可按构造取值，最小值可取 $\delta=40$ mm。

踏步配筋除按计算确定外，要求每个踏步内不宜少于 2Φ6 受力钢筋，布置在踏步斜板中，并沿梯段布置分布钢筋，最小用量为Φ6@250，如图 1-61(b)所示。

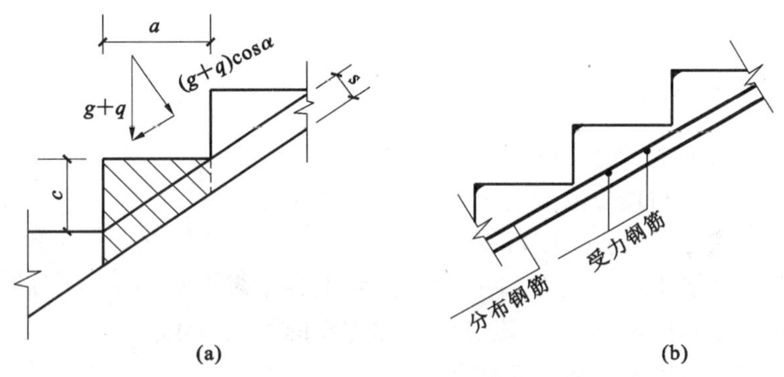

图 1-61 踏步板的截面计算简图及配筋图

(a) 计算简图；(b) 配筋图

(2) 梯段斜梁

梯段斜梁的计算原理与板式楼梯中的梯段斜板相同，可简化为简支斜梁，再将其转化为水平梁计算。

梯段斜梁按倒 L 形截面梁计算，踏步板下斜板为其受压翼缘。梯段梁的截面高度一般取为 $h\geqslant l_0/20$，l_0 为梯段斜梁的水平投影计算跨度。梯段斜梁的配筋与一般梁相同。

(3) 平台板与平台梁

梁式楼梯的平台板与平台梁的计算与板式楼梯基本相同，其不同之处在于，梁式楼梯中的平台梁除了承受平台板传来的均布荷载和平台梁自重外，还承受梯段斜梁传来的集中荷载。

知识归纳

(1) 对于四边支承的板，当长边与短边之比不大于 2.0 时，应按双向板计算；当长边与短边之比大于 2.0，但小于 3.0 时，宜按双向板计算；当长边与短边之比不小于 3.0 时，宜按短边受力的单向板计算，并应沿长边方向布置构造钢筋。

(2) 柱网尺寸决定主梁跨度，主梁间距决定次梁跨度，次梁间距决定板的跨度，板、次梁和主梁的常用经济跨度为：单向板 1.7～2.5 m，次梁 4～6 m，主梁 5～8 m。

(3) 单向板肋梁楼盖的荷载传递路线为：荷载—板—次梁—主梁—墙或柱。墙或柱是主梁支座，主梁是次梁的支座，次梁是板的支座。板和次梁的计算简图为多跨连续梁，一般按塑性法计算内力；主梁的计算简图为多跨连续梁或框架，按弹性法计算内力。

(4) 单向板肋梁楼盖中，板的构造钢筋有四种：分布钢筋，与主梁垂直的板面负筋，与承重墙垂直的板面负筋，板角负筋。

(5) 在主次梁相交处，承受次梁传来的集中荷载的附加横向钢筋包括箍筋和吊筋两种，宜优先采用附加箍筋，其次是吊筋。

(6) 塑性铰的特点是能承担一定弯矩，单向微小转动，有一定分布长度。塑性铰的转动过程即是塑性内力重分布的过程。

(7) 双向板在荷载作用下沿双向传递荷载,跨中产生双向弯曲变形,计算跨中弯矩应考虑泊松比的影响。

(8) 多跨连续双向板,在求跨中最大正弯矩时,活荷载采用棋盘式布置;在求支座最大负弯矩时,近似取恒荷载和活荷载均满布在所有区格时各支座产生最大弯矩。

(9) 塑性转动面所连成的线称为塑性铰线。将位于板底和板面的塑性铰线分别称为"正塑性铰线"和"负塑性铰线"。

思考题

1-1 对于四边支承的板,如何划分单向板与双向板?

1-2 什么是塑性铰?与理想铰比较,塑性铰有哪些特点?

1-3 单向板肋梁楼盖,结构设计包括哪些内容?

1-4 单向板肋梁楼盖中,板、次梁、主梁的经济跨度各是多少?

1-5 对于多跨连续双向板,如何确定各跨中和支座的最大弯矩?

1-6 如何确定双向板跨中截面有效高度?

1-7 无梁楼盖有哪些特点?

1-8 混凝土楼梯的结构形式分为哪两种?各有哪些优缺点?

1-9 某多层厂房的楼盖平面如图 1-62 所示,楼盖采用现浇的钢筋混凝土单向板肋梁楼盖,试设计之。

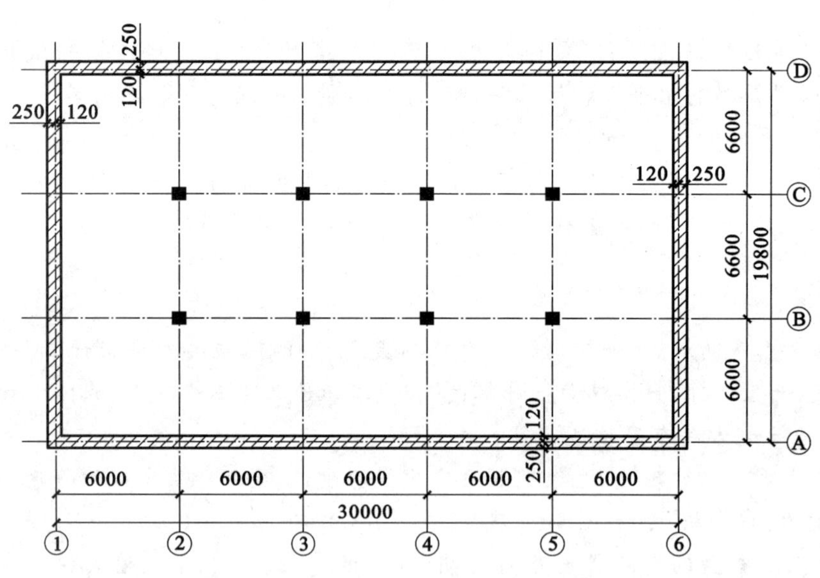

图 1-62 思考题 1-9 图

(1) 设计资料

① 楼面均布活荷载标准值:$q_k = 8$ kN/m²。

② 楼面做法:楼面面层用 20 mm 厚水泥砂浆抹面($\gamma = 20$ kN/m³),板底及梁用 20 mm 厚石灰砂浆抹底($\gamma = 17$ kN/m³)。

③ 材料:混凝土强度等级采用 C30,主梁和次梁的纵向受力钢筋采用 HRB400 或 HRB335,吊筋采用 HRB335,其余均采用 HPB300。

(2) 设计要求

① 板、次梁内力按塑性内力重分布计算。

② 主梁内力按弹性理论计算。

③ 绘出结构平面布置图,板、次梁和主梁的配筋图。

1-10 某双向板肋梁楼盖结构布置如图 1-63 所示,要求用塑性理论方法按弯起式配筋对该双向板肋梁楼盖进行设计。

① 楼面做法:钢筋混凝土现浇板,20 mm 厚石灰砂浆抹底,20 mm 厚水泥砂浆找平。

② 楼面荷载:均布活荷载标准值 2 kN/m^2。

③ 材料:混凝土强度等级为 C30;梁内受力纵筋为 HRB400,其余为 HPB300 钢筋。

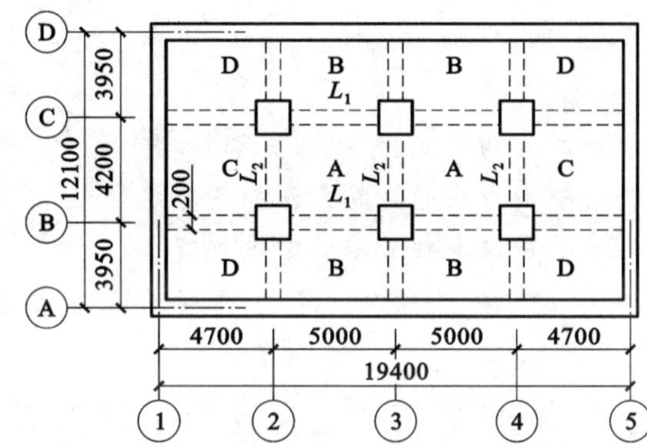

图 1-63 思考题 1-10 图

思考题答案

参考文献

[1] 中华人民共和国住房和城乡建设部,中华人民共和国国家质量监督检验检疫总局. GB 50010—2010 混凝土结构设计规范. 北京:中国建筑工业出版社,2011.

[2] 中华人民共和国住房和城乡建设部,中华人民共和国国家质量监督检验检疫总局. GB 50009—2012 建筑结构荷载规范. 北京:中国建筑工业出版社,2012.

2 单 层 厂 房

内容提要

在建筑工程中，单层厂房是各类厂房中最基本的一种形式。本章主要内容包括单层厂房的结构形式、结构组成和结构布置，排架的计算方法和内力组合，单层厂房柱的设计等。本章的教学重点为排架的计算简图、计算方法和内力组合，教学难点为排架的内力组合分析。

能力要求

重难点

1. 了解单层厂房的结构形式、结构组成和结构布置；
2. 熟练掌握等高横向排架的计算方法和内力组合；
3. 掌握单层厂房柱及柱下独立基础的设计方法；
4. 理解牛腿的受力性能、承载力计算，知道牛腿的构造结构。

2.1 单层厂房的结构形式、结构组成和结构布置

2.1.1 单层厂房的结构形式

厂房结构形式图

目前，我国混凝土单层厂房的结构形式主要有排架结构和钢架结构两种。

排架结构由屋架(或屋面梁)、柱和基础组成，柱与屋架铰接，与基础刚接。根据生产工艺和使用要求的不同，排架结构可做成等高、不等高和锯齿形等多种形式，如图 2-1 和图 2-2 所示，锯齿形通常用于单向采光的纺织厂。排架结构是目前单层厂房结构的基本结构形式，其跨度可超过30 m，高度可达 20～30 m 或更高，吊车吨位可达 150 t 甚至更大。排架结构传力明确，构造简单，施工亦较方便。

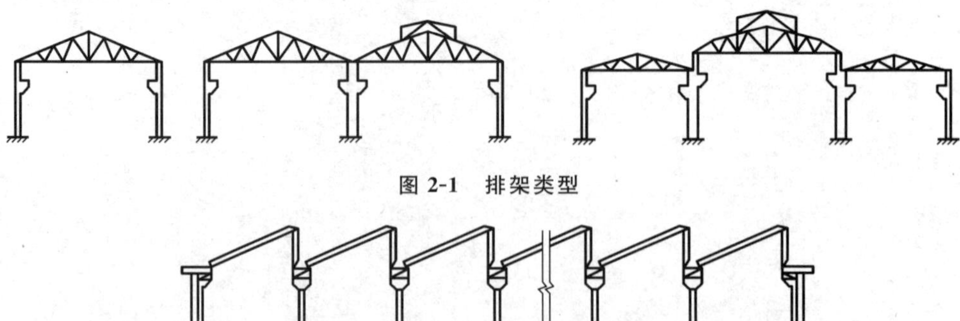

图 2-1 排架类型

图 2-2 锯齿形厂房

单层厂房的钢架结构是指装配式钢筋混凝土门式刚架。其特点是柱和横梁刚接成一个构件，柱与基础通常为铰接。刚架顶节点做成铰接的，称为三铰钢架，如图 2-3(a)所示；做成刚接的称为两铰钢架，如图 2-3(b)所示。前者是静定结构，后者是超静定结构。为便于施工吊装，两铰钢架通常做成三段，在横梁中弯矩为零(或很小)的截面处设置接头，用焊接或螺栓连接成整体。钢架顶部也有做成弧形的，如图 2-3(c)、(d)所示。钢架立柱和横梁的截面高度都是随内力(主要是弯矩)的增减沿轴线方向做成变高的，以节约材料。

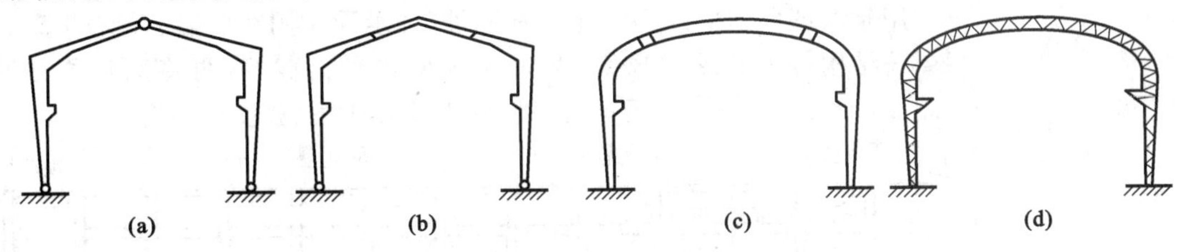

图 2-3 钢架形式

(a) 三铰钢架；(b) 两铰钢架；(c) 弧形钢架；(d) 弧形或工字形空腹钢架

2.1.2 单层厂房的结构组成与传力线路

2.1.2.1 结构组成

单层厂房排架结构通常由下列结构构件组成并相互连接成整体，如图 2-4 所示。

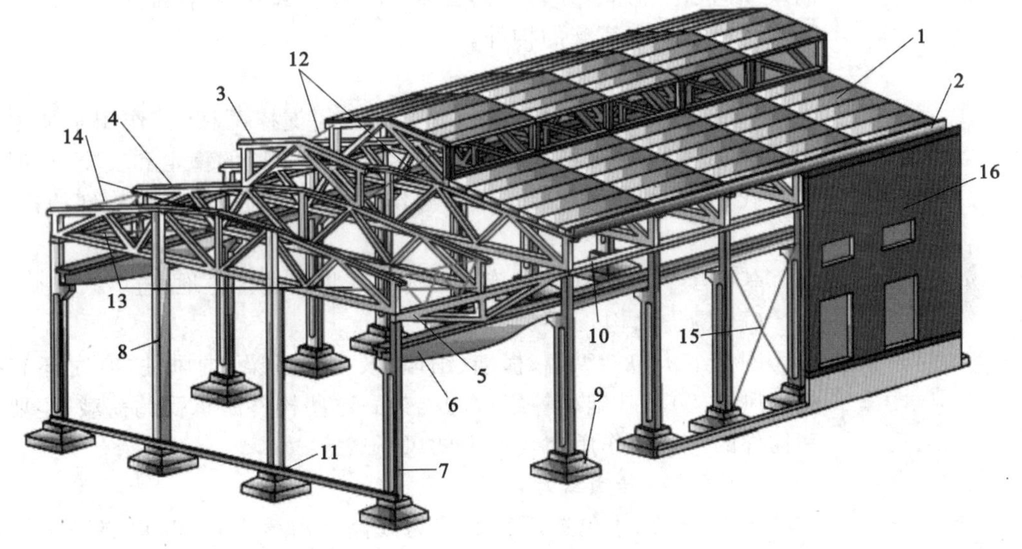

图 2-4 单层厂房的结构组成

1—屋面板；2—天沟板；3—天窗架；4—屋架；5—托架；6—吊车梁；7—排架柱；8—抗风柱；9—基础；10—连系梁；11—基础梁；12—天窗架垂直支撑；13—屋架下弦横向水平支撑；14—屋架端部垂直支撑；15—柱间支撑；16—墙体

(1) 屋盖结构

混凝土屋盖结构由屋面板(包括天沟板)、屋架或屋面梁(包括无盖支撑)组成，有时还设有天窗架和托架等。混凝土屋盖结构分为无檩和有檩两种屋盖体系，将大型屋面板直接支撑在屋架或屋面梁上的称为无檩屋盖体系；将小型屋面板或瓦材支承在檩条上，再将檩条支承在屋架上的称为有檩屋盖体系。在屋盖结构中，屋面板起维护作用并承受作用在板上的荷载，再将这些荷载传至屋架或屋面梁；屋架或屋面梁是屋面承重构件，承受屋盖结构自重和屋面板传来的活荷载，并将这些荷载传至排架柱。天窗架支承在屋架或屋面梁上，其也是一种屋面承重构件。

(2) 横向平面排架

横向平面排架由横梁(屋架或屋面梁)、横向柱列和基础组成,是厂房的基本承重结构。厂房结构承受的竖向荷载、横向水平荷载及横向水平地震作用都是由横向平面排架承担并传至地基的。

(3) 纵向平面排架

纵向平面排架由纵向柱列、连系梁、吊车梁、柱间支撑和基础等组成,其作用是保证厂房的纵向稳定性和刚性,并承受作用在山墙、天窗端壁及通过屋盖结构传来的纵向风荷载、吊车纵向水平荷载等,再将其传至地基,如图 2-5 所示。另外,它还承受纵向水平地震作用、温度应力等。

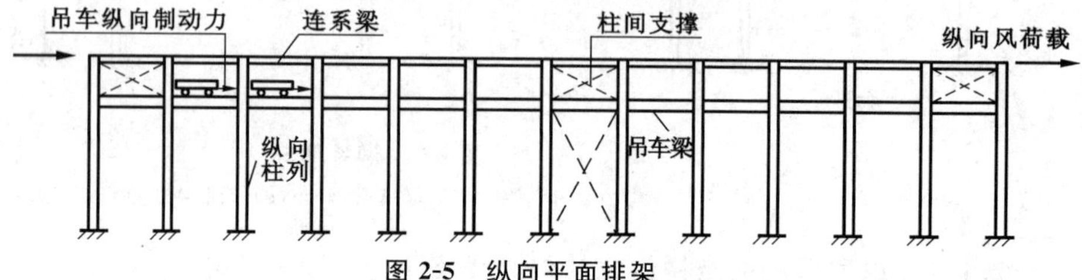

图 2-5　纵向平面排架

(4) 吊车梁

吊车梁一般为装配式,简支在柱的牛腿上,主要承受吊车竖向荷载、横向或纵向水平荷载,并将它们分别传至横向或纵向平面排架。吊车梁是直接承受吊车动力荷载的构件。

(5) 支撑

单层厂房的支撑包括屋盖支撑和柱间支撑两种,其作用是加强厂房结构的空间刚度,保证结构构件在安装和试用阶段的稳定和安全,同时起着把风荷载、吊车水平荷载或水平地震作用等传递到相应承重构件的作用。

(6) 基础

基础承受柱和基础梁传来的荷载并将它们传至地基。

(7) 围护结构

围护结构包括纵墙、横墙(山墙)及由连系梁、抗风柱(有时还有抗风梁或抗风桁架)和基础梁等组成的墙架。这些构件所承受的荷载,主要是墙体和构件的自重及作用在墙面上的风荷载等。

2.1.2.2　传力线路

图 2-6 给出了单层厂房的传力线路。由该图可知,单层厂房结构所承受的竖向荷载和水平荷载,基本上都是传递给排架柱,再由柱传至基础及地基的,因此,屋架(或屋面梁)、柱、基础是单层厂房的主要承重构件。在有吊车的厂房中,吊车梁也是主要承重构件,设计时应予以重视。

厂房的结构布置动画

2.1.3　单层厂房的结构布置

2.1.3.1　柱网与定位轴线

(1) 柱网

厂房承重柱或承重墙的相邻纵向定位中线间的距离,称为跨度;相邻横向定位轴线间的距离,称为柱距;纵向定位轴线和横向定位轴线在平面上构成的网,称为柱网。

柱网布置应首先满足生产工艺及使用要求，同时为了保证结构构件标准化和定型化，还应遵守《厂房建筑模数协调标准》(GB/T 50006—2010)(附录 11)规定的统一模数制，以 100 mm 为基本单位，用 M 表示。并且规定，当厂房跨度在 18 m 及 18 m 以下时，应采用 30M 数列(3 m 的倍数)，即 9 m、12 m、15 m 和 18 m；当厂房跨度大于 18 m 时，应采用 60M 数列(6 m 的倍数)，即 24 m、30 m、36 m 等，如图 2-7 所示。

柱距一般采用 6 m，但也有采用 9 m 和 12 m 的。

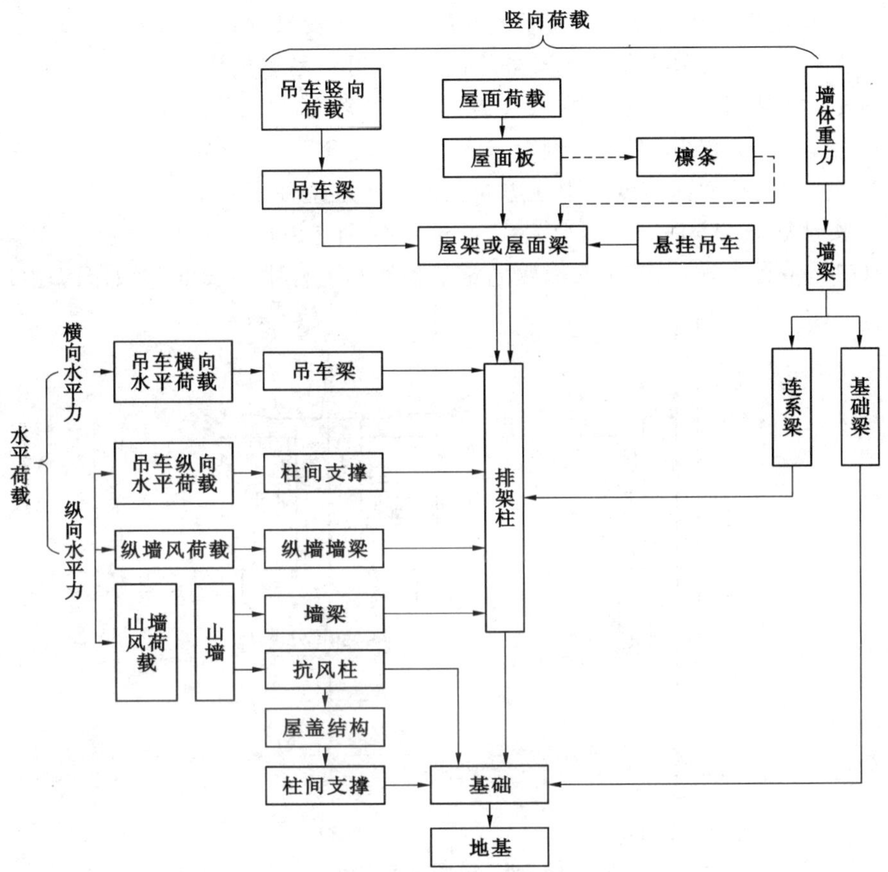

图 2-6 单层厂房的传力路线示意

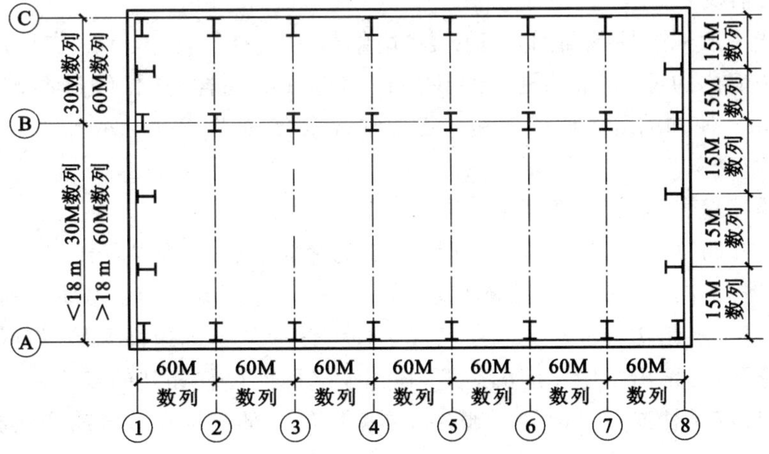

图 2-7 跨度和柱距示意图

(2) 纵向定位轴线

纵向定位轴线一般用编号Ⓐ,Ⓑ,Ⓒ,…表示。对于无吊车或吊车起重量不大于 30 t 的厂房，边柱外边缘、纵墙内缘、纵向定位轴线三者相重合，形成封闭结合，如图 2-8(a)所示。纵向定位轴线之间的距离(即跨度 L)与吊车距离 L_k 之间一般有如下关系：

$$L = L_k + 2e, \quad e = B_1 + B_2 + B_3 \tag{2-1}$$

式中 L_k——吊车跨度，即吊车轨道中心线间的距离，可由吊车规格查得；

e——吊车轨道中心线至纵向定位轴线间的距离，一般取 750 mm；

B_1——吊车轨道中心线至吊车桥架外缘的距离，可由吊车规格查得；

B_2——吊车桥架外边缘至上柱内边缘的净空宽度，当吊车起重量不大于 50 t 时，取 $B_2 \geqslant 80$ mm，当吊车起重量大于 50 t 时，取 $B_2 \geqslant 100$ mm；

B_2——边柱的上柱截面高度或中柱边缘至其纵向定位轴线的距离。

对边柱，当按计算 $e \leqslant 750$ mm 时，取 $e = 750$ mm，如图 2-8(a)所示；对中柱，当为多跨等高厂房时，按计算 $e \leqslant 750$ mm，也取 $e = 750$ mm，纵向定位轴线与上柱中心线重合，如图 2-8(b)所示。

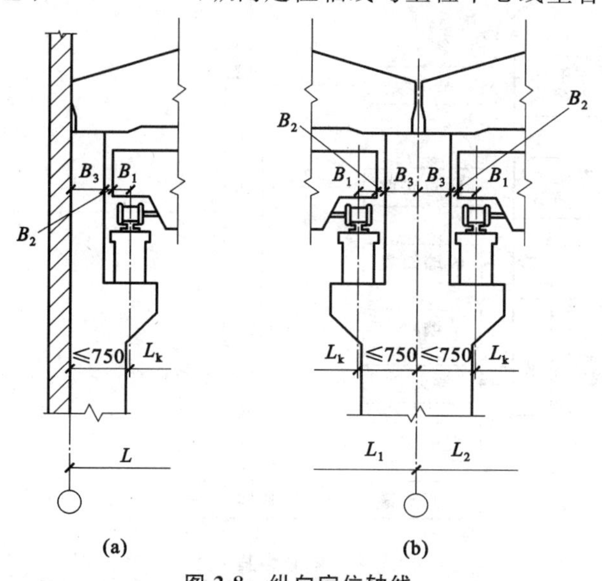

图 2-8 纵向定位轴线

(a) 边柱时；(b) 中柱时

(3) 横向定位轴线

横向定位轴线一般通过柱截面的几何中心，用编号①,②,③,…表示。在厂房纵向尽端处，横向定位轴线位于山墙内边缘，并把端柱中心线内移 600 mm，同样，在伸缩缝两侧的柱中心线也须向两边各移 600 mm，使伸缩缝中心线与横向定位轴线重合，如图 2-9 所示。

2.1.3.2 变形缝

变形缝包括伸缩缝、沉降缝和防震缝。

如果厂房长度和跨度过大，当气温变化时，由于温度变形将使结构内部产生很大的温度应力，严重的可使墙面、屋面和构件等拉裂，影响使用，如图 2-10(a)所示。为了减少厂房结构中的温度应力，可设置伸缩缝将厂房结构分成若干温度区段。伸缩缝应从基础顶面开始，将两个温度区段的上部结构构件完全分开，并留出一定宽度的裂缝，在伸缩缝两侧设置并列的双排柱、双榀屋架，而基础则不分开，可做成将双排柱连在一起的基础。这样就能使上部结构在气温有变化时，水平方向可以较自由地发生变形，不致引起房屋开裂，如图 2-10(b)所示。温度区段的形状应力求简单，并应使伸缩缝的数量最少。温度区段的长度(伸缩缝之间的距离),取决于结构类型和温度变化的情况。《混凝土结构设计规范》(GB 50010—2010)对钢筋混凝土结构伸缩缝的最大间距做了规定,装配式钢筋混凝土排架结构伸缩缝最大间距为 100 m(室内或土中)或 70 m(露天),见附录 4。当厂房的伸缩缝间距超过规定时,应验算温度应力。

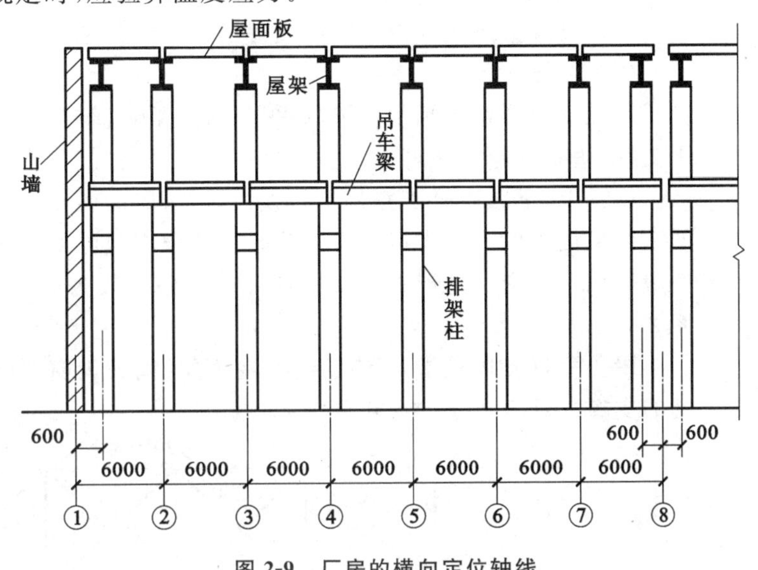

图 2-9 厂房的横向定位轴线

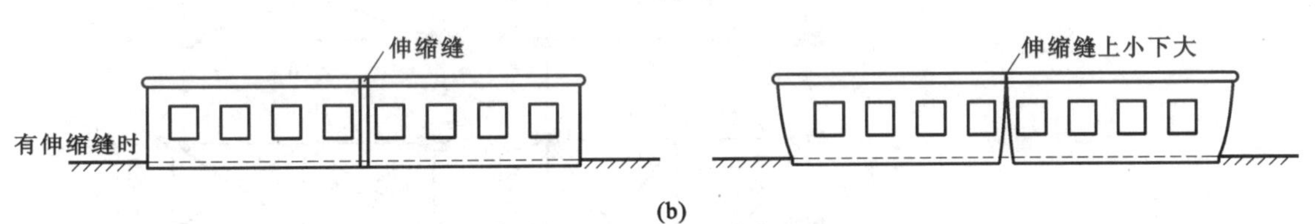

图 2-10 温度变化产生裂缝示意图

在某些情况下,为避免厂房因基础不均匀沉降而引起开裂和损坏,需在适当部位用沉降缝将厂房划分为若干刚度较一致的单元。在一般单层厂房中可不做沉降缝,只有在特殊情况下才考虑设置,如厂房相邻两部分高度相差很大(如 10 m 以上),两跨间吊车吨位相差悬殊,地基承载力或下卧层土质有巨大差别,或厂房各部分的施工时间先后相差很大,地基土的压缩程度不同等情况。沉降缝应将建筑物从屋顶到基础全部分开,以使在缝两边发生不同沉降时不致损坏整个建筑物。沉降缝可兼作伸缩缝。

防震缝是为了减轻厂房震害而采取的措施之一。在地震区,当厂房平、立面布置复杂,结构高度或刚度相差很大,以及在厂房一侧贴建生活间、变电所、炉子间时,应设置防震缝将相邻两部分分开。地震区的伸缩缝和沉降缝应符合防震缝要求。

2.1.3.3 *单层厂房的支撑*

支撑的主要作用是:① 保证结构构件的稳定与正常工作;② 增强厂房的整体稳定性和空间刚度;③ 把纵向风荷载、吊车纵向水平荷载及水平地震作用等传递到主要承重构件;④ 保证在施工安装阶段结构构件的稳定。在装配式混凝土单层厂房结构中,支撑虽然不是主要的承重构件,但却是联系各种主要结构构件并把它们构成整体的重要组成部分。工程实践表明,如果支撑布置不当,不仅会影响厂房的正常使用,甚至可能引起工程事故,因此应给予足够的重视。

厂房支撑分屋盖支撑和柱间支撑两类。

(1) 屋盖支撑

屋盖支撑通常包括上弦横向水平支撑、下弦横向水平支撑,下弦纵向水平支撑,垂直支撑及系杆。

屋盖上、下弦水平支撑是指布置在屋架(屋面梁)上、下弦平面内及天窗架上弦屋面内的水平支撑。支撑节间的划分应与屋架间相适应。水平支撑一般采用十字交叉的形式。交叉杆件的交角一般为 30°~60°,其平面图如图 2-11 所示。

屋盖垂直支撑是指布置在屋架(屋面梁)间或天窗架(包括挡风板立柱)间的支撑。垂直支撑的形式见图 2-12。

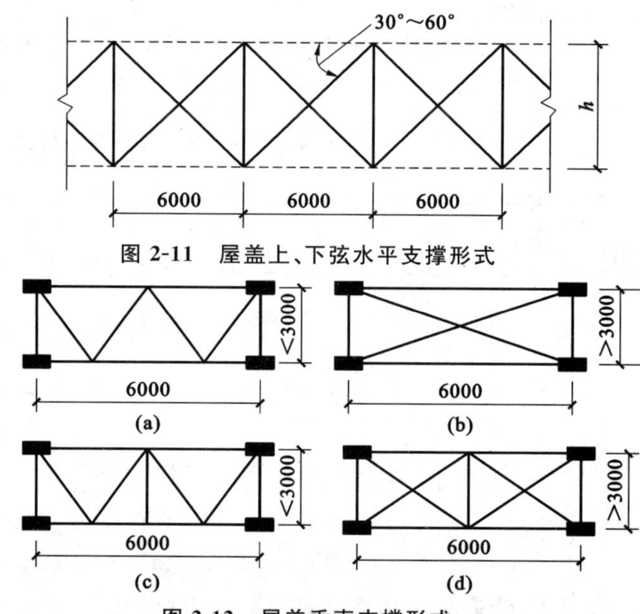

图 2-11 屋盖上、下弦水平支撑形式

图 2-12 屋盖垂直支撑形式

(a),(b),(c) 钢支撑;(d) 钢筋混凝土支撑

系杆分刚性(压杆)和柔性(拉杆)两种。系杆设置在屋架上、下弦及天窗上弦平面内。

屋盖支撑的构成思路:在每一个温度区段内,由上、下弦水平支撑分别在温度区段的两端构成横向的上、下水平刚性框,再用垂直支撑的水平系杆把两端的水平刚性框连接起来。天窗架的支撑构成思路与此相同。

柱间支撑形式图

(2) 柱间支撑

柱间支撑一般包括上部、中部及下部柱间支撑,如图 2-13 所示。柱间支撑通常宜采用十字交叉形支撑,它具有构造简单、传力直接和刚度较大等特点。交叉杆件的倾角一般为 35°~50°。在特殊情况下,因生产工艺的要求及结构空间的限制,可以采用其他形式的支撑。当柱距 l 与柱间支撑的

高度 h 的比值 $l/h \geqslant 2.5$ 时，可采用八字形支撑；当柱距为 15 m 且 h 较小时，采用单斜撑比较合理，见图 2-14。

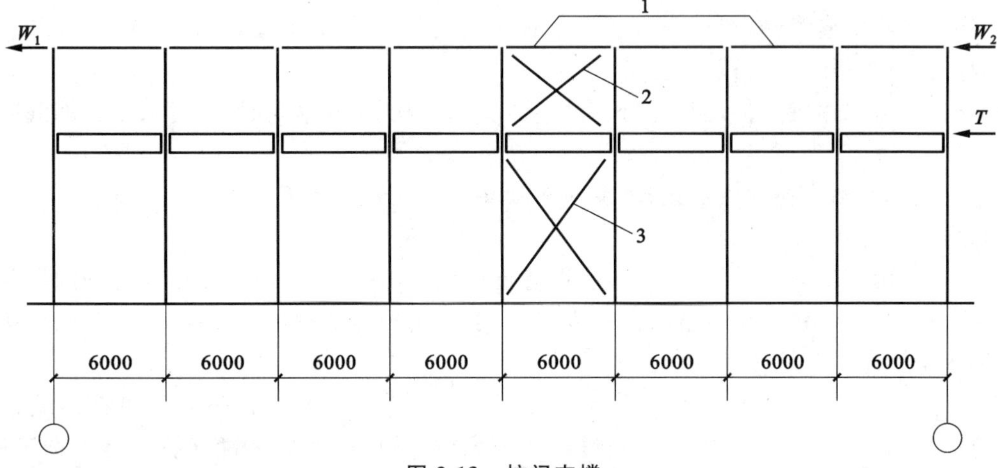

图 2-13 柱间支撑

1—柱顶系杆；2—上部柱间支撑；3—下部柱间支撑

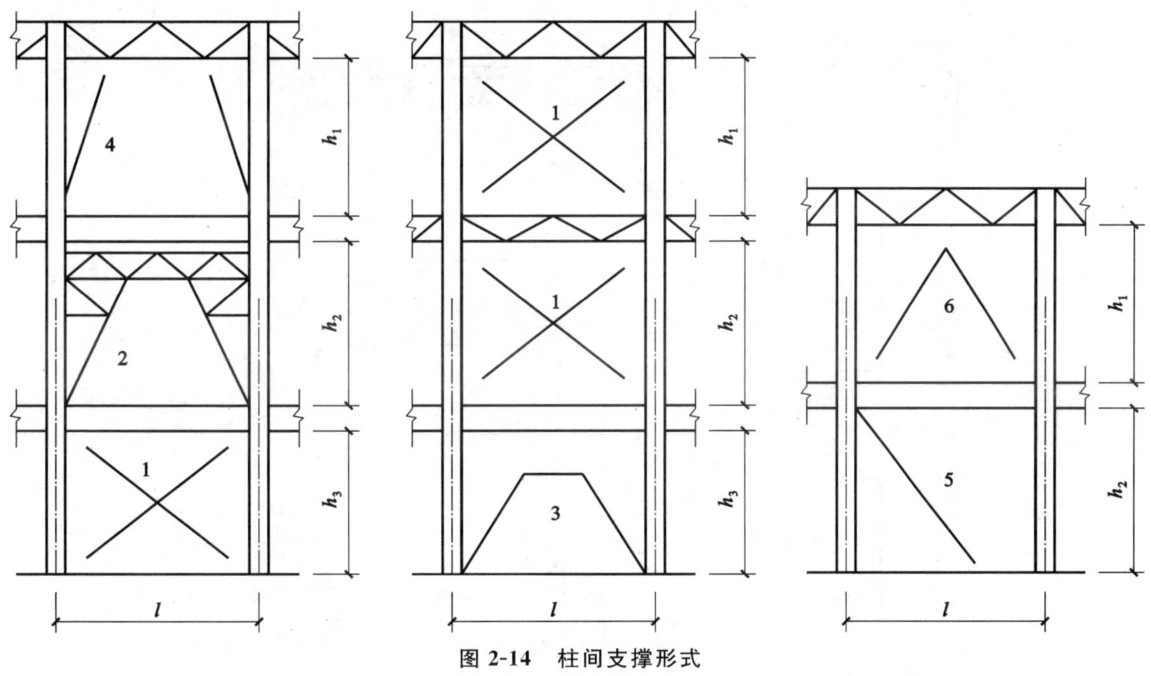

图 2-14 柱间支撑形式

1—十字交叉形支撑；2—空腹门形支撑；3—大八字形支撑；4—小八字形支撑；5—单斜撑；6—人字撑

柱间支撑的作用是保证厂房结构的纵向高度和稳定，并将水平荷载(包括天窗端壁部和厂房山墙上的风荷载、吊车纵向水平制动力及作用于厂房纵向的其他荷载)传至基础。

凡属下列情况之一者，应设置柱间支撑。

① 厂房内设有悬臂吊车或 3 t 以上悬挂吊车；

② 厂房内设有属于 A6、A7、A8 工作级别的吊车，或设有工作级别属于 A1～A5 的吊车，起重量在 10 t 及 10 t 以上；

③ 厂房跨度在 18 m 以上或柱高在 8 m 以上；

④ 纵向柱列的总数在 7 根以下；

⑤ 露天吊车栈桥的柱列。

柱间支撑应布置在伸缩缝区段的中央或邻近中央(上部柱间支撑在厂房两端第一个柱距内也应同时设置),见图 2-13,这样有利于在温度变化或混凝土收缩时,厂房可较自由地变形而不致产生较大的温度或收缩应力;并在柱顶设置通长刚性连系杆来传递荷载,见图 2-13。当屋架端部设有下弦系杆时,可不设柱顶系杆。

柱间支撑一般采用钢结构,当厂房设有中级或轻级别工作制吊车时,亦可采用钢筋混凝土柱间支撑。

2.1.3.4 抗风柱、圈梁、连系梁、过梁和基础梁的功能和布置原则

(1) 抗风柱(山墙壁柱)

单层厂房的山墙受风面积较大,一般需设置抗风柱将山墙分成区格,使墙面受到的风荷载一部分(靠近纵向柱列的区格)直接传至纵向柱列,另一部分则传给抗风柱,再由抗风柱下端直接传至基础,而上端则通过屋盖系统传至纵向柱列。

当厂房跨度和高度均不大(如跨度不大于 12 m,柱顶标高在 8 m 以下)时,可在山墙设置砌体壁柱作为抗风柱,如图 2-15(a)所示;当跨度和高度均较大时,一般都设置钢筋混凝土抗风柱,柱外侧再贴砌山墙。在很高的厂房中,为了不使抗风柱的截面尺寸过大,可加设水平抗风梁或抗风桁架作为抗风柱的中间铰支点,如图 2-15(b)所示。

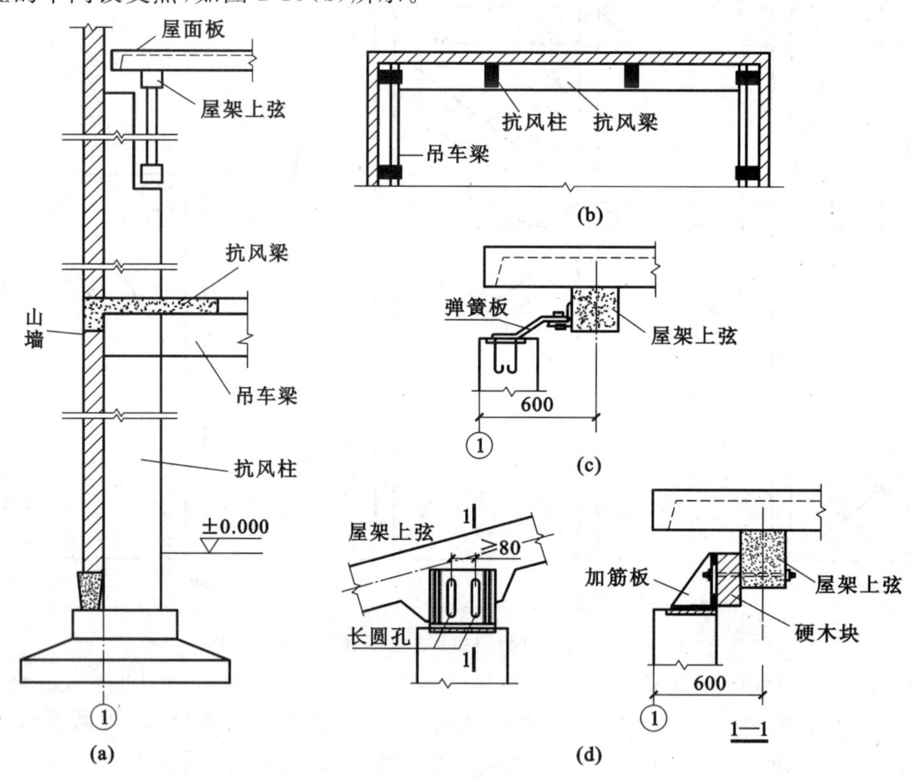

图 2-15 抗风柱及其连接构造

抗风柱的柱脚,一般采用插入基础杯口的固结方式。如厂房端部需扩建时,则柱脚与基础的连接构造宜考虑抗风柱拆迁的可能。抗风柱上端与屋架的连接必须满足两个要求:一是水平方向必须与屋架可靠地连接以保证有效地传递风荷载;二是在竖向脱开,且两者之间能允许一定的竖向相对位移,以防厂房与抗风柱沉降不均匀时产生不利影响。因此,抗风柱与屋架结构采用竖向可以移动、水平向又有较大刚度的弹簧板连接,如图 2-15(c)所示;若不均匀沉降可能较大时,则宜采用竖向长孔的螺栓连接方案,如图 2-15(d)所示。

抗风柱的上柱宜采用矩形截面，其截面尺寸不宜小于 350 mm×300 mm，下柱宜采用工字形或矩形截面，当柱较高时可采取双肢柱。

抗风柱主要承受山墙风荷载，一般情况下其竖向荷载只有柱自重，故设计时可近似地按照受弯构件计算，并应考虑正、反两个方向的弯矩。当抗风柱还承受由承重墙梁、墙板及雨篷等传来的竖向荷载时，则应按偏心受压构件计算。

(2) 圈梁、连系梁、过梁和基础梁

当用砌体作为厂房的围护结构时，一般要设置圈梁或连系梁、过梁及基础梁。

圈梁的作用是增强房屋的整体刚度，防止由于地基的不均匀沉降或较大振动荷载等对厂房的不利影响。圈梁置于墙体内，和柱连接，柱对它仅起拉结作用。通常，柱上不需设置支承圈梁的牛腿。

圈梁的布置与墙体高度、厂房刚度要求及地基情况有关。圈梁的布置原则是：对无桥式吊车的厂房，当墙厚 $h\leqslant 240$ mm、檐口标高为 5～8 m 时，应在檐口附近布置一道，当檐高大于 8 m 时，宜增设一道；对有桥式吊车或较大振动设备的厂房，除在檐口或窗顶布置圈梁外，尚宜在吊车梁标高处或其他适当位置增设一道；外墙高度大于 15 m 时还应适当增设。

圈梁宜连续地设在同一水平面上，并形成封闭圈。当圈梁被门窗洞口截断时，应在洞口上部增设相同截面的附加圈梁，附加圈梁与圈梁的搭接长度不应小于其垂直距离的 2 倍，且不得小于 1.0 m，见图 2-16。

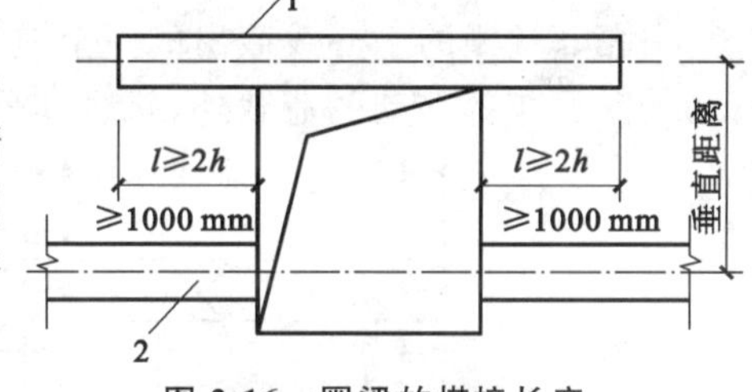

图 2-16 圈梁的搭接长度

1—附加圈梁；2—圈梁

圈梁的截面宽度宜与墙厚相同，当墙厚 $h\geqslant 240$ mm 时，其宽度不宜小于 $2h/3$。圈梁高度应当为砌体每层厚度的倍数，且不小于 120 mm。圈梁的纵向钢筋不宜小于 4Φ10，钢筋的搭接长度为 $1.2l_a$（l_a 为锚固长度），箍筋间距不大于 250 mm。当圈梁兼作过梁时，过梁部分配筋应按计算确定。

圈梁可采用现浇或预制装配现浇接头的方式。混凝土强度等级，现浇的不宜低于 C15，预制的不宜低于 C20。

连系梁的作用除连系纵向柱列、增强厂房的纵向刚度并把风荷载传递到纵向柱列外，还承受上部墙体的重力。连系梁通常是预制的，两端搁置在柱牛腿上，其连接可采用螺栓连接或焊接连接。

过梁的作用是承托门窗洞口上的墙体重力。

在进行厂房结构布置时，应尽可能将圈梁、连系梁和过梁结合起来，使一个构件能起到两个或三个构件的作用，以节约材料，简化施工。

在一般厂房中，通常用基础梁来承托围护墙的重力，而不另做基础。基础梁底部离地基土表面应预留 100 mm 的空隙，使梁可随柱基础一起沉降而不受地基土的约束，同时还可防止地基土冻结膨胀时将梁顶裂。基础梁与柱一般可不连接（一级抗震等级的基础梁顶面应增设预埋件与柱焊接），将基础梁直接搁置在柱基础杯口上，或当基础埋置较深时，放置在基础上面的混凝土垫块上，见图 2-17。施工时，基础梁支撑处应坐浆。

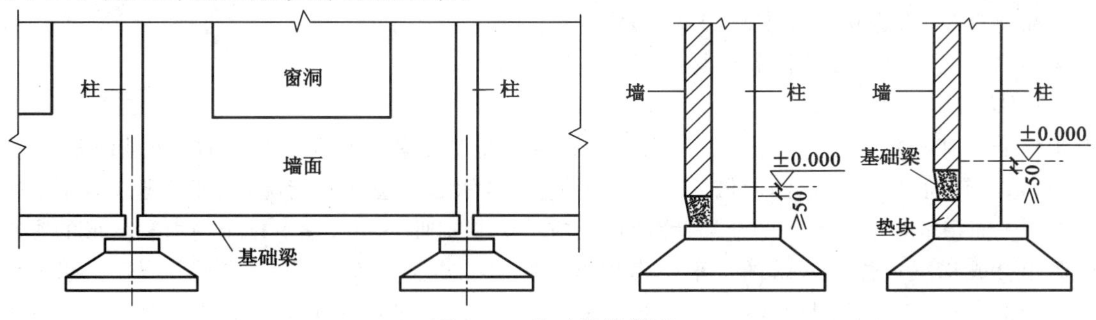

图 2-17 基础梁的设置

当厂房高度不大，且地基比较好，柱基础又埋得较浅时，可不设基础梁而做砖石或混凝土的墙基础。基础梁应优先采用矩形截面，必要时才采用梯形截面。

2.2 排架计算

单层厂房排架结构实际上是空间结构，为了方便，可简化为平面结构进行计算。在横向（跨度方向）按横向平面排架计算，在纵向（柱距方向）按纵向平面排架计算，并且近似地认为，各个横向平面排架之间及各个纵向平面排架之间都是互不影响、各自独立工作的。

纵向平面排架是由柱列、基础、连系梁、吊车梁和柱间支撑等组成的，如图 2-5 所示。由于纵向平面排架的柱较多，抗侧刚度较大，每根柱承受的水平力不大，因此往往不必计算，仅当抗侧刚度较差、柱较少，需要考虑水平地震作用或温度内力时才进行计算。

本节所讲排架计算针对横向平面排架，简称排架。排架计算的主要内容为：确定计算简图、荷载计算、柱控制截面的内力分析和内力组合。必要时，还应验算排架的水平位移值。

2.2.1 计算简图

由相邻柱距的中心线截出的一个典型区段，称为排架的计算单元，如图 2-18(a)中的斜线部分所示。除吊车等移动的荷载外，斜线部分就是排架的负载范围，或称荷载从属面积。

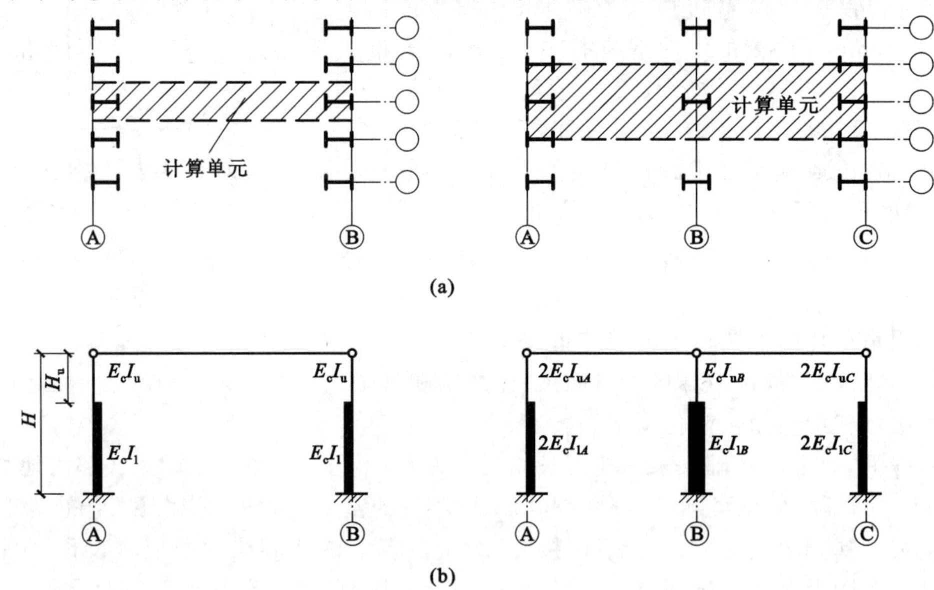

图 2-18 排架的计算单元和计算简图

为了简化计算，根据构造和实践经验，假定：

① 柱下端固定于基础顶面，上端与屋面梁或屋架铰接；

② 屋面梁或屋架没有轴向变形。

由于柱插入基础杯口有一定深度，并用细石混凝土与基础紧密地浇捣成一体，而且地基变形是有限制的，基础转动一般较小，因此假定①通常是符合实际的。但有些情况，例如地基土质较差、变形较大或有大面积堆料等比较大的地面荷载时，则应考虑基础唯一和转动对排架内力和变形的影响。

由假定②知横梁或屋架两端的水平位移相等。假定②对于屋面梁或大多数下弦杆刚度较大的屋架是适用的；对于组合式屋架或两铰、三铰拱架，则应考虑其轴向变形对排架内力和变形的影响，

这种情况称为“跨变”。所以假定②实际上是指没有“跨变”的排架计算。

在计算简图中，柱的计算轴线取上部和下部柱截面重心的连线，屋面梁或屋架用一根没有轴向变形的刚杆表示，也就是说，这里研究的是没有跨变的铰接排架。单跨和双跨排架的计算简图如图 2-18(b)所示。图中：

柱总高 H = 柱顶标高 + 基础地面标高的绝对值 − 初步拟定的基础高度

上柱高 = 柱顶标高 − 轨顶标高 + 轨道构造高度 + 吊车梁支承处的吊车梁高

上、下部柱的截面弯曲刚度 $E_c I_u$、$E_c I_l$，由混凝土强度等级及预先设定的柱截面形状和尺寸确定。这里 I_u、I_l 分别为上、下部柱的截面惯性矩。

2.2.2 荷载计算

作用在排架上的荷载分恒荷载和活荷载两类。恒荷载一般包括屋盖自重 F_1，上柱自重 F_2，下柱自重 F_3，吊车梁和轨道零件自重 F_4，以及有时支承在牛腿上的围护结构等重力 F_5 等。活荷载一般包括屋面荷载 F_6，吊车荷载 T_{max}、D_{max} 和 D_{min}，均布风荷载 q_1、q_2，以及作用在屋盖支承处的集中风荷载 $\overline{W}$ 等。图 2-19 所示为上述作用在排架上的荷载。

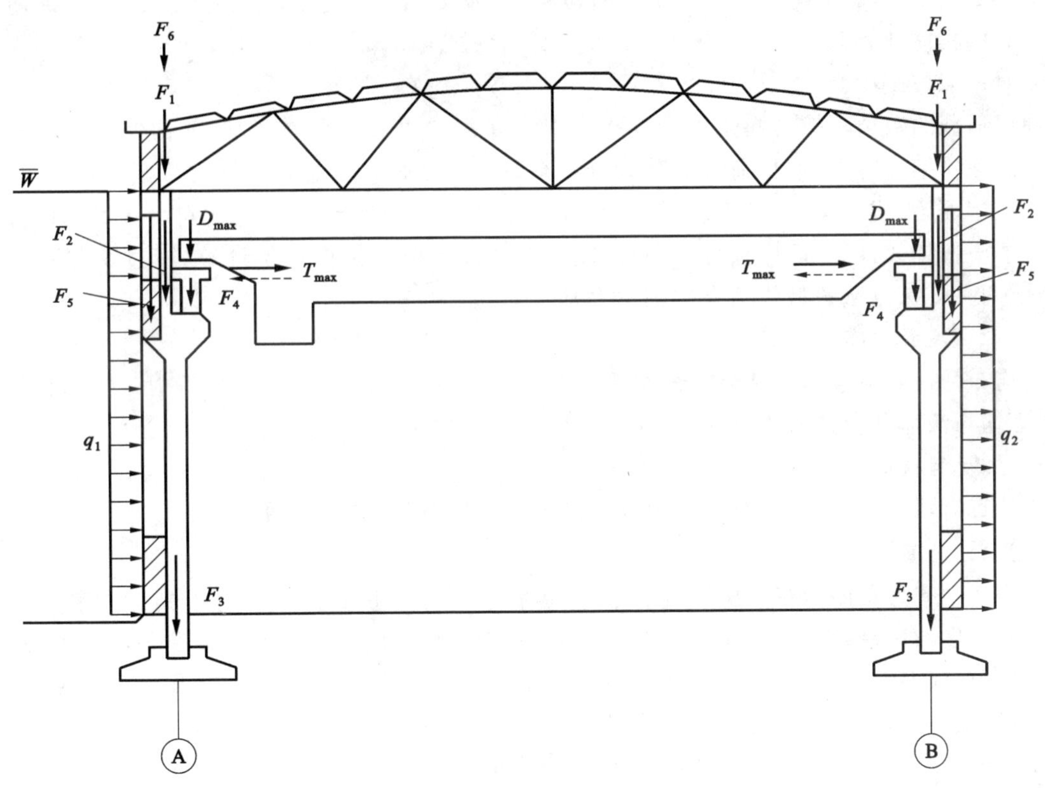

图 2-19 排架荷载示意图

集中荷载的作用点要根据实际情况确定。当采用屋架时，屋盖荷载可以认为是通过屋架端节点处上弦与下弦中心线的交点作用在柱上的；当采用屋面梁时，可以认为是通过梁端支承垫板的中心线作用在屋顶的。

设 F_1 是作用在上部柱顶的竖向偏心压力，它对上柱计算轴线的偏心距离为 e_1，则可将 F_1 换成轴心压力和力矩 $M_1 = F_1 e_1$，如图 2-20(a)所示。$\overline{F_1}$ 对上部柱是轴心压力，同样可把它换算成对下部柱的轴心压力 $\overline{F_1'}$($=\overline{F}=F_1$)和力矩 $M_1' = F_1 e_1$。排架在轴心压力 $\overline{F_1}$ 和 $\overline{F_1'}$ 的作用下除对柱产生轴向受压变形外，不产生其他内力，因此不需要进行排架内力分析；对于力矩 M_1、M_1'的作用则应进行排架内力分析，图 2-20(c)所示为它的计算简图。

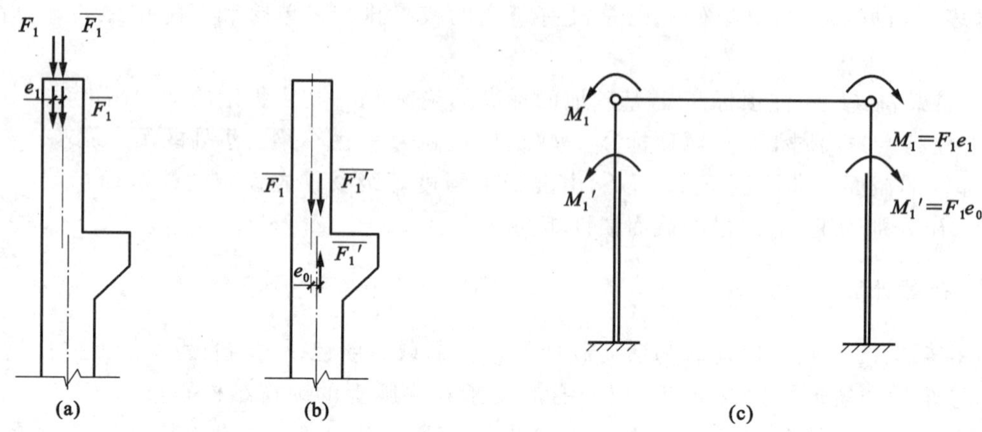

图 2-20　竖向偏心压力的换算

对图 2-19 中的其他竖向偏心压力 F_2、F_4、F_5、F_6 及 D_{max} 和 D_{min}，可同理换算。下面讲述排架上各项荷载的具体计算。

2.2.2.1　恒荷载

各种恒荷载的数值可按材料重力密度和结构的有关尺寸由计算得到，标准构件可从标准图上直接查得。在排架计算中，取恒荷载的荷载分项系数 $\gamma_G=1.2$ 。考虑到构件安装顺序，吊车梁和柱等构件是在屋面梁(或屋架)没有吊装之前就位的，这时排架还没有形成，因此对吊车梁和柱自重产生的内力不应按排架计算，而应按悬臂柱来分析(有的设计单位仍按排架计算，不过这部分内力值不大，因此两种分析方法的最终结果差别不大)。

2.2.2.2　屋面均布活荷载

屋面均布活荷载应按《建筑结构荷载规范》(GB 50009—2012)(附录 10)采用，对于不上人屋面，其屋面均布活荷载标准值为 0.5 kN/m²。

2.2.2.3　雪荷载

排架计算时，可近似按积雪全跨均匀分布考虑，取屋面积雪分布系数 $\mu_r=1$。

2.2.2.4　屋面积灰荷载

设计生产中有大量的排灰厂房及其邻近建筑物时，应考虑积灰荷载。对于具有一定除尘设施和保证清灰制度的机械、冶金、水泥厂的厂房屋面，其水平投影面上的屋面积灰荷载应分别按《建筑结构荷载规范》(GB 50009—2012)中表 4.4.1-1 和表 4.4.1-2 采用；对于屋面上易形成灰堆处，在设计屋面板、檩条时，积灰荷载标准值可乘以下列增大系数：在高低跨处 2 倍于屋面高差但不大于 6 m 的分布宽度内取 2.0，在天沟处不大于 3 m 的分布宽度内取 1.4。

排架计算时，屋面均布活荷载不与雪荷载同时组合，仅取两者中的较大值。屋面积灰荷载应与雪荷载和屋面均布活荷载两者中的较大值同时组合。

屋面均布活荷载、雪荷载、屋面积灰荷载都属于可变荷载，都按屋面水平投影面积计算，其荷载分项系数都取 $\gamma_Q=1.4$。

2.2.2.5　吊车荷载

单层厂房中常用的吊车有悬挂吊车、手动吊车、电动葫芦及桥式吊车等。其中，悬挂吊车的水平荷载可不列入排架计算，而由有关支撑系统承受；手工吊车和电动葫芦不考虑水平荷载。因此下

面讲的吊车荷载专指桥式吊车。

吊车的生产、订货和吊车荷载的计算都是以吊车的工作级别为依据的，共分 8 个工作级别：A1、A2、A3、A4、A5、A6、A7、A8。吊车的工作级别是根据要求的利用等级和荷载状态确定的，利用等级是按吊车在使用期内要求的总工作循环次数分成 10 个利用等级，荷载状态是指吊车荷载达到其额定值的频繁程度。

一般满载机会少、运行速度低及不需要紧张而繁重的工作的场所，如水电站、机械检修站等的吊车工作级别属于 A1～A3；机械加工车间的装配车间的吊车工作级别属于 A4、A5；冶炼车间和直接参加连续生产的吊车工作级别属于 A6、A7 或 A8。

桥式吊车对排架的作用有竖向荷载和水平荷载两种。

(1) 作用在排架上的吊车竖向荷载设计值 D_{max}、D_{min}

桥式吊车由大车(桥架)和小车组成，大车在吊车梁的轨道上沿厂房纵向行驶，小车在大车桥架的轨道上沿横向运行；带有吊钩的起重卷扬机安装在小车上。

当吊有额定起吊质量的小车开到大车某一侧的极限位置时(图 2-21)，在这一侧的每个大车的轮压称为吊车的最大轮压标准值($P_{max,k}$)，同时在另一侧的轮压称为吊车的最小轮压标准值($P_{min,k}$)。最大、最小轮压标准值可从吊车制造厂提供的吊车产品说明书中查得。附录 7 给出了 5～50/5 t 一般用途电动桥式起重机基本参数和尺寸系列(ZQ1-62)。专业标准《起重机基本参数和尺寸系列(ZQ1-62～8-62)》曾给出吊车有关的各项参数，对于常用吊车可参见附录 7。对于四轮吊车：

$$P_{min,k}=\frac{G_{1,k}+G_{2,k}+G_{3,k}}{2}-P_{max,k} \tag{2-2}$$

式中 $G_{1,k}$，$G_{2,k}$——大车、小车的自重标准值，以"kN"计，等于各自的质量 m_1、m_2(以"t"计)与重力加速度 g 的乘积，$G_{1,k}=m_1g$、$G_{2,k}=m_2g$；

$G_{3,k}$——与吊车额定起吊质量 Q 对应的重力标准值，以"kN"计，等于以"t"计的额定起吊质量 Q 与重力加速度 g 的乘积，$G_{3,k}=Qg$。

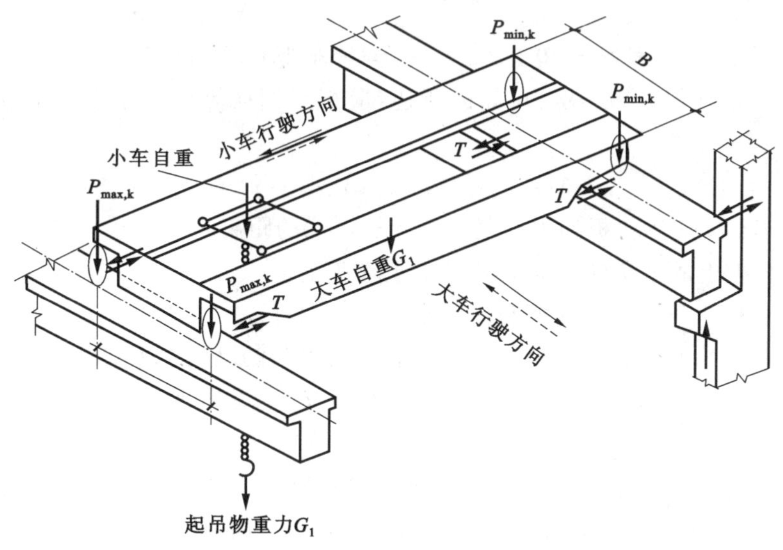

图 2-21 产生 $P_{max,k}$、$P_{min,k}$ 的小车

吊车是移动的，因而吊车梁支座产生的最大反力标准值必须用吊车梁支座竖向反力影响线来确定。利用图 2-22 所示的简支吊车梁的支座反力影响线，按下式计算吊车竖向荷载标准值：

$$D_{\max,k}=\beta P_{\min,k}\sum y_i=D_{\max,k}\frac{P_{\min,k}}{P_{\max,k}} \tag{2-3}$$

式中　$\sum y_i$——各大轮子下影响线纵标值的总和；

β——多台吊车的荷载折减系数。

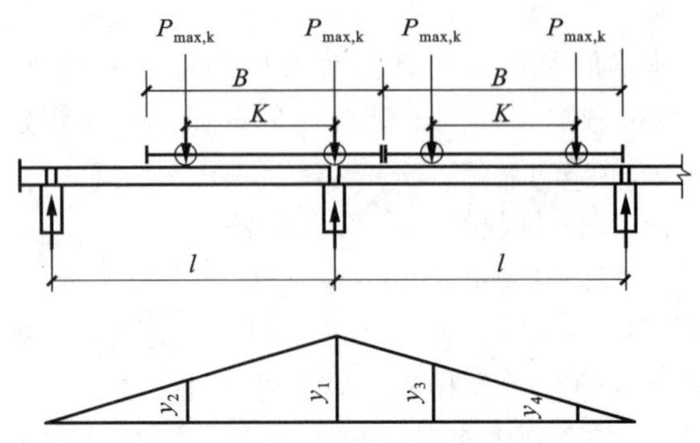

图 2-22　简支吊车梁的支座反力影响线

吊车最大轮压的设计值 $P_{\max}=\gamma_Q P_{\max,k}$，吊车最小轮压的设计值 $P_{\min}=\gamma_Q P_{\min,k}$，故作用在排架上的吊车竖向荷载设计值 $D_{\max}=\gamma_Q D_{\max,k}$，$D_{\min,k}=\gamma_Q D_{\min,k}$，这里的 γ_Q 是吊车荷载的荷载分项系数，$\gamma_Q=1.4$。

由于 $D_{\max}$ 可以发生在左柱，也可以发生在右柱，因此在 $D_{\max}$、$D_{\min}$ 的作用下单跨排架的计算应考虑图 2-23 所示的两种荷载情况。

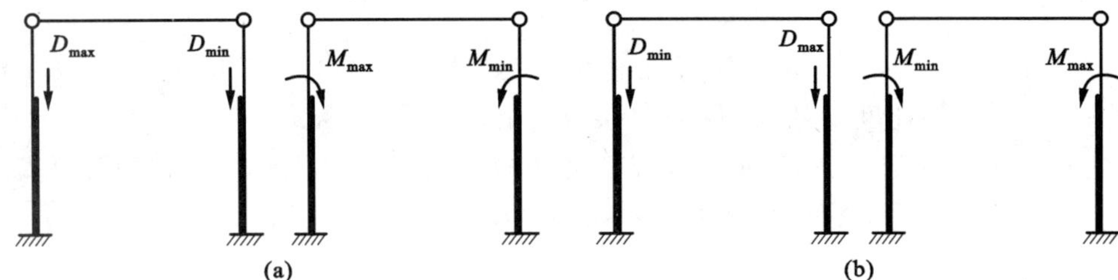

图 2-23　$D_{\max}$、$D_{\min}$ 作用下单跨排架的两种荷载情况

$D_{\max}$、$D_{\min}$ 对下部柱都是偏心压力，如前所述，应把它们换算成作用在下部柱顶面的轴心压力和力矩，其中力矩

$$M_{\max}=D_{\max}e_4,\quad M_{\min}=D_{\min}e_4 \tag{2-4}$$

式中　e_4——吊车梁支座钢垫板的中心线至下部柱轴线的距离。

(2) 作用在排架上的吊车横向水平荷载设计值 $T_{\max}$

吊车的水平荷载有纵向水平荷载与横向水平荷载两种。

吊车纵向水平荷载是由大车的运行机构在刹车时引起的纵向水平惯性力。吊车纵向水平荷载标准值应按作用在一边轨道上所有刹车轮的最大轮压 $P_{\max,k}$ 之和乘以刹车轮与钢轨间的滑动摩擦系数 α'，根据《建筑结构荷载规范》(GB 50009—2012)，取 $\alpha'=0.10$。

对于一般的四轮吊车，它在一边轨道上的刹车轮只有 1 个，所以吊车纵向水平荷载设计值 $T_0=0.1P_{\max}$，吊车纵向水平荷载作用于刹车轮与轨道的接触点，方向与轨道一致，由纵向平面排架承受。

吊车横向水平荷载是当小车吊有重物时刹车所引起的横向水平惯性力，它通过小车刹车轮与桥架轨道之间的摩擦力传给大车，再通过大车轮在吊车轨顶传给吊车梁，而后由吊车梁与柱的连接钢板传给排架柱。因此对排架来说，吊车横向水平荷载作用在吊车梁顶面的水平处。

吊车横向水平荷载标准值，应按小车重力标准值与额定起重力标准值之和乘以横向水平荷载系数 α。因此，总的吊车横向水平荷载标准值 $\sum T_{i,\mathrm{k}}$ 可以表示为：

$$\sum T_{i,\mathrm{k}} = \alpha(G_{2,\mathrm{k}} + G_{3,\mathrm{k}}) \tag{2-5}$$

式中 α——吊车横向水平荷载系数，现行《建筑结构荷载规范》(GB 50009—2012)规定：对于软钩吊车，当额定起吊质量 $Q \leqslant 10$ t 时，$\alpha = 0.12$；当额定起吊质量 15 t$<Q<$50 t 时，$\alpha = 0.10$；当额定起吊质量 $Q \geqslant 75$ t 时，$\alpha = 0.08$。对于硬钩吊车，取 $\alpha = 0.20$。

软钩吊车是指吊重通过钢丝绳传给小车的常见吊车，硬钩吊车是指吊重通过刚性结构，如夹钳、料耙等传给小车的特种吊车。硬钩吊车工作频繁，运行速度高，小车附设的刚性悬臂结构使吊重不能自由摆动，以致刹车时产生的横向水平惯性力较大，并且硬钩吊车的卡轨现象也较严重，因此硬钩吊车的横向水平荷载系数取值较高。

吊车横向水平荷载应等分于桥架的两端，分别由轨道上的车轮平均传至轨道，其方向与轨道垂直。通常起吊质量 $Q \leqslant 50$ t 的桥式吊车，其大车总轮数为 4，即每一侧的轮数为 2，因此，通过一个大车轮子传递的吊车横向水平荷载标准值 T_{k}，按下式计算：

$$T_{\mathrm{k}} = \frac{1}{4}\sum T_{i,\mathrm{k}} = \frac{1}{4}\alpha(G_{2,\mathrm{k}} + G_{3,\mathrm{k}}) \tag{2-6}$$

由于吊车是移动的，吊车对排架产生的最大横向水平荷载应根据影响线确定。显然，吊车对排架产生的最大横向水平荷载标准值 $T_{\max,\mathrm{k}}$ 时的吊车位置与产生 $D_{\max,\mathrm{k}}$、$D_{\min,\mathrm{k}}$ 的相同，因此，当考虑多台吊车的荷载折减系数 β 后，应有

$$T_{\max,\mathrm{k}} = \beta T_{\mathrm{k}}\sum y_i = \frac{1}{4}\alpha\beta(G_{2,\mathrm{k}} + G_{3,\mathrm{k}})\sum y_i \tag{2-7}$$

如果两台吊车作用下的 $D_{\max}$ 已求得，则两台吊车作用下的 $T_{\max}$ 可直接由 $D_{\max}$ 求得：

$$T_{\max} = D_{\max}\frac{T_{\mathrm{k}}}{P_{\max,\mathrm{k}}} \tag{2-8}$$

注意，小车是沿横向左、右运行的，有正、反两个方向的刹车情况，因此对 $T_{\max}$ 既要考虑其向左作用又要考虑其向右作用。这样，对单跨排架就有两种荷载情况，对两跨排架有四种荷载情况，如图 2-24 所示。

(3) 多台吊车组合

排架计算中考虑多台吊车竖向荷载时，对一层吊车的单跨厂房的每个排架，参与组合的吊车台数不宜多于两台；对一层吊车的多跨厂房的每个排架，不宜多于四台。这里，一层吊车是指同一跨内只有一个吊车轨顶标高的吊车，有的车间由于生产工艺的需要，如生产大型变压器的车间，在同一跨内吊车轨顶有两种不同标高的，称为两层吊车。

排架计算中考虑多台吊车水平荷载时，对单跨或多跨厂房的每个排架，参与组合的吊车台数不应多于两台。

多台吊车同时出现 $D_{\max}$ 和 $D_{\min}$ 的概率，以及同时出现 $T_{\max}$ 的概率都很小，因此排架计算时，多台吊车的竖向荷载标准值和水平荷载标准值都应乘以多台吊车的荷载折减系数 β。折减系数与吊车工作级别及吊车台数有关，工作级别低的吊车，其满载的概率比工作级别高的吊车的满载概率要小些，故应折减多些；四台吊车同时出现 $T_{\max}$ 或同时出现 $D_{\max}$、$D_{\min}$ 的概率要比两台或三台吊车的小些，因此应折减多些。

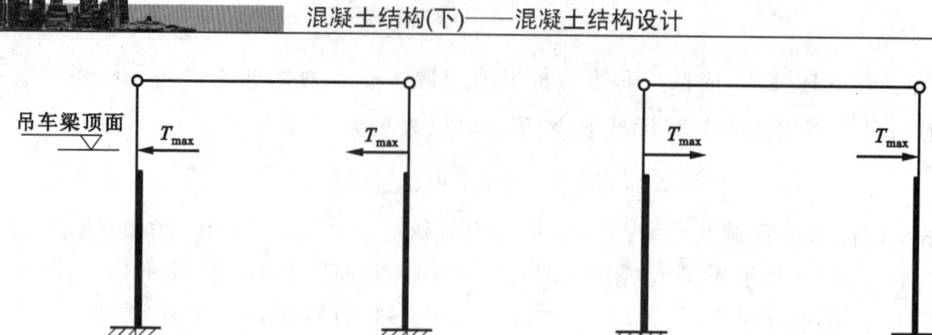

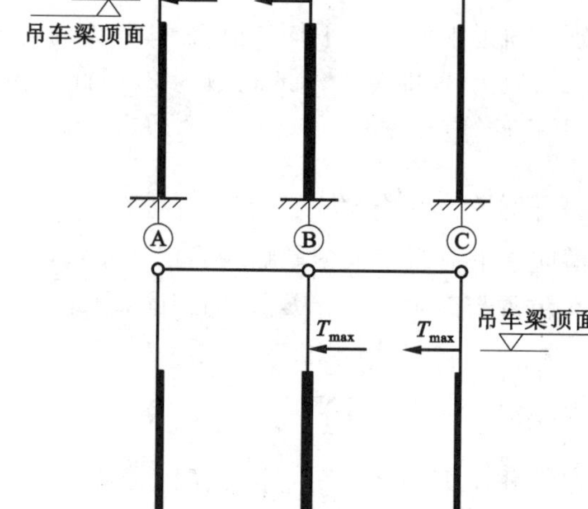

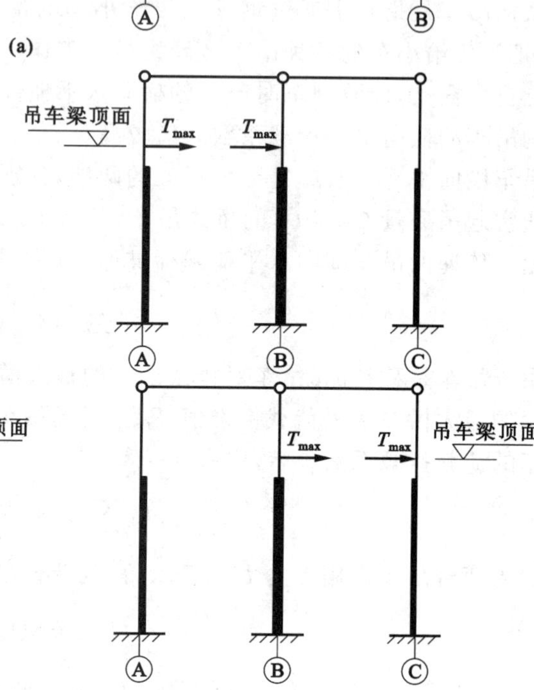

(b)

图 2-24 T_{max}作用下单跨、两跨排架的荷载情况

(a) 单跨排架;(b) 两跨排架

2.2.2.6 风荷载

排架计算时,作用在柱顶以下墙面上的风荷载按均布考虑,其风压高度变化系数可按柱顶标高取值,这是偏于安全的。当基础顶面至室外地坪的距离不大时,为简化计算,风荷载可按柱全高计算,不再减去基础顶面至室外地坪那一小段多算的风荷载。若基础埋置较深时,则按实际情况计算,否则误差较大。

柱顶至屋脊间屋盖部分的风荷载仍取为均布的,其对排架的作用则按作用在柱顶的水平集中风荷载标准值 $\overline{W}_k$ 考虑。这时的风压高度变化系数可按下述情况确定:有矩形天窗时,按天窗檐口取值;无矩形天窗时,按厂房檐口标高取值。

$\overline{W}_k$ 值应分成两部分计算:

$$\overline{W}_k = \overline{W}_{1,k} + \overline{W}_{2,k}$$

式中 $\overline{W}_{1,k}$——作用在竖直面上的风荷载标准值,按柱顶至檐口顶部的距离 h_1 计算;

$\overline{W}_{2,k}$——作用在坡屋面上风荷载水平分力标准值的合力,按檐口顶部至屋脊的距离 h_2 计算。

应注意屋面坡面上风荷载本身是垂直于该坡面的，因此对于双坡屋面：

$$\overline{W}_{2,k}=F_2-F_1=(\mu_{s2}-\mu_{s1})\mu_z\omega_0 h_2 B \tag{2-9}$$

式中 μ_{s2},μ_{s1}——迎风屋面和背风屋面坡面上的风载体型系数，因已考虑了力的方向，故这里取其绝对值；

B——排架计算单元的宽度；

μ_z——计算 W 时按上述规定采用的风压高度变化系数。

风荷载的设计值 $\overline{W}$ 等于其标准值乘以风荷载分项系数 γ_Q，$\gamma_Q=1.4$。

风荷载是可以变向的，因此排架计算时，要考虑左风和右风两种情况。

2.2.3 用剪力分配法计算等高排架

从排架计算的观点来看，柱顶水平位移相等的排架，称为等高排架。等高排架有柱顶标高相同的，以及柱顶标高虽不同但柱顶由倾斜横梁贯通相连的两种，如图 2-25(a)、(b)所示。由于计算假定②规定了横梁的长度是不变的，因此在这两种情况中，柱顶水平位移都相等，都可按等高排架计算。柱顶水平位移不相等的不等高排架，当采用"力法"计算时，可参阅有关文献。这里只介绍计算等高排架的一种简便方法——剪力分配法。

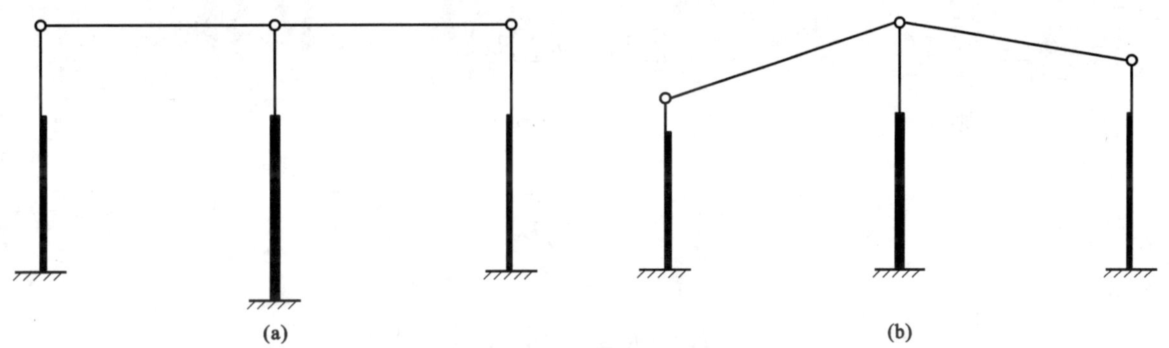

图 2-25 按等高排架计算的两种情况

由结构力学知，当单位水平力作用在单阶悬臂柱顶时[图 2-26(a)]，柱顶水平位移：

$$\Delta u=\frac{H^3}{3E_cI_l}\left[1+\lambda^3\left(\frac{1}{n}-1\right)\right]=\frac{H^3}{C_0E_cI_l}$$

式中，$\lambda=\dfrac{H_u}{H}$，$n=\dfrac{I_u}{I_l}$，$C_0=\dfrac{3}{1+\lambda^3\left(\dfrac{1}{n}-1\right)}$，$H_u$ 和 H 分别为上部柱高和柱的总高；I_u、I_l 分别为上、下部柱的截面惯性矩。

因此，要使柱顶产生单位水平位移，则需在柱顶施加 $1/\Delta u$ 的水平力，如图 2-26(b)所示。显然，材料相同时，柱越粗壮，需施加的柱顶水平力越大，可见 $1/\Delta u$ 反映了柱抵抗侧移的能力，一般称它为柱的"抗剪刚度"或"侧向刚度"，记作 D_0。

2.2.3.1 柱顶作用水平集中力时的剪力分配

当柱顶作用水平集中力 F 时，如图 2-27 所示，设有 n 根柱，任一柱 i 的抗剪刚度 $D_{0i}=\dfrac{1}{\Delta u_i}$，则其分担的

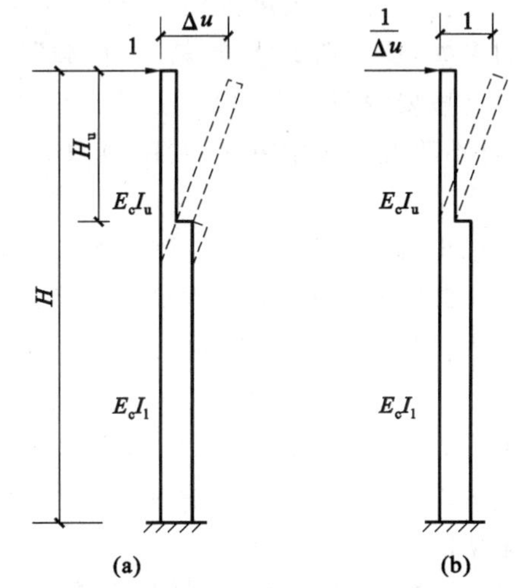

图 2-26 单阶悬臂柱的抗剪刚度(侧向刚度)

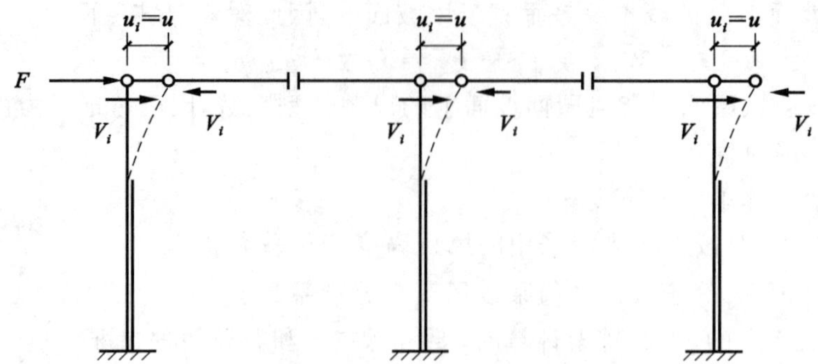

图 2-27　柱顶作用水平集中力时的剪力分配

柱顶剪力 V_i 可由力的平衡条件和变形条件求得。按抗剪刚度的定义，有：

$$V_i = D_{0i}u$$

故：

$$\sum_{i=1}^{n} V_i = \sum_{i=1}^{n} D_{0i}u$$

因为各柱顶水平位移 u 相等，得：

$$\sum_{i=1}^{n} V_i = u\sum_{i=1}^{n} D_{0i}$$

而 $\sum_{i=1}^{n} V_i = F$，则

$$u = \frac{1}{\sum_{i=1}^{n} D_{0i}}$$

所以

$$V_i = \frac{D_{0i}}{\sum_{i=1}^{n} D_{0i}}F = \eta_i F, \quad \eta_i = \frac{D_{0i}}{\sum_{i=1}^{n} D_{0i}}$$

式中，η_i 为柱 i 的剪力分配系数，它等于柱 i 自身的抗剪刚度与所有柱(包括其本身)总的抗剪刚度的比值。可见，在等高排架中，柱顶水平力是按排架柱侧向刚度来分配的，侧向刚度大的排架柱分到的多些，反之则少些，这就是“荷载”按构件刚度来分配的原理。

这里要说明一个问题，在图 2-27 中如果把柱顶水平集中力 F 从左侧柱的柱顶移至右侧柱的柱顶，且不改变其作用方向，则由剪力分配法可知，各柱的柱顶剪力不会改变，但横梁将由受压改为受拉。

求出各柱柱顶剪力后，就可按独立悬臂柱计算内力。

2.2.3.2　任意荷载作用时的剪力分配

当排架上有任意荷载作用时，如图 2-28 所示，为了能利用上述剪力分配系数进行计算，可以把计算过程分为两个步骤：① 先在排架柱顶附加不动铰支座以阻止水平位移，并求出不动铰支座的水平反力 R，如图 2-28 (b)、(c)所示；② 撤销附加的不动铰支座，在此排架柱顶加上反向作用的 R，如图 2-28(d) 所示。然后将上述两个状态叠加，以恢复原状，即叠加上述两个步骤中求出的内力就是排架的实际内力。

这里规定，柱顶剪力、柱顶水平集中力、柱顶不动铰支座反力，凡是自左向右作用的取为正号，反之取为负号。当 A 柱与 B 柱相同时，柱顶水平位移相同，故柱顶没有水平剪力。

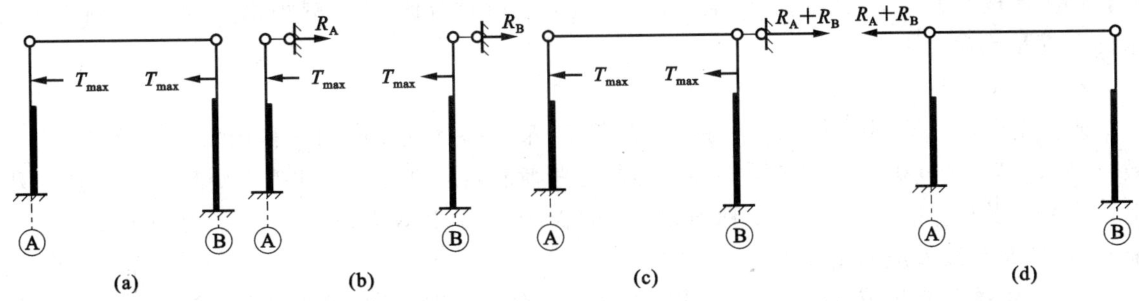

图 2-28 任意荷载作用时的剪力分配

2.2.4 内力组合

2.2.4.1 控制截面

控制截面是指构件某一区段内对截面配筋起控制作用的那些截面。因此，排架计算应致力于求出控制截面的内力而不是所有截面的内力。

图 2-29 所示的一般单阶排架柱中，通常上柱各截面配筋是相同的，而在上柱中，牛腿顶面（即上柱底截面）Ⅰ—Ⅰ的内力最大，因此截面Ⅰ—Ⅰ为上柱的控制截面。在下柱中，通常各截面配筋也是相同的，而牛腿顶截面Ⅱ—Ⅱ和柱底截面Ⅲ—Ⅲ的内力较大，因此取截面Ⅱ—Ⅱ和Ⅲ—Ⅲ为下柱的控制截面。另外，截面Ⅲ—Ⅲ的内力值也是设计柱下基础的依据。截面Ⅰ—Ⅰ与Ⅱ—Ⅱ虽在一处，但截面及内力值却都不同，分别代表上、下柱截面，在设计截面Ⅱ—Ⅱ时，不计牛腿对其截面承载力的影响。

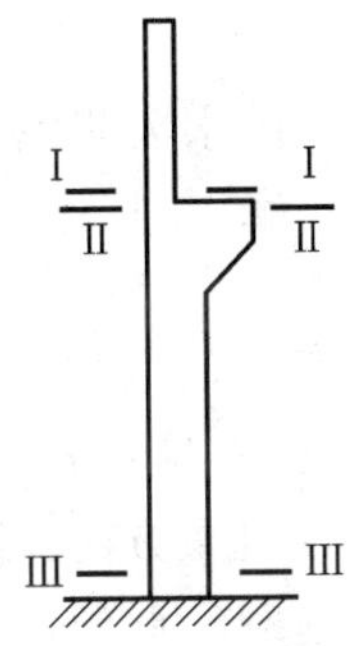

图 2-29 单阶排架柱的控制截面

如果截面Ⅱ—Ⅱ的内力较小，需要的配筋较少，或者下部柱高度较大，下柱配筋也可以沿高度变化。这时应在下柱中部再取一个控制截面，以便控制下柱中纵向钢筋的变化。

2.2.4.2 不同种类内力的组合

在排架内力计算中，当求出了各种荷载单独作用下某个控制截面上的内力以后，有两个问题需要解决。

控制截面的内力种类有轴向压力 N、弯矩 M 和水平剪力 V。所以第一个问题是对同一个控制截面，这三种内力应该怎样搭配，其截面的承载力才是最不利的。这就需要做出判断。

排架柱是偏心受压构件，其纵向受力钢筋的计算主要取决于轴向压力 N 和弯矩 M，根据可能需要的最大的配筋量，一般可考虑以下四种内力的不利组合：

① $+M_{max}$及相应的 N 和 V；

② $-M_{max}$及相应的 N 和 V；

③ N_{max}及相应的 M 和 V；

④ N_{min}及相应的 M 和 V。

当柱截面采用对称配筋及对称基础时，第①、②两种内力组合合并为一种，即$|M|_{max}$及相应的 N 和 V。

通常，按上述四种内力组合已能满足设计要求，但在某些情况下，它们可能都不是最不利的。例如，对大偏心受压的柱截面，偏心距 $e_0=M/N$ 越大（即 M 越大，N 越小）时，配筋量往往越多。因此，有时 M 虽然不是最大值而是比最大值略小，但它所对应的 N 若减小很多，那么这组内力所要求的配筋量反而会更大些。

2.2.4.3 同一种内力的组合

永久荷载和可能同时出现的各种可变荷载，对某个控制截面的同一种内力都会分别产生荷载效应，所以第二个问题是怎样把同一种内力的这些荷载效应进行组合才能得到其最不利值。例如，对于 $+M_{max}$ 及相应的 N 和 V 这一种内力搭配，怎样进行荷载效应的组合，才能得到最大的 $+M_{max}$。显然，这就是荷载效应的基本组合。

《建筑结构荷载规范》(GB 50009—2012)规定，对于一般排架、框架结构，可以采用简化规则，在下列荷载效应组合值中取最不利值确定。

(1) 由可变荷载效应控制的组合

① 恒荷载+任一种活荷载

$$S = \gamma_G S_{GK} + \gamma_{Q1} S_{Q1K} \tag{2-10}$$

② 恒荷载+ 0.9(任意两种或两种以上活荷载)

$$S = \gamma_G S_{GK} + 0.9 \sum_{i=1}^{n} \gamma_{Qi} S_{QiK} \tag{2-11}$$

(2) 由永久荷载效应控制的组合

$$S = 1.35 S_{GK} + \sum_{i=1}^{n} \gamma_{Qi} \phi_{ci} S_{QiK} \tag{2-12}$$

对组合值系数 ϕ_{ci}，除风荷载仍取 $\phi_{ci}=0.6$ 外，雪荷载和其他可变荷载可统一取 $\phi_{ci}=0.7$。

注意，在应用式(2-11)的组合时，为减轻计算工作量，当考虑以自重为主时，对可变荷载可只考虑与结构自重方向一致的竖向荷载，例如雪荷载、吊车竖向荷载；不考虑水平荷载，例如风荷载、吊车水平荷载。此外，当采用钢结构屋盖时，因屋盖自重较小，故可不考虑由永久荷载控制的组合。

2.2.4.4 内力组合表及注意事项

内力组合通常列表进行，内力组合时应注意以下几点。

① 每次组合以一种内力为目标来决定荷载项的取舍，例如，当考虑第①种内力组合时，必须以得到 $+M_{max}$ 为目标，然后得到其对应的 N、V 值。

② 每次组合都必须包括恒荷载项。

③ 当取 N_{max} 或 N_{min} 为组合目标时，应使相应的 M 绝对值尽可能地大，因此，对于不产生轴向力而产生弯矩的荷载项(风荷载及吊车水平荷载)中的弯矩值也应组合进去。

④ 风荷载项中有左风和右风两种，每次组合只能取其中的一种。

⑤ 对于吊车荷载项要注意以下三点。

a. 注意 D_{max}(或 D_{min})与 T_{max} 间的关系。一方面，由于吊车横向水平荷载不可能脱离其竖向荷载而单独存在，因此当取用 T_{max} 所产生的内力时，就应把同跨内 D_{max}(或 D_{min})产生的内力组合进去，即"有 T 必有 D"。另一方面，吊车竖向荷载却是可以脱离吊车横向水平荷载而单独存在的，即"有 D 不一定有 T"。不过考虑到 T_{max} 既可向左又可向右作用的特性，如果取用了 D_{max}(或 D_{min})产生的内力，总是要同时取用 T_{max}(多跨时也只取一项)才能得到最不利的内力。因此在吊车"恒荷载+0.9(任意两种或两种以上活荷载)"的内力组合时，要遵守"有 T_{max} 必有 D_{max}(或 D_{min})，有 D_{max}(或 D_{min})也要有 T_{max}"的规则。

b. 吊车竖向荷载与吊车水平荷载是两种不同的活荷载，因此在"恒荷载+任一种活荷载"的内力组合中，不能取用 T_{max}，因为"有 T 必有 D"。

c. 注意取用的吊车荷载项目数。在一般情况下，内力组合表中每一个吊车荷载项都是表示一个跨度内两台吊车的内力(已乘两台吊车时的吊车荷载折减系数β,对 A1～A5 级,β=0.9;对 A6～A8 级,β=0.95),因此,对于 T_{max},不论单跨还是多跨排架,都只能取用表中的一项;对于吊车竖向荷载,单跨时在 D_{max}或 D_{min}中两者取一,多跨时或者取一项或者取两项(在不同跨内各取一项)。当取两项时,吊车荷载折减系数 β 应改为四台吊车的值,故对其内力值应乘以转换系数,A1～A5 级时为 0.8～0.9,A6～A8 级时为 0.85～0.95 。

⑥ 由于柱底水平剪力对基础底面将产生弯矩,其影响不能忽视,故在组合截面Ⅲ—Ⅲ的内力时,要把相应的水平剪力值求出。

⑦ 下面将讲到,在确定基础底面尺寸时,应采用内力的标准值,所以对柱底截面Ⅲ—Ⅲ还需按式(2-11)算出内力的标准组合值。式(2-11)中的活荷载组合值系数 ϕ_{ci},对屋面均布活荷载、雪荷载、A1～A7 级的软钩吊车均可取为 0.7,对风荷载取为 0.6,对屋面积灰荷载取为 0.9。

2.2.4.5 对内力组合值的评判

图 2-30 给出了对称配筋矩形截面偏心受压构件的截面承载力 N_u-M_u 的两条相关曲线,它们的截面尺寸及材料都相同,但每一侧纵向受力钢筋的数量不同,$A_{s2}>A_{s1}$。

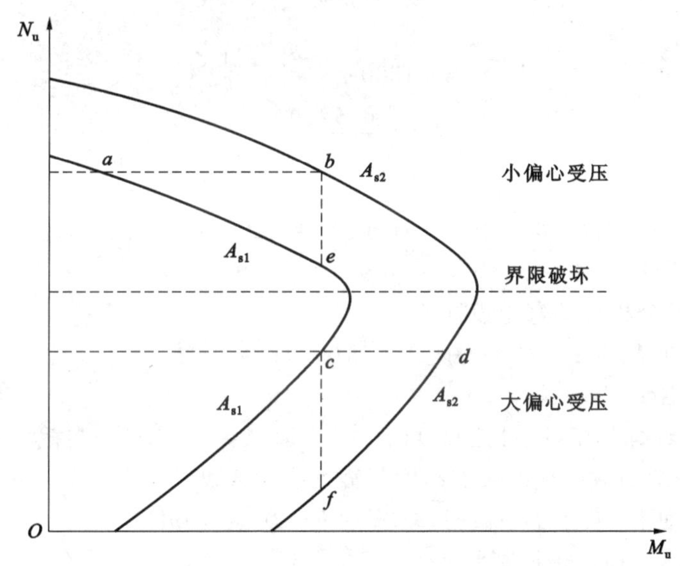

图 2-30 对称配筋矩形截面偏心受压构件内力组合值的评判

由图 2-30 中的 a 点与 b 点及 c 点与 d 点可知,N_u 相同,M_u 大的配筋多;由图中的 b 点与 e 点及 c 点与 f 点可知,M_u 相同,小偏心受压时,N_u 大的配筋多,而大偏心受压时,N_u 大的却配筋少。也就是说,不论大偏心受压还是小偏心受压,弯矩对配筋总是不利的;而轴向力则在大偏心受压时对配筋有利,在小偏心受压时对配筋不利。因此,可按以下规则来评判内力的组合值:

① N 相差不多时,M 大的不利;

② 相差不多时,凡 $M/N>0.3h_0$(h_0 表示截面有效高度)的,N 小的不利;$M/N\leqslant 0.3h_0$ 的,N 大的不利。

如果评判筛选后同一控制截面尚有两组或两组以上不利内力组合值,则只能通过截面设计才能最后确定其配筋。

2.2.5　排架柱的 P-Δ 二阶效应

《混凝土结构(上)——混凝土结构基本原理》中讲过，轴向压力对偏心受压构件侧移产生附加弯矩和附加曲率的二阶荷载效应，称为 P-Δ 效应。

排架柱是偏心受压构件，在荷载作用下，例如，在柱顶不动支点水平反力 F 作用下，使各截面产生水平位移，其柱顶的水平位移为 Δ；在水平力 F 作用下，柱的各截面将产生一阶弹性弯矩，柱底弯矩为 M 。

由于排架柱顶处作用有轴向压力 P，则由侧移对柱的各个截面产生的附加弯矩就等于 P 与各截面处水平位移的乘积，对柱底截面就是 $P\Delta$。

于是，考虑 P-Δ 二阶效应后，柱底截面的总弯矩：

$$M = M_0 + P\Delta$$

《混凝土结构设计规范》(GB 50010—2010)建议采用近似的弯矩增大系数法来计算 P-Δ 二阶弯矩效应，即令弯矩增大系数 $\eta = 1 + \frac{P\Delta}{M_0}$，则

$$M = \eta_s M_0$$

$$\eta_s = 1 + \frac{1}{1500 e_i / h_0}\left(\frac{l_0}{h}\right)^2 \zeta_c$$

$$\zeta_c = \frac{0.5 f_c A}{N}$$

$$e_i = e_0 + e_a$$

式中　ζ_c——截面曲率修正系数，当 $\zeta_c > 1.0$ 时，取 $\zeta_c = 1.0$；

e_i——初始偏心距；

M_0——一阶弹性分析柱端弯矩设计值；

e_0——轴向压力对截面重心的偏心距，$e_0 = M_0 / N$；

e_a——附加偏心距；

l_0——排架柱的计算长度，即对控制界面Ⅰ—Ⅰ取 $l_0 = 2H_u$，对控制截面Ⅲ—Ⅲ取 $l_0 = H_l$；

h, h_0——所考虑弯曲方向柱的截面高度和截面有效高度；

A——柱的截面面积，对于Ⅰ型截面，取 $A = bh + 2(b_f - b)h_f'$ 。

以上近似计算方法，也适用于控制截面Ⅰ—Ⅰ。

由于作用在排架上的荷载比较多，每一种荷载都会使排架柱产生 P-Δ 效应，而且除了屋盖竖向荷载使排架柱顶产生的水平位移稍小以外，其他荷载产生的 Δ 都不能忽略。为了简化计算，《混凝土结构设规范》(GB 50010—2010)规定，排架柱的 P-Δ 效应按内力组合值计算。

2.2.6　单层厂房排架考虑整体空间作用的基本概念

为了说明问题，图 2-31 所示为单层单跨厂房在柱顶水平荷载作用下，由于结构或荷载情况的不同所产生的四种柱顶水平位移示意图。在图 2-31(a)中，各排架水平位移相同，互不牵制，因此它实际上与没有纵向构件相连的排架相同，都属于平面排架；在图 2-31(b)中，由于两端没有山墙，其侧移刚度很大，水平位移很小，对其他排架有不同程度的约束作用，故柱顶水平位移呈曲线，$u_b < u_a$；在图 2-31(c)中，没有直接承载的排架因受到直接承载排架的牵动也将产生水平位移；在图 2-31(d)中，由于有山墙，各排架的水平位移都比图 2-31(c)中的小，$u_d < u_c$。可见，在后三种情况中，各个排架或山墙都不能单独变形，而是互相制约成一整体的。这种排架与排架、排架与山墙之间相互关联

的整体作用称为厂房的整体空间作用。产生单层厂房整体空间作用的条件有两个，一个是各横向排架(山墙可理解为广义的横向排架)之间必须有纵向构件将它们联系起来;另一个是各横向排架彼此的情况不同,或者结构不同或者承受的荷载不同。由此可以理解,无檩屋盖比有檩屋盖、局部荷载比均布荷载的厂房的整体空间作用要大些。由于山墙的侧向刚度大，对与它相邻的一些排架水平位移的约束亦大,故在厂房整体空间作用中起着相当大的作用。

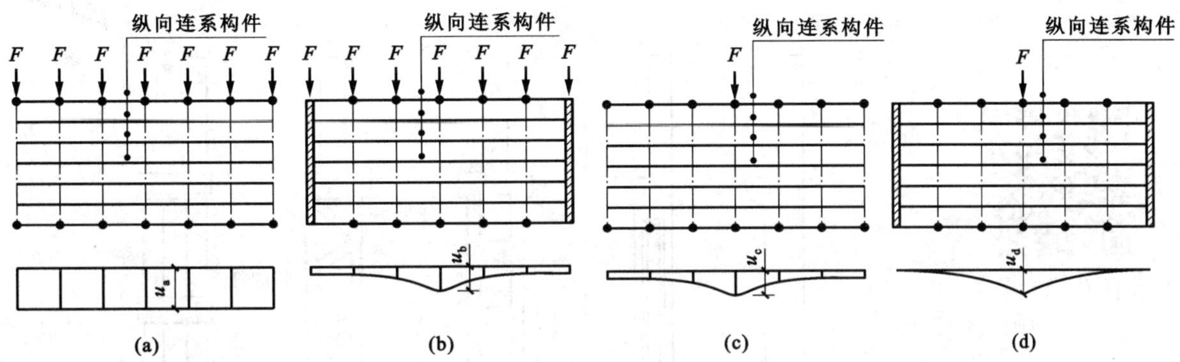

图 2-31 柱顶水平位移的比较

图 2-32 所示是我国清华大学实测的某无檩屋盖单跨单层厂房每个排架的柱顶水平位移值,以及形成空间作用后各排架柱顶横向水平位移图。这时,直接承载排架的柱顶水平位移大约仅为单个排架时的 12%,其内力也将相应地大大减小。

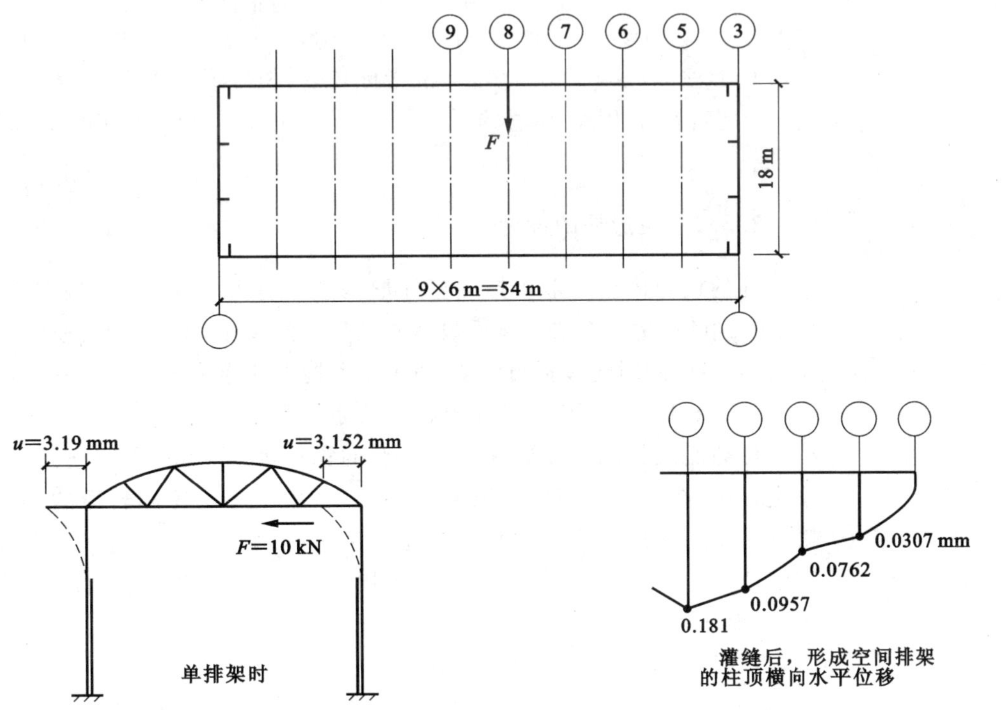

图 2-32 某无檩屋盖单跨单层厂房实测的柱顶水平位移图

2.3 单层厂房柱

2.3.1 柱的形式

单层厂房柱的形式很多,有矩形柱、工字形柱、双肢柱、管柱等,如图 2-33 所示。

钻孔灌注桩施工动画

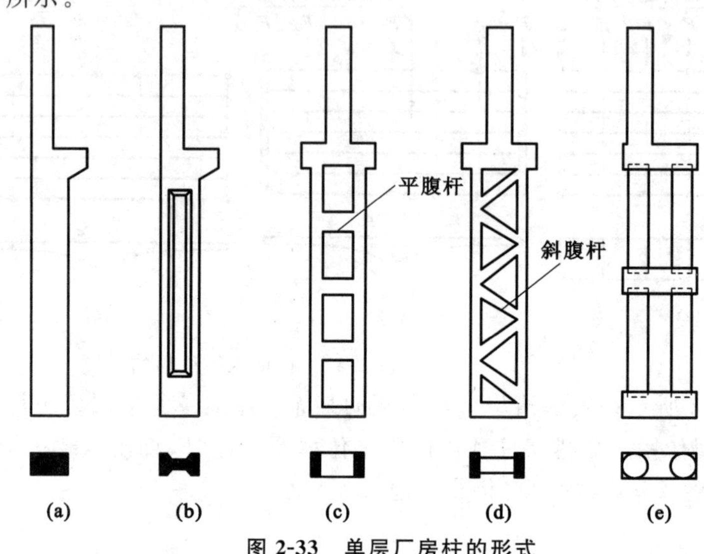

图 2-33 单层厂房柱的形式

(a) 矩形柱;(b) 工字形柱;(c) 平腹杆双肢柱;(d) 斜腹杆双肢柱;(e) 管柱

矩形柱的混凝土用量多,经济指标较差,但外形简单,施工方便,抗震性能好,是目前应用最普遍的单层厂房柱。有时,矩形柱也可做成现场预制的。

2.3.2 矩形柱的设计

柱的设计内容一般包括确定外形构造尺寸和截面尺寸,根据各控制截面最不利的内力组合进行截面设计并满足构造要求,对预制柱还需进行吊装阶段的验算,同时还包括与屋架、吊车梁等构件的连接构造和绘制施工图等。

2.3.2.1 截面尺寸和外形构造尺寸

柱截面尺寸除应保证柱具有足够的承载力外,还必须使柱具有足够的刚度,以免造成厂房横向和纵向变形过大,发生吊车轮和轨道的过早磨损,影响吊车正常运行或导致墙和屋盖产生裂缝,影响厂房的正常使用。根据刚度要求,对于 6 m 柱距的厂房柱和露天栈桥柱的最小截面尺寸,可按表 2-1确定。

表 2-1 **6 m 柱距实腹柱截面尺寸参考表**

项目	简图	分项	截面高度	截面宽度 b
无吊车厂房		单跨	$\geqslant H/18$	$\geqslant H/30$,并大于等于 300 mm
		多跨	$\geqslant H/20$	

续表

项目	简图	分项		截面高度	截面宽度 b
有吊车厂房		$Q\leqslant 10$ t		$\geqslant H_k/14$	$\geqslant H_l/20$，并大于等于 400 mm
		$Q=15\sim 20$ t	$H_k\leqslant 10$ m	$\geqslant H_k/11$	
			10 m$\leqslant H_k\leqslant 12$ m	$H_k/12$	
		$Q=30$ t	$H_k\leqslant 10$ m	$\geqslant H_k/9$	
			$H_k>12$ m	$H_k/10$	
		$Q=50$ t	$H_k\leqslant 11$ m	$\geqslant H_k/9$	
			$H_k\geqslant 13$ m	$H_k/11$	
		$Q=75\sim 100$ t	$H_k\leqslant 12$ m	$\geqslant H_k/9$	
			$H_k\geqslant 14$ m	$H_k/8$	
露天栈桥		$Q\leqslant 10$ t		$H_k/10$	$\geqslant H_l/25$，并大于等于 500 mm；管柱 $r\geqslant H_l/70$，$D\geqslant 400$ mm
		$Q=15\sim 30$ t	$H_k\leqslant 12$ m	$H_k/9$	
		$Q=50$ t	$H_k\leqslant 11$ m	$H_k/8$	

注：1. 表中 Q 为吊车起吊质量，H 为基础顶至柱顶的总高度，H_k 为基础顶至吊车梁顶的高度，H_l 为基础顶至吊车梁底的高度。

2. 表中有吊车厂房的柱截面高度是按吊车工作级别为 A6～A8 考虑的。如吊车工作级别为 A1～A5，则应乘以系数 0.95。

3. 当厂房柱距为 12 m 时，柱的截面尺寸宜乘以系数 1.1 。

2.3.2.2 截面设计

根据控制截面最不利内力组合 M 和 N，按偏心受压构件进行截面设计。对于刚性屋盖的单层厂房排架柱、露天吊车柱和栈桥柱，其计算长度 l_0 可按表 2-2 取用。

表 2-2 采用刚性屋盖的单层工业厂房排架柱、露天吊车柱和栈桥柱的计算长度 l_0

柱的类型		排架方向	垂直排架方向	
			有柱间支撑	无柱间支撑
无吊车厂房柱	单跨	$1.5H$	$1.0H$	$1.2H$
	两跨及多跨	$1.25H$	$1.0H$	$1.2H$
有吊车厂房柱	上柱	$2.0H_u$	$1.25H_u$	$1.5H_u$
	下柱	$1.0H_l$	$0.8H_l$	$1.0H_l$
露天吊车柱和栈桥柱		$2.0H_l$	$1.0H_l$	—

注：1. 表中 H 为从基础顶面算起的柱子全高，H_l 为从基础顶面至装配式吊车梁底面或现浇式吊车梁顶面的柱子下部高度，H_u 为从装配式吊车梁底面或从现浇式吊车梁顶面算起的柱子上部高度。

2. 表中有吊车厂房排架柱的计算长度，当计算中不考虑吊车荷载时，可按无吊车厂房采用，但上柱的计算长度仍按有吊车厂房采用。

3. 表中有吊车厂房排架柱的上柱在排架方向的计算长度，仅适用于 $H_u/H_l\geqslant 0.3$ 的情况；当 $H_u/H_l<0.3$ 时，宜采用 $2.5H_u$。

2.3.2.3 裂缝宽度验算

《混凝土结构设计规范》(GB 50010—2010)规定，对于 $e_0/h_0\leqslant 0.55$ 的偏心受压构件，可不验算裂缝宽度。排架柱是偏心受压构件，当 $e_0/h_0>0.55$ 时，要进行裂缝宽度验算，这时应采用荷载准永久组合的内力值。风荷载的准永久值系数 $\psi_q=0$；屋面活荷载的准永久值系数：不上人屋面 $\psi_q=0$，上人屋面 $\psi_q=0.4$，屋顶花园 $\psi_q=0.5$；雪荷载的准永久值系数按分区Ⅰ、Ⅱ、Ⅲ的不同，分别取 $\psi_q=0.5$、$\psi_q=0.2$ 和 $\psi_q=0$；软钩吊车的准永久值系数，工作级别为 A1～A3，$\psi_q=0.5$；工作级别为 A4、A5，$\psi_q=0.6$；工作级别为 A6、A7，$\psi_q=0.7$；工作级别为 A8 及硬钩吊车，$\psi_q=0.95$。

2.3.2.4 构造要求

矩形和工字形柱的混凝土强度等级常用 C20～C30，当轴向力大时宜用较高强度等级。纵向受力钢筋一般采用 HRB400，箍筋和构造钢筋可用 HPB300 级钢筋。

纵向受力钢筋直径不宜小于 12 mm，全部纵向受力钢筋的配筋率不宜超过 5%，当混凝土强度等级小于或等于 C50 时，全部纵向受力钢筋的配筋率不应小于 0.5%，当混凝土强度等级大于 C50 时，不应小于 0.6% ；柱截面每边纵向钢筋的配筋率不应小于 0.2% 。当柱的截面高度 $h\geqslant$ 600 mm时，在侧面应设置直径为 10～16 mm 的纵向构造钢筋，并相应地设置复合箍筋或拉结筋。

柱内纵向钢筋的净距不应小于 50 mm；对水平浇筑的预制柱，其最小净距不应小于 25 mm 和纵向钢筋的直径。垂直于弯矩作用平面的纵向受力钢筋的中距不应大于 350 mm。

柱中箍筋的构造应满足对偏心受压构件的要求。柱与屋架(屋面梁)、吊车梁等构件的连接构造可参阅有关标准图集或设计手册。

2.3.2.5 吊装、运输阶段的承载力和裂缝宽度验算

预制柱一般考虑翻身起吊，按图 2-34 中的 1—1、2—2 和 3—3 截面，根据运输、吊装时混凝土的实际强度，分别进行承载力和裂缝宽度验算。验算时应注意下列问题。

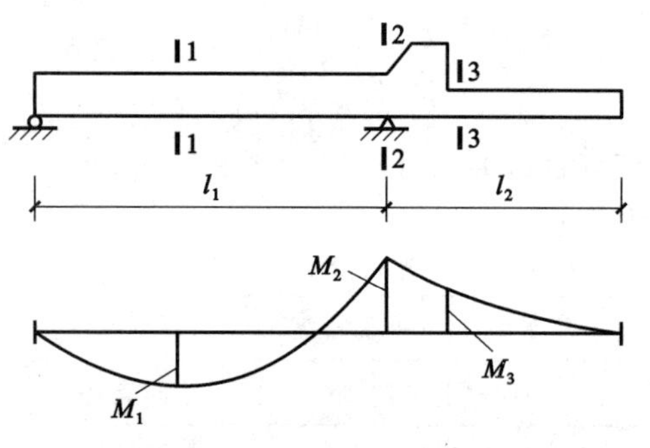

图 2-34 柱吊装验算简图

① 柱身自重应乘以动力系数 1.5(根据吊装时的受力情况可适当增减)，柱自身的重力荷载分项系数取1.35。

② 因吊装验算是临时性的，故构件安全等级可较其使用阶段的安全等级降低一级。

③ 柱的混凝土强度一般按设计强度的 70% 考虑。当吊装验算要求高于设计强度值的 70% 方可吊装时，应在施工图上注明。

④ 一般宜采用单点绑扎起吊，吊点设在变阶处。当需用多点起吊时，吊装方法应与施工单位共同商定并进行相应的验算。

⑤ 当柱变阶处截面吊装验算配筋不足时，可在该局部区段加配短钢筋。

2.3.3 牛腿

单层厂房中，常采用柱侧伸出的牛腿来支承屋架(屋面梁)、托架和吊车梁等构件。由于这些构件大多是负荷较大或有动力作用的，因此牛腿虽小，却是一个重要部件。

根据牛腿竖向力 F_v 的作用点至下柱边缘的水平距离的大小，一般把牛腿分成两类：当 $a\leqslant h_0$ 时为短牛腿，见图 2-35(a)；当 $a>h_0$ 时为长牛腿，见图 2-35(b)，此处 h_0 为牛腿与下柱交接处的牛腿竖直截面的有效高度。

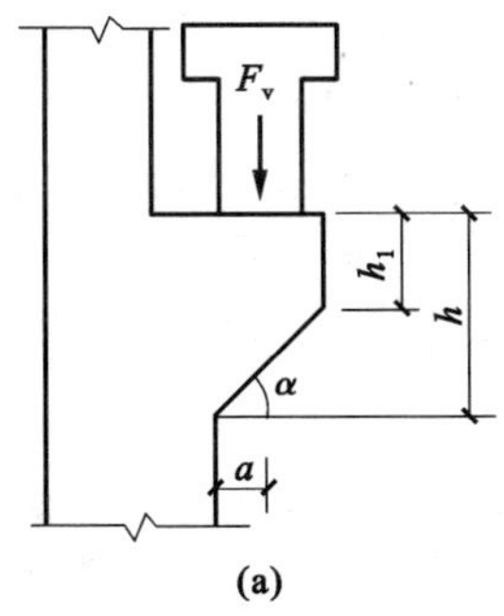

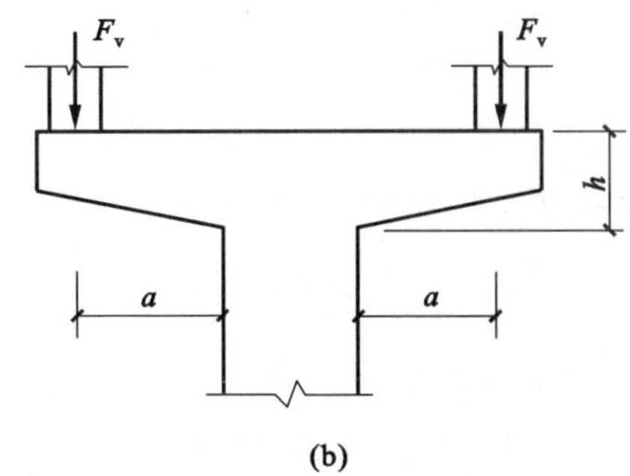

图 2-35 牛腿的分类

长牛腿的受力特点与悬臂梁相似，可按悬臂梁设计。一般支承吊车梁等构件的牛腿均为短牛腿（以下简称牛腿），它实质上是一变截面深梁，其受力性能与普通悬臂梁不同。

本节将在介绍牛腿试验研究结果的基础上，阐明牛腿的设计方法。

2.3.3.1 试验研究结果

（1）弹性阶段的应力分布

图 2-36 为对 $a/h_0=0.5$ 的环氧树脂牛腿模型进行光弹性试验得到的主应力迹线。由图可见，在牛腿上部，主拉应力迹线基本上与牛腿上边缘平行，且牛腿上表面的拉应力沿长度方向比较均匀；牛腿下部主压应力迹线大致与从加载点到牛腿下部与柱的相交点 a 的连线 ab 相平行；牛腿中下部主拉应力迹线是倾斜的。这大致能说明为什么从加载板内侧开始的裂缝有向下倾斜的现象。

（2）裂缝的出现与展开

钢筋混凝土牛腿在竖向力作用下的试验表明：当荷载加到破坏荷载的 20%～40%时出现竖向裂缝，但其展开很小，对牛腿的受力性能影响不大；当荷载继续加大至破坏荷载的 40%～60%时，在加载板内侧附近出现第一条斜裂缝①，如图 2-37 所示；此后，随着荷载的增加，除这条斜裂缝不断发展外，几乎不再出现第二条斜裂缝；最后，当荷载加大至接近破坏时（约为破坏荷载的 80%），突然出现第二条斜裂缝②，预示牛腿即将破坏。在牛腿使用过程中，所谓不允许出现斜裂缝均是对裂缝①而言的，它是确定牛腿截面尺寸的主要依据。

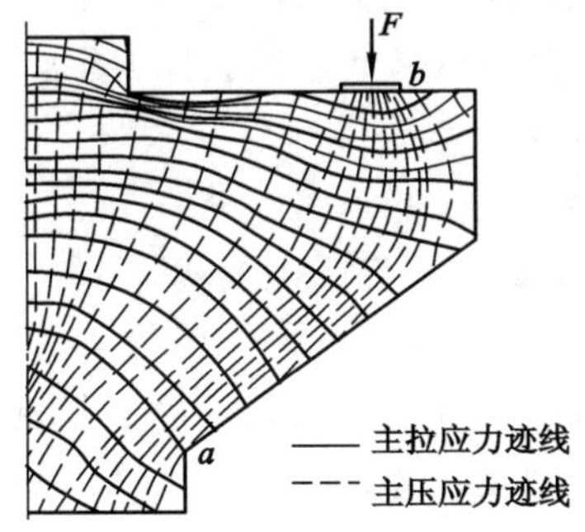

图 2-36 牛腿光弹性试验结果示意图

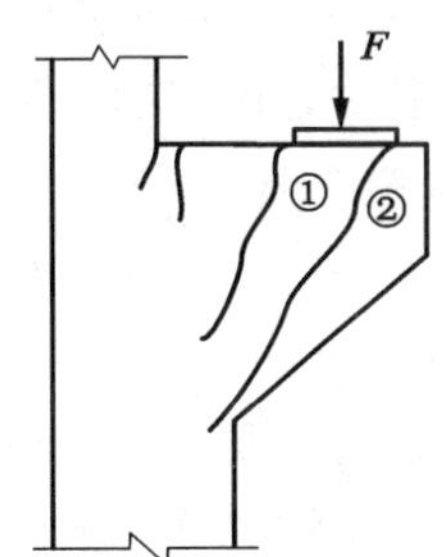

图 2-37 牛腿裂缝示意图

试验表明，a/h_0 值是影响斜裂缝出现迟早的主要参数。随 a/h_0 值的增加，出现斜裂缝的荷载不断减小。这是因为 a/h_0 值增加，水平方向的应力 σ_x 也增加，而竖直方向的应力减小，因此主拉应力增大，斜裂缝提早出现。

（3）破坏形态

牛腿的破坏形态主要取决于 a/h_0 值，有以下三种主要破坏形态。

① 弯曲破坏。

当 $a/h_0>0.75$ 和纵向受力钢筋配筋率较低时，一般发生弯曲破坏。其特征是当出现裂缝①后，随荷载增加，该裂缝不断向受压区延伸，水平纵向钢筋应力也随之增大并逐渐达到屈服强度，这时裂缝①外侧部分绕牛腿下部与柱的相交点转动，致使受压区混凝土压碎而引起破坏，如图 2-38(a)所示。

② 剪切破坏。

剪切破坏又分为纯剪破坏、斜压破坏和斜拉破坏三种，其中纯剪破坏是当 a/h_0 值很小($a/h_0<0.1$)或 a/h_0 值虽较大但边缘高度 h_1 较小时，可能发生沿加载板内侧接近竖直截面的纯剪破坏。其特征是在牛腿与下柱交接面上出现一系列短斜裂缝，最后牛腿沿此裂缝从柱上切下而遭破坏，如图 2-38(b)所示。这时牛腿内纵向钢筋应力较低。当 $a/h_0=0.1\sim0.75$ 时，则可能发生斜压破坏或斜拉破坏，分别如图 2-38(c)、(d)所示。

③ 局部受压破坏。

当加载板过小或混凝土强度过低，由于很大的局部压应力而导致加载板下混凝土局部压碎破坏，称为局部受压破坏，见图 2-38(e)。

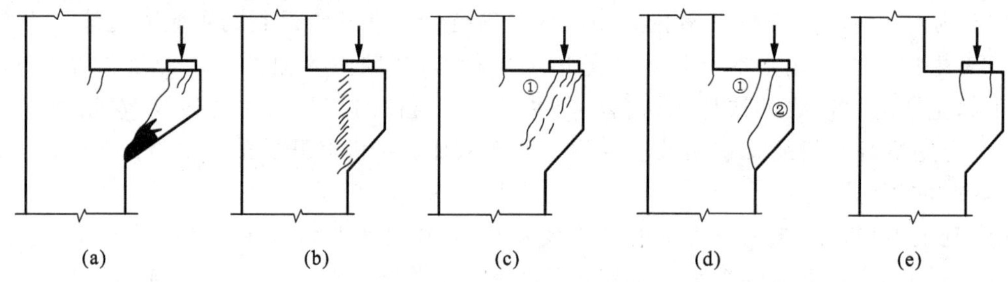

图 2-38　牛腿的破坏形态

(a) 弯曲破坏；(b) 纯剪破坏；(c) 斜压破坏；(d) 斜拉破坏；(e) 局部受压破坏

④ 牛腿在竖向力和水平拉力同时作用下的受力情况。

对同时作用有竖向力 F_v 和水平拉力 F_h 的牛腿的试验结果表明，由于水平拉力的作用，牛腿截面出现斜裂缝的荷载比仅有竖向力作用的牛腿有不同程度的降低。当 $F_h/F_v=0.2\sim0.5$ 时，开裂荷载下降 36%～47%，可见影响较大，同时牛腿的承载力亦降低。试验还表明，有水平拉力作用的牛腿与没有水平拉力作用的牛腿，两者的破坏规律相似。

2.3.3.2　牛腿设计

牛腿设计的主要内容包括：确定牛腿的截面尺寸、承载力计算和配筋构造。

(1) 截面尺寸的确定

由于牛腿的截面宽度通常与柱同宽，因此主要是确定截面高度。由上述牛腿试验结果可知，牛腿的破坏都是发生在斜裂缝形成和展开以后。因此，牛腿截面高度的确定，一般以控制其在使用阶段不出现或仅出现细微斜裂缝为准。所以，牛腿的截面尺寸应根据式(2-13)给出的斜裂缝控制条件和构造要求来确定，如图 2-39 所示。

$$F_{vk}\leqslant\beta\left(1-0.5\frac{F_{hk}}{F_{vk}}\right)\frac{f_{tk}bh_0}{0.5+\dfrac{a}{h_0}}\tag{2-13}$$

式中　F_{vk}——作用于牛腿顶部按荷载效应标准组合计算的竖向力值。

F_{hk}——作用于牛腿顶部按荷载效应标准组合计算的水平拉力值。

β——裂缝控制系数，对支承吊车梁的牛腿，取0.65；对其他牛腿，取0.8。

a——竖向力的作用点至下柱边缘的水平距离，此时应考虑安装偏差20 mm；当考虑20 mm安装偏差后的竖向力作用点位于下柱截面以内时，取$a=0$。

b——牛腿宽度。

h_0——牛腿与下柱交接处的垂直截面有效高度，取$h_0=h_1-a_s+c\cdot\tan\alpha$，$\alpha$为牛腿底面的倾斜角，当$\alpha>45°$时；取$\alpha=45°$，$c$为下柱边缘到牛腿外边缘的水平长度。

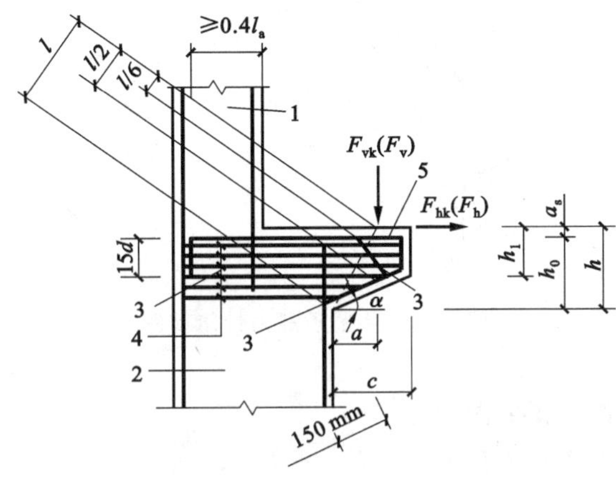

图2-39 牛腿的尺寸和钢筋配置

1—上柱；2—下柱；3，5—弯起钢筋；4—水平箍筋

式(2-13)中的$(1-0.5F_{hk}/F_{vk})$是考虑在水平拉力F_{hk}同时作用下对牛腿抗裂度的不利影响；系数β考虑了不同使用条件对牛腿抗裂度的要求，当取$\beta=0.65$时，可使牛腿在正常使用条件下，基本上不出现斜裂缝，当取$\beta=0.80$时，可使多数牛腿在正常使用条件下不出现斜裂缝，有的仅出现细微裂缝。

根据试验结果，牛腿的纵向钢筋对斜裂缝出现基本上没有影响，弯筋对斜裂缝展开有重要作用，但对斜裂缝出现也无明显影响，因此在式(2-13)中，未引入与纵向钢筋和弯筋有关的参数。

牛腿外边缘高度不应太小，否则，当a/h_0较大而竖向力靠近外边缘时，将会造成斜裂缝不能向下发展到与柱相交，而发生沿加载板内侧边缘的近似垂直截面的剪切破坏。因此，《混凝土结构设计规范》(GB 50010—2010)规定，h_f不应小于$h/3$，且不应小于200 mm。

牛腿底面倾斜角α不应大于45°(一般取45°)，以防止斜裂缝出现后可能引起底面与下柱相交处产生严重的应力集中。

加载板尺寸大小对牛腿的承载力有一定影响，尺寸越大(并有足够刚度)，牛腿的承载力越高；尺寸过小，将导致牛腿在加载板处局部承压不足而降低承载力。因此，《混凝土结构设计规范》(GB 50010—2010)规定，在竖向力F_{vk}作用下，牛腿支承面上局部受压应力不应超过$0.75f_c$，即：

$$\frac{F_{vk}}{A}\leqslant 0.75f_c \tag{2-14}$$

式中 A——牛腿支承面上的局部受压面积。

若不满足式(2-13)的要求，应采取加大受压面积，提高混凝土强度等级或设置钢筋网等有效措施。

(2) 承载力计算和配筋构造

① 计算简图。

试验结果指出，在荷载作用下，牛腿中纵向钢筋受拉，在斜裂缝①外侧有一个不是很宽的压力带。在整个压力带内，斜压力分布比较均匀，如同桁架中的压杆，破坏时混凝土应力可达其抗压强度。由于上述受力特点，计算时可将牛腿简化为一个以纵向钢筋为拉杆和以混凝土斜撑为压杆的三角形桁架，其计算简图如图 2-40(c)所示。当竖向力和作用在牛腿顶面的水平拉力共同作用时，其计算简图如图 2-40(d)所示。

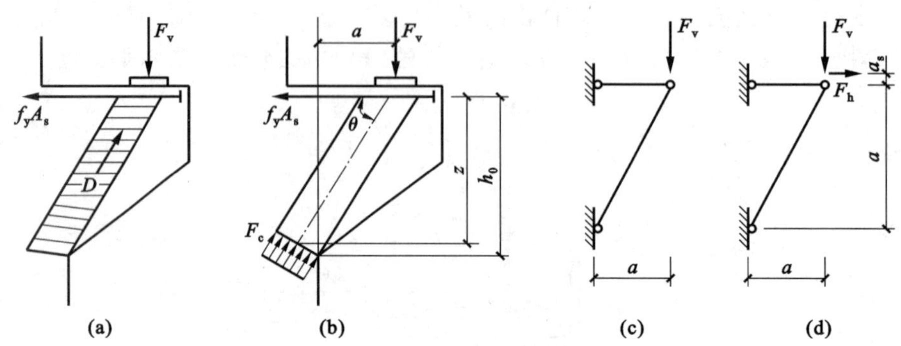

图 2-40　牛腿承载力计算简图

② 纵向受拉钢筋的计算和构造。

由图 2-40(d)，取力矩平衡条件，可得：

$$f_yA_sz = F_va + F_h(z + a_s) \tag{2-15}$$

若近似取 $z=0.85h_0$，则得：

$$A_s = \frac{F_va}{0.85f_yh_0} + \left(1 + \frac{a_s}{0.85h_0}\right)\frac{F_h}{f_y} \tag{2-16}$$

式(2-16)中，$\frac{a_s}{0.85h_0}$可近似取 0.2，则得：

$$A_s = \frac{F_va}{0.85f_yh_0} + 1.2\frac{F_h}{f_y} \tag{2-17}$$

式中　F_v——作用在牛腿顶部的竖向力设计值；

F_h——作用在牛腿顶部的水平拉力设计值；

a——竖向力至下柱边缘的距离，当 $a<0.3h_0$ 时，取 $a=0.3h_0$。

可见，位于牛腿顶面的水平纵向受拉钢筋是由两部分组成的：承受竖向力的抗弯钢筋和承受水平拉力的抗拉锚筋。水平纵向受拉钢筋宜采用 HRB335 或 HRB400 钢筋，钢筋直径不应小于 12 mm。由于水平纵向受拉钢筋的应力沿牛腿上部受拉边全长基本相同，因此不得将其下弯兼作弯起钢筋，而应全部直通至牛腿外边缘再沿斜边下弯，并伸入下柱内 150 mm 后截断，另一端在柱内应有足够的锚固长度(按梁的上部钢筋的有关规定)，以免钢筋未达到强度设计值前就被拔出而降低牛腿的承载能力。

承受竖向力所需的水平纵向受拉钢筋的配筋率(按全截面计算)不应小于 0.2%，也不宜大于 0.6%，且根数不宜少于 4 根。承受水平拉力的锚筋应焊在预埋件上，且不应少于 2 根。

(3) 水平箍筋和弯起钢筋的构造要求

由于式(2-13)的斜裂缝控制条件比斜截面受剪承载力条件严格，所以满足了式(2-13)后，不再要求进行牛腿的斜截面受剪承载力计算，但应按构造要求设置水平箍筋和弯起钢筋。在总结我国的工程设计经验和参考国外有关设计规范的基础上，《混凝土结构设计规范》(GB 50010—2010)规定，水平箍筋的直径应取用 6～12 mm，间距为 100～150 mm，且在上部 $2h_0/3$ 范围内的水平箍筋总截面面积不应小于承受竖向力的水平纵向受拉钢筋截面面积的 1/2。

试验表明，弯起钢筋虽然对牛腿抗裂的影响不大，但对限制斜裂缝展开的效果较显著。试验还表明，当剪跨比 $a/h_0 \geqslant 0.3$ 时，弯起钢筋可提高牛腿的承载力 10%～30%，剪跨比较小时，在牛腿内设置弯起钢筋不能充分发挥作用。因此，《混凝土结构设计规范》(GB 50010—2010)规定，当 $a/h_0 \geqslant 0.3$ 时，宜设置弯起钢筋，弯起钢筋宜采用 HRB335 或 HRB400 钢筋，并宜使其与集中荷载作用点到牛腿斜边下端点连线的交点 A 位于牛腿上部 $l/6 \sim l/2$ 的范围内，l 为连线的长度，其截面面积不应小于承受竖向力的受拉钢筋截面面积的 1/2，根数不少于 2 根，直径不宜小于12 mm。纵向受拉钢筋不得兼作弯起钢筋。

当满足以上构造要求时，就能满足牛腿受剪承载力的要求。

当牛腿设于上柱柱顶时，宜将柱对边纵向受力钢筋沿柱顶水平弯入牛腿，作为牛腿纵向受拉钢筋使用。若牛腿纵向受拉钢筋与柱对边纵向受力钢筋分开配置时，则牛腿纵向受拉钢筋与柱对边纵向受力钢筋应有可靠搭接。柱顶牛腿的配筋构造见图 2-41。

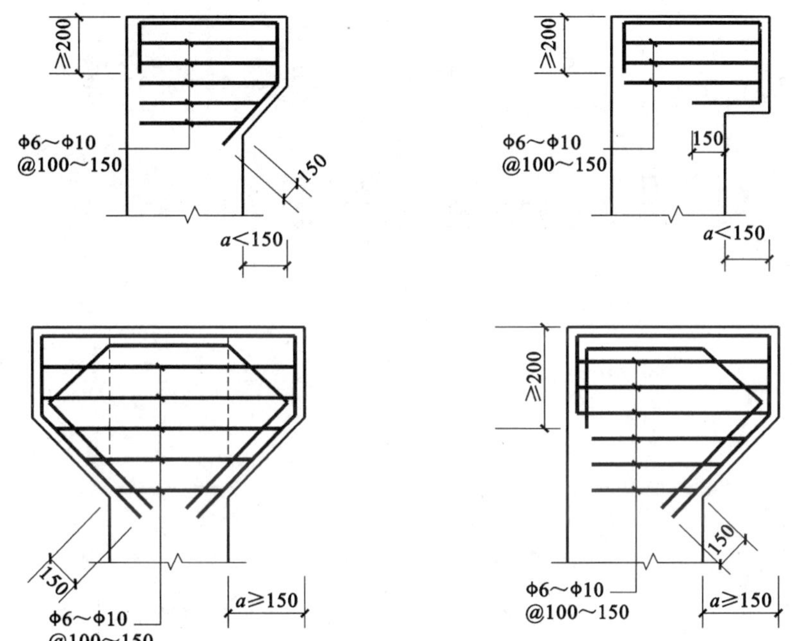

图 2-41　柱顶牛腿的配筋构造

典型例题

【例 2-1】 已知某双跨等高排架(图 2-42)，作用在其柱顶上的风荷载设计值 $F_w = 3.88$ kN，$q_1 = 3.21$ kN/m，$q_2 = 1.60$ kN/m；A 柱与 C 柱截面尺寸相同，$I_1 = 2.13 \times 10^9$ mm^4，$I_2 = 11.67 \times 10^9$ mm^4；B 柱，$I_1 = 4.17 \times 10^9$ mm^4，$I_2 = 11.67 \times 10^9$ mm^4；上柱高度均为 $H_1 = 3.0$ m，柱总高均为 $H_2 = 12.2$ m。试计算各排架柱内力。

【解】 (1) 求各柱的剪力分配系数

$$\lambda = \frac{H_1}{H_2} = \frac{3.0}{12.2} = 0.246$$

对 A、C 柱：

$$n = \frac{I_1}{I_2} = \frac{2.13 \times 10^9}{11.67 \times 10^9} = 0.183$$

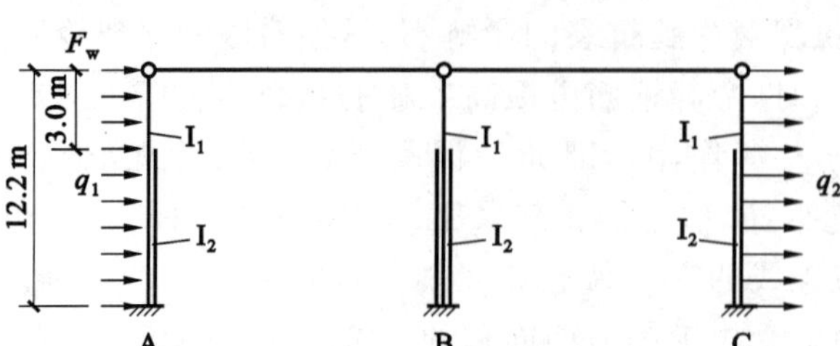

图 2-42　双跨等高排架

对 B 柱：

$$n=\frac{I_1}{I_2}=\frac{4.17\times10^9}{11.67\times10^9}=0.357$$

C_0 值按式 $C_0=\dfrac{3}{1+\lambda^3\left(\dfrac{1}{n}-1\right)}$ 求得，则对 A、C 柱，$C_0=2.813$。

$$\delta_A=\delta_C=\frac{H_2^3}{C_0EI_2}=\frac{(12.2\times1000)^3}{2.813E\times11.67\times10^9}=55.31\frac{1}{E}(\text{mm})$$

对于 B 柱，$C_0=2.922$。

$$\delta_B=\frac{H_2^3}{C_0EI_2}=\frac{(12.2\times1000)^3}{2.922E\times11.67\times10^9}=53.25\frac{1}{E}(\text{mm})$$

剪力分配系数：

$$\mu_A=\mu_C=\frac{\dfrac{1}{\delta_A}}{2\dfrac{1}{\delta_A}+\dfrac{1}{\delta_B}}=\frac{\dfrac{1}{55.31}}{2\times\dfrac{1}{55.31}+\dfrac{1}{53.25}}=0.329$$

$$\mu_B=\frac{\dfrac{1}{\delta_B}}{2\dfrac{1}{\delta_A}+\dfrac{1}{\delta_B}}=\frac{\dfrac{1}{53.25}}{2\times\dfrac{1}{55.31}+\dfrac{1}{53.25}}=0.342$$

(2) 求各柱柱顶的剪力

将风荷载分成 F_w、q_1、q_2 三种情况，分别求出各柱顶所产生的剪力，再相叠加。

由于 q_1 的作用，查附表得柱顶不动铰支座反力：

$$R_A=C_{11}q_1H_2=0.357\times3.21\times12.2=13.98(\text{kN})$$

由于 q_2 的作用，其柱顶不动铰支座反力：

$$R_C=R_A\cdot\frac{q_2}{q_1}=13.98\times\frac{1.60}{3.22}=6.97(\text{kN})$$

各柱顶的总剪力：

$$\begin{aligned}V_A&=\mu_A(F_w+R_A+R_C)-R_A\\&=0.329\times(3.88+13.98+6.97)-13.98=-5.81(\text{kN})(\leftarrow)\\V_B&=\mu_B(F_w+R_A+R_C)\\&=0.342(3.88+13.98+6.97)=8.49(\text{kN})(\rightarrow)\\V_C&=\mu_C(F_w+R_A+R_C)-R_C\\&=0.329(3.88+13.98+6.97)-6.97=1.20(\text{kN})(\rightarrow)\end{aligned}$$

(3) 绘制柱的弯矩图

根据计算结果绘制柱的弯矩图，如图 2-43 所示。

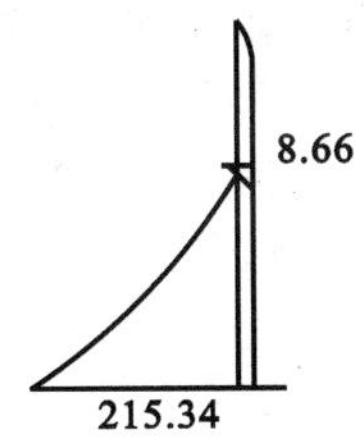

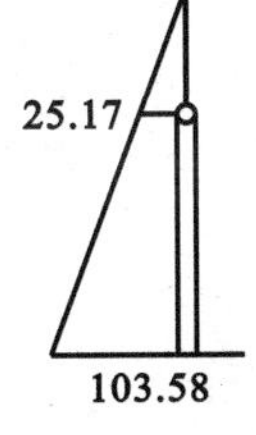

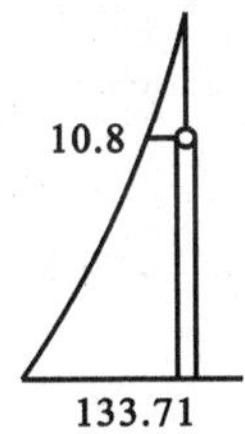

图 2-43 柱的弯矩图

知识归纳

(1) 单层厂房排架结构通常是由屋盖结构、横向平面刚架、纵向平面排架、吊车梁、支承、基础、围护结构等结构构件组成并相互连接成的整体。

(2) 单层厂房排架结构实际上是空间结构，为了方便，可简化为平面结构进行计算。在横向(跨度方向)按横向平面排架计算，在纵向(柱距方向)按纵向平面排架计算。

(3) 排架计算是为柱和基础设计提供内力数据的，主要内容包括：确定计算简图、荷载计算、柱控制截面的内力分析和内力组合。必要时，还应验算排架的水平位移值。

(4) 不同种类内力的组合：在排架内力计算中，一般可考虑以下四种内力的不利组合：

① $+M_{max}$及相应的 N 和 V；

② $-M_{max}$及相应的 N 和 V；

③ N_{max}及相应的 M 和 V；

④ N_{min}及相应的 M 和 V。

(5) 同一种类内力的组合：《建筑结构荷载规范》(GB 50009—2012)规定，对于一般排架、框架结构，可以采用简化规则，在下列荷载效应组合值中取最不利值确定。

① 由可变荷载效应控制的组合。

a. 恒荷载＋任一种活荷载：

$$S = \gamma_G S_{GK} + \gamma_{Q1} S_{QiK}$$

b. 恒荷载＋0.9(任意两种或两种以上活荷载)：

$$S = \gamma_G S_{GK} + 0.9 \sum_{i=1}^{n} \gamma_{Qi} S_{QiK}$$

② 由永久荷载效应控制的组合。

$$S = 1.35 S_{GK} + \sum_{i=1}^{n} \gamma_{Qi} \varphi_{ci} S_{QiK}$$

思考题

2-1 简述厂房屋盖结构的类型及特点。

2-2 什么叫作剪力分配法？

2-3 等高排架在任意荷载作用下的内力如何计算？

2-4 如何选择柱的截面形式？其特点如何？

2-5 单层厂房柱吊装验算时有哪些注意事项？

2-6 短牛腿的破坏形式有哪几种？

2-7 设城市郊区城镇一单层工业厂房剖面如图 2-44(a)所示，计算单元宽度(柱距)为 6.0 m。基本风压 $W_0=0.50\ kN/m^2$，地面粗糙度为 B 类。试确定房屋剖面计算单元的风荷载标准值，并画图表示(风荷载体型系数 μ_s)，如图 2-44(b)所示。

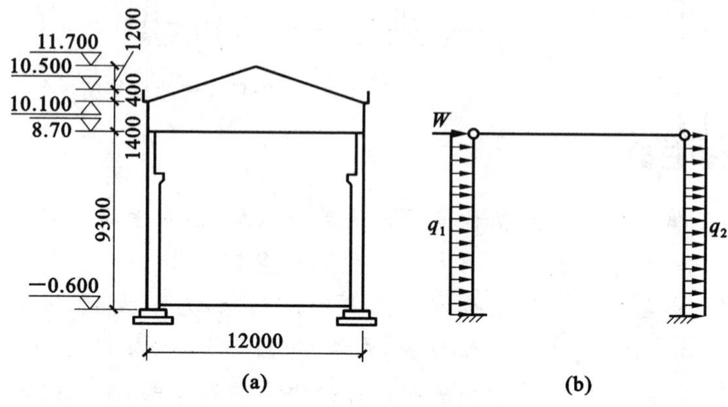

图 2-44 思考题 2-7 图

思考题答案

2-8 某一单跨单层厂房的跨度为 18 m，柱距为 6 m，装备两台桥式 A4 级 10 t 软钩吊车。由产品目录查得吊车以参数 $B=5.44$ m，$k=4.4$ m，小车重 $g=36.84$ kN，吊车重 $G=182.3$ kN，最大轮压 $P_{max}=104.7$ kN，最小轮压 $P_{min}=36.45$ kN，试求 D_{max}，D_{min}，F_h。

参考文献

[1] 中华人民共和国住房和城乡建设部. GB 50010—2010 混凝土结构设计规范. 北京：中国建筑工业出版社，2011.

[2] 中华人民共和国住房和城乡建设部. GB 50009—2012 建筑结构荷载规范. 北京：中国建筑工业出版社，2012.

[3] 中华人民共和国住房和城乡建设部，中华人民共和国国家质量监督检验检疫总局. GB/T 50006—2010 厂房建筑模数协调标准. 北京：中国计划出版社，2011.

[4] 中华人民共和国住房和城乡建设部，中华人民共和国国家质量监督检验检疫总局. GB 50011—2010 建筑抗震设计规范. 北京：中国建筑工业出版社，2010.

[5] 东南大学，同济大学，天津大学. 混凝土结构(中册)：混凝土结构与砌体结构设计. 5 版. 北京：中国建筑工业出版社，2012.

3 砌体结构设计

内容提要

本章主要内容包括砌体材料、种类和力学性能、无筋砌体构件设计、配筋砌体构件设计、混合结构房屋的砌体结构设计及砌体结构墙体中的过梁、墙梁、挑梁、圈梁等几部分内容。本章的教学重点为混合结构房屋的结构设计方法、概念及表达式，砌体强度计算指标，砌体房屋的静力计算基本规定，砌体轴心受压、受弯、受剪构件的承载力计算，配筋砌体构件承载力计算，墙体的设计计算方法、墙体的验算。教学难点为砌体局部受压计算，刚性方案房屋墙、柱内力计算，以及混合结构的计算方法和墙体设计的构造要求。

能力要求

1. 通过本章内容的学习，学生应了解砌体结构砌筑块材、砂浆种类、砌体抗压强度、受力特点及影响因素；
2. 熟练掌握受压构件承载力计算和砌体局部受压计算方法；
3. 了解砌体轴心受拉、受弯及受剪承载力的计算方法；
4. 了解混合房屋的结构类型、墙体布置及荷载作用下的受力特点，熟悉确定静力计算方案的原则；
5. 了解混合结构房屋的空间工作性能和构造措施；
6. 掌握刚性方案房屋墙、柱内力计算及混合结构的计算方法；
7. 熟悉过梁、挑梁、墙梁的受力特点、荷载确定方法、承载力计算方法及构造要求；
8. 掌握混合结构房屋设计步骤。

重难点

3.1 概　　述

砌体结构是由块体和砂浆砌筑而成的墙、柱，作为建筑物主要受力构件的结构，是砖砌体、砌块砌体和石砌体结构的统称。

3.1.1 砌体结构的特点

(1) 砌体结构的优点

① 容易就地取材。砖主要用黏土烧制；石材的原料是天然石块；砌块可以用工业废料-矿渣制作，来源方便，价格低廉。

② 砖、石或砌块砌体具有良好的耐火性和较好的耐久性。

③ 砌体砌筑时不需要模板和特殊的施工设备。在寒冷地区，冬季可用

冻结法砌筑，不需特殊的保温措施。

④ 砖墙和砌块墙体能够隔热和保温，所以既是较好的承重结构，也是较好的围护结构。

(2) 砌体结构的缺点

① 自重大。与钢和混凝土相比，砌体的强度较低，因而构件的截面尺寸较大，材料用量多。

② 砌体的砌筑工作量大。砌体的砌筑基本上是手工方式，一般民用的砖混结构住宅楼，砌筑工作量占整个施工工作量的25%以上，施工劳动量大。

③ 砌体的抗拉和抗剪强度较低，加之砌体自重大引起的地震作用较大，所以无筋砌体结构的抗震性能较差，在使用上受到一定限制；砖、石的抗压强度也不能充分发挥其作用。

④ 黏土砖需用黏土制造，污染环境，占用农田，影响农业生产，浪费资源。

3.1.2 砌体结构的应用范围

砌体结构由于其有一系列独特的优点，因此在土木工程中长期被广泛使用。多层住宅、办公楼等民用建筑中的基础、内外墙、柱、过梁、屋盖和地沟等构件都可采用砌体结构。无筋砌体房屋一般可建5～7层，配筋砌块剪力墙结构房屋可建8～18层。

跨度小于24 m，且高度较小的俱乐部、食堂，以及跨度在15 m以下的中、小型工业厂房，常采用砌体结构作为承重墙、柱及基础。砌体结构还用于建造其他各种构筑物，如烟囱、小型水池、料仓、地沟等。在水利工程方面，堤岸、坝身、围堰引水渠等，也较广泛地采用砌体结构。

3.1.3 砌体结构的分类

3.1.3.1 按所用材料分类

(1) 砖砌体

砖砌体是采用标准尺寸的烧结普通砖、黏土空心砖及非烧结硅酸盐砖与砂浆砌筑而成的砌体，可有墙和柱，是普遍采用的一种砌体。砖墙厚一般为120 mm、240 mm、370 mm、490 mm、620 mm等，特殊要求时可有180 mm、300 mm和420 mm等。为了保证砖砌体的受力性能和整体性，砌筑时应上下错缝、内外搭接。墙体的砌筑方式有：一顺一丁、梅花丁和三顺一丁等。砌筑的要求是铺砌均匀、灰缝饱满。砖柱的截面形式主要有正方形、长方形和圆形等。砖柱的主要截面尺寸有：正方形365 mm×365 mm、490 mm×490 mm；长方形240 mm×365 mm、365 mm×490 mm。砖基础一般做成阶梯形，即大放脚，有等高式和间隔式两种，每一种收退台宽度均为60 mm。空心砖墙使用烧结空心砖与水泥混合砂浆砌成，空心砖墙的厚度等于空心砖的厚度，采用全顺侧砌，上下皮竖缝相互错开1/2砖长。

(2) 石砌体

石砌体是指采用天然料石或毛石与砂浆砌筑的砌体，主要用于受压构件，可用作一般民用房屋的承重墙、柱和基础。石砌体一般可分为料石砌体、毛石砌体和毛石混凝土砌体。料石砌体分为料石基础和料石墙体两种。

(3) 砌块砌体

砌块砌体是用中小型混凝土砌块或硅酸盐砌块与砂浆砌筑而成的砌体，主要用作办公楼、住宅、学校等定型设计的民用房屋及工业建筑的承重墙或围护墙。砌块砌体的使用性能取决于砌块本身的特点。和砖砌体一样，砌块砌体也应分皮错缝搭砌。

(4) 配筋砌体

为了提高砌体的强度或当构件截面尺寸受到限制时，可在砌体内配置适量的钢筋，形成配筋砌体。目前国内采用的配筋砌体主要有三种：横向配筋砌体、组合砖砌体和配筋混凝土砌块砌体。横向配筋砌体是指在砖砌体的水平灰缝内配置钢筋网片或水平钢筋的砌体。这种构件在轴向压力作用下，构件的横向变形受到约束，因而提高了构件的抗压承载力，同时也提高了构件的变形能力。在砖墙中配置水平钢筋，还可以提高墙体的抗剪承载力。组合砖砌体是在砌体外侧预留的竖向凹槽内配置纵向钢筋，浇灌混凝土而制成的砌体，可分为外包式组合砖砌体和内嵌式组合砖砌体两种。配筋混凝土砌块砌体是在混凝土小型砌块的水平灰缝配置水平钢筋和在孔洞内配置竖向钢筋，并用灌孔混凝土灌实的一种砌体。配筋混凝土砌块砌体具有良好的静力和抗震性能，是多层和高层砌体的重要材料。

3.1.3.2 按钢筋的作用分类

(1) 配筋砌体结构

配筋砌体结构是指通过配筋使钢筋在受力过程中强度达到塑限的砌体结构。国内外一致认为配筋砌体结构构件中竖向和水平方向的配筋率均应大于0.07%，如配筋混凝土砌块砌体剪力墙，具有与钢筋混凝土构件类似的受力性能。

(2) 约束砌体结构

这种结构通过竖向和水平钢筋混凝土构件约束墙体，使其在抵抗水平作用时增加墙体的极限水平位移，从而提高墙体的延性，使墙体裂而不倒。其性能介于无筋砌体和配筋砌体之间，或相对于配筋砌体而言，是配筋加强较弱的一种砌体结构。最为典型的约束砌体结构是钢筋混凝土构造柱-圈梁形成的砌体结构体系。

3.1.3.3 按承重体系分类

(1) 横墙承重体系

它是指多数横向轴线处布置墙体，屋(楼)面荷载通过钢筋混凝土楼板传给各道横墙。横墙是主要承重墙，纵墙主要承受自重，侧向支撑横墙，保证房屋的整体性和侧向稳定性。其优点是屋(楼)面构件简单，施工方便，整体刚度好；缺点是房间布置不灵活，空间小，墙体材料用量大。

(2) 纵墙承重体系

它是指屋(楼)盖梁(板)沿横向布置，楼面荷载主要传给纵墙。纵墙是主要承重墙，横墙承受自重和少量的竖向荷载，侧向支承纵墙。主要用于进深小而开间大的教学楼、办公楼、实验室、车间等建筑物。

(3) 内框架承重体系

它是指建筑物内部设置钢筋混凝土柱，柱与两端支于外墙的横梁形成内框架，外纵墙兼有承重和围护作用。其优点是内部空间大，布置灵活，经济效果和使用效果都很好。但由于它是由两种性质不同的结构体系合成的，地震作用下破坏严重，故地震区慎用。

3.1.3.4 按使用特点和工作状况分类

(1) 一般砌体结构

它是指用于正常使用状况下的工业和民用建筑(如住宅、宿舍、旅馆等)的砌体。

(2) 特殊用途的构筑物

特殊用途的构筑物，通常称为特殊结构或特种结构，如烟囱、水塔、小型水池涵洞和挡土墙等。

(3) 特殊工作状态的建筑物

该类建筑物为了保证结构的可靠性和满足建筑使用功能的要求，对建筑物提出了各种防护要求，如防水抗渗、防火耐火、防酸抗腐等。

3.2 块体、砂浆的种类和强度等级

块体的种类图

3.2.1 块体的种类

块体有砖、砌块、天然石材 3 种，分别构成砖砌体、砌块砌体、石砌体。块体是砌体的主要组成部分，占砌体总体积的 78%以上。

3.2.1.1 *砖*

(1) 烧结普通砖

烧结普通砖是指由煤矸石、页岩、粉煤灰或黏土为主要原料，经过焙烧而成的实心砖。标准实心黏土砖规格为 240 mm×115 mm×53 mm，容重为 $\gamma=16\sim18\ kN/m^3$。烧结普通砖强度较高，保温隔热及耐久性能良好，可用于房屋的墙体，也可用来砌筑地面以下的带形基础、地下室墙体及挡土墙、水池等潮湿环境下的砌体和受较高温度作用的构筑物。

(2) 烧结多孔砖

烧结多孔砖是指以煤矸石、页岩、粉煤灰或黏土为主要原料，经焙烧而成的，孔洞率不大于 35%，孔的尺寸小而数量多，主要用于承重部位的砖，砌筑时孔洞垂直于受压面。烧结多孔砖的生产工艺同烧结普通砖，但与烧结普通砖相比，其具有表观密度小，节省原料、燃料、保温隔热性能好等优点。其作为一种轻质高强的墙体材料，现已被逐步推广使用。

(3) 蒸压灰砂普通砖

蒸压灰砂普通砖是指以石灰等钙质材料和砂等硅质材料为主要原料，经坯料制备、压制排气成型、高压蒸汽养护而成的实心砖。蒸压灰砂砖与烧结普通砖相比耐久性较差，所以不宜用于防潮层以下的勒脚、基础及高温、有酸性侵蚀的砌体中。

(4) 蒸压粉煤灰普通砖

蒸压粉煤灰普通砖是指以石灰、消石灰(如电石渣)或水泥等钙质材料与粉煤灰等硅质材料及集料(砂等)为主要原料，掺加适量石膏，经坯料制备、压制排气成型、高压蒸汽养护而成的实心砖。这种砖的抗冻性、长期稳定性及防水性能等均不如黏土砖，可用于一般建筑。

(5) 混凝土砖

混凝土砖是指以水泥为胶结材料，以砂、石等为主要集料，加水搅拌、成型、养护制成的一种多孔的混凝土半盲孔砖或实心砖。多孔砖的主规格尺寸为 240 mm×115 mm×90 mm、240 mm×190 mm×90 mm、190 mm×190 mm×90 mm 等。实心砖的主规格尺寸为 240 mm×115 mm×53 mm、240 mm×115 mm×90 mm 等。

智能混凝土概述

3.2.1.2 *砌块*

由普通混凝土或轻集料混凝土制成，主规格尺寸为 390 mm×190 mm×190 mm，空心率为 25%～50%的空心砌块，简称混凝土砌块或砌块。砌块表观密度较小，可减轻结构自重，保温隔热性能好，施工速度快，能充分利用工业废料，价格便宜。目前已被广泛用于房屋的墙体。

① 砌块按尺寸可分为小型、中型、大型三类。

小型砌块的高度为 180～350 mm,便于手工砌筑,使用上也较灵活;中型砌块的高度为 360～900 mm;大型砌块的高度大于 900 mm。

② 砌块根据所用材料和使用条件,可分为实心砌块、空心砌块、微孔砌块。

实心砌块的容重 $\gamma=15\sim16\ kN/m^3$,以粉煤灰硅酸盐为主(以粉煤灰、石灰、石膏、骨料等为原料,加水搅拌、成型,经蒸汽养护制成,生产工艺简单)。空心砌块的重力密度为实心砌块的 1/2 左右,以混凝土空心砌块为主。微孔砌块常采用加气混凝土、泡沫混凝土制成。加气混凝土砌块的容重 $\gamma=4\sim6\ kN/m^3$,抗压强度可达 3～4 MPa。

3.2.1.3 *石材*

在承重结构中,常用的石材有花岗岩、石灰岩和凝灰岩等。石材抗压强度高,耐久性好,多用于房屋的基础与勒脚部位。在有开采和加工石材能力的地区,也用于房屋的墙体,但石材传热性较高,所以用于采暖房屋的墙壁时,需很大的厚度。

石材按其加工后的外形规则程度,可分为料石和毛石。

(1) 料石

料石包括细料石、粗料石和毛料石。细料石,通过细加工,外表规则,叠砌面凹入深度不应大于 10 mm,截面的宽度、高度不宜小于 200 mm,且不宜小于长度的 1/4。粗料石,规格尺寸同细料石,但叠砌面凹入深度不应大于 20 mm。毛料石,外形大致方正,一般不加工或仅稍加修整,高度不应小于 200 mm,叠砌面凹入深度不应大于 25 mm。

(2) 毛石

形状不规则,中部厚度不应小于 200 mm,长度为 300～400 mm。

3.2.2 块体的强度等级

块体材料的强度等级用符号"MU"表示,由标准试验方法所得的块体极限抗压强度平均值来确定,单位为 MPa(N/mm^2)。

3.2.2.1 *承重结构的块体的强度等级*

承重结构的块体的强度等级,应按下列规定采用。

① 烧结普通砖、烧结多孔砖的强度等级:MU30、MU25、MU20、MU15 和 MU10。

② 蒸压灰砂普通砖、蒸压粉煤灰普通砖的强度等级:MU25、MU20 和 MU15。

③ 混凝土普通砖、混凝土多孔砖的强度等级:MU30、MU25、MU20 和 MU15。

④ 混凝土砌块、轻集料混凝土砌块的强度等级:MU20、MU15、MU10、MU7.5 和 MU5。

⑤ 石材的强度等级:MU100、MU80、MU60、MU50、MU40、MU30 和 MU20。

注:1. 用于承重的双排孔或多排孔轻集料混凝土砌块砌体的孔洞率不应大于 35%。

2. 对用于承重的多孔砖及蒸压硅酸盐砖的折压比限值和用于承重的非烧结材料多孔砖的孔洞率、壁及肋尺寸限值,以及碳化、软化性能要求应符合《墙体材料应用统一技术规范》(GB 50574—2010)的有关规定。

3. 石材的规格、尺寸及其强度等级可按表 3-1 的方法确定。

石材的强度等级,可用边长为 70 mm 的立方体试块的抗压强度表示,抗压强度取三个试件破坏强度的平均值。试件也可采用表 3-1 所列边长尺寸的立方体,但应对其试验结果乘以相应的换算系数后方可作为石材的强度等级。石砌体中的石材应选用无明显风化的天然石材。

表 3-1　**石材强度等级的换算系数**

立方体边长/mm	200	150	100	70	50
换算系数	1.43	1.28	1.14	1	0.86

3.2.2.2　自承重墙的空心砖、轻集料混凝土砌块的强度等级

自承重墙的空心砖、轻集料混凝土砌块的强度等级,应按下列规定采用。

① 空心砖的强度等级:MU10、MU7.5、MU5 和 MU3.5。

② 轻集料混凝土砌块的强度等级:MU10、MU7.5、MU5 和 MU3.5。

3.2.3　砂浆

砂浆的组成材料图

砂浆是由砂和无机胶结料(水泥、石灰、石膏、黏土等)按一定比例加水搅拌而成的。砂浆在砌体中的作用是将块材连成整体并使应力均匀分布,保证砌体结构的整体性。此外,砂浆填满块材间的缝隙,减少了砌体的透气性,提高了砌体的隔热性及抗冻性。

砂浆按其组成材料的不同,分为水泥砂浆、混合砂浆和石灰砂浆。水泥砂浆具有强度高、耐久性好的特点,但保水性和流动性较差,适用于潮湿环境和地下砌体。混合砂浆的保水性和流动性较好,强度较高,便于施工且质量容易保证,是砌体结构中常用的砂浆。石灰砂浆具有保水性、流动性好的特点,但强度低、耐久性差,只适用于临时建筑或受力不大的简易建筑。

砂浆的强度等级用龄期为 28d、边长为 70.7 mm 立方体试块所测得的极限抗压强度平均值来确定的,用符号“M”表示,单位为 MPa(N/mm^2)。

砂浆的强度等级共分为 5 级,依次是 M15、M10、M7.5、M5、M2.5,M 后面的数字表示抗压强度值。

3.2.4　块体和砂浆的选择

3.2.4.1　块体的选择

在选用砌体结构的块体材料时,应有足够的强度,以符合砌体结构构件对承载能力的要求。块体也应有良好的耐久性(指建筑结构在正常的维护下,材料性能随时间变化,还能满足预定的功能要求的性能),并有较好的保温隔热性能。

地面以下或防潮层以下的砌体、潮湿房间的墙或环境类别为 2 类(表 3-2)的砌体,所用材料的最低强度等级应符合表 3-3 的规定。

表 3-2　**砌体结构的环境类别**

环境类别	条件
1	正常居住及办公建筑的内部干燥环境
2	潮湿的室内或室外环境,包括与无侵蚀性土和水接触的环境
3	严寒和使用化冰盐的潮湿环境(室内或室外)
4	与海水直接接触的环境,或处于滨海地区的盐饱和的气体环境
5	有化学侵蚀的气体、液体或固态形式的环境,包括有侵蚀性土壤的环境

表 3-3　地面以下或防潮层以下的砌体、潮湿房间的墙所用材料的最低强度等级

潮湿程度	烧结普通砖	混凝土普通砖、蒸压普通砖	混凝土砌块	石材	水泥砂浆
稍潮湿的	MU15	MU20	MU7.5	MU30	M5
很潮湿的	MU20	MU20	MU10	MU30	M7.5
含水饱和的	MU20	MU25	MU15	MU40	M10

注：1. 冻胀地区，地面以下或防潮层以下的砌体，不宜采用多孔砖，如采用时，其孔洞应用不低于 M10 的水泥砂浆预先灌实。当采用混凝土空心砌块时，其孔洞应采用强度等级不低于 Cb20 的混凝土预先灌实。
2. 对安全等级为一级或设计使用年限大于 50 年的房屋，表中材料强度等级应至少提高一级。

处于环境类别 3～5 等有侵蚀性介质的砌体材料，应符合下列规定。

① 不应采用蒸压灰砂普通砖、蒸压粉煤灰普通砖。

② 应采用实心砖，砖的强度等级不应低于 MU20，水泥砂浆的强度等级不应低于 M10。

③ 混凝土砌块的强度等级不应低于 MU15，灌孔混凝土的强度等级不应低于 Cb30，砂浆的强度等级不应低于 Mb10。

④ 应根据环境条件对砌体材料的抗冻指标，耐酸、耐碱性能提出要求，或符合有关规范的规定。

3.2.4.2　砂浆的选择

砂浆的强度等级应按下列规定采用。

① 烧结普通砖、烧结多孔砖、蒸压灰砂普通砖和蒸压粉煤灰普通砖砌体采用的普通砂浆强度等级：M15、M10、M7.5、M5 和 M2.5；蒸压灰砂普通砖和蒸压粉煤灰普通砖砌体采用的专用砌筑砂浆强度等级：Ms15、Ms10、Ms7.5、Ms5.0。

② 混凝土普通砖、混凝土多孔砖、单排孔混凝土砌块和煤矸石混凝土砌块砌体采用的砂浆强度等级：Mb20、Mb15、Mb10、Mb7.5 和 Mb5。

③ 双排孔或多排孔轻集料混凝土砌块砌体采用的砂浆强度等级：Mb10、Mb7.5 和 Mb5。

④ 毛料石、毛石砌体采用的砂浆强度等级：M7.5、M5 和 M2.5。

3.3　砌体结构的设计方法与砌体的强度设计值

3.3.1　砌体结构按近似概率理论的极限状态设计方法

砌体结构设计采用以概率理论为基础的极限状态设计方法，以可靠指标度量结构构件的可靠度，采用分项系数的设计表达式进行计算。

3.3.1.1　结构设计方法

砌体结构应按承载能力极限状态设计，并满足正常使用极限状态的要求。砌体结构和结构构件在设计使用年限内及正常维护条件下，必须保持满足使用要求，而不需大修或加固。设计使用年限可按《建筑结构可靠度设计统一标准》(GB 50068—2001)的有关规定确定。根据建筑结构破坏可能产生的后果(危及人的生命、造成经济损失、产生社会影响等)的严重性，建筑结构应按表 3-4 划分为三个安全等级，设计时应根据具体情况适当选用。

表 3-4　建筑结构的安全等级

安全等级	破坏后果	建筑物类型
一级	很严重	重要的房屋
二级	严重	一般的房屋

续表

安全等级	破坏后果	建筑物类型
三级	不严重	次要的房屋

注:1. 对于特殊的建筑物,其安全等级可根据具体情况另行确定。

2. 对抗震设防区的砌体结构设计,应按《建筑工程抗震设防分类标准》(GB 50223—2008)并根据建筑物重要性区分建筑物类别。

3.3.1.2 承载能力极限状态设计表达式

① 砌体结构按承载能力极限状态设计时,应按下列公式中最不利组合进行计算:

$$\gamma_0\left(1.2S_{GK}+1.4\gamma_L S_{Q1K}+\gamma_L\sum_{i=2}^{n}\gamma_{Qi}\psi_{ci}S_{QiK}\right)\leqslant R(f,a_k,\cdots) \quad (3\text{-}1)$$

$$\gamma_0\left(1.35S_{GK}+1.4\gamma_L\sum_{i=1}^{n}\psi_{ci}S_{QiK}\right)\leqslant R(f,a_k,\cdots) \quad (3\text{-}2)$$

式中 γ_0——结构重要性系数。对安全等级为一级或设计使用年限为50年以上的结构构件,不应小于1.1;对安全等级为二级或设计使用年限为50年的结构构件,不应小于1.0;对安全等级为三级或设计使用年限为1~5年的结构构件,不应小于0.9。

γ_L——结构构件的抗力模型不定性系数。对静力设计,考虑结构设计使用年限的荷载调整系数,设计使用年限为50年,取1.0;设计使用年限为100年,取1.1。

S_{GK}——永久荷载标准值的效应。

S_{Q1K}——在基本组合中起控制作用的一个可变荷载标准值的效应。

S_{QiK}——第 i 个可变荷载标准值的效应。

$R(\cdot)$——结构构件的抗力函数。

γ_{Qi}——第 i 个可变荷载的分项系数。

ψ_{ci}——第 i 个可变荷载的组合值系数,一般情况下应取0.7;对书库、档案库、储藏室或通风机房、电梯机房,应取0.9。

f——砌体的强度设计值。

a_k——几何参数标准值。

② 当砌体结构作为一个刚体,需验算整体稳定性时,应按下列公式中最不利组合进行验算:

$$\gamma_0\left(1.2S_{G2K}+1.4\gamma_L S_{Q1K}+\gamma_L\sum_{i=2}^{n}S_{QiK}\right)\leqslant 0.8S_{G1K} \quad (3\text{-}3)$$

$$\gamma_0\left(1.35S_{G2K}+1.4\gamma_L\sum_{i=2}^{n}\psi_{ci}S_{QiK}\right)\leqslant 0.8S_{G1K} \quad (3\text{-}4)$$

式中 S_{G1K}——起有利作用的永久荷载标准值的效应;

S_{G2K}——起不利作用的永久荷载标准值的效应。

需要注意的是,设计应明确建筑结构的用途,在设计使用年限内未经技术鉴定或设计许可,不得改变结构用途、构件布置和使用环境。

3.3.2 砌体的计算指标

3.3.2.1 施工质量控制等级

由于砌体施工质量是影响砌体强度的主要因素之一,因此,《砌体结构工程施工质量验收规范》(GB 50203—2011)将砌体施工质量控制等级分为A、B、C三个等级,并对相关要求做出了相应的规定。考虑我国目前的施工质量水平,对一般多层房屋宜按B级控制。

砌体施工质量控制等级为B级时有如下要求。

① 现场质量管理。监督检查制度基本健全，并能执行；施工方有在岗专业技术管理人员，人员齐全，并持证上岗。

② 砂浆、混凝土强度。试块按规定制作，强度满足验收规定，离散性较小。

③ 砂浆拌和方式。机械拌和，配合比计量控制一般。

④ 砌筑工人。高级工、中级工不少于70%。

3.3.2.2 *砌体的抗压强度设计值的确定*

砌体强度设计值以施工质量控制等级为B级、龄期为28 d的毛截面计算各类砌体的强度设计值。当采用A级或C级时，砌体强度设计值相应地予以提高或降低。

不同块体种类的砌体抗压强度设计值 f，见附录6中的附表6-4～附表6-10。当砌体块体种类确定后，只需根据块体和砂浆的强度等级便可查得相应的砌体抗压强度设计值。

各类砌体沿灰缝截面破坏时的轴心抗拉强度设计值、弯曲抗拉强度设计值和抗剪强度设计值，见附录6中的附表6-11。

3.3.2.3 *砌体强度设计值的调整*

下列情况的各类砌体，其砌体强度设计值应乘以调整系数 γ_a。

① 对无筋砌体构件，其截面面积小于0.3 m^2 时，γ_a 为其截面面积加0.7；对配筋砌体构件，当砌体截面面积小于0.2 m^2 时，γ_a 为其截面面积加0.8；构件截面面积以"m^2"计。

② 当砌体用强度等级小于M5.0的水泥砂浆砌筑时，对附录6中的附表6-4～附表6-10中的数值，γ_a 为0.9；对附录6中的附表6-11中的数值，γ_a 为0.8。

③ 当验算施工中房屋的构件时，γ_a 为1.1。

3.3.3 砌体的受压性能

3.3.3.1 *砌体受压破坏特征*

大量试验研究表明，轴心受压砖砌体从加荷载至破坏可分为三个阶段，如图3-1所示。

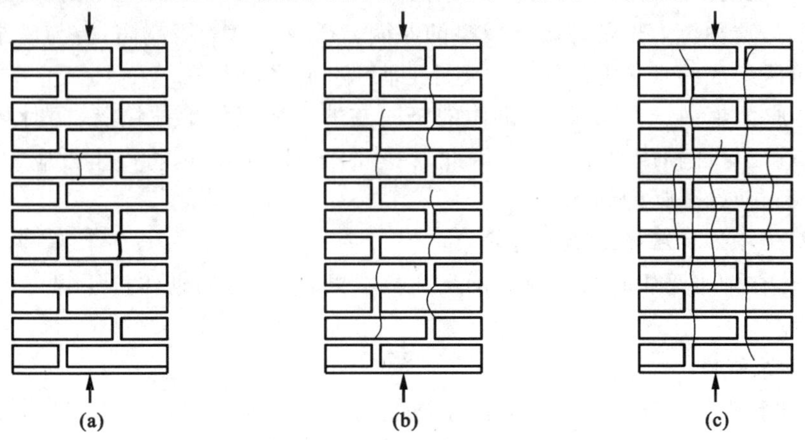

图3-1 轴心受压砖砌体的受压阶段

第一阶段：从开始加载到砌体中个别单砖出现裂缝，如图3-1(a)所示。此时压力为破坏荷载的50%～70%，其特征裂缝出现在单块砖内，如不继续加载，裂缝不会继续发展。

第二阶段：继续加载，单块砖内的裂缝上下延伸和不断扩展，垂直通过若干皮砖，逐渐形成上下贯通多层砖的连续裂缝，同时有新裂缝不断出现，如图3-1(b)所示。当荷载达到破坏荷载的80%～90%时，即使荷载不增加，裂缝还是继续发展。实际工程中视为构件已处于危险状态。

第三阶段：当荷载进一步增加，砌体内裂缝迅速扩展，加长加宽，砌体被贯通的竖向裂缝分割成若干独立小柱，如图 3-1(c)所示。最终这些小柱或被压碎或失稳而导致砌体构件破坏。

3.3.3.2 *砌体受压应力状态*

在压力作用下，砌体内单块砖的应力状态有以下特点。

① 由于单块砖本身的外形不规则平整，灰缝的厚度和密实性不均匀，单块砖在砌体内不能均匀受压，而是处于受弯和受剪状态。由于砖的抗拉强度较低，抗弯、抗剪能力差，砖会因拉而开裂，最终使砖砌体的强度远低于砖的强度。砌体内第一批裂缝的出现是由单块砖的受弯、受剪引起的(图 3-2)。

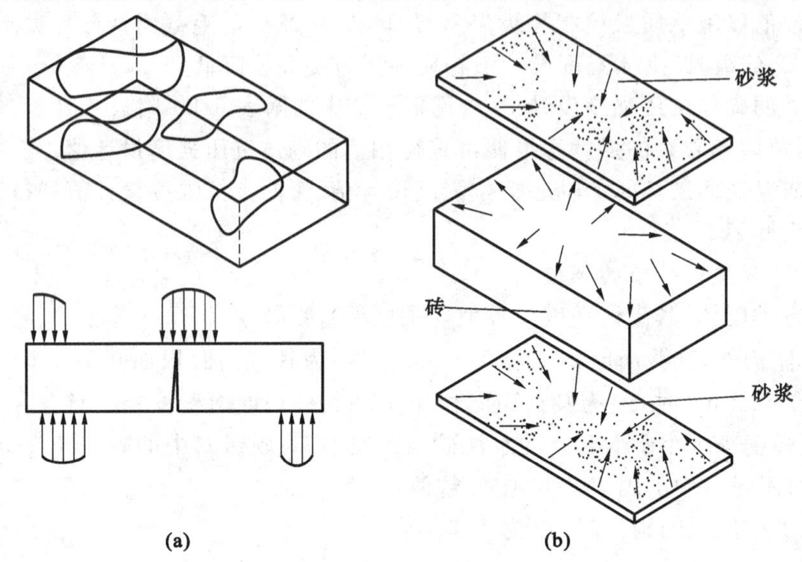

图 3-2 单块砖的受力状态

② 砌体横向变形时单块砖和砂浆的交互作用。由于砖与砂浆的弹性模量及横向变形系数不同，砖的横向变形小于砂浆的横向变形，在砌体受压时砖的横向变形因砂浆的横向变形增大而增大。由于砖与砂浆之间的黏结力和摩擦力的存在，砖对砂浆的横向变形起阻碍作用，砂浆对砖则形成了水平附加拉力，这种拉力也是使砖开裂早的原因。砂浆强度等级越高，砖与砂浆的横向变形差异愈小，砂浆对砖所形成的水平附加拉力也愈小，即可避免这种现象。

③ 竖向灰缝应力集中。在砌筑时，砌体的竖向灰缝未能很好地被填满，同时竖向灰缝内的砂浆和砖的黏结力难以保证砌体的整体性。因此，在竖向灰缝上的砖内将产生拉应力和剪应力集中，从而加快砖的开裂，使砌体强度降低。

3.3.3.3 *影响砌体抗压强度的主要因素*

通过对砖砌体在轴心受压时的受力分析及试验结果表明，影响砌体抗压强度的主要因素有以下几点。

(1) 块体和砂浆强度

块体的强度和砂浆的强度是影响砌体抗压强度的两个主要因素。块体和砂浆的强度高，砌体的抗压强度也高。试验表明，块体强度较砂浆强度对增大砌体抗压强度作用更显著，同时随着块体高度的增加，块体强度的作用更明显。

(2) 块体尺寸和几何形状

块体的尺寸、外观形状及表面平整程度对砌体的抗压强度也有较大的影响。从前面砌体受压状态的分析可知，砌体厚度大、外形规则平整，其所在砌体中受的拉、弯、剪应力较小，有利于推迟块体裂缝的出现，从而延缓砌体的破坏，提高抗压强度。

(3) 砂浆的性能

砂浆具有明显的弹塑性性质，砌筑时砂浆的和易性良好、流动性大时，会形成厚度均匀和密实的灰缝，可改善块体内的应力状态，使砌体强度提高。但砂浆的可塑性过大，弹性模量过低时，会增加砌体受压时砂浆的横向变形，使砌体所受横向拉应力增大，降低砌体的强度。因此，砌筑时所用砂浆的强度高、可塑性适当、弹性模量大，砌体的抗压强度较高。

(4) 施工条件

砌体砌筑时水平灰缝的饱满度、水平灰缝的厚度及砖的含水率等关系影响着砌体的强度。试验表明，当砂浆的饱满度为73%时，砌体的强度可达到规定的强度。因此，《砌体结构工程施工质量验收规范》(GB 50203—2011)中规定，砌体灰缝砂浆应密实饱满。砖墙水平灰缝的砂浆饱满度不得低于80%；砖柱水平灰缝和竖向灰缝饱满度不得低于90%；砌块砌体砂浆的饱满度水平灰缝和竖向灰缝的砂浆饱满度，按净面积计算不得低于90%。砌体的水平灰缝厚度和竖向灰缝宽度宜为10 mm，但不应小于8 mm，也不应大于12 mm，灰缝过薄或过厚，砌体强度都将降低。砌筑烧结普通砖、烧结多孔砖、蒸压灰砂砖、蒸压粉煤灰砖砌体时，砖应提前1～2 d适度湿润，严禁采用干砖或处于吸水饱和状态的砖砌筑，烧结类块体的相对含水率为60%～70%；混凝土多孔砖及混凝土实心砖不需浇水湿润，但在气候干燥炎热的情况下，宜在砌筑前对其喷水湿润。其他非烧结类块体的相对含水率为40%～50%。

此外，块体的外形规整程度、试件的龄期、竖向灰缝的饱满度、砂浆和块体的黏结力及搭接方式等，都会对砌体的抗压强度有影响。

3.3.4 砌体的轴心受拉、受弯、受剪性能

3.3.4.1 砌体轴心受拉

砌体在轴心拉力作用下，可能出现三种不同形态的破坏特征：沿齿缝截面破坏、沿块体和竖向灰缝破坏，以及沿水平灰缝截面破坏。一般情况下，砂浆的强度较低，砂浆与块体的黏结强度低于块体的抗拉强度，将发生沿齿缝的破坏；当沿着块体和竖向灰缝截面破坏时，砌体的抗拉承载能力取决于块体本身的抗拉强度，当块体抗拉强度低于水平灰缝中砂浆与块体之间的切向黏结力时，才会发生这种破坏；当轴向拉力与砌体的水平灰缝垂直时，砌体发生沿水平灰缝截面破坏，这种对抗拉承载力起决定作用的因素是法向黏结力，由于法向黏结力强度小且不易保证，设计中不允许采用(图3-3)。

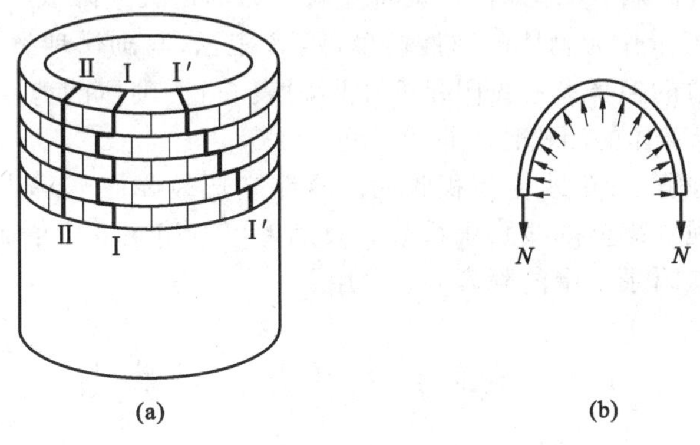

图3-3 砌体轴心受拉的破坏形态

3.3.4.2 砌体受弯

当砌体受弯时，破坏将发生在弯曲受拉的一侧，因为砌体的弯曲抗拉强度低于弯曲抗压强度。砌体受弯破坏会发生两种可能的破坏形态，即沿着齿缝破坏和沿块体截面破坏(图3-4)。在大偏

心受压时，砌体可能在最大弯矩截面处发生沿着通缝的弯曲受拉破坏，这种破坏的砌体抗拉强度与砂浆的强度等级有关。

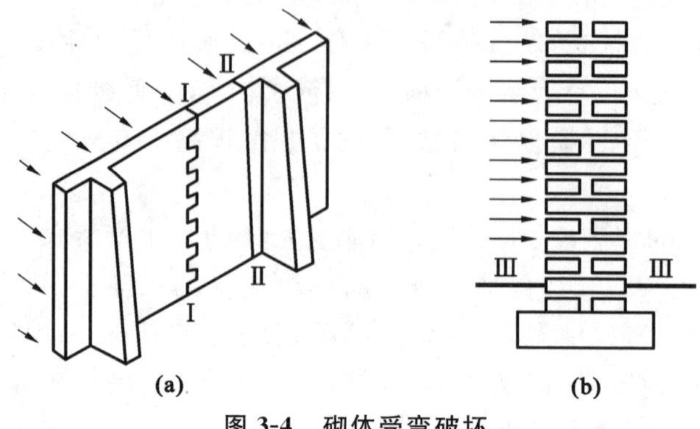

图 3-4 砌体受弯破坏

(a) 沿齿缝破坏；(b) 沿块体截面破坏

3.3.4.3 *砌体受剪*

在实际工程中，砌体的受剪是另一较为重要的性能，砌体的受剪破坏主要有沿齿缝破坏、沿阶梯形裂缝破坏及沿水平缝破坏(图 3-5)。

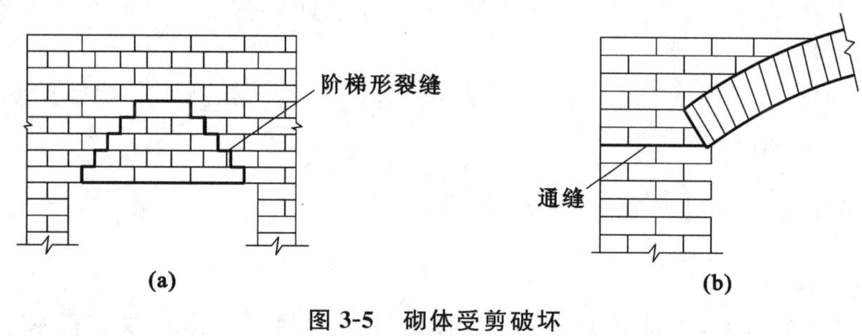

图 3-5 砌体受剪破坏

(a) 沿阶梯形裂缝破坏；(b) 沿水平缝破坏

3.3.5 砌体的弹性模量、线膨胀系数、收缩率和摩擦系数

砌体的弹性模量根据砌体受压时的应力-应变曲线确定。试验结果表明，当砌体应力较小时，处于弹性阶段；当砌体应力较大时，其应变的增长速度逐渐大于应力增长速度，砌体已进入弹塑性阶段。砖砌体属于弹塑性材料，砌体弹性模量将随着应力的增大而降低。在砌体的压应力-应变曲线上取 $0.43f$ 点的割线模量作为砌体的弹性模量，用 E 表示，与砌体种类、砂浆强度等级有关。砌体弹性模量与强度设计值的换算关系见附录 6 中的附表 6-1。砌体的剪变模量按砌体弹性模量的 0.4 倍采用。烧结普通砖砌体的泊松比可取 0.15。

砌体在浸水时体积膨胀，在失水时体积收缩。收缩变形较膨胀变形大得多，因此，应对工程中砌体的收缩变形予以重视。砌体的线膨胀系数和收缩率可按附录 6 中的附表 6-2 采用。

砌体的摩擦系数可按附录 6 中的附表 6-3 采用。

3.4 砌体结构构件的承载力

3.4.1 无筋砌体构件的受压承载力

3.4.1.1 *受压构件的应力状态*

在实际工程中，无筋砌体大都被用作承重墙和柱，承受轴心或偏心压力。受压构件按砌体构件

高厚比 $\beta=H_0/h$ 的大小不同，分为短柱和长柱两种。将构件高厚比 $\beta\leqslant3$ 的柱子划为短柱，反之为长柱。试验表明，受压短柱在轴心压力作用下，砌体破坏时材料强度可以得到充分发挥，不会因整体失去稳定影响其抗压能力。受压短柱的受力状态有以下几个特点：在轴心压力作用下，砌体截面上应力分布是均匀的，当截面内应力达到轴心抗压强度时，截面达到最大承载能力[图 3-6(a)]。在小偏心受压时，截面虽仍然全部受压，但应力分布已不均匀，破坏将首先发生在压应力较大一侧。破坏时该侧压应力比轴心抗压强度略大[图 3-6(b)]。当偏心距增大时，受力较小边缘的压应力向拉力过渡。此时，受拉一侧如没有达到砌体通缝抗拉强度，则破坏仍是压力大的一侧先压坏[图 3-6(c)]。当偏心距再大时，受拉区已形成通缝开裂，但受压区压应力的合力仍与偏心压力保持平衡[图 3-6(d)]。由几种情况的对比可见，偏心距越大，受压面越小，构件承载力也就越小。

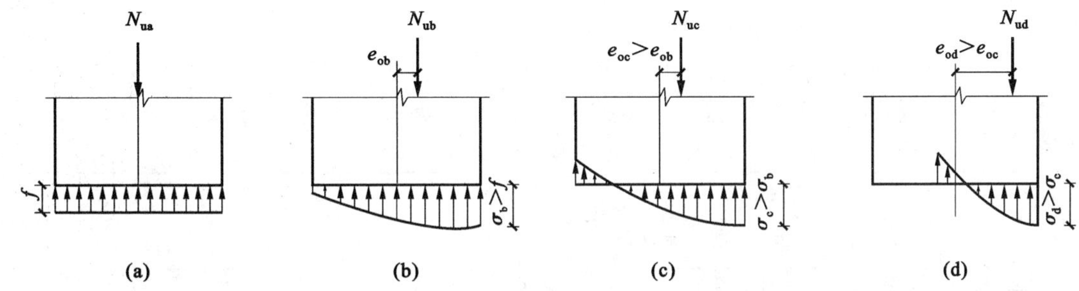

图 3-6 砌体受压时截面应力分布

(a) 轴心受压；(b) 偏心距较小；(c) 偏心距略大；(d) 偏心距较大

3.4.1.2 受压构件承载力计算

砌体虽然是一个整体，但由于有水平砂浆层且灰缝数量较多，使砌体的整体性受到影响，因而砖砌体构件受压时，纵向弯曲对构件承载力的影响较其他整体构件(如素混凝土构件)显著。此外，对于偏心受压构件，还必须考虑在偏心压力作用下附加偏心距的增大和截面塑性变形等因素的影响。《砌体结构设计规范》(GB 50003—2011)(以下简称《砌体规范》，附录 12)在试验研究的基础上，确定把轴向力偏心距和构件的高厚比对受压构件承载力的影响采用同一系数 φ 来考虑，同时，轴心受压构件可视为偏心受压构件的特例，即视轴心受压构件为偏心距 $e=0$ 的偏心受压构件，因此砌体受压构件的承载力(包括轴心受压与偏心受压)可按下式计算：

$$N\leqslant\varphi fA \tag{3-5a}$$

式中 N——轴向力设计值；

φ——高厚比 β 和偏心距 e 对受压构件承载力的影响系数，可根据砂浆强度等级、砌体高厚比 β 及相对偏心距 e/h(或 e/h_T)查附录 6 中的附表 6-12 得到，也可按公式(3-5a)及式(3-5b)确定；

f——砌体的抗压强度设计值，按附录 6 中的附表 6-4～附表 6-10 得到；

A——砌体截面面积，按毛截面计算。

高厚比 β 和轴向力偏心距 e 对受压构件承载力的影响系数按下式计算，即

$$\varphi=\frac{1}{1+12\left[\frac{e}{h}+\sqrt{\frac{1}{12}\left(\frac{1}{\varphi_0}-1\right)}\right]^2} \tag{3-5b}$$

$$\varphi_0=\frac{1}{1+\alpha\beta^2} \tag{3-5c}$$

式中　α——与砂浆强度等级有关的系数。其值为：当砂浆强度等级大小或等于 M5 时，取0.0015；当砂浆强度等级为 M2.5 时，取 0.002；当砂浆强度等级为 0 时，取 0.009。

确定影响系数 φ 时，构件高厚比 β 的计算公式为：

对于矩形截面

$$\beta = \gamma_\beta \frac{H_0}{h} \tag{3-6a}$$

对于 T 形截面

$$\beta = \gamma_\beta \frac{H_0}{h_T} \tag{3-6b}$$

式中　γ_β——不同材料砌体构件的高厚比修正系数，按表 3-5 采用；

H_0——受压构件的计算高度，按表 3-6 确定；

h——矩形截面轴心力偏心方向的边长，当轴心受压时为截面的短边；

h_T——T 形截面的折算厚度，可近似按 3.5i 计算，i 为截面回转半径。

表 3-5　**高厚比修正系数 γ_β**

砌体材料类别	γ_β
烧结普通砖、烧结多孔砖	1.0
混凝土普通砖、混凝土多孔砖、混凝土及轻集料混凝土砌块	1.1
蒸压灰砂普通砖、蒸压粉煤灰普通砖、细料石	1.2
粗料石、毛石	1.5

注：对于灌孔混凝土砌块砌体，γ_β 取 1.0。

表 3-6　**受压构件的计算高度 H_0**

房屋类别			柱		带壁柱墙或周边拉接的墙		
			排架方向	垂直排架方向	$s>2H$	$2H \geqslant S \geqslant H$	$s \leqslant H$
有吊车的单层房屋	变截面柱上段	弹性方案	$2.5H_u$	$1.25H_u$	$2.5H_u$		
		刚性、刚弹性方案	$2.0H_u$	$1.25H_u$	$2.0H_u$		
	变截面柱下段		$1.0H_l$	$0.8H_l$	$1.0H_l$		
无吊车的单层和多层房屋	单跨	弹性方案	$1.5H$	$1.0H$	$1.5H$		
		刚弹性方案	$1.2H$	$1.0H$	$1.2H$		
	多跨	弹性方案	$1.25H$	$1.0H$	$1.25H$		
		刚弹性方案	$1.1H$	$1.0H$	$1.1H$		
	刚性方案		$1.0H$	$1.0H$	$1.0H$	$0.4s+0.2H$	$0.6s$

注：1. 表中 H_u 为变截面柱的上段高度；H_l 为变截面柱的下段高度；H 为构件高度，在房屋底层为楼板顶面到基础顶面的距离；当埋置较深且有刚性地坪时，可取至室外地面下 500 mm 处；在房屋其他层次，为楼板或其他水平支点的距离。对于无壁柱的山墙，可取层高加山墙尖高度的 1/2；对于带壁柱的山墙，可取壁柱处的山墙高度。

2. 对于上端为自由端的构件，$H_0=2H$。

3. 独立砖柱，当无柱间支撑时，柱在垂直排架方向的 H_0 应按表中数值乘以 1.25 后采用。

4. s 为房屋横墙。

5. 自承重墙的计算高度应根据周边支承或拉接条件确定。

应用式(3-5)时,需注意下列问题。

① 确定 φ 应按偏心荷载所作用方向的截面尺寸或相应的回转半径采用。对矩形截面的构件,当轴向力偏心方向的边长大于另一方向的边长时,有可能出现 φ_0(轴心受压的稳定系数)小于 φ 的情况,因此,除按偏心受压计算外,还应对较小边长方向按轴心受压进行验算,计算公式为 $N \leqslant \varphi_0 fA$,其中 φ_0 可在附录 6 中的附表 6-4～附表 6-10 中偏心距为 0 的栏内查得。

② 偏心距较大的受压构件在荷载较大时,往往在使用阶段砌体边缘就产生较宽的水平裂缝,致使构件刚度降低,纵向弯曲的影响增大,构件的承载能力显著下降,这样的结构既不安全也不够经济。对于偏心距超过限值的构件,应优先考虑采取适当的措施来减小偏心距,如采用垫块来调整偏心距,也可采取修改构件截面尺寸的方法调整偏心距。《砌体规范》规定,按荷载设计值计算轴向力的偏心距,并不应超过 $0.6y$,即:

$$e \leqslant 0.6y \tag{3-7}$$

式中　y——截面重心到轴向力所在偏心方向截面边缘的距离。

【例 3-1】 某截面为 490 mm×490 mm 的砖柱,柱计算高度 $H_0=H=5$ m,采用强度等级为 MU10 的烧结普通砖及 M7.5 的混合砂浆砌筑,柱底承受轴向压力设计值为 $N=280$ kN,结构安全等级为二级,施工质量控制等级为 B 级。试验算该柱底截面是否安全。

【解】 查附录 6 附表 6-4 得 MU10 烧结普通砖及 M7.5 的混合砂浆砌筑的砖砌体的抗压强度设计值 $f=1.69$ MPa。

由于截面面积 $A=0.49\times0.49=0.24\ (\text{m}^2)<0.3\ \text{m}^2$,因此,砌体抗压强度设计值应乘以调整系数 γ_a,其值为 $\gamma_a=A+0.7=0.24+0.7=0.94$。

将 $\beta=\dfrac{H_0}{h}=\dfrac{5000}{490}=10.2$ 代入式(3-5c),得

$$\varphi=\varphi_0=\frac{1}{1+\alpha\beta^2}=\frac{1}{1+0.0015\times10.2^2}=0.865$$

则柱底截面的承载力为:

$$\varphi\gamma_a fA=0.865\times0.94\times1.69\times10^6\times0.24=0.329\times10^6(\text{N})=329(\text{kN})>280\ \text{kN}$$

故柱底截面安全。

【例 3-2】 一偏心受压构件,截面尺寸为 490 mm×620 mm,柱计算高度 $H_0=H=5$ m,采用强度等级为 MU10 的蒸压灰砂砖及 M5 的水泥砂浆砌筑,柱底承受轴向压力设计值为 $N=160$ kN,弯矩设计值 $M=20$ kN·m(沿长边方向),结构的安全等级为二级,施工质量控制等级为 B 级。试验算该柱底截面是否安全。

【解】 ① 弯矩作用平面内承载力验算,即 $e=\dfrac{M}{N}=\dfrac{20}{160}=0.125(\text{m})=125\ \text{mm}<0.6y=0.6\times310=186(\text{mm})$,满足规范要求。

MU10 的烧结普通砖及 M5 的混合砂浆砌筑,查表 3-5 得 $\gamma_\beta=1.2$。

将 $\beta=\gamma_\beta\dfrac{H_0}{h}=1.2\times\dfrac{5}{0.62}=9.68$ 及 $\dfrac{e}{h}=\dfrac{125}{620}=0.202$ 代入式(3-5c)得

$$\varphi_0=\frac{1}{1+\alpha\beta^2}=\frac{1}{1+0.0015\times9.68^2}=0.877$$

代入式(3-5b)得

$$\varphi=\frac{1}{1+12\left[\dfrac{e}{h}+\sqrt{\dfrac{1}{12}\left(\dfrac{1}{\varphi_0}-1\right)}\right]^2}=0.465$$

查附录 6 附表 6-4 得，MU10 的蒸压灰砂砖及 M5 的水泥砂浆砌筑的砖砌体的抗压强度设计值 $f=1.5$ MPa，由于采用水泥砂浆，因此砌体抗压强度设计值应乘以调整系数 $\gamma_a=0.9$。

柱底截面承载力为：

$$\varphi\gamma_a fA = 0.465\times0.9\times1.5\times490\times620\times10^{-3} = 191\ (\text{kN}) > 150\ \text{kN}$$

② 弯矩作用平面外承载力验算。对较小边长方向，按轴心受压构件验算，即

$$\beta=\gamma_\beta\frac{H_0}{h}=1.2\times\frac{5}{0.49}=12.24$$

代入式(3-5c)得

$$\varphi=\varphi_0=\frac{1}{1+\alpha\beta^2}=\frac{1}{1+0.0015\times12.24^2}=0.816$$

则柱底截面的承载力为：

$$\varphi\gamma_a fA = 0.816\times0.9\times1.5\times490\times620\times10^{-3} = 335\ (\text{kN}) > 160\ \text{kN}$$

故柱底截面安全。

3.4.2 无筋砌体局部受压承载力计算

局部受压是砌体结构经常遇到的问题，它是指压力仅仅作用在砌体部分面积上的受力状态。例如钢筋混凝土梁支承在砖墙上，承受较高压力的砖柱等(图 3-7)，均产生局部受压。其特点是砌体局部面积上支承着比自身强度高的上部构件，上部构件的压力通过局部受压面积传给下部砌体。

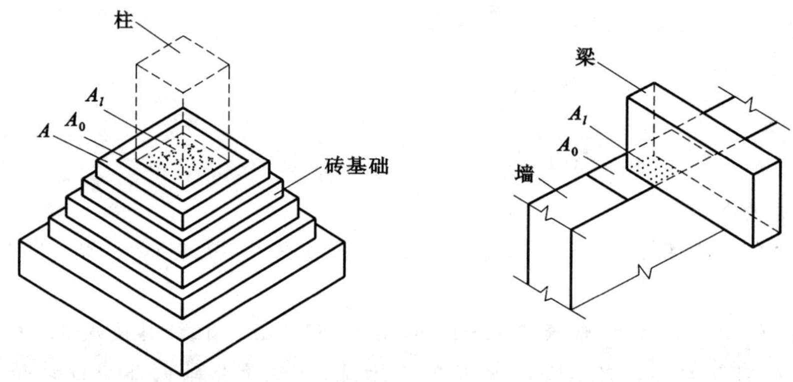

图 3-7 砖砌体局部受压情况

3.4.2.1 局部受压的破坏形态

试验表明，砌体局部受压有三种破坏形态。

(1) 因纵向裂缝发展而破坏

在局部压力作用下，首先在距承压面 1～2 匹砖以下出现竖向裂缝，并随局部压力增加而发展，最后导致破坏。对于局部受压，这是常见的破坏形态[图 3-8(a)]。

(2) 劈裂破坏

面部压力达到较高值时，局部承压面下突然产生较长的纵向裂缝，导致脆性的劈裂破坏。由于破坏突然，工程上应避免。当砌体面积大而局压面积很小时，可能发生这种破坏[图 3-8(b)]。

(3) 局部受压面积下砌体的压碎破坏

直接承压面下的砌体被压碎破坏，这种情况较少发生。当砌体强度较低时，可能发生这种破坏[图 3-8(c)]。

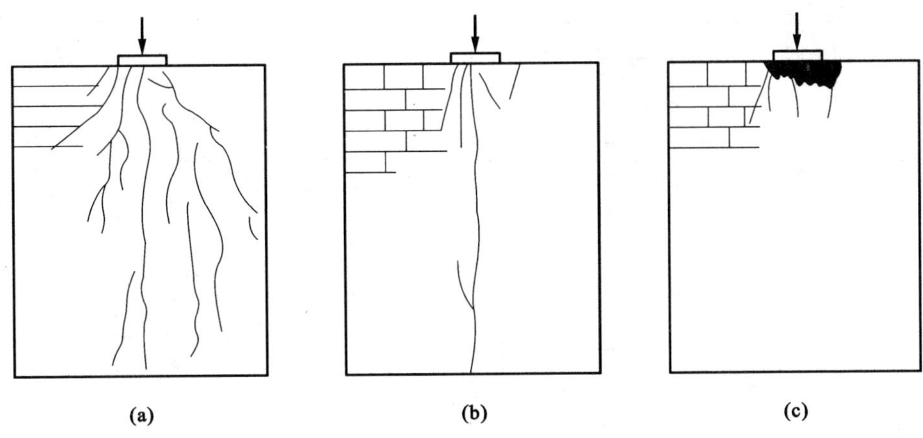

图 3-8 砖砌体局部受压破坏形态

3.4.2.2 局部均匀受压时的承载力

砌体截面中受局部均匀压力时的承载力，应满足下式的要求：

$$N_l \leqslant \gamma f A_l \tag{3-8}$$

式中 N_l——局部受压面积上的轴向力设计值；

f——砌体的抗压强度设计值，局部受压面积小于 0.3 m^2，可不考虑强度调整系数 γ_a 的影响；

A_l——局部受压面积；

γ——砌体局部抗压强度提高系数，可按下式计算：

$$\gamma = 1 + 0.35\sqrt{\frac{A_0}{A_l} - 1} \tag{3-9}$$

式中 A_0——影响砌体局部抗压强度的计算面积，按图 3-9 确定，计算公式如下：

① 在图 3-9(a)的情况下，$A_0 = (a+b+c)h$；

② 在图 3-9(b)的情况下，$A_0 = (b+2h)h$；

③ 在图 3-9(c)的情况下，$A_0 = (a+h)h+(b+h_1-h)h_1$；

④ 在图 3-9(d)的情况下，$A_0 = (a+h)h$；

式中 a,b——矩形局部受压面积 A_l 的边长；

h,h_1——墙厚或柱的较小边长及墙厚；

c——矩形局部受压面积的外边缘至构件边缘的较小距离，当 $c>h$ 时，应取为 h。

为了避免出现劈裂破坏，按式(3-9)计算所得出的砌体局部抗压强度提高系数 γ 值，尚应符合下列规定：

① 在图 3-9(a)的情况下，$\gamma \leqslant 2.5$；

② 在图 3-9(b)的情况下，$\gamma \leqslant 2.0$；

③ 在图 3-9(c)的情况下，$\gamma \leqslant 1.5$；

④ 在图 3-9(d)的情况下，$\gamma \leqslant 1.25$；

⑤ 对多孔砖砌体和《砌体规范》要求灌实的砌块砌体，$\gamma \leqslant 1.5$；

⑥ 未灌孔混凝土砌块砌体，$\gamma = 1.0$。

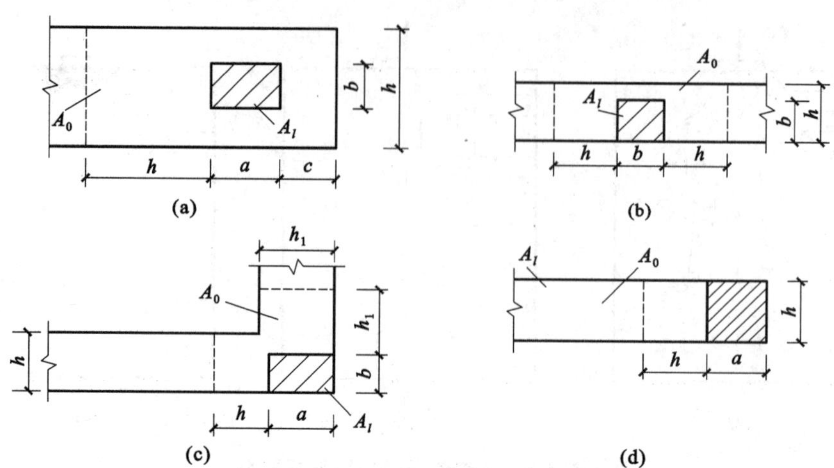

图 3-9 影响砌体局部抗压强度的计算面 A_0

3.4.2.3 梁端支承处砌体局部受压

当梁端直接支承在砌体上时，梁端支承面上砌体处于不均匀受压状态。由于梁的弯曲，梁端将产生转角，使梁的末端有脱开砌体的趋势，梁端下面传递压力的有效支承长度 a_0 可能小于梁的实际支承长度 a。《砌体规范》给出了梁端有效支承长度 a_0 的简化计算公式为

$$a_0 = 10\sqrt{\frac{h_c}{f}} \tag{3-10}$$

式中 a_0——梁端有效支承长度，当 $a_0>a$ 时，取 $a_0=a$；

h_c——梁的截面高度；

f——砌体的抗压强度设计值。

此外，作用在梁端砌体上的压力，除梁端压力 N_l 外，还有由上部荷载产生的轴向力 N_0 的作用。但由于支座下砌体的局部变形，压在梁端顶面上的砌体与梁顶面脱开，原作用于这部分的砌体的上部荷载通过砌体内形成的卸荷内拱传至两边的砌体，从而使局部受压面积上承受的上部砌体压力减小。

《砌体规范》给出了梁端支承处砌体的局部受压承载力计算公式为

$$\psi N_0 + N_l \leqslant \eta\gamma f A_l \tag{3-11}$$

$$\psi = 1.5 - 0.5\frac{A_0}{A_l} \tag{3-12}$$

$$N_0 = \sigma_0 A_l \tag{3-13}$$

式中 ψ——上部荷载的折减系数，当 $\dfrac{A_0}{A_l}\geqslant 3$ 时，取 $\psi=0$；

N_0——局部受压面积内上部轴向力设计值；

N_l——梁端支承压力设计值；

σ_0——上部平均压应力设计值；

η——梁端底面压应力图形的完整系数，应取 0.7，对于过梁和墙梁，应取 1.0；

A_l——局部受压面积，$A_l=a_0 b$，b 为梁宽。

3.4.2.4 梁下设有刚性垫块的砌体局部受压

当梁端下砌体局部受压承载力不满足设计要求时，可在梁端设置钢筋混凝土刚性垫块，其作用是扩大梁端下部砌体的局部受压面积，避免砌体因局部受压而破坏。

《砌体规范》要求，刚性垫块的高度 $t_b \geqslant 180$ mm(图 3-10)，垫块挑出梁边的长度不应大于垫块高度 t_b。在带壁柱墙的壁柱内设有刚性垫块时，壁柱上垫块伸入翼墙内的长度不应小于 120 mm。

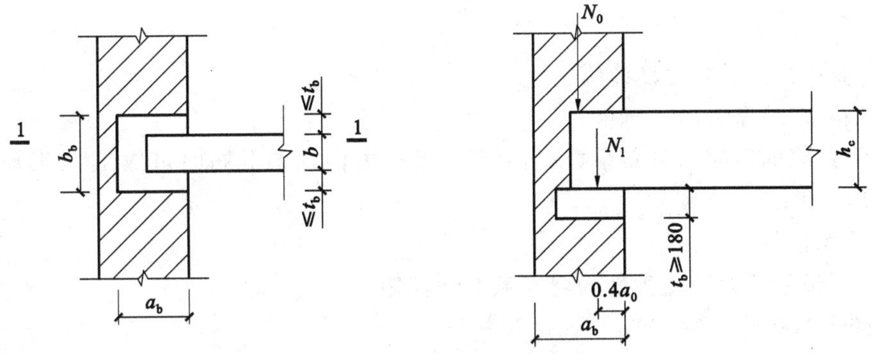

图 3-10 壁柱上设有垫块时梁端局部受压

刚性垫块下砌体的局部受压承载力可采用砌体偏心受压的公式计算。

梁端设有刚性垫块时，砌体局部受压承载力计算公式为

$$N_0 + N_l \leqslant \varphi \gamma_1 f A_b \tag{3-14}$$

$$N_0 = \sigma_0 A_b \tag{3-15}$$

$$A_b = a_b b_b \tag{3-16}$$

式中 N_0——垫块面积 A_b 内上部轴向力设计值。

φ——垫块上 N_0 与 N_l 合力的影响系数，由附录 6 附表 6-12 查取 $\beta \leqslant 3$ 时的 φ 值。

γ_1——垫块外砌体面积的有利影响系数，取 $\gamma_1 = 0.8\gamma$，但不小于 1.0。γ 为砌体局部抗压强度提高系数，按式(3-9)以 A_b 代替 A_l 计算得出。

A_b——垫块面积。

a_b——垫块伸入墙内的长度。

b_b——垫块的宽度。

梁端设有刚性垫块时，垫块上 N_l 作用点的位置可取梁端有效支承长度 a_0 的 0.4 倍。a_0 应按下式确定：

$$a_0 = \delta_1 \sqrt{\frac{h_c}{f}} \tag{3-17}$$

式中 δ_1——刚性垫块的影响系数，可按表 3-7 采用。

表 3-7 **影响系数 δ_1 值表**

σ_0/f	0	0.2	0.4	0.6	0.8
δ_1	5.4	5.7	6.0	6.9	7.8

注：表中的数值可采用插入法求得。

3.4.2.5 梁端下设有垫梁时的局部受压承载力计算

当梁或屋架端部支承在连续钢筋混凝土圈梁上时，该圈梁为垫梁。在梁端集中荷载作用下，垫梁沿自身轴线方向发生不均匀变形，把集中荷载传至一定范围的砌体上去。由于垫梁下砌体的竖向压应力的分布范围为 πh_0，如图 3-11 所示。对于长度大于 πh_0 的柔性垫梁，可视其为承受集中荷载的弹性地基梁，其垫梁下的砌体局部受压承载力按下列公式计算：

$$N_0 + N_l \leqslant 2.4\delta_2 f b_b h_0 \tag{3-18}$$

$$N_0 = \frac{\pi b_b h_0 \sigma_0}{2} \tag{3-19}$$

$$h_0 = 2\sqrt[3]{\frac{E_b I_b}{Eh}} \tag{3-20}$$

式中 N_0——垫梁上部轴向力设计值；

b_b——垫梁在墙厚方向的宽度；

δ_2——垫梁底面压应力分布系数，当荷载沿墙厚方向均匀分布时可取 1.0，不均匀分布时可取 0.8；

h_0——垫梁折算高度；

E_b，I_b——垫梁的混凝土弹性模量和截面惯性矩；

E——砌体的弹性模量；

h——墙厚。

垫梁的有效支承长度 a_0 可按式(3-17)计算。

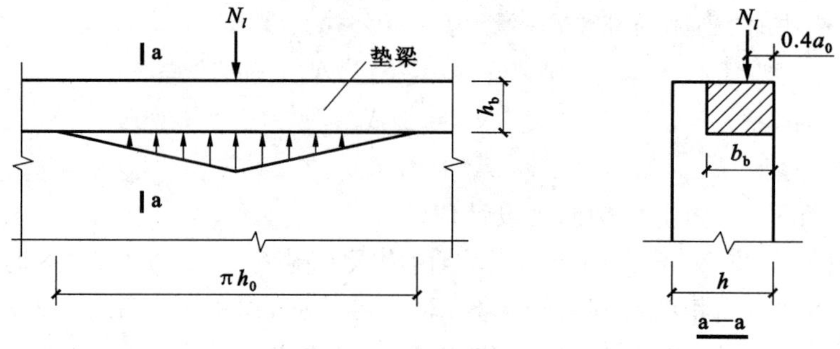

图 3-11 垫梁局部受压

【例 3-3】 已知梁截面尺寸为 200 mm×550 mm，梁端实际支承长度 a=240 mm，荷载设计值产生的梁端支承反力 N_l=60 kN，墙体的上部荷载 N_0=240 kN，窗间墙截面尺寸为 1500 mm×240 mm，采用烧结砖 MU10 及混合砂浆 M2.5 砌筑。试验算该外墙上梁端砌体局部受压承载力。

【解】 由 MU10 烧结砖和 M2.5 混合砂浆，查附录 6 附表 6-4 得 f=1.3 MPa。

梁端底面压应力图形完整系数：η=0.7。

梁有效支承长度：

$$a_0 = 10\sqrt{\frac{h_c}{f}} = 10\sqrt{\frac{550}{1.3}} = 205.7\ (\text{mm}) < a = 240\ \text{mm}$$

梁端局部受压面积：

$$A_l = a_0 b = 205.7 \times 200 = 41140\ (\text{mm}^2)$$

局部抗压强度计算面积：

$$A_0 = (b + 2h)h = (200 + 2 \times 240) \times 240 = 163200\ (\text{mm}^2)$$

$\dfrac{A_0}{A_l} = \dfrac{163200}{41140} = 3.97 > 3$，不考虑上部荷载的影响，取 ψ=0。

砌体局部抗压强度提高系数：

$$\gamma = 1 + 0.35\sqrt{\frac{A_0}{A_l} - 1} = 1 + 0.35\sqrt{3.97 - 1} = 1.603 < 2.0$$

则 $\eta\gamma f A_l = 0.7 \times 1.603 \times 1.3 \times 41140 \times 10^{-3} = 60.01\ (\text{kN}) > N_l = 60\ \text{kN}$，局部受压满足要求。

【例 3-4】 在例 3-3 中，若 $N_l=80$ kN，其他条件不变，设置刚性垫块，试验算局部受压承载力。

【解】 由例 3-3 可知，当 $N_l=80$ kN 时，梁下局部受压承载力不满足要求。按构造要求，设预制垫块尺寸为 $a_b \cdot b_b$，垫块高度 $t_b=200$ mm。则

$$A_l = A_b = a_b \cdot b_b = 240 \times 700 = 168000\ (\text{mm}^2)$$

因为

$$700 + 2 \times 240 = 1180\ (\text{mm}) < 1500\ \text{mm}(\text{窗间墙宽度})$$

所以

$$A_0 = 240 \times (700 + 2 \times 240) = 283200\ (\text{mm}^2)$$

则 $\dfrac{A_0}{A_l}=\dfrac{283200}{168000}=1.7$，$\gamma=1+0.35\sqrt{\dfrac{A_0}{A_l}-1}=1+0.35\sqrt{1.7-1}=1.292$，$\gamma_1=0.8\gamma=0.8\times 1.313=1.03>1$。

上部荷载产生的平均压力为

$$\sigma_0 = \frac{240 \times 10^3}{1500 \times 240} = 0.67\ (\text{N/mm}^2),\quad \frac{\sigma_0}{f} = \frac{0.67}{1.3} = 0.512$$

查表 3-7 得，$\delta_1=6+\dfrac{(6.9-6.0)\times(0.512-0.4)}{(0.6-0.4)}=6.504$。

刚性垫块上表面梁端有效支承长度为

$$a_0 = \delta_1\sqrt{\frac{h_c}{f}} = 6.504 \times \sqrt{\frac{550}{1.3}} = 133.8\ (\text{mm})$$

N_l 合力点至墙边的位置为 $0.4a_0=0.4\times 133.8=53.5$(mm)；

N_l 对垫块重心的偏心距为 $e_l=120-53.5=66.5$(mm)；

垫块承重的上部荷载为 $N_0=\sigma_0 A_b=0.67\times 168000\times 10^{-3}=112.56$(kN)；

作用在垫块上的轴向力 $N=N_0+N_l=80+112.56=192.56$(kN)；

轴向力对垫块重心的偏心距为

$$e = \frac{N_l e_l}{N_0 + N_l} = \frac{80 \times 66.5}{192.56} = 27.6\ (\text{mm}),\quad \frac{e}{a_b} = \frac{27.6}{240} = 0.115$$

查附录 6 附表 6-12-2($\beta \leqslant 3$)得，影响系数 $\varphi=0.867$。

$\varphi\gamma_1 f A_b=0.867\times 1.1\times 1.3\times 168000\times 10^{-3}=208.3$ (kN)$>N=192.56$ kN，满足要求。

3.4.3 砌体轴心受拉、受弯、受剪承载力计算

3.4.3.1 轴心受拉构件

砌体的抗拉强度很低，工程上很少采用。用砌体建造的小型圆形水池或筒仓，在液体或散装物料的侧压力作用下，在筒壁内产生环向水平拉力，可按轴心受拉构件计算。

无筋砌体轴心受拉构件的承载力可按下式计算：

$$N_t \leqslant f_t A \tag{3-21}$$

式中 N_t——轴心拉力设计值；

f_t——砌体的轴心抗拉强度设计值，应按附录 6 附表 6-11 采用。

3.4.3.2 受弯构件

过梁及挡土墙属于受弯构件，在弯矩作用下砌体可能沿通缝截面或齿缝截面因弯曲受拉而破坏，应进行受弯承载力计算。此外，在支座处有时还存在较大的剪力，还应进行相应的抗剪计算。

受弯构件的承载力应按下式计算：

$$M \leqslant f_{tm}W \tag{3-22}$$

式中 M——弯矩设计值；

f_{tm}——砌体弯曲抗拉强度设计值，应按附录6附表6-11采用；

W——截面抵抗矩，对矩形截面，$W=\frac{bh^2}{6}$。

受弯构件的受剪承载力，应按下列公式计算：

$$V \leqslant f_v bz \tag{3-23}$$

$$z = \frac{I}{S} \tag{3-24}$$

式中 V——剪力设计值；

f_v——砌体的抗剪强度设计值，应按附录6附表6-12采用；

b——截面宽度；

z——内力臂，当截面为矩形时，取 $z=2h/3$（h 为截面高度）；

I——截面惯性矩；

S——截面面积矩。

3.4.3.3 受剪构件

在无拉杆拱支座处，拱的水平推力将使支座截面受剪，砌体可能产生沿水平通缝或沿阶梯形截面的受剪破坏。

砌体的受剪承载力可按下列公式计算：

$$V \leqslant (f_v + \alpha\mu\sigma_0)A \tag{3-25}$$

当永久荷载分项系数 $\gamma_G=1.2$ 时：

$$\mu = 0.26 - 0.082\frac{\sigma_0}{f} \tag{3-26}$$

当永久荷载分项系数 $\gamma_G=1.35$ 时：

$$\mu = 0.23 - 0.065\frac{\sigma_0}{f} \tag{3-27}$$

式中 V——剪力设计值。

A——水平截面面积。

f_v——砌体抗剪强度设计值，对灌孔的混凝土砌块砌体，取 f_{vg}。

α——修正系数。当 $\gamma_G=1.2$ 时，砖（含多孔砖）砌体取0.60，混凝土砌块砌体取0.64；当 $\gamma_G=1.35$ 时，砖（含多孔砖）砌体取0.64，混凝土砌块砌体取0.66。

μ——剪压复合受力影响系数。

f——砌体的抗压强度设计值。

σ_0——永久荷载设计值产生的水平截面平均压应力，其值不应大于 $0.8f$。

3.4.4 配筋砖砌体构件

当砖砌体受压承载力不足，而构件截面尺寸或材料强度受到限制时，可采用网状配筋砌体。网状配筋砌体是在砌筑砖砌体时将事先制好的钢筋网按一定的设计要求设置在砌体的水平灰缝内（图3-12）。网状钢筋常用形式有矩形格钢筋网[图3-12(a)]和连弯式钢筋网[图3-12(b)]两种，连弯钢筋交错置于两相邻灰缝内，其作用相当于一片钢筋网。

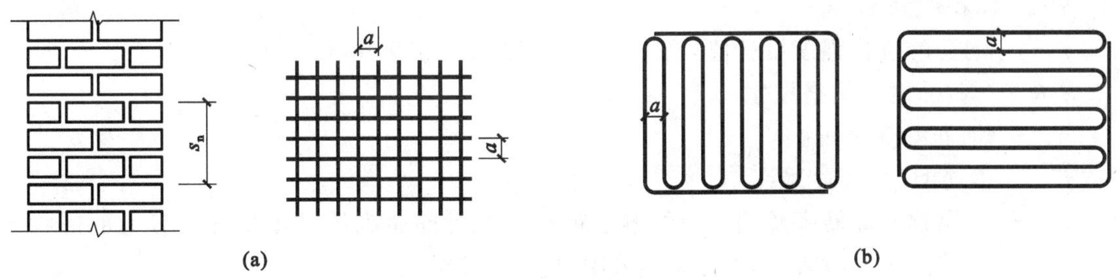

图 3-12 网状配筋砖砌体

3.4.4.1 受力性能

试验表明，网状配筋砖砌体的破坏特征与无筋砖砌体有所不同。网状配筋砖砌体受压时，由于摩擦力和砂浆的黏结力，钢筋被嵌固在灰缝内与砖砌体共同工作，从而约束了砖砌体的横向变形，相当于对砌体施加了横向压力，使砌体处于三向受压状态。

根据试验，网状配筋砖砌体轴心受压时，同无筋砌体一样，从加载到破坏可分为三个阶段，但其受力性能与无筋砌体有较大差别。

第一阶段：从加载初到压力为破坏压力的 60%～75%时，随着压力的增加，单砖块内出现第一批裂缝，此阶段所表现的受力特点与无筋砌体相同，但压力比无筋砌体高。

第二阶段：随压力增大，裂缝数量增多，但裂缝发展缓慢。纵向裂缝受横向钢筋网的约束，不能很快沿砌体高度方向形成贯通裂缝。此阶段所表现的破坏特征与无筋砌体的破坏特征有较大不同。

第三阶段：当压力达到极限承载力时，砌体内部分砖严重开裂甚至被压碎，导致砌体完全破坏。在此阶段，竖向小柱、砖的强度利用程度比无筋砌体高。故网状配筋砌体的抗压承载力较相同砌体材料的无筋砌体的抗压承载力大。

通过试验可以看出，在加荷初期，由于钢筋网的作用尚未充分发挥，出现第一批裂缝的荷载只较无筋砌体略高一些。继续增加荷载，由于钢筋网充分发挥了约束作用，因而裂缝开展缓慢，并推迟了因裂缝贯通把砌体分割成独立小柱的进程。而且由于钢筋网的拉结，小柱体也不会失稳，故破坏是由于钢筋网之间的砖块被压碎而造成的。由于砖的抗压强度得到了充分发挥，故网状配筋砖砌体的承载能力要比无筋砌体高。

3.4.4.2 承载力计算

网状配筋砖砌体受压构件承载力应按下列公式计算：

$$N \leqslant \varphi_n f_n A \tag{3-28}$$

$$f_n = f + 2\left(1 - \frac{2e}{y}\right)\rho f_y \tag{3-29}$$

$$\rho = \frac{(a+b)A_s}{abs_n} \tag{3-30}$$

式中 N——轴向力设计值；

f_n——网状配筋砖砌体的抗压强度设计值；

A——截面面积；

f——无筋砌体抗压强度设计值；

e——轴向力的偏心距；

y——自截面重心至轴向力所在偏心方向截面边缘的距离；

ρ——体积配筋率；

f_y——钢筋的抗拉强度设计值，当 $f_y \geqslant 320$ MPa 时，仍采用 320 MPa；

a,b——钢筋网的网格尺寸；

A_s——钢筋的截面面积；

s_n——钢筋网的竖向间距；

φ_n——高厚比和配筋率及轴向力的偏心距对网状配筋砖砌体受压构件承载力的影响系数，可按附录 6 附表 6-13 的规定采用，也可按下式计算：

$$\varphi_n = \frac{1}{1+12\left[\frac{e}{h}+\sqrt{\frac{1}{12}\left(\frac{1}{\varphi_{0n}}-1\right)^2}\right]} \tag{3-31}$$

$$\varphi_{0n} = \frac{1}{1+(0.0015+0.0045\rho)\beta^2} \tag{3-32}$$

φ_{0n}——网状配筋砖砌体受压构件的稳定系数；

β——构件的高厚比。

偏心受压构件随偏心距 e 的增大，横向钢筋的约束作用随之减小；构件高厚比过大，纵向弯曲也将降低横向钢筋作用，因此为设计合理，《砌体规范》规定：偏心距超过截面核心范围，对矩形截面即 $\frac{e}{h}>0.17$ 或 $\beta>16$ 时，不宜采用网状配筋构件。

与无筋砌体受压构件一样，对于矩形截面构件，当轴向力偏心方向的边长大于另一方向的边长时，除按偏心受压计算外，还应对较小边长方向按轴心受压进行验算。

3.4.4.3　网状配筋砖砌体构件的构造要求

网状配筋砖砌体除了满足承载力计算要求外，为保证钢筋与砂浆的黏结力，避免钢筋锈蚀，灰缝不致过厚，并能充分发挥钢筋的作用，还应符合下列构造要求。

① 网状配筋砖砌体中的体积配筋率不应小于 0.1%，并不应大于 1%。

② 采用钢筋网时，钢筋的直径宜采用 3～4 mm。

③ 钢筋网中钢筋的间距不应大于 120 mm，并不应小于 30 mm。

④ 钢筋网的间距不应大于 5 皮砖，并不应大于 400 mm。

⑤ 网状配筋砖砌体所用的砂浆强度等级不应低于 M7.5；钢筋网应设置在砌体的水平灰缝中，灰缝厚度应保证钢筋上下至少各有 2 mm 厚的砂浆层。

【例 3-5】 某烧结多孔砖柱，计算高度 $H_0=4$ m，上下端为不动铰支承，采用 MU10 砖和 M5 的混合砂浆，截面尺寸限定为 $b \cdot h=500$ mm×500 mm，承受荷载设计值产生的轴心压力 $N=$ 500 kN。试设计该柱。

【解】 由 MU10 砖和 M5 的混合砂浆，查表得 $f=1.5$ MPa。

柱的面积 $A=500\times500=250000\ (\text{mm}^2)=0.25(\text{m}^2)<0.3\ \text{m}^2$，因此砌体抗压强度设计值应乘以调整系数 γ_a，其值为

$$\gamma_a = A+0.7 = 0.25+0.7 = 0.95$$

MU10 砖和 M5 的混合砂浆砌筑，查表 3-5 得 $\gamma_\beta=1.0$，则柱的高厚比为

$$\beta = \gamma_\beta \frac{H_0}{h_T} = 1.0\times\frac{4}{0.5} = 8 < [\beta] = 16$$

查附录 6 附表 6-12，影响系数 $\varphi=0.91$。

$$\varphi\gamma_a fA = 0.91\times0.95\times1.5\times500\times500\times10^{-3} = 324\ (\text{kN}) < 500\ \text{kN}$$

故该柱受压承载力不满足要求。

由于该柱截面受限制不能增大，现采用配置网状钢筋来提高其受压承载力。钢筋网由直径为 4 mm 的乙级冷拔低碳钢丝点焊制成，网格尺寸为 60 mm×60 mm，间距为 3 皮砖，$s_n=3\times90=270$ mm。砂浆强度改为 M7.5($f=1.69$ MPa)。

$$\gamma_a f = 0.95\times1.69 = 1.6\ (\text{MPa})$$

钢筋的截面面积：$A_s=12.6\ \text{mm}^2$。

钢筋的抗拉强度：$f_y=320$ MPa。

体积配筋率：$\rho=\dfrac{2A_s}{as_n}\times100=\dfrac{2\times12.6}{60\times270}\times100=0.156\%$（满足大于 0.1%且小于 1%的要求）。

网状配筋砌体的抗压强度设计值：

$$f_n = f+2\left(1-\frac{2e}{y}\right)\frac{\rho}{100}f_y = 1.6+2\times\frac{0.156}{100}\times320 = 2.6\ (\text{N/mm}^2)$$

$$\varphi_n=\varphi_{0n}=\frac{1}{1+(0.0015+0.0045\rho)\beta^2}=\frac{1}{1+(0.0015+0.0045\times0.156)\times8^2}=0.876$$

$$\varphi_n f_n A = 0.875\times2.6\times500\times500\times10^{-3} = 565.5\ (\text{kN}) > 500\ \text{kN}$$

故该柱满足要求。

3.4.5 组合砖砌体构件

3.4.5.1 砖砌体和钢筋混凝土面层或钢筋砂浆面层的组合砌体构件

当无筋砌体的截面尺寸受限制，或轴向压力偏心距过大时，可采用组合砖砌体。近年来，我国在对砌体结构房屋进行增层或改造的过程中，当原有的墙、柱承载力不够时，也常在砖砌体构件表面做钢筋混凝土面层或钢筋砂浆面层形成组合砖砌体，以提高原有构件的承载力。图 3-13 所示为几种常用的组合砖砌体构件截面形式。为了简化计算，对于砖墙与组合砌体一同砌筑的 T 形截面构件[图 3-13(b)]，其承载力和高厚比可按矩形截面组合砌体构件计算[图 3-13(c)]。

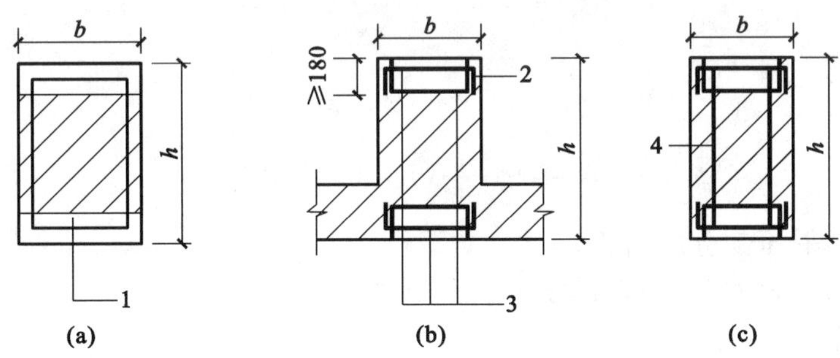

图 3-13 组合砖砌体构件截面

1—混凝土或砂浆；2—拉结钢筋；3—纵向钢筋；4—箍筋

(1) 组合砖砌体受力特点

在组合砌体中，砖砌体吸收混凝土中多余的水分，使得在组合砌体中结硬的混凝土的强度比在木模或金属模板中结硬的强度高。这种现象在混凝土结硬的早期(4～10 d 内)特别显著。对于砖砌体与钢筋砂浆面层的组合砌体，砂浆面层也具有上述类似的特性。在轴心压力作用下，组合砌体的第一批裂缝大多出现于砌体和钢筋混凝土(或钢筋砂浆)之间的连接处。随着荷载的增加，砖砌体上逐渐产生竖直方向的裂缝。受两侧的钢筋混凝土(或钢筋砂浆)面层的套箍约束作用，砖砌体上的这种裂缝发展较为缓慢，开展的宽度也不及无筋砌体。随着荷载的增加，砌体内的砖和面层混凝土(或面层砂浆)严重脱落甚至被压碎,或竖向钢筋在箍筋范围内压屈,最后,组合砌体完全破坏。当面层采用水泥砂浆的组合砌体达极限承载力时,其内受压钢筋未达屈服应变,受压钢筋的强度不能被充分利用。

(2) 承载力计算

① 轴心受压构件。

组合砖砌体轴心受压构件的承载力应按下式计算:

$$N \leqslant \varphi_{com}(fA + f_c A_c + \eta_s f_y' A_s') \tag{3-33}$$

式中 φ_{com}——组合砖砌体构件的稳定系数,可按附录6附表6-14采用。

A——砖砌体的截面面积。

f_c——混凝土或面层水泥砂浆的轴心抗压强度设计值,砂浆的轴心抗压强度设计值可取为同强度等级混凝土的轴心抗压强度设计值的70%,当砂浆为M15时,取5.0 MPa;当砂浆为M10时,取3.4 MPa;当砂浆强度为M7.5时,取2.5 MPa。

A_c——混凝土或砂浆面层的截面面积。

η_s——受压钢筋的强度系数,当为混凝土面层时,可取1.0;当为砂浆面层时,可取0.9。

f_y'——钢筋的抗压强度设计值。

A_s'——受压钢筋的截面面积。

② 偏心受压构件。

组合砖砌体偏心受压构件的承载力应按下列公式计算:

$$N \leqslant fA' + f_c A_c' + \eta_s f_y' A_s' - \sigma_s A_s \tag{3-34}$$

或

$$Ne_N \leqslant fS_s + f_c S_{c,s} + \eta_s f_y' A_s'(h_0 - a_s') \tag{3-35}$$

此时受压区的高度可按下列公式确定:

$$fS_N + f_c S_{c,N} + \eta_s f_y' A_s' e_N' - \sigma_s A_s e_N = 0 \tag{3-36}$$

$$e_N = e + e_a + \left(\frac{h}{2} - a_s\right) \tag{3-37}$$

$$e_N' = e + e_a - \left(\frac{h}{2} - a_s'\right) \tag{3-38}$$

$$e_a = \frac{\beta^2 h}{2200}(1 - 0.022\beta) \tag{3-39}$$

式中 A'——砖砌体受压部分的面积;

A_c'——混凝土或砂浆面层受压部分的面积;

σ_s——钢筋 A_s 的应力;

A_s——距轴向力 N 较远侧钢筋的截面面积;

S_s——砖砌体受压部分的面积对钢筋 A_s 重心的面积矩;

$S_{c,s}$——混凝土或砂浆面层受压部分的面积对钢筋 A_s 重心的面积矩;

S_N——砖砌体受压部分的面积对轴向力 N 作用点的面积矩;

$S_{c,N}$——混凝土或砂浆面层受压部分的面积对轴向力 N 作用点的面积矩;

e_N,e_N'——钢筋 A_s 和 A_s' 重心至轴向力 N 作用点的距离(图3-14);

e——轴向力的初始偏心距,按荷载设计值计算,当 $e<0.05h$ 时,应取 $e=0.05h$;

e_a——组合砖砌体构件在轴向力作用下的附加偏心距;

h_0——组合砖砌体构件截面的有效高度,取 $h_0=h-a_s$;

a_s，a_s'——钢筋 A_s 和 A_s' 重心至截面较近边的距离。

组合砖砌体中钢筋 A_s 的应力 σ_s（单位为 MPa，正值为拉应力，负值为压应力）按下列公式计算。

小偏心受压时（$\xi>\xi_b$）：

$$\sigma_s = 650 - 800\xi \tag{3-40}$$

大偏心受压时（$\xi\leqslant\xi_b$）：

$$\sigma_s = f_y \tag{3-41}$$

式中 σ_s——钢筋的应力，当 $\sigma_s>f_y$ 时，取 $\sigma_s=f_y$；当 $\sigma_s<f_y'$ 时，取 $\sigma_s=f_y'$。

ξ——组合砖砌体构件截面的相对受压区高度。

f_y——钢筋的抗拉强度设计值。

组合砖砌体构件受压区相对高度的界限值 ξ_b，对于 HRB400 钢筋，应取 0.36；对于 HRB335 钢筋，应取 0.44；对于 HPB300 钢筋，应取 0.47。

(3) 组合砖砌体受压构件的构造要求

为满足承载力和耐久性要求，组合砖砌体构件的构造应符合下列规定。

① 面层混凝土强度等级宜采用 C20，面层水泥砂浆强度等级不宜低于 M10，砌筑砂浆的强度等级不宜低于 M7.5。

② 砂浆面层的厚度可采用 30～45 mm。当面层厚度大于 45 mm 时，其面层宜采用混凝土。

③ 竖向受力钢筋宜采用 HPB300 钢筋，对于混凝土面层，亦可采用 HRB335 钢筋。受压钢筋一侧的配筋率，对砂浆面层，不宜小于 0.1%；对混凝土面层，不宜小于 0.2%。受拉钢筋的配筋率不应小于 0.1%。竖向受力钢筋的直径不应小于 8 mm，钢筋的净间距不应小于 30 mm。

④ 箍筋的直径不宜小于 4 mm 及 0.2 倍的受压钢筋直径，并不宜大于 6 mm。箍筋的间距不应大于 20 倍受压钢筋的直径及 500 mm，并不应小于 120 mm。

⑤ 当组合砖砌体构件一侧的竖向受力钢筋多于 4 根时，应设置附加箍筋或拉结钢筋。

⑥ 对于截面长短边相差较大的构件如墙体等，应采用穿通墙体的拉结钢筋作为箍筋，同时设置水平分布钢筋。水平分布钢筋的竖向间距及拉结钢筋的水平间距均不应大于 500 mm（图 3-15）。

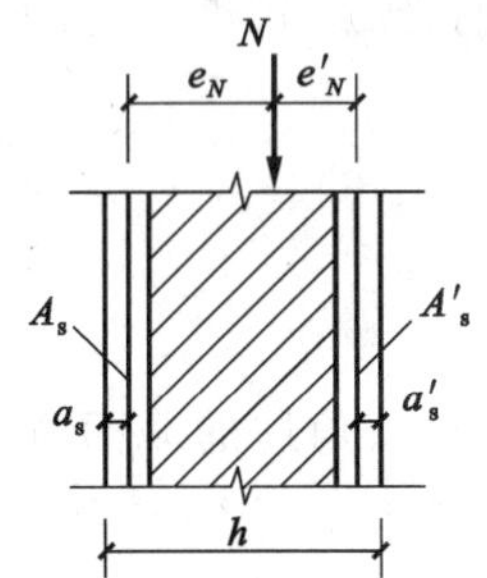

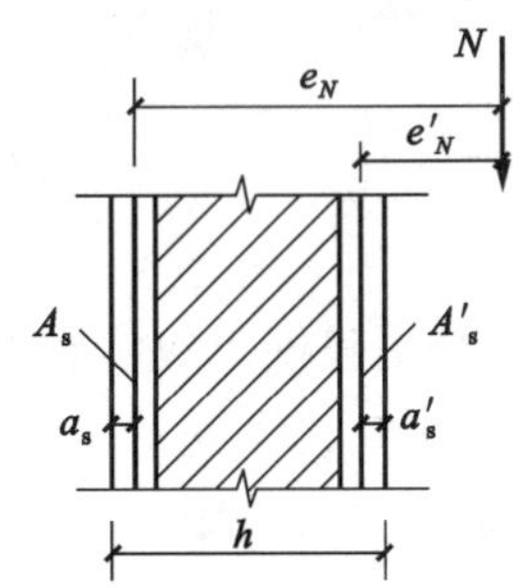

图 3-14 组合砖砌体偏心受压构件

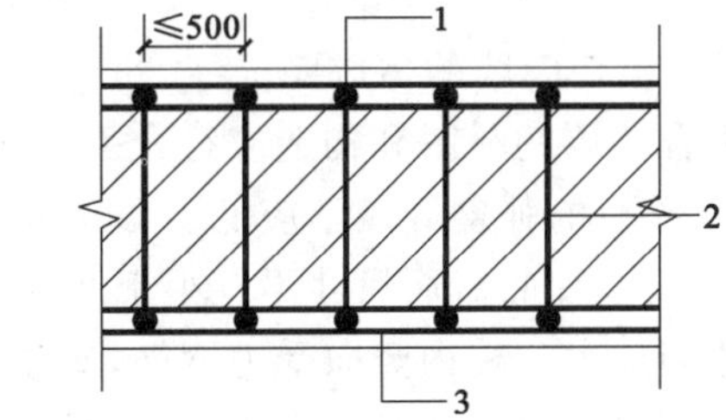

图 3-15 混凝土或砂浆面层组合墙

1—竖向受力钢筋；2—拉结钢筋；3—水平分布钢筋

⑦ 组合砖砌体构件的顶部和底部，以及牛腿部位，必须设置钢筋混凝土垫块。竖向受力钢筋伸入垫块的长度，必须满足锚固要求。

3.4.5.2 *砖砌体和钢筋混凝土构造柱组合墙*

砖砌体和钢筋混凝土构造柱组合墙，是在砖墙中间隔一定距离设置钢筋混凝土构造柱，并在各层处设置钢筋混凝土圈梁，使砖砌体墙与钢筋混凝土构造柱和圈梁形成一个整体结构共同受力(图 3-16)。在荷载作用下，由于构造柱和砖墙的刚度不同，以及内力重分布的结果，构造柱分担较多墙体上的荷载。

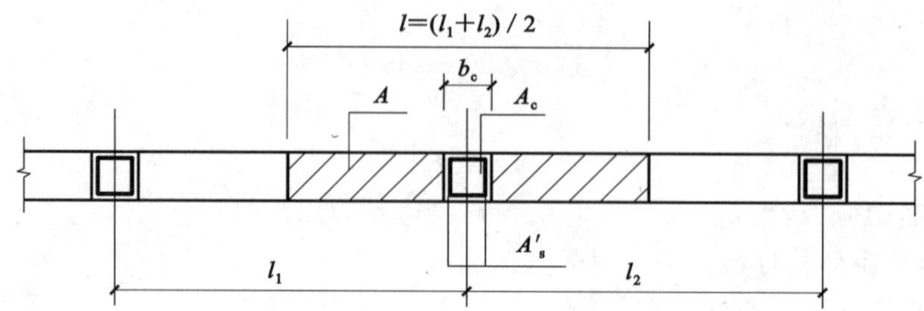

图 3-16　砖砌体和钢筋混凝土构造柱组合墙截面

(1) 承载力计算

① 轴心受压承载力计算。

砖砌体和钢筋混凝土构造柱组合墙的轴心受压承载力按下列公式计算：

$$N \leqslant \varphi_{com}[fA + \eta(f_c A_c + f'_y A'_s)] \tag{3-42}$$

$$\eta = \left(\frac{1}{\frac{l}{b_c} - 3}\right)^{\frac{1}{4}} \tag{3-43}$$

式中 φ_{com}——组合砖墙的稳定系数，可按附录 6 附表 6-14 采用；

η——强度系数，当$\frac{l}{b_c}<4$时，取$\frac{l}{b_c}=4$；

l——沿墙长方向构造柱的间距；

b_c——沿墙长方向构造柱的宽度；

A——扣除孔洞和构造柱的砖砌体截面面积；

A_c——构造柱的截面面积。

② 偏心受压承载力计算。

砖砌体和钢筋混凝土构造柱组合墙偏心受压承载力的计算方法与钢筋混凝土面层组合砖砌体相同，但截面宽度应改为构造柱间距 l；大偏心受压时，可不计算受压区构造柱混凝土和钢筋的作用。

(2) 组合砖墙的构造要求

组合砖墙的材料和构造应符合下列规定。

① 砂浆的强度等级不应低于 M5，构造柱的混凝土强度等级不宜低于 C20。

② 构造柱的截面尺寸不宜小于 240 mm×240 mm，其厚度不应小于墙厚，边柱、角柱的截面宽度宜适当加大。柱内竖向受力钢筋，对于中柱，钢筋数量不宜少于 4 根，直径不宜小于 12 mm；对于边柱、角柱，钢筋数量不宜少于 4 根，直径不宜小于 14 mm。构造柱的竖向受力钢筋的直径也不宜大于 16 mm。其箍筋，一般部位宜采用直径 6 mm、间距 200 mm，楼层上下 500 mm 范围内宜采用直径 6 mm、间距 100 mm。构造柱的竖向受力钢筋应在基础梁和楼层圈梁中锚固，并应符合受拉钢筋的锚固要求。

③ 组合砖墙砌体结构房屋，应在纵横墙交接处、墙端部和较大洞口的洞边设置构造柱，其间距不宜大于 4 m。各层洞口宜设置在相应位置，并上下对齐。

④ 组合砖墙砌体结构房屋应在基础顶面、有组合墙的楼层处设置现浇钢筋混凝土圈梁。圈梁

的截面高度不宜小于 240 mm；纵向钢筋数量不宜少于 4 根，直径不宜小于 12 mm，纵向钢筋应伸入构造柱内，并应符合受拉钢筋的锚固要求；圈梁的箍筋直径宜采用 6 mm，间距宜采用 200 mm。

⑤ 砖砌体与构造柱的连接处应砌成马牙槎，并应沿墙高每隔 500 mm 设 2 根直径为 6 mm 的拉结钢筋，且每边伸入墙内不宜小于 600 mm。

⑥ 构造柱可不单独设置基础，但应伸入室外地坪下 500 mm，或与埋深小于 500 mm 的基础梁相连。

⑦ 组合砖墙的施工顺序应为先砌墙后浇混凝土构造柱。

3.5 混合结构房屋的砌体结构设计

3.5.1 承重墙的结构布置

混合结构的房屋通常是指屋盖、楼盖等水平承重构件采用钢筋混凝土、木材或钢材，而墙、柱与基础等竖向承重构件采用砌体材料的房屋。墙体是混合结构建筑物的主要承重构件，同时墙体对建筑物也起着围护和分隔的作用。主要起围护和分隔作用且只承受自重的墙体，称为“非承重墙”；在承受自重的同时，还承受屋盖和楼盖传来荷载的墙体，称为“承重墙”。墙体、柱的自重约占房屋总重的 60%。由于砌体的强度并不太高，此外，块材和砂浆间的黏结力很弱，使得砌体的抗拉、抗弯、抗剪的强度很低。因此，在混合结构的结构布置中，使墙柱等承重构件具有足够的承载力是保证房屋正常使用的关键，特别是在需要进行抗震设防的地区，以及在地基条件不理想的地点，合理的结构布置是极为重要的。

混合结构房屋设计的一个重要任务就是解决墙体的设计问题。一般包括承重墙体的布置、房屋的静力计算方案确定、墙柱高厚比验算、墙柱内力计算及其截面承载力验算。在混合结构的结构布置中，承重墙体的布置不仅影响到房屋平面的划分和房间的大小，而且与房屋的荷载传递路线、承载的合理性、墙体的稳定及整体刚度等受力性能有着直接的联系。

混合结构房屋按结构承重体系和竖向荷载传递路线，在承重墙的布置中，有下列方案可供选择：纵墙承重体系、横墙承重体系、纵横墙承重体系和内框架承重体系。

(1) 纵墙承重体系

纵墙承重方案是指由纵墙直接承受屋盖、楼盖竖向荷载的结构布置方案。图 3-17 所示为两种纵墙承重的结构布置图。跨度较小的房屋，楼板直接支承在纵墙上[图 3-17(a)]；跨度较大的房屋可采用屋面梁(或屋架)，上铺大型屋面板，大梁(或屋架)搁置在纵墙上[图 3-17(b)]。

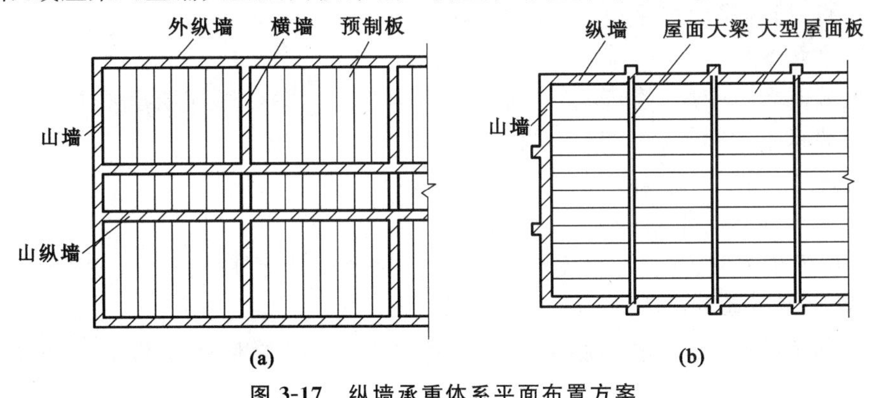

图 3-17 纵墙承重体系平面布置方案

竖向荷载的主要传递路线:屋(楼)面荷载→屋(楼)面板→梁(或屋架)→纵墙→基础→地基。

纵墙承重方案的特点是:

① 纵墙是主要的承重墙,而横墙是为了满足房屋使用功能及空间刚度和整体性要求而设置的。横墙间距可以增大,形成较大室内空间,有利于使用上的灵活布置。

② 由于纵墙承受较大荷载,所以在纵墙上设置门窗洞口时,洞口大小、位置要受一定的限制。

③ 与横墙承重方案相比,纵墙承重方案房屋的屋盖、楼盖结构用材料较多,墙体材料较少。

④ 横墙数量少且不承重,房屋横向刚度较差。

纵墙承重方案适用于房屋开间大、横墙少的办公室、医院、单层厂房、教学楼等建筑。

(2) 横墙承重体系

当房屋开间不大,横墙间距较小,将楼(或屋面)板直接搁置在横墙上,由横墙直接承受屋盖、楼盖竖向荷载的结构布置方案称为横墙承重方案(图 3-18)。

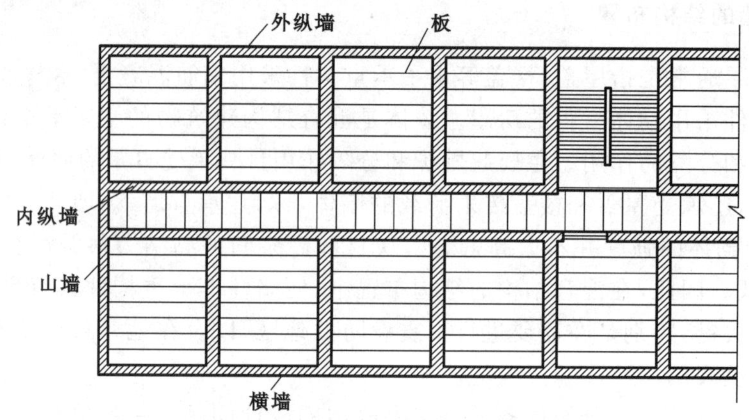

图 3-18 横墙承重体系平面布置方案

荷载的主要传递路线:屋(楼)面荷载→屋(楼)面板→横墙→基础→地基。

横墙承重方案的特点如下。

① 横墙是主要承重墙,纵墙主要起围护、隔断作用,因而纵墙上的门窗洞口布置所受限制较少。

② 横墙数量多,间距小,房屋横向刚度大,整体性好,抗震性能好。

③ 屋盖、楼盖结构简单,施工方便,楼面结构材料用料较少,但墙体材料用量较多。

④ 房间大小较固定,布置不灵活。

因横墙数量多,房间布置受到一定限制,因此其适用于房屋开间尺寸较规则、横墙间距小的住宅、宿舍、旅馆、招待所等民用房屋。

(3) 纵横墙承重体系

由纵墙和横墙混合承受屋(楼)盖竖向荷载的结构布置方案称纵横墙承重方案。图 3-19 所示为某教学楼纵横墙承重方案。

竖向荷载传递路线:屋(楼)面板或梁荷载→纵横墙→基础→地基。

纵横墙承重方案的特点如下。

① 纵、横墙均为承重墙,使得结构受力较为均匀,房屋纵、横刚度均较大,抗风和抗震能力好。

② 平面布置比横墙承重灵活。

③ 房屋的空间刚度介于横墙和纵墙承重体系之间,房屋的整体性和空间刚度比纵墙承重更好。

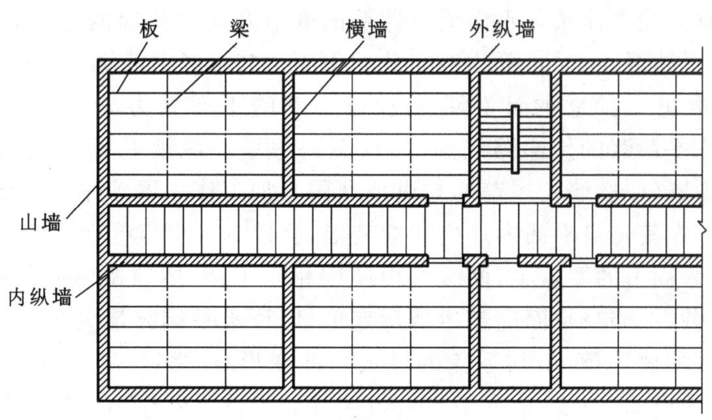

图 3-19 纵横墙承重体系平面布置方案

纵横墙承重方案适用于教学楼、办公楼及医院等对空间布置要求灵活的建筑。

(4) 内框架承重体系

房屋内部由钢筋混凝土柱和楼盖梁组成内框架,外部由砖墙、砖柱构成的房屋,称为内框架承重体系(图 3-20)。

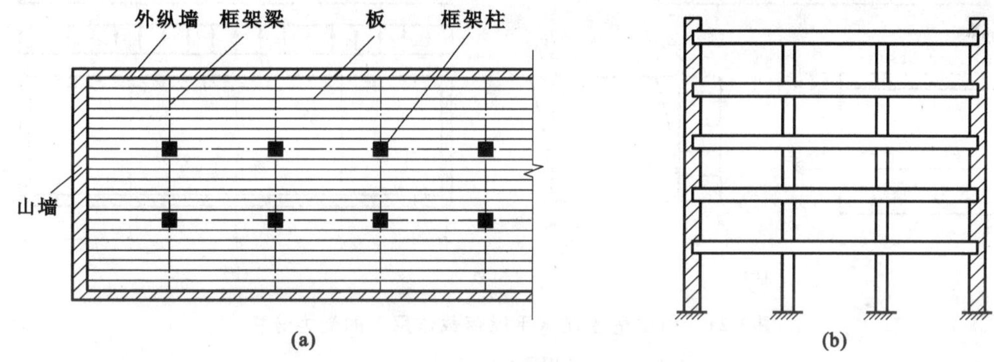

图 3-20 内框架承重体系平面布置方案

其荷载传递途径:屋(楼)面板荷载→屋(楼)面板→梁→外纵墙(柱)→外纵墙基础(柱基础)→地基。

内框架承重方案的特点如下。

① 由于取消了内墙,房屋可获得较大的使用空间,平面布置比较灵活。

② 由于横墙少,房屋的空间刚度较小,建筑物抗震能力较差。

③ 由于钢筋混凝土柱和砌体的压缩性能不同,柱下和墙下基础的沉降量差别较大,如果设计施工不当,结构容易产生不均匀竖向变形,引起较大的附加内力,并产生裂缝。

内框架承重体系一般可用于商店、旅馆、多层工业厂房等建筑。

3.5.2 混合结构房屋的静力计算方案

3.5.2.1 房屋的空间工作性能

混合结构房屋中,屋盖、楼盖、纵墙、横墙和基础等构件相互联系组成一空间受力体系,共同承担作用在房屋上的各种竖向荷载(结构的自重、楼面和屋面的活荷载)、水平荷载和地震作用。这些构件参加共同工作的程度体现了房屋的空间刚度。房屋在竖向和水平荷载作用下的工作,与它的空间刚度密切相关。

在荷载作用下,空间受力体系与平面受力体系的变形及荷载传递的途径是不同的。如图 3-21 所示某单层的纵墙承重体系,承受水平均布荷载的作用。若不考虑两端山墙的作用,而按平面受力体系进行分析,则可取出一独立的计算单元进行排架的平面受力分析,排架柱顶的侧移为 u_p [图 3-21(a)],此时,水平荷载的传递路线为:风荷载→纵墙→纵墙基础→地基。而实际上房屋在水平荷载作用下,其山墙(或横墙)、屋盖均与纵墙共同参加工作。屋盖作为纵墙顶端的支承受到纵墙传来的水平荷载后,在其自身平面内产生弯曲变形,且以纵向中点变形 u_2 为最大。此时,整个屋盖的变形犹如置于水平面上的屋盖梁,两端的山墙则相当于该"屋盖梁"的弹性支座。山墙顶承受到"屋盖梁"传来的荷载,在墙身平面内产生剪弯变形,墙顶水平侧移量为 u_1。显然,纵向中点的墙顶位移 u_s 应为山墙顶的侧移值 u_1 与屋盖的最大弯曲变形 u_2 之和,即 $u_s=u_1+u_2$[图 3-21(b)]。由于在空间受力体系中横墙(山墙)协同工作对抗侧移起了重要的作用,因此,纵墙顶的最大侧移值较 u_s 平面受力体系中排架的柱顶侧移值 u_p 小,即 $u_s<u_p$。

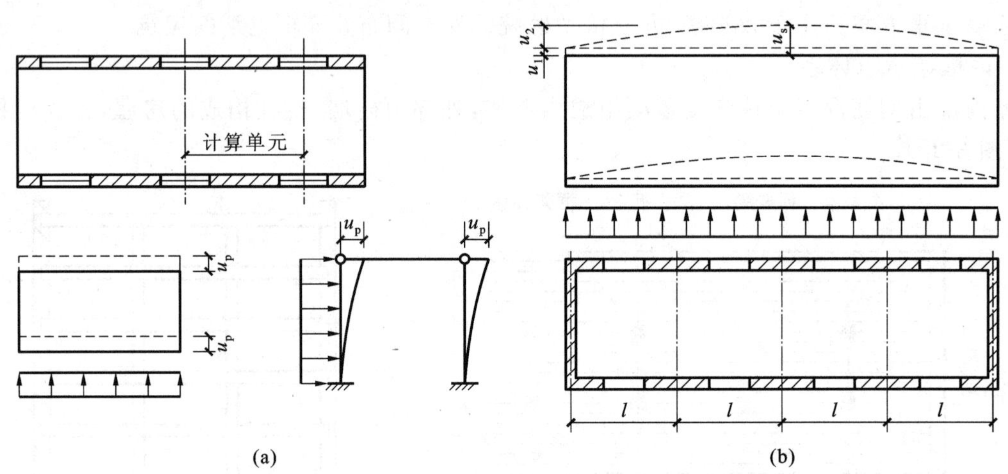

图 3-21 单层房屋在水平风荷载作用下的受力分析

(a) 无山墙;(b) 有山墙

一般情况下,u_p 的大小取决于纵墙、柱的刚度。u_s 的大小主要与两端山墙(横墙)间的水平距离、山墙在自身平面内的刚度和屋盖的水平刚度有关。若横墙间距大,则"屋盖梁"的水平方向跨度大,受弯时中间的挠度大;若屋盖在自身平面内的刚度较小,也会增大自身的弯曲变形,使中部的水平位移增大;若横墙刚度较差,墙顶侧移较大,中部纵墙顶的水平位移也随之增大。反之,房屋中部纵墙顶的水平侧移较小,即空间性能较好。房屋空间作用的性能,可用空间性能影响系数 η 表示。η 按下式计算:

$$\eta=\frac{u_s}{u_p} \tag{3-44}$$

式中 u_p——平面排架的侧移;

u_s——房屋的侧移。

η 值较大,表明房屋的位移与平面排架的位移越接近,即房屋空间刚度较差。反之,η 值较小,表明房屋空间工作后的侧移较小,即房屋空间刚度越好。因此,η 又称为考虑空间工作后的侧移折减系数。

对于不同类别的屋盖或楼盖在不同的横墙间距下,房屋各层的空间性能影响系数,可按表 3-8 查用。其中,η_i 值最大为 0.82,当 $\eta_i>0.82$ 时,则近似取 $\eta_i=1$;η_i 值最小为 0.33,当 $\eta_i<0.33$ 时,近似取 $\eta_i=0$。

表 3-8 **房屋各层的空间性能影响系数 η_i**

屋盖或楼盖类别	横墙间距 s/m														
	16	20	24	28	32	36	40	44	48	52	56	60	64	68	72
1	—	—	—	—	0.33	0.39	0.45	0.50	0.55	0.60	0.64	0.68	0.71	0.74	0.77
2	—	0.35	0.45	0.54	0.61	0.68	0.73	0.78	0.82	—	—	—	—	—	—
3	0.37	0.49	0.60	0.68	0.75	0.81	—	—	—	—	—	—	—	—	—

注：i 取 1～n，n 为房屋的层数。

3.5.2.2 房屋静力计算方案

影响房屋空间性能的因素很多，除了上述的屋盖刚度和横墙间距外，还有屋架的跨度、排架的刚度、荷载类型及多层房屋层与层之间的相互作用等。《砌体规范》中为了方便计算，仅考虑屋盖刚度和横墙间距两个主要因素的影响，根据房屋空间刚度的大小，可将房屋的静力计算方案分为以下三种（表 3-9）。

表 3-9 **房屋的静力计算方案**

	屋盖或楼盖类别	刚性方案	刚弹性方案	弹性方案
1	整体式、装配整体和装配式无檩体系钢筋混凝土屋盖或钢筋混凝土楼盖	$s<32$	$32\leqslant s\leqslant 72$	$s>72$
2	装配式有檩体系钢筋混凝土屋盖、轻钢屋盖和有密铺望板的木屋盖或木楼盖	$s<20$	$20\leqslant s\leqslant 48$	$s>48$
3	瓦材屋面的木屋盖和轻钢屋盖	$s<16$	$16\leqslant s\leqslant 36$	$s>36$

注：1. 表中 s 为房屋横墙间距，其长度单位为“m”。
2. 当屋盖、楼盖类别不同或横墙间距不同时，可按《砌体规范》第 4.2.7 条的规定确定房屋的静力计算方案。
3. 对于无山墙或伸缩缝处无横墙的房屋，应按弹性方案考虑。

(1) 刚性方案

当房屋的横墙间距较小，屋（楼）盖的水平刚度较大且横墙在平面内刚度很大时，房屋的空间刚度较大。因而，在水平荷载作用下，房屋纵墙顶端的水平位移很小，可以忽略不计。因此，可假定纵墙顶端的水平位移为零，这类房屋称为刚性方案房屋。在确定墙柱计算简图时，可认为屋（楼）盖为纵墙的不动铰支座，墙、柱的内力可按上端为不动铰支承，下端为嵌固于基础顶面的竖向构件计算[图 3-22(a)]。通过计算分析，当房屋的空间性能影响系数 $\eta<0.33$ 时，均可按刚性方案计算。

(2) 弹性方案

当房屋横墙间距较大或无横墙（山墙），屋盖和楼盖的水平刚度较小时，房屋的空间刚度较差。在水平荷载作用下，房屋纵墙顶端水平位移很大，接近于平面结构体系，其墙柱内力计算应按不考虑空间作用的平面排架或框架计算。这类房屋称为弹性方案房屋，当房屋的空间性能影响系数 $\eta>0.77$ 时，均可按弹性方案计算。此种房屋中部墙体计算单元的计算简图如图 3-22(b)所示，为一排架结构。

弹性方案房屋在水平荷载作用下，墙顶水平位移较大，而且墙内会产生较大的弯矩。因此，如果增加房屋的高度，房屋的刚度将难以保证，如增加纵墙的截面面积势必耗费材料。所以，对于多层砌体结构房屋，不宜采用弹性方案。

(3) 刚弹性方案

当房屋横墙间距不太大，房屋的空间刚度介于上述两种方案之间，在荷载作用下，房屋中部外纵墙顶部的水平位移较弹性方案小，比刚性方案大，横墙与屋(或楼)盖对外纵墙的支承作用不能忽略不计。这类房屋称为刚弹性方案房屋。刚弹性方案单层房屋的受力与计算简图介于刚性方案和弹性方案之间，静力计算时，可根据房屋空间刚度的大小，通常 $\eta=0.33\sim0.77$，按考虑房屋空间作用的排架来计算[图 3-22(c)]。

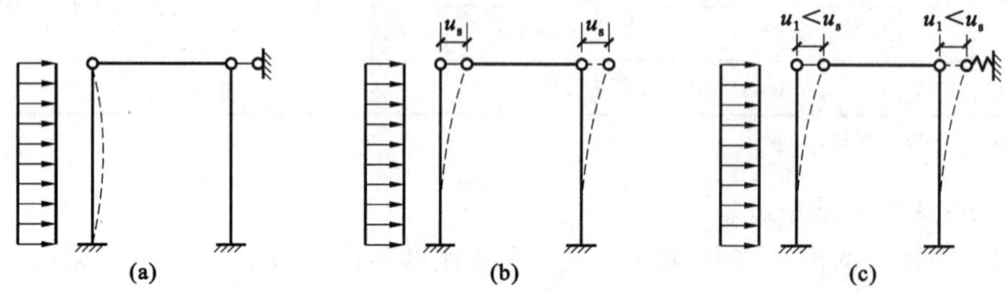

图 3-22　单层单跨房屋墙体的计算简图

(a) 刚性方案；(b) 弹性方案；(c) 刚弹性方案

3.5.2.3　刚性方案和刚弹性方案房屋的横墙

表 3-9 是根据屋(楼)盖刚度和横墙间距来确定房屋的静力计算方案。此外，横墙的刚度也是影响房屋空间性能的一个主要因素，刚度足够大才能保证屋(楼)盖支座位移不致过大。作为刚性和刚弹性方案房屋的横墙，应符合下列要求。

① 横墙中开有洞口时，洞口的水平截面面积不应超过横墙截面面积的 50%。

② 横墙的厚度不宜小于 180 mm。

③ 单层房屋的横墙长度不宜小于其高度，多层房屋的横墙长度不宜小于 $H/2$(H 为横墙总高度)。

当横墙不能同时符合上述要求时，应对横墙的刚度进行验算。如其最大水平位移值 $u_{\max}\leqslant H/4000$ 时，仍可视作刚性或刚弹性方案房屋的横墙。凡符合此刚度要求的一段横墙或其他结构构件(如框架等)，也可视作刚性或刚弹性方案房屋的横墙。

对于单层混合结构，房屋在水平风荷载作用下横墙顶部最大水平位移 $u_{\max}$，由墙体整体弯曲变形和剪切变形两部分叠加所得，当门窗洞口的水平面积不超过横墙截面面积(不包括翼缘面积)的 75%时，横墙顶点的最大水平位移可按下式计算：

$$u_{\max}=\frac{F_1H^3}{3EI}+\frac{\tau}{G}H=\frac{nFH^3}{6EI}+\frac{2.5nFH}{EA}\tag{3-45}$$

式中　$u_{\max}$——横墙顶点的最大水平位移。

F_1——作用于横墙顶端的水平集中荷载，$F_1=\frac{nF}{2}$，$F_1=F_w+R$。

n——与该横墙相邻的两横墙间的开间数。

F_w——屋面风荷载折算为作用在每个开间柱顶处的水平集中风荷载。

R——假定排架无侧移时，由作用在每个开间纵墙上的均布荷载所求出的柱顶反力。

H——横墙的高度。

E——砌体的弹性模量。

I——横墙的惯性矩，为简化计算，可近似地取横墙毛截面惯性矩；当横墙与纵墙连接时，可按工字形或[形截面计算。与横墙共同工作的纵墙，从横墙中心线算起的翼缘宽度每边取 $s=0.3H$。

τ——水平截面上的剪应力，$\tau=\zeta\frac{F_1}{A}$，ζ 为剪应力分布不均匀系数，可近似取 $\zeta=2.0$。

A——横墙水平截面面积，可近似取毛截面面积。

G——砖砌体的剪变模量，$G=0.4E$。

多层房屋横墙的最大水平侧移也可仿照上述方法进行计算：

$$u_{\max}=\frac{n}{6EI}\sum_{i=1}^{m}F_iH_i^3+\frac{2.5n}{EI}\sum_{i=1}^{m}F_iH_i \tag{3-46}$$

式中 m——房屋总层数；

F_i——假定每开间均为不动铰支座时，第 i 层的支座反力；

H_i——第 i 层楼面到基础面的高度。

3.5.3 墙柱高厚比验算

混合结构房屋中的墙、柱一般为受压构件。对于受压构件，无论是承重墙还是非承重墙，除满足承载力要求外，还必须保证其稳定性。验算高厚比的目的就是防止墙、柱在施工和使用阶段因砌筑质量、轴线偏差、意外横向冲撞和振动等原因引起侧向挠曲和倾斜而产生过大变形，以保证其稳定性的一项措施。

《砌体规范》采用允许高厚比[β]来限制墙、柱的高厚比。

3.5.3.1 墙、柱的允许高厚比

允许高厚比[β]是墙、柱高厚比的限值。其取值与墙、柱的承载力计算无关，而是从构造要求上规定的。《砌体规范》规定的墙、柱允许高厚比[β]值见表 3-10。

表 3-10 **墙、柱的允许高厚比[β]值**

砌体类别	砂浆强度等级	墙	柱
无筋砌体	M2.5	22	15
	M5.0 或 Mb5.0、Ms5.0	24	16
	≥M7.5 或 Mb7.5、Ms7.5	26	17
配筋砌块砌体	—	30	21

注：1. 毛石墙、柱的允许高厚比应按表中数值降低 20%。
2. 带有混凝土或砂浆面层的组合砖砌体构件的允许高厚比，可按表中数值提高 20%，但不得大于 28。
3. 验算施工阶段砂浆尚未硬化的新砌砌体构件高厚比时，允许高厚比对墙取 14，对柱取 11。

影响墙、柱的允许高厚比[β]的因素很多，如砂浆强度等级、横墙间距、砌体的类型及截面形式、支承条件和承重情况等，这些因素在计算中通过修正允许高厚比[β]或对计算高度进行修正来体现。

3.5.3.2 墙、柱高厚比验算

(1) 一般墙、柱的高厚比验算

一般墙、柱的高厚比验算公式为：

$$\beta=\frac{H_0}{h}\leqslant\mu_1\mu_2[\beta] \tag{3-47}$$

$$\mu_2=1-0.4\frac{b_s}{s}\geqslant 0.7 \tag{3-48}$$

式中 H_0——墙、柱的计算高度，按表 3-10 采用。

h——墙厚或矩形柱与 H_0 相对应的边长。

μ_1——自承重墙允许高厚比的修正系数，按如下规定采用：当 $h=240$ mm 时，$\mu_1=1.2$；当 $h=90$ mm 时，$\mu_1=1.5$；当 90 mm$<h<$240 mm 时，μ_1 按插入法取值。若上端为自由端的墙，$[\beta]$值除按上述规定提高外，尚可提高 30%。

μ_2——有门窗洞口墙允许高厚比的修正系数。当洞口高度等于或小于墙高的$\frac{1}{5}$时，可取 $\mu_2=1.0$。

b_s——在宽度 s 范围内的门窗洞口总宽度(图 3-23)。

s——相邻窗间墙或壁柱之间的距离。

$[\beta]$——墙、柱的允许高厚比，应按表 3-10 采用。

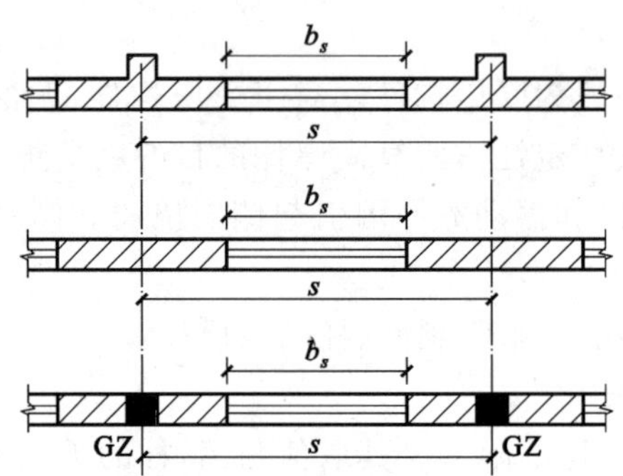

图 3-23 门窗洞口宽度示意图

(2) 带壁柱墙的高厚比验算

带壁柱墙的高厚比验算，除了要验算整片墙的高厚比之外，还要对壁柱间的墙体进行验算。

① 整片墙的高厚比验算。

带壁柱的整片墙，其计算截面应考虑为 T 形截面，在按式(3-47)进行验算时，式中的墙厚应采用 T 形截面的折算厚度 h_T，即

$$\beta=\frac{H_0}{h_T}\leqslant\mu_1\mu_2[\beta] \tag{3-49}$$

式中 h_T——带壁柱墙截面的折算厚度，$h_T=3.5i$；i 为带壁柱墙截面的回转半径，$i=\sqrt{\frac{I}{A}}$；I，A 为带壁柱墙截面的惯性矩和面积。

H_0——带壁柱墙的计算高度，按表 3-6 采用。

《砌体规范》规定，当确定带壁柱墙的计算高度 H_0 时，s 为该带壁柱墙的相邻横墙间的距离。在确定截面回转半径 i 时，带壁柱墙计算截面的翼缘宽度 b_f 应按下列规定采用(最小值)：对于多层房屋，当有门窗洞口时，可取窗间墙宽度；当无门窗洞口时，每侧翼缘墙的宽度可取壁柱高度的 1/3。对于单层房屋，b_f 可取壁柱宽度加 2/3 墙高，但不大于窗间墙的宽度或相邻壁柱间的距离；计算带壁柱墙的条形基础时，可取相邻壁柱间的距离。

② 壁柱间墙的高厚比验算。

在验算壁柱间墙的高厚比时，可认为壁柱对壁柱间墙起到了横向拉结的作用，即可把壁柱视为壁柱间墙的不动铰支点。因此，壁柱间墙可根据不带壁柱墙的公式(3-47)按矩形截面墙验算。计算 H_0 时，表 3-6 中的 s 应为相邻壁柱间的距离。而且，不论房屋的静力计算属于何种方案，作此验算的 H_0 一律按表 3-6 中刚性方案一栏选用。

(3) 带构造柱墙的高厚比验算

① 整片墙的高厚比验算。

$$\beta = \frac{H_0}{h} \leqslant \mu_1 \mu_2 \mu_c [\beta] \tag{3-50}$$

式中 μ_c——带构造柱墙允许高厚比[β]提高系数,可按下式计算:

$$\mu_c = 1 + \gamma \frac{b_c}{l} \tag{3-51}$$

γ——系数。对细料石砌体,$\gamma=0$;对混凝土砌块、混凝土多孔砖、粗料石、毛料石及毛石砌体,$\gamma=1.0$;其他砌体,$\gamma=1.5$。

b_c——构造柱沿墙长边方向的宽度。

l——构造柱的间距。

当$\frac{b_c}{l}>0.25$时,取$\frac{b_c}{l}=0.25$;当$\frac{b_c}{l}<0.05$时,取$\frac{b_c}{l}=0$。

② 构造柱间墙的高厚比验算。

构造柱间墙的高厚比可按一般墙柱进行验算[式(3-47)],s应取相邻壁柱间或相邻构造柱间的距离。而且,不论房屋的静力计算属于何种方案,作此验算的H_0一律按表3-6中刚性方案一栏选用。

应当注意,考虑构造柱有利作用的高厚比验算不适用于施工阶段。

设有钢筋混凝土圈梁的带壁柱墙或带构造柱墙,当$\frac{b}{s} \geqslant \frac{1}{30}$时,圈梁可视作壁柱间墙或构造柱间墙的不动铰支点($b$为圈梁宽度)。这是由于圈梁的水平刚度较大,能够限制壁柱间墙或构造柱间墙的侧向变形的缘故。当不满足上述条件且不允许增加圈梁宽度时,可按墙体平面外等刚度原则增加圈梁高度,此时,圈梁仍可视为壁柱间墙或构造柱间墙的不动铰支点。

3.6 墙体的设计计算

3.6.1 刚性方案房屋的墙体设计计算

3.6.1.1 单层刚性方案房屋承重纵墙的计算

(1) 静力计算假定

刚性方案的单层房屋,由于其屋盖刚度较大,横墙间间距较密,房屋纵墙顶端的水平位移很小,内力分析时可认为水平位移为零。计算时有以下基本假定。

① 纵墙、柱下端与基础固结,上端与大梁(屋架)铰接。

② 屋盖刚度等于无限大,可视为墙、柱在水平方向上为不动铰支座。

(2) 计算单元

计算单层房屋承重纵墙时,一般选择有代表性的一段或荷载较大及截面较弱的部位作为计算单元。有门窗洞口的外纵墙,取一个开间为计算单元;无门窗洞口的纵墙,取1 m长的墙体为计算单元。其受荷宽度为该墙左右各1/2的开间宽度。

(3) 计算简图

计算简图如图3-24所示。

(4) 纵墙、柱的荷载及内力计算

① 屋面荷载。屋面荷载包括屋盖构件自重、屋面活荷载或雪荷载，这些荷载以集中力(N_l)的形式通过屋架或大梁左右与墙、柱顶部，对屋架其作用点一般距墙体中心线 150 mm[图 3-25(a)]，对屋面梁，N_l 距墙体边缘的距离为 $0.4a_0$，则其偏心距 $e_l=h/2-0.4a_0$，a_0 为梁端的有效支承长度[图 3-25(b)]。因此，作用于墙顶部的荷载通常由轴力(N_l)和弯矩($M=N_le_l$)组成，由此可计算出其内力[图 3-26(b)]。

$$\begin{cases} R_A=-R_B=-\dfrac{3m}{2H} \\ M_A=M \\ M_B=-\dfrac{M}{2} \\ M_x=\dfrac{M}{2}\left(2-3\dfrac{x}{H}\right) \end{cases} \tag{3-52}$$

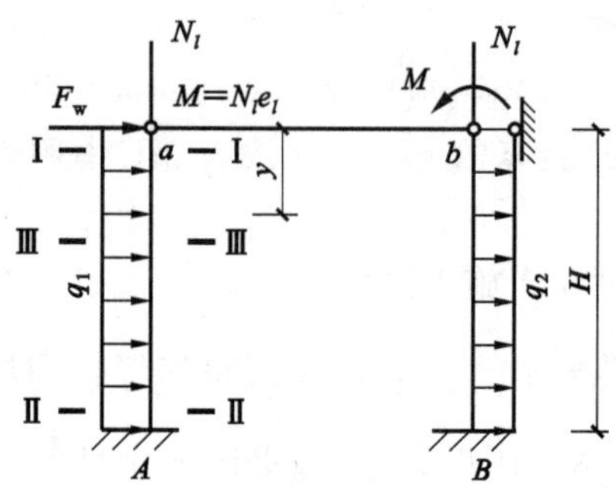

图 3-24 单层刚性方案房屋纵墙计算简图

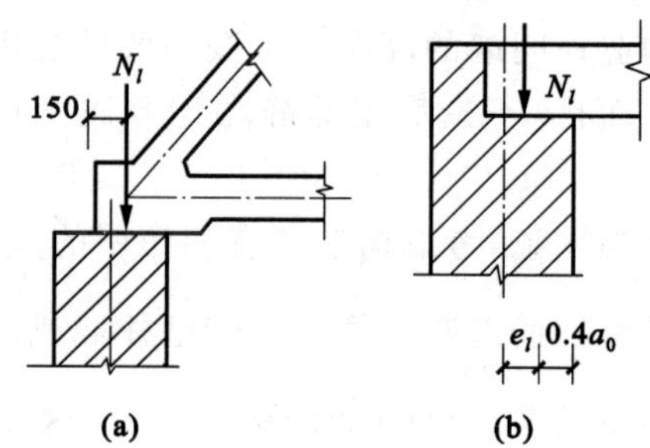

图 3-25 屋面荷载作用

② 风荷载。风荷载包括作用于屋面以上和墙面上的风荷载。屋面上(包括女儿墙上)的风荷载可简化为作用于墙、柱顶部的集中荷载 F_w，作用于墙面上的风荷载为均布荷载 q，按迎风面(压力)、背风面(吸力)分别考虑。在 q 作用下，墙体的内力为[图 3-26(c)]：

$$\begin{cases} R_A=\dfrac{3q}{8}H \\ R_B=\dfrac{5q}{8}H \\ M_B=\dfrac{q}{8}H^2 \\ M_x=-\dfrac{qH}{8}x\left(3-4\dfrac{x}{H}\right) \end{cases} \tag{3-53}$$

当 $x=\dfrac{3}{8}H$ 时，$M_{\max}=-\dfrac{9qH^2}{128}$。

③ 墙体荷载。墙体荷载包括砌体自重，内外墙粉刷和门窗等的自重，作用于墙体轴线上。等截面柱(墙)不产生弯矩，若为变截面，则上柱(墙)自重对下柱产生弯矩。

(5) 墙、柱控制截面与内力组合

在进行承载力验算时，需符合的截面有承重墙、柱的上端截面Ⅰ—Ⅰ、下端截面Ⅱ—Ⅱ和在水平均布荷载作用下最大弯矩截面Ⅲ—Ⅲ(图 3-24)。

在进行承重墙、柱设计时，应先求出各种荷载单独作用下控制截面上的内力，然后根据相关荷载规范考虑多种荷载组合，将可能同时作用的荷载产生的内力进行组合，并取最不利者进行验算。

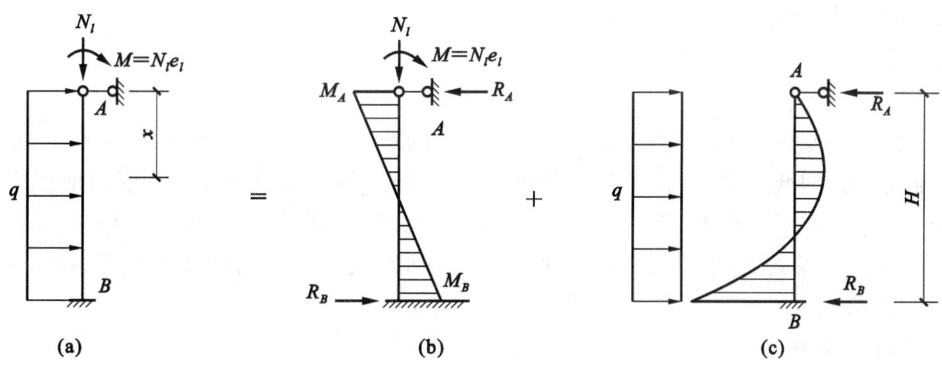

图 3-26　屋盖及风荷载作用下墙内力图

Ⅰ—Ⅰ截面：既有轴力 N_l，又有弯矩 M，按偏心受压验算承载力，同时还应验算梁下砌体的局部受压承载力。

Ⅱ—Ⅱ截面：承受最大的轴力和相应的弯矩，需按偏心受压验算承载力。

Ⅲ—Ⅲ截面：根据相应的弯矩 M 和轴力 N 按偏心受压验算承载力。

3.6.1.2　单层房屋承重横墙的计算

单层刚性方案房屋采用横墙承重时，可将屋盖视为横墙的不动铰支座，其计算与承重纵墙相似。

3.6.1.3　多层刚性方案房屋计算

(1) 计算单元

多层房屋计算单元选取的方法与单层房屋相同，可以选取一段具有代表性的一个开间的墙段作为计算单元，如图 3-27 所示。一般情况下，计算单元的受荷宽度为一个开间，即 $(l_1+l_2)/2$；当纵墙上有门窗洞口时，内外纵墙计算截面宽度 B 取门、窗间墙宽度；当无门窗洞口时，计算单元宽度 B 取 $(l_1+l_2)/2$；有壁柱的纵墙，当壁柱间距大且层高较低时，计算截面可偏于安全地按下式进行计算：

$$B=\left(b+\frac{2}{3}H\right)\leqslant\frac{l_1+l_2}{2} \tag{3-54}$$

式中　b——壁柱宽度。

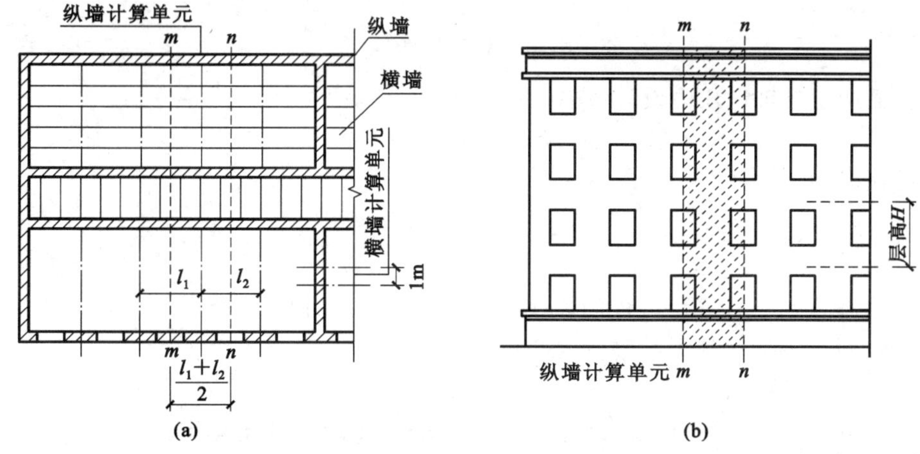

图 3-27　刚性方案多层房屋计算单元

(2) 计算简图及内力分析

① 竖向荷载作用下墙体的计算。

a. 计算简图。

由于楼盖的梁(或板)搁置于墙体内,削弱了墙体的截面,并使其连续性受到影响。因此,可以认为,在墙体被削弱的截面上,所能传递的弯矩是较小的。为了简化计算,可近似地假定墙体在楼盖处与基础顶面处均为铰接,因此,墙体在每层高度范围内,可近似地视为两端铰支的竖向构件[图 3-28(b)],这样,多层刚性方案房屋承重纵墙就可以分层计算,每层墙体按竖向放置的简支构件独立进行内力分析。

b. 荷载及内力分析。

上层的竖向荷载 N_u 沿着上层墙柱的轴线传下,本层楼盖传给墙体的竖向荷载 N_l,考虑其对墙体的实际偏心影响,当梁端支承于墙上时,考虑梁端支承压应力的不均匀分布,梁端支承压力 N_l 到墙边的距离应取 $0.4a_0$,a_0 为梁端有效支承长度(图 3-29)。

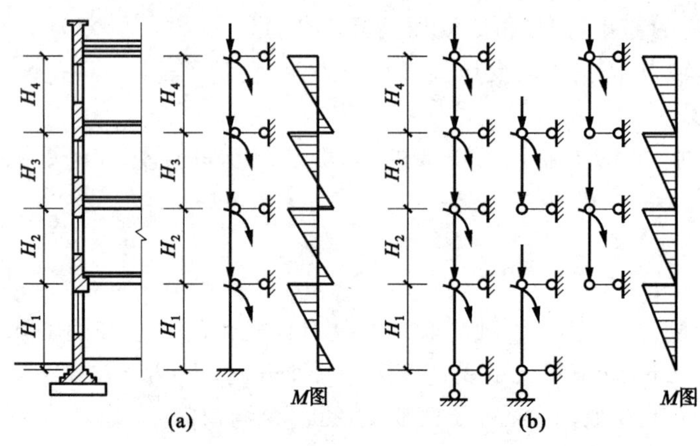

图 3-28 外纵墙竖向荷载作用下计算简图

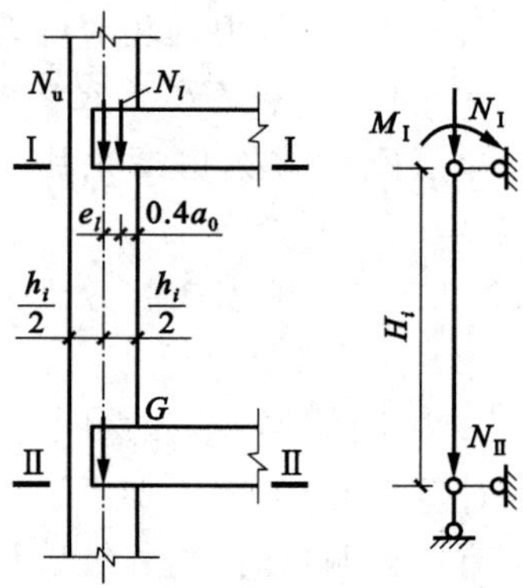

图 3-29 竖向荷载作用点位置

以图 3-29 为例来说明其在竖向荷载作用下内力计算方法。取计算长度为梁(板)底至下层梁(板)底的距离,当上、下层墙体厚度相同时,层间墙体内力计算如下。

Ⅰ—Ⅰ截面内力:该处的弯矩 M_{I}

$$M_{\mathrm{I}} = N_l e_l \tag{3-55}$$

$$e_l = \frac{h}{2} - 0.4a_0 \tag{3-56}$$

Ⅰ—Ⅰ截面产生的轴向压力设计值 N_{I} 为

$$N_{\mathrm{I}} = N_l + N_u \tag{3-57}$$

Ⅱ—Ⅱ截面内力:

$$\begin{cases} M_{\mathrm{II}} = 0 \\ N_{\mathrm{II}} = N_l + N_u + G \end{cases} \tag{3-58}$$

式中 N_l——直接支承于计算层墙体的梁或板传来的荷载设计值;

e_l——N_l 对计算层墙体形心轴的偏心距;

h——该层墙体厚度;

a_0——该层楼、屋面梁的有效支承长度,对于楼板,则取板的实际支承长度;

N_u——上层墙体传到该层的竖向荷载设计值,作用于上一楼层的墙、柱的截面重心处;

G——本层墙体自重(包括内外粉刷、门窗自重等)。

当墙体一层加厚，上、下层墙厚不同时，需考虑沿上层墙体轴线传来的轴向力 N_u 对下层墙体产生的偏心距，公式从略。

c. 选择控制截面进行承载力计算。

每层墙取两个控制截面，上截面可取墙体顶部位于大梁(或板底)的砌体截面Ⅰ—Ⅰ，该截面承受弯矩 $M_{\rm I}$ 和轴力 $N_{\rm I}$，因此需按偏心受压承载力和梁下局部受压承载力进行验算。下截面可取墙体下部位于大梁(或板)稍上的砌体截面Ⅱ—Ⅱ，底层墙则取基础顶面，该截面轴力 $N_{\rm II}$ 最大，弯矩为零，按轴心受压计算。

若 n 层墙体的截面及材料强度等相同，则只需验算最下一层即可。

当楼面梁支承于墙体时，梁端上下的墙体对梁端转动有一定的约束作用，因而梁端也有一定的约束弯矩。为了防止这种情况造成墙体承载力不足，对于梁跨度大于 9 m 的墙承重的多层房屋，按上述方法计算时，应考虑梁端约束弯矩的影响。可按梁两端固结计算梁端弯矩，再将其乘以修正系数 γ 后，按墙体线性刚度分到上层墙底部和下层墙顶部，修正系数 γ 可按下式计算：

$$\gamma = 0.2\sqrt{\frac{a}{h}} \tag{3-59}$$

式中 a——梁端实际支承长度；

h——支承墙体的墙厚，当上、下墙厚不同时取下部墙厚，当有壁柱时取 $h_{\rm T}$。

② 水平荷载作用下墙体的计算。

多层房屋混合结构刚性方案的外墙，在计算风荷载时，计算简图中墙、柱可视作竖向连续梁，如图 3-30 所示。由风荷载引起的纵墙的弯矩可近似按下式计算，即：

$$M = \frac{qH_i^2}{12} \tag{3-60}$$

式中 q——沿楼层高均布风荷载设计值；

H_i——层高。

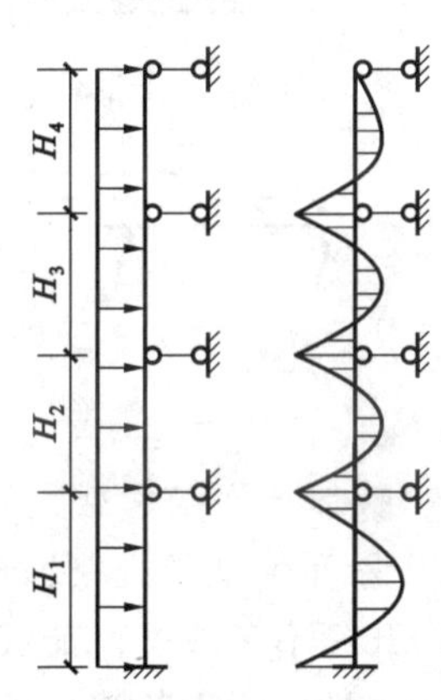

图 3-30 风荷载作用下的计算简图

对于刚性房屋，风荷载在墙截面中产生的弯矩很小，对截面承载力影响不显著。因此，《砌体规范》规定，当刚性方案房屋的外墙符合下列要求时，风荷载引起的弯矩可以忽略不计。

a. 洞口水平截面面积不超过全截面面积的 2/3。

b. 层高和总高不超过表 3-11 的规定。

c. 屋面自重不小于 0.8 kN/m²。

表 3-11 外墙不考虑风荷载影响时的最大高度

基本风压值/(kN/m²)	层高/m	总高/m
0.4	4.0	28
0.5	4.0	24
0.6	4.0	18
0.7	3.5	18

对于多层混凝土砌块房屋，当外墙厚度不小于 190 mm、层高不大于 2.8 m、总高不大于 19.6 m、基本风压不大于 0.7 kN/m² 时，可不考虑风荷载的影响。

3.6.1.4 多层房屋承重横墙计算

承重横墙除应满足高厚比要求外,还应按下列方法进行承载力计算。

(1) 选取计算单元和计算简图

刚性方案房屋中,横墙一般承受屋盖、楼盖直接传来的均布荷载,且很少开设洞口,因此,通常可沿墙轴线取宽度为1.0 m的墙作为计算单元[图3-31(a)],每层横墙视为两端铰支的竖向构件[图3-31(b)],构件高度等于层高。但当顶层为坡顶时,顶层层高算至山墙尖高的1/2,而底层应算至基础顶面或等于一层层高加上300～500 mm。

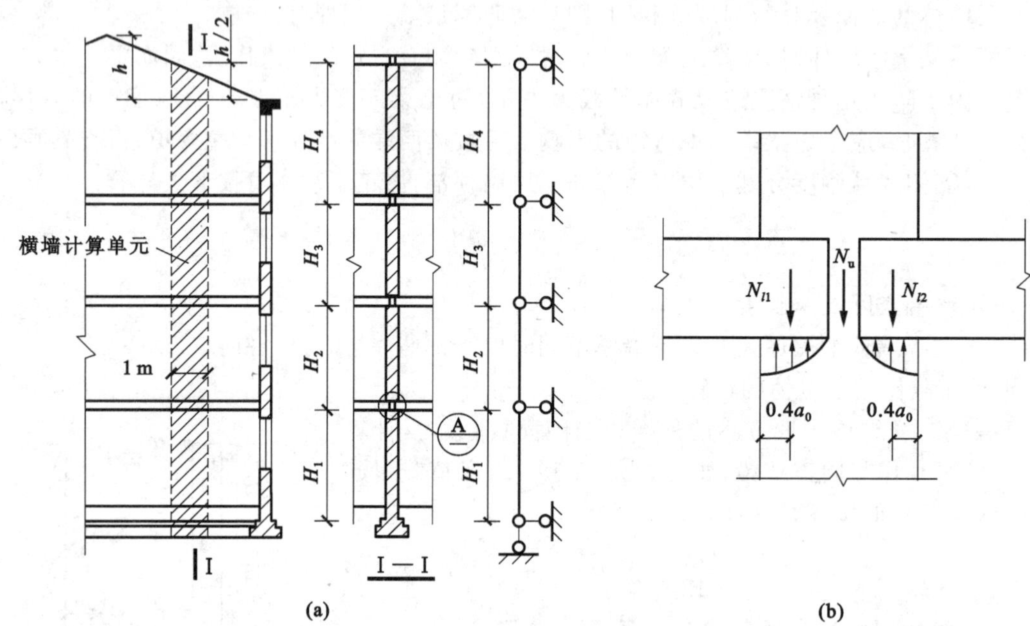

图3-31 多层刚性方案房屋承重横墙的计算单元和计算简图

(2) 控制截面与承载力计算

对于承重横墙的控制截面,一般取该层墙体的底部截面[图3-31(b)],此处轴向力最大。若左、右两开间不等或楼面荷载不相等,顶部截面将产生弯矩,则需验算此截面的偏心受压承载力。当为支承梁时,还需验算砌体的局部受压承载力。在多层房屋中,当横墙的砌体材料和墙厚相同时,可只验算最低层顶部截面的承载力。当横墙的砌体材料或墙厚改变时,则应对改变处进行承载力验算。

3.6.2 弹性、刚弹性体房屋的墙体设计计算

3.6.2.1 弹性方案单层房屋墙体计算

当房屋横墙间距较大,超过刚弹性方案房屋横墙间距时,即为弹性方案房屋。弹性方案房屋一般多为单层房屋。

(1) 计算简图

由于单层弹性方案房屋的横墙设置较少,间距较大,房屋空间刚度较小,所以墙柱内力按有侧移的平面排架计算(图3-32)。计算单元一般取有代表性的一个开间,在结构简化为计算简图的过程中,考虑了以下两条假定。

① 墙(柱)下端嵌固于基础顶面,屋架或屋面大梁与墙(柱)顶部的连接为铰接。

② 屋架或屋面大梁视作刚度无限大的系杆，在轴向力作用下无伸缩变形，故在荷载作用下，柱顶水平位移相等。

(2) 竖向荷载作用下的内力计算

单层房屋墙体所承受的竖向荷载主要为屋盖传来的荷载。屋面荷载包括屋面永久荷载与可变荷载，它们通过屋架或屋面梁以集中力 N_l 作用于墙顶，N_l 的作用点对墙体的中心线通常有一偏心距 e_l。对于屋架，N_l 的作用点常位于屋架下弦端部的上下弦中心线交点处(图 3-32)，当梁支承于墙上时，N_l 的作用点距墙体内边缘 $0.4a_0$，a_0 为梁端有效支承长度。

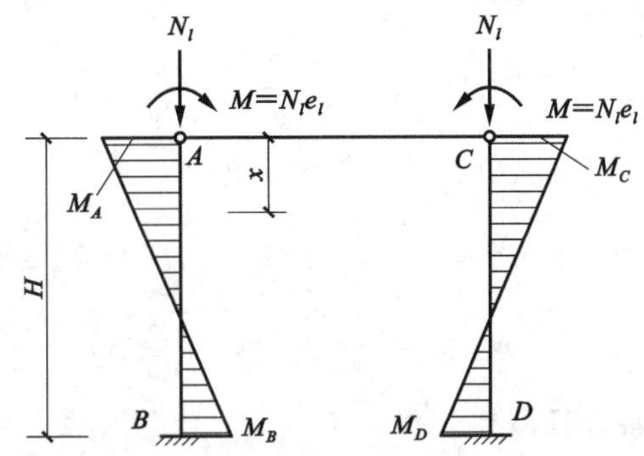

图 3-32 弹性方案房屋在屋盖荷载作用下的计算简图

如房屋对称，两边墙(柱)的刚度相同，屋盖传下的竖向荷载亦为对称，则排架柱顶不发生侧移，此时，其受力特点及内力计算结果均与刚性方案相同，相应的弯矩计算公式为：

$$\begin{cases} M_A = M_B = -M \\ M_B = M_D = -\dfrac{M}{2} \\ M_x = \dfrac{M}{2}\left(2 - 3\dfrac{x}{H}\right) \end{cases} \tag{3-61}$$

(3) 风荷载作用下的内力计算

风荷载作用于屋面和墙面。作用于屋面的风荷载可简化为作用于墙(柱)顶的集中力 F_w，作用于迎(背)风墙面的风荷载简化为沿高度均匀分布的线荷载 $q_1(q_2)$。对于单跨的弹性方案房屋，其计算简图如图 3-33(a)所示，图中 H 为单层单跨排架柱的高度，等于基础顶面至墙(柱)顶面的高度，当基础埋深较大时，可取 0.5 m。

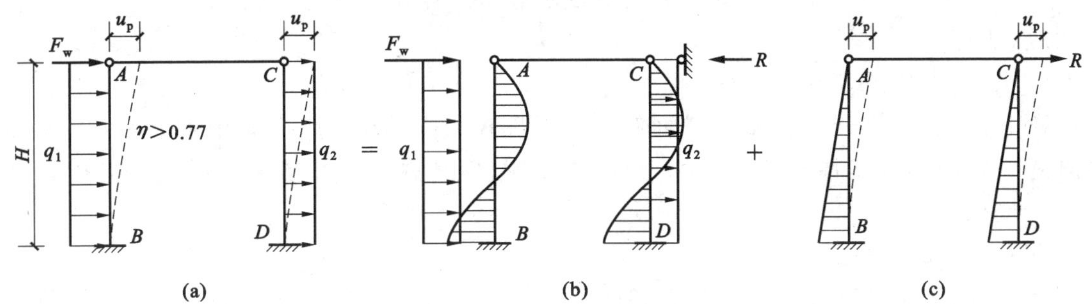

图 3-33 弹性方案房屋在风载荷作用下的计算简图

计算步骤如下。

① 先在排架上端加上假设的不动铰支座，成为无侧移的排架[图 3-33(b)]。此时的受力特点与刚性方案相同，用力学计算方法可求出墙(柱)顶剪力和不动铰支座的反力 R。

$$\begin{cases} R = F_w + \dfrac{3}{8}(q_1 + q_2)H \\ M_{B(b)} = \dfrac{1}{8}q_1 H^2 \\ M_{D(b)} = -\dfrac{1}{8}q_2 H^2 \end{cases} \tag{3-62}$$

② 把已求出的不动铰支座反力 R 反方向作用于排架顶端[图 3-33(c)]，求出其内力：

$$\begin{cases} M_{B(c)} = \dfrac{1}{2}RH = \dfrac{H}{2}\left[F_w + \dfrac{3}{8}(q_1 + q_2)H\right] \\ M_{D(c)} = -\dfrac{1}{2}RH = -\dfrac{H}{2}\left[F_w + \dfrac{3}{8}(q_1 + q_2)H\right] \end{cases} \tag{3-63}$$

③ 叠加步骤①、②的内力，即得墙(柱)的实际内力值。

$$\begin{cases} M_B = M_{B(b)} + M_{B(c)} = \dfrac{H}{2}\left(F_w + \dfrac{5}{8}q_1 H + \dfrac{3}{8}q_2 H\right) \\ M_D = M_{D(b)} + M_{D(c)} = -\dfrac{H}{2}\left(F_w + \dfrac{3}{8}q_1 H + \dfrac{5}{8}q_2 H\right) \end{cases} \tag{3-64}$$

3.6.2.2 *刚弹性方案单层房屋墙体计算*

(1) 计算简图

刚弹性方案单层房屋的空间刚度介于弹性方案与刚性方案之间。在水平荷载作用下，墙顶水平位移小于弹性方案，可在弹性方案计算简图上在柱顶加一弹性支座(图 3-34)，以考虑房屋的空间工作。

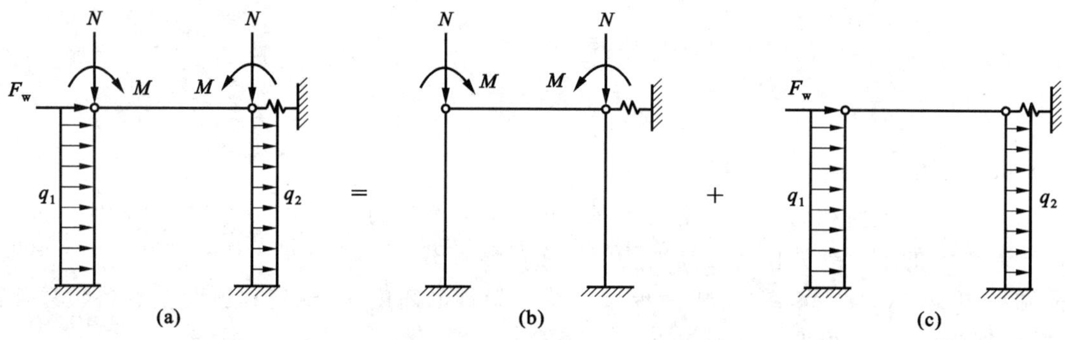

图 3-34 刚弹性方案房屋计算简图

(2) 内力计算

① 竖向荷载作用下的内力计算。

计算简图[图 3-34(a)]可分解为竖向荷载作用[图 3-34(b)]和风荷载作用[图 3-34(c)]两部分。在竖向荷载作用下，如房屋及荷载对称，则房屋无侧移，其内力计算结果与刚性方案相同，可用式(3-52)计算。

② 风荷载作用下的内力计算。

对于刚弹性方案房屋，其空间刚度较弹性方案大，在水平荷载作用下，墙顶将产生水平位移，但侧移值比弹性方案小，因此计算时应考虑房屋的空间作用。由于刚弹性方案房屋的空间作用，屋盖在水平方向对柱顶起到一定程度的支承作用，所提供的柱顶侧向支撑力(弹性支座反力)为 X。该支座刚度用空间性能影响系数 η 反映，此时柱顶侧移值也由无空间作用时的 u_p 减小至 ηu_p，即柱顶侧移值减小了 $u_p - \eta u_p = (1-\eta)u_p$[图 3-35(a)、(b)、(c)]。图 3-35(b)与弹性方案承受风荷载

作用的情况相同,可分解为图 3-35(d)、(e)所示的两种,其中图 3-35(d)与刚性方案的简图相同,图 3-35(e)、(f)的结构图式相同,但反向作用的假设支座反力 R 与弹性支座反力 X 方向相反。根据位移与力成正比的关系,可求得弹性支座的反力 X:

$$\frac{u_p}{(1-\eta)u_p}=\frac{R}{X}$$

$$X=(1-\eta)R \tag{3-65}$$

因此,图 3-35(e)、(f)可叠加为图 3-35(h),柱顶反力为 $R-X=\eta R$。

刚弹性方案单层房屋在风荷载作用下,计算步骤如下。

第一步:先在排架柱柱顶加一不动铰支座,计算支座反力 R 及内力[图 3-35(g)],用与刚性方案相同的方法求出在已知荷载作用下不动铰支座反力 R 及柱顶剪力。

第二步:把求出的支座反力 R 乘以 η,将 ηR 反向作用于排架柱柱顶,用剪力分配法进行剪力分配,求得各柱顶的剪力值[图 3-35(h)]。

第三步:将上述两种情况的计算结果叠加,即为刚弹性方案墙、柱的内力。

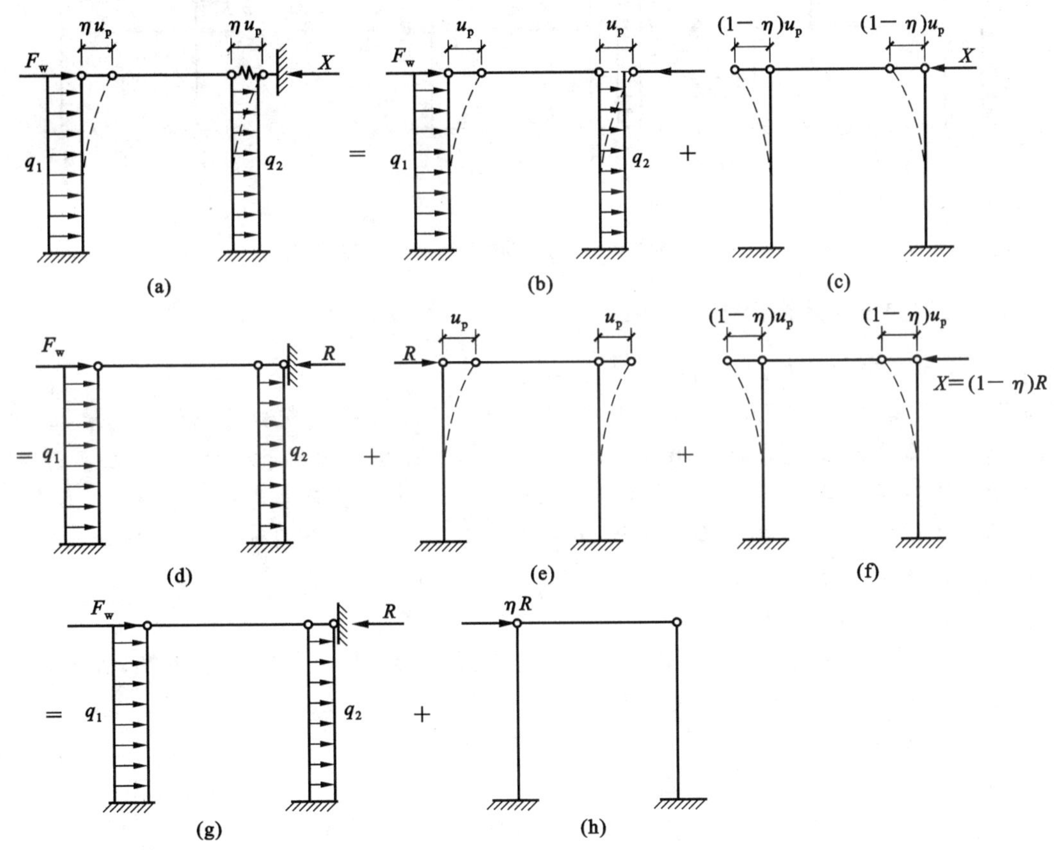

图 3-35 刚弹性方案房屋在风荷载作用下的内力分析简图

3.6.2.3 多层刚弹性方案房屋墙体计算

(1) 竖向荷载作用下的内力计算

对于一般形状较规则的多层多跨房屋,在竖向荷载作用下产生的水平位移比较小,为简化计算,可忽略水平位移对内力的影响,近似地按多层刚性方案房屋计算其内力。

(2) 水平荷载作用下的内力计算

多层房屋与单层房屋不同,它不仅在房屋纵向各开间之间存在着空间作用,而且沿房屋竖向各楼层也存在着空间作用,这种层间的空间作用还是相当强的。因此,多层房屋的空间作用比单层房屋的空间作用要大。为了简化计算,《砌体规范》规定,多层房屋每层的空间性能影响系数 η_i 可根据屋盖的类别按表 3-8 采用。

现以两层单跨对称的刚弹性方案房屋为例(图 3-36),说明其在水平荷载作用下的计算方法与步骤。

① 在两个结点处附加不动铰支座,按刚性方案计算出在水平荷载 q 作用下两柱的内力和不动铰支座反力 R_1、R_2[图 3-36(b)]。

② 将 R_1、R_2 分别乘以空间性能影响系数 η_i,反向作用于节点上[图 3-36(c)],求出两柱的弯矩。

③ 将上述两步的计算结果叠加,即可求得最后的弯矩值。

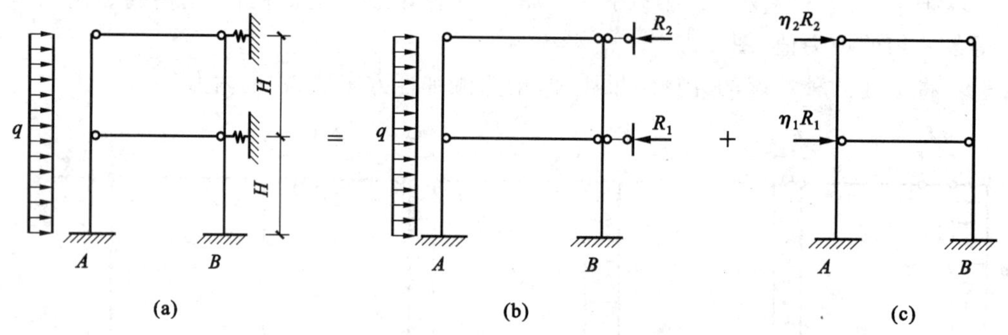

图 3-36 刚弹性方案两层房屋的内力计算简图

3.6.3 墙体的设计计算例题

3.6.3.1 单层混合结构房屋的墙体设计实例

【例 3-6】 某单层仓库(图 3-37),其纵墙设有壁柱,两端横墙设有钢筋混凝土构造柱,纵横墙均为承重墙。墙体采用 MU10 砖、M7.5 混合砂浆砌筑,施工质量控制等级为 B 级,层高为 4.5 m,装配式无檩体系屋盖。屋盖恒载标准值为(水平投影)2 kN/m^2,屋面活荷载标准值为 0.7 kN/m^2,基本风压为 0.4 kN/m^2,活荷载组合值系数为 0.7,窗高 3.2 m,剖面图如图 3-37 所示。试验算该仓库墙的高厚比及承载力是否满足要求。

【解】 (1) 纵墙高厚比验算

该仓库采用装配式无檩体系屋盖,属一类屋盖,横墙间距 32 m$<s=6\times6=36$(m)$<$72 m,查表 3-9,属刚弹性方案房屋。壁柱下端嵌固于室内地坪以下 0.5 m 处,$H=0.5+4.5=5.0$(m);MU10 砖,M7.5 砂浆查表 3-10 得$[\beta]=26$。

① 求带壁柱墙截面几何特征,如图 3-38 所示。

$$A=240\times300+370\times250=8.125\times10^5(\text{mm}^2)$$

$$y_1=\frac{300\times240\times120+250\times370\times\left(240+\dfrac{250}{2}\right)}{8.125\times10^5}=147.9(\text{mm})$$

$$y_2=240+250-147.9=342.1(\text{mm})$$

$$I=\frac{1}{3}\times3000\times147.9^3+\frac{1}{3}\times370\times3421^3+\frac{1}{3}\times(3000-370)\times(240-147.9)^3=8.858\times10^9(\text{mm}^4)$$

$$i=\sqrt{\frac{I}{A}}=\sqrt{\frac{8.858\times10^9}{8.125\times10^5}}=104.39(\text{mm})$$

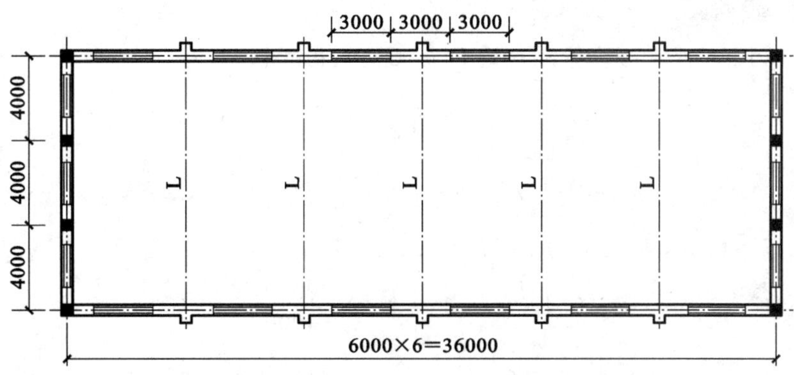

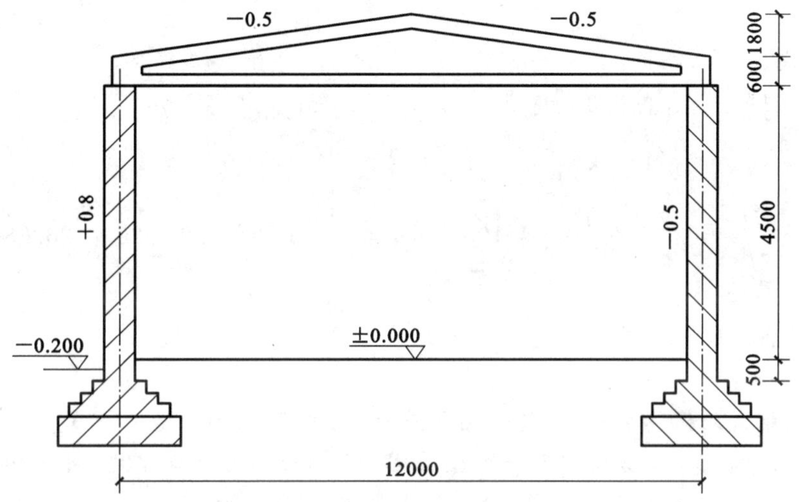

图 3-37 仓库平面图与剖面图

$h_T = 3.5i = 3.5 \times 104.39 = 365.37(\text{mm})$

② 纵墙整片墙高厚比验算。

查表 3-6 知，壁柱的计算高度 $H_0 = 1.2H = 1.2 \times 5 = 6(\text{m})$，$[\beta] = 26$，$\mu_1 = 1.0$。

$$\mu_2 = 1 - 0.4\frac{b_s}{s} = 1 - 0.4 \times \frac{3000}{6000} = 0.8 > 0.7$$

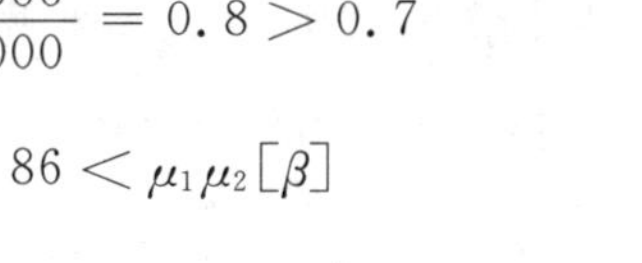

$$\beta = \frac{H_0}{h_T} = \frac{4.7 \times 10^3}{365.37} = 12.86 < \mu_1\mu_2[\beta]$$

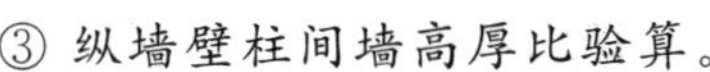

$$= 1.0 \times 0.8 \times 26 = 20.8$$

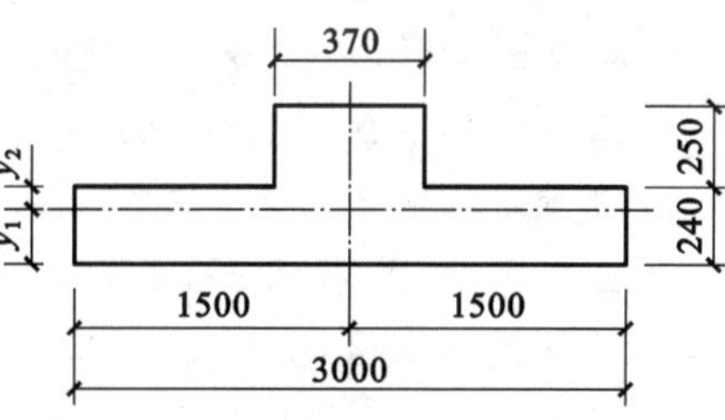

图 3-38 带壁柱纵墙计算截面

③ 纵墙壁柱间墙高厚比验算。

$H = 5\text{ m} < s = 6\text{ m} < 2H = 10\text{ m}$，查表 3-6 得

$$H_0 = 0.4s + 0.2H = 0.4 \times 6 + 0.2 \times 5 = 3.4(\text{m})$$

$$\beta = \frac{H_0}{h} = \frac{3.4 \times 10^3}{240} = 14.2 < \mu_1\mu_2[\beta] = 1.0 \times 0.8 \times 26 = 20.8$$

满足要求。

(2) 横墙高厚比验算

最大纵墙间距 $s = 12\text{ m} < 32\text{ m}$，查表 3-9，属于刚性方案。

① 整片墙高厚比验算。

外横墙厚 240 mm,设有与墙等厚度的钢筋混凝土构造柱,且有:

$$0.05 < \frac{b_c}{l} = \frac{240}{4000} = 0.06 < 0.25$$

$$\mu_c = 1 + \gamma \frac{b_c}{l} = 1 + 1.5 \times 0.06 = 1.09$$

$s=12$ m$>2H=10$ m,查表 3-10 得 $H_0=1.0H=5$ m,$[\beta]=26$,$\mu_1=1.0$。

$$\mu_2 = 1 - 0.4\frac{b_s}{s} = 1 - 0.4 \times \frac{2000}{4000} = 0.8 > 0.7$$

$$\beta = \frac{H_0}{h_T} = \frac{5 \times 10^3}{240} = 20.83 < \mu_1\mu_2[\beta] = 1.0 \times 0.8 \times 26 = 22.67$$

满足要求。

② 构造柱间墙高厚比验算。

由于 $s=4$ m$<H=5$ m,查表 3-6 得 $H_0=0.6s=2.4$ m,$[\beta]=26$,$\mu_1=1.0$。

$$\mu_2 = 1 - 0.4\frac{b_s}{s} = 1 - 0.4 \times \frac{2000}{4000} = 0.8 > 0.7$$

$$\beta = \frac{H_0}{h} = \frac{2.4 \times 10^3}{240} = 10 < \mu_1\mu_2[\beta] = 1.0 \times 0.8 \times 26 = 20.28$$

满足要求。

(3) 计算简图及荷载

① 计算简图。

该仓库采用装配式无檩体系屋盖,属一类屋盖,横墙间距 32 m$<s=6\times6=36$(m)<72 m,属刚性方案房屋。计算纵墙时取房屋中部一个壁柱间距(3 m)作为计算单元,计算截面宽度取带壁柱窗间墙宽度 3 m,按等截面排架柱计算,计算简图如图 3-38 所示。

② 荷载计算。

a. 屋面荷载,屋架传至墙顶的集中力,由两部分组成(恒荷载 G 和活荷载 Q)。

恒荷载标准值:$F_{gk}=2\times6\times12/2=72$(kN);

活荷载标准值:$F_{qk}=0.7\times6\times12/2=25.2$(kN)。

b. 风荷载,基本风压:$\omega_0=0.4$ kN/m^2。

风荷载标准值:$\omega_k=\beta_z\mu_s\mu_z\omega_0$,其中 $\beta_z=1.0$;对屋盖背风面:$\mu_{s4}=-0.5$(风吸力);对屋盖迎风面:$\mu_{s3}=-0.6\times\frac{30-16.7}{30-15}=-0.532\approx\mu_{s2}=-0.5$(风吸力)。

屋盖风荷载作用在两个坡面上的水平分量,两者作用基本抵消。

墙面背风面 $\mu_{s2}=-0.5$(风吸力);墙面迎风面 $\mu_{s1}=+0.8$(风压力)。

室外地面到屋面平均高度为 $H=0.2+4.5+0.6+\frac{1.8}{2}=6.2$(m)。

地面粗糙度类别为 B 类,所以 $\mu_z=1.0$。

屋盖风荷载转化为作用在墙顶的集中力,其标准值为:$F_{wk}=(0.8+0.5)\times1.0\times0.6\times0.4\times6=1.87$(kN);

迎风墙面风荷载标准值:$q_{1k}=0.8\times1.0\times0.4\times6=1.92$(kN/m);

背风墙面风荷载标准值:$q_{2k}=0.5\times1.0\times0.4\times6=1.20$(kN/m)。

(4) 内力计算

① 轴向力。

a. 墙体自重。

砖砌体容重 19 kN/m³,水泥砂浆粉刷墙面 20 mm 厚 0.36 kN/m²,窗间墙自重(包括粉刷层):

$$(3\times0.24+0.37\times0.25)\times5\times19+(3\times2+0.25\times2)\times5\times0.36=88.89(\text{kN})$$

窗上墙自重(包括粉刷层):已知窗台距室内地坪高度 1 m,窗宽 3 m,高 3.2 m,窗上墙高度 0.3 m,则有:

$$3\times0.24\times0.3\times19+3\times0.3\times2\times0.36=4.75(\text{kN})$$

由于纵墙采用条形基础,窗自重及窗下墙自重直接传至基础,计算时可以不考虑,则在基础顶面由墙自重产生轴向力的标准值为 88.89+4.75=93.64 (kN);

b. 基础顶面恒载产生的轴向力标准值为 $N_{gk}=93.64+72=165.64(\text{kN})$;

c. 基础顶面活载产生的轴向力标准值为 $N_{qk}=25.2$ kN。

② 排架内力计算。

计算简图如图 3-39 所示,查表 3-8,一类屋盖,横墙间距 $s=36$ m,得房屋空间性能影响系数 $\eta=0.39$。

a. 屋盖恒荷载标准值作用下墙柱内力[图 3-40(a)]计算。

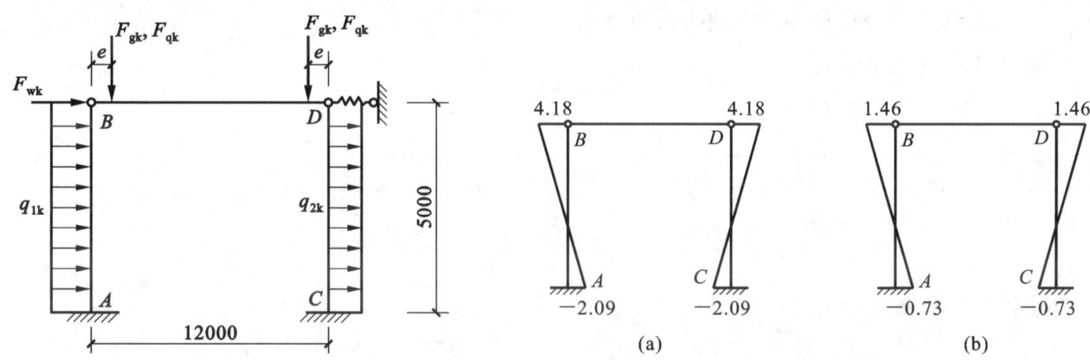

图 3-39 仓库的计算简图

图 3-40 屋面恒载作用下排架弯矩图

根据构造要求,屋架支承反力作用点距外墙面 150 mm,窗间墙形心位置 $y_1=148$ mm,则屋架支承反力对截面形心偏心距 $e=148-(240-150)=58(\text{mm})$。

墙顶面弯矩:$M_{Bgk}=M_{Dgk}=F_{gk}\cdot e=72\times0.058=4.18(\text{kN}\cdot\text{m})$。

墙底面弯矩:$M_{Agk}=M_{Cgk}=-M_{Bgk}/2=2.09\ \text{kN}\cdot\text{m}$。

b. 屋盖活荷载标准值作用下墙柱内力[图 3-40(b)]计算。

墙顶面弯矩:$M_{Bqk}=M_{Dqk}=N_{qk}\cdot e=25.2\times0.058=1.46(\text{kN}\cdot\text{m})$。

墙底面弯矩:$M_{Aqk}=M_{Cqk}=-M_{Bqk}/2=0.73\ \text{kN}\cdot\text{m}$。

③ 风荷载标准值作用下弯矩(图 3-41)。

左风荷载标准值作用下墙底面弯矩:

$$\begin{aligned}M_{Awk}^{l}&=\frac{\eta F_{wk}H}{2}+\left(\frac{1}{8}+\frac{3\eta}{16}\right)q_{1k}H^2+\frac{3\eta}{16}q_{2k}H^2\\&=\frac{0.39\times1.87\times5}{2}+\left(\frac{1}{8}+\frac{3\times0.39}{16}\right)\times1.92\times5^2+\frac{3\times0.39}{16}\times1.2\times5^2\\&=13.53(\text{kN}\cdot\text{m})\end{aligned}$$

$$M_{\mathrm{Cwk}}^{l}=-\left[\frac{\eta F_{\mathrm{wk}}H}{2}+\left(\frac{1}{8}+\frac{3\eta}{16}\right)q_{1\mathrm{k}}H^{2}+\frac{3\eta}{16}q_{2\mathrm{k}}H^{2}\right]$$

$$=-\left[\frac{0.39\times1.87\times5}{2}+\left(\frac{1}{8}+\frac{3\times0.39}{16}\right)\times1.2\times5^{2}+\frac{3\times0.39}{16}\times1.92\times5^{2}\right]$$

$$=-11.28(\mathrm{kN\cdot m})$$

在右风作用下的弯矩与在左风作用下的弯矩是反对称的,即:

$$M_{\mathrm{Awk}}^{r}=-11.28\ \mathrm{kN\cdot m},\quad M_{\mathrm{Cwk}}^{r}=13.53\ \mathrm{kN\cdot m}$$

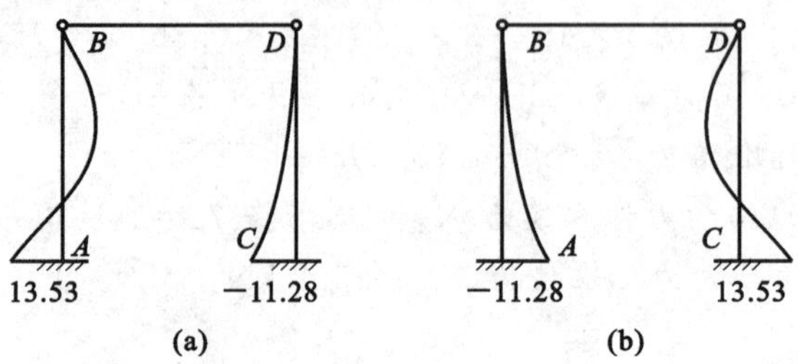

图 3-41 风荷载作用下排架弯矩图

(5) 内力组合

由于排架对称,仅 AB 柱进行内力组合,控制截面分别为墙顶Ⅰ—Ⅰ截面和基础顶面Ⅲ—Ⅲ截面,Ⅱ—Ⅱ截面由于弯矩、轴力均较小,内力组合略去。

① 墙顶Ⅰ—Ⅰ截面。

a. 由可变荷载控制的组合:

$$N_{\mathrm{I}}=1.2\times72+1.4\times25.2=121.68(\mathrm{kN})$$

$$M_{\mathrm{I}}=1.2\times4.18+1.4\times1.46=7.06(\mathrm{kN\cdot m})$$

$$e_{\mathrm{I}}=\frac{M_{\mathrm{I}}}{N_{\mathrm{I}}}=\frac{7.06\times10^{6}}{121.68\times10^{3}}=58(\mathrm{mm})$$

b. 由永久荷载控制的组合:

$$N_{\mathrm{I}}=1.35\times72+0.7\times1.4\times25.2=121.9(\mathrm{kN})$$

$$M_{\mathrm{I}}=1.35\times4.18+0.7\times1.4\times1.46=7.07(\mathrm{kN\cdot m})$$

$$e_{\mathrm{I}}=\frac{M_{\mathrm{I}}}{N_{\mathrm{I}}}=\frac{7.07\times10^{6}}{121.9\times10^{3}}=58(\mathrm{mm})$$

② 基础顶面Ⅲ—Ⅲ截面。

a. 由可变荷载控制的组合:

$$N_{\mathrm{III}}=1.2\times165.64+1.4\times25.2=234.05(\mathrm{kN})$$

$$M_{\mathrm{III}}=1.2\times2.09+1.4\times0.9\times(0.73+11.28)=17.64(\mathrm{kN\cdot m})$$

$$e_{\mathrm{III}}=\frac{M_{\mathrm{III}}}{N_{\mathrm{III}}}=\frac{17.64\times10^{6}}{234.05\times10^{3}}=75(\mathrm{mm})$$

b. 由永久荷载控制的组合:

$$N_{\mathrm{III}}=1.35\times165.64+0.7\times1.4\times25.2=248.3(\mathrm{kN})$$

$$M_{\mathrm{III}}=1.35\times2.09+0.7\times1.4\times(0.73+11.28)=14.59(\mathrm{kN\cdot m})$$

$$e_{\mathrm{III}}=\frac{M_{\mathrm{III}}}{N_{\mathrm{III}}}=\frac{14.59\times10^{6}}{248.3\times10^{3}}=59(\mathrm{mm})$$

(6) 承载力验算

由内力组合结果可知，基础顶面Ⅲ—Ⅲ截面内力为最不利内力，因此仅对基础顶面Ⅲ—Ⅲ截面进行承载力验算。

截面特性参数：

$$A = 8.125 \times 10^5 \ \text{mm}^2, \quad h_T = 365.4 \ \text{mm}, \quad H_0 = 6000 \ \text{mm}, \quad f = 1.69 \ \text{MPa}$$

① 对可变荷载控制的组合内力：

$$N_{\text{III}} = 234.05 \ \text{kN}, \quad e = 75 \ \text{mm} < 0.6y_1 = 0.6 \times 148 = 88.8(\text{mm})$$

$$\frac{e}{h_T} = \frac{75}{365.4} = 0.205, \quad \beta = \gamma_\beta \frac{H_0}{h_T} = 1.0 \times \frac{6000}{365.4} = 16.42$$

查附录 6 附表 6-12 得 φ=0.358。

$$\varphi A f = 0.358 \times 1.69 \times 8.125 \times 10^5 = 491.6 \ (\text{kN}) > N = 234.05 \ \text{kN}$$

承载力满足要求。

② 对永久荷载控制的组合内力：

$$N_{\text{III}} = 248.3 \ \text{kN}, \quad M_{\text{III}} = 14.59 \ \text{kN} \cdot \text{m}, \quad e = 59 \ \text{mm} < 0.6y_1 = 0.6 \times 148 = 88.8(\text{mm})$$

查表得 φ=0.415。

$$\varphi A f = 0.415 \times 1.69 \times 8.125 \times 10^5 = 569.8(\text{kN}) > N = 248.3 \ \text{kN}$$

承载力满足要求。

3.6.3.2 多层刚性方案房屋的墙体设计实例

【例 3-7】 如图 3-42 所示某三层办公楼，采用装配式钢筋混凝土楼盖，屋面恒荷载标准值为 4.28 kN/m^2，屋面活荷载标准值为 0.5 kN/m^2，楼面恒荷载标准值为 3.19 kN/m^2，楼面活荷载标准值为 2.0 kN/m^2；活荷载组合值系数为 0.7，纵横向承重墙厚度均为 190 mm，底层采用 MU10 单排孔混凝土小型空心砌块、Mb7.5 混合砂浆砌筑，层高为 3.6 m；2～3 层采用 MU10 单排孔混凝土小型空心砌块、Mb5 混合砂浆砌筑，层高为 3.3 m，图中梁 L1 截面为 250 mm×600 mm，两端伸入墙内 190 mm，窗宽 1800 mm，高 1500 mm，施工质量控制等级为 B 级。试验算各承重墙的承载力。

【解】 (1) 荷载计算

① 屋面荷载。

屋面恒荷载标准值 4.28 kN/m^2，屋面活荷载标准值 0.5 kN/m^2，组合值系数 ψ_c=0.7。

② 楼面荷载。

楼面恒荷载标准值 3.19 kN/m^2，楼面活荷载标准值 2.0 kN/m^2，组合值系数 ψ_c=0.7。

③ 墙体及门窗荷载。

190 mm 厚混凝土小型空心砌块墙体双面砂浆粉刷 20 mm 为 2.96 kN/m^2；铝合金窗自重标准值为 0.25 kN/m^2。

④ L1 梁自重(含双面抹灰)。

$$0.25 \times 0.6 \times 25 + (0.6 \times 2 + 0.25) \times 20 \times 0.02 = 4.33(\text{kN/m})$$

(2) 确定静力计算方案

采用装配式钢筋混凝土屋盖，最大横墙间距 s=3.6×3=10.8(m)<32 m，查表 3-9，属刚性方案房屋，且符合表 3-11 要求，外墙可以不考虑风荷载影响。

(3) 高厚比验算

① 纵墙高厚比验算。

a. 一层纵墙高厚比验算(只验算外纵墙)。

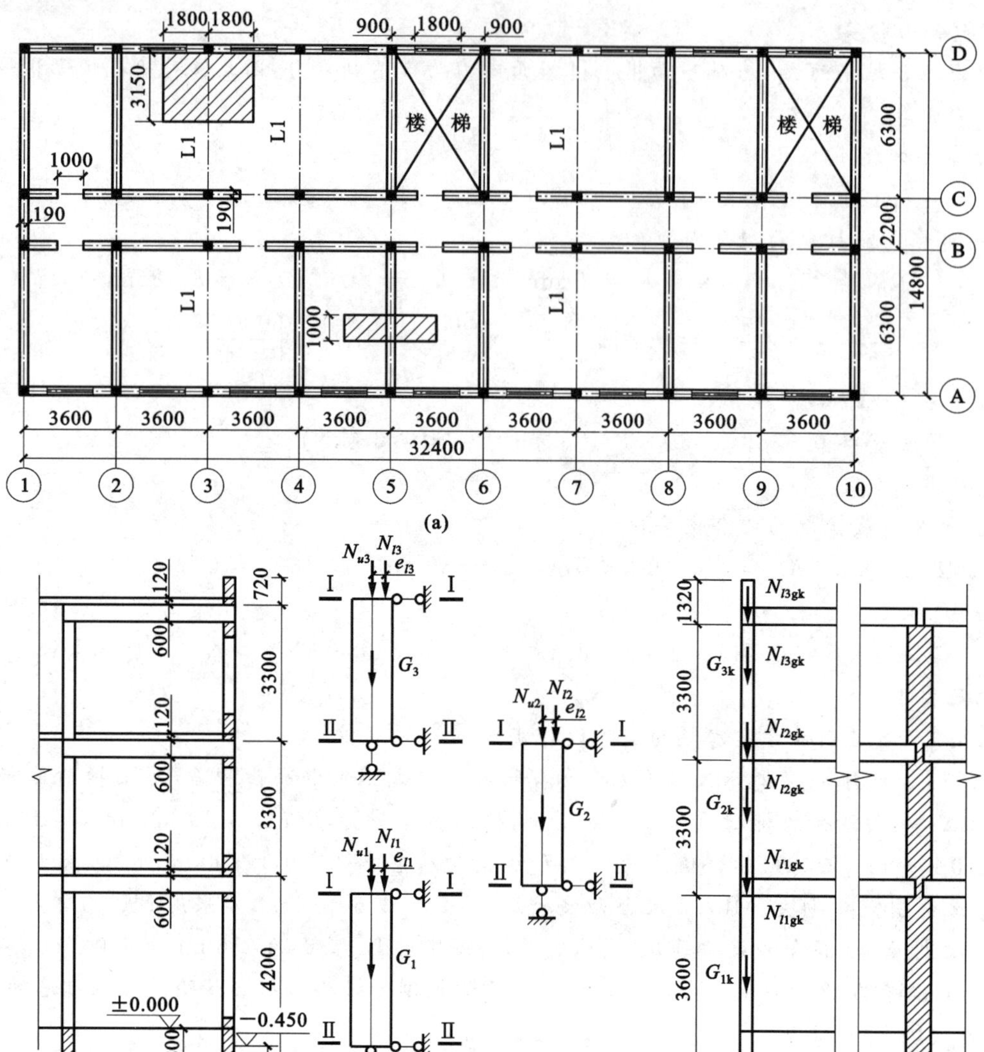

图 3-42　某三层混合结构办公楼平面图、剖面图

(a) 三层办公楼平面图；(b) 三层办公楼剖面图及纵、横墙计算简图

(a) 整片墙高厚比。

横墙间距 $s=3.6\times3=10.8(\text{m})>2H=2\times4.2=8.4(\text{m})$，查表 3-6 得，$H_0=1.0H=4.2(\text{m})$，$\mu_2=1-0.4\dfrac{b_s}{s}=1-0.4\times\dfrac{1800}{3600}=0.8>0.7$，$\mu_1=1.0$。

MU10 单排孔混凝土小型空心砌块，Mb7.5 混合砂浆砌筑查表 3-10，得 $[\beta]=26$。

$$0.05<\frac{b_c}{l}=\frac{250}{3600}=0.069<0.25,\quad \mu_c=1+\gamma\frac{b_c}{l}=1+1.0\times\frac{250}{3600}=1.069$$

$$\beta=\frac{H_0}{h}=\frac{4.2\times10^3}{190}=22.11<\mu_1\mu_2\mu_c[\beta]=1.0\times0.80\times1.069\times26=22.23$$

满足要求。

(b) 构造柱间墙高厚比。

构造柱间墙 $s=3.6<H=4.2$ m，查表 3-6 得，$H_0=0.6s=2.16(\text{m})$，$[\beta]=26$。

$$\mu_2 = 1 - 0.4\frac{b_s}{s} = 1 - 0.4 \times \frac{1800}{3600} = 0.8 > 0.7, \quad \mu_1 = 1.0$$

$$\beta = \frac{H_0}{h} = \frac{2.16 \times 10^3}{190} = 11.37 < \mu_1\mu_2[\beta] = 1.0 \times 0.80 \times 26 = 20.8$$

满足要求。

b. 二、三层纵墙高厚比验算(只验算外纵墙)。

(a) 整片墙高厚比。

横墙间距 $s=3.6\times 3=10.8(\mathrm{m})>2H=2\times 3.3=6.6(\mathrm{m})$，查表 3-6 得，$H_0=1.0H=3.3(\mathrm{m})$，$\mu_2=1-0.4\frac{b_s}{s}=1-0.4\times\frac{1800}{3600}=0.8>0.7$，$\mu_1=1.0$。

MU10 单排孔混凝土小型空心砌块，Mb5 混合砂浆砌筑查表 3-10，得$[\beta]=24$。

$$0.05 < \frac{b_c}{l} = \frac{250}{3600} = 0.069 < 0.25, \quad \mu_c = 1 + \gamma\frac{b_c}{l} = 1 + 1.0 \times \frac{250}{3600} = 1.069$$

$$\beta = \frac{H_0}{h} = \frac{3.3 \times 10^3}{190} = 17.37 < \mu_1\mu_2\mu_c[\beta] = 1.0 \times 0.80 \times 1.069 \times 24 = 20.52$$

满足要求。

(b) 构造柱间墙高厚比。

构造柱间墙 $H=3.3\ \mathrm{m}<s=3.6\ \mathrm{m}<2H=6.6\ \mathrm{m}$，查表 3-6 得，$H_0=0.4s+0.2H=2.1\ \mathrm{m}$，$[\beta]=24$。

$$\mu_2 = 1 - 0.4\frac{b_s}{s} = 1 - 0.4 \times \frac{1800}{3600} = 0.8 > 0.7, \quad \mu_1 = 1.0$$

$$\beta = \frac{H_0}{h} = \frac{2.1 \times 10^3}{190} = 11.05 < \mu_1\mu_2[\beta] = 1.0 \times 0.80 \times 24 = 19.2$$

满足要求。

② 横墙高厚比验算。

a. 静力计算方案的确定。

纵墙间距 $s=6.3\ \mathrm{m}<32\ \mathrm{m}$，查表 3-9，属刚性方案房屋。

b. 一层横墙高厚比验算。

$H=4.2\ \mathrm{m}<s=6.3\ \mathrm{m}<2H=8.4\ \mathrm{m}$，查表 3-6 得：

$H_0=0.4s+0.2H=0.4\times 6.3+0.2\times 4.2=3.36(\mathrm{m})$，$\mu_1=1.0$，$\mu_2=1.0$，$[\beta]=26$。$\beta=\frac{H_0}{h}=\frac{3.36\times 10^3}{190}=17.68<\mu_1\mu_2[\beta]=1.0\times 0.80\times 26=20.8$，满足要求。

c. 二、三层横墙高厚比验算。

$H=3.3\ \mathrm{m}<s=6.3\ \mathrm{m}<2H=6.6\ \mathrm{m}$，查表 3-6 得：$H_0=0.4s+0.2H=0.4\times 6.3+0.2\times 3.3=3.18\ \mathrm{m}$，$\mu_1=1.0$，$\mu_2=1.0$，$[\beta]=24$。因为$\frac{b_c}{l}=\frac{190}{6300}=0.03<0.05$，所以不考虑构造柱的影响，$\mu_c=1.0$。$\beta=\frac{H_0}{h}=\frac{3.18\times 10^3}{190}=16.74<\mu_1\mu_2[\beta]=1.0\times 1.0\times 24=24$，满足要求。

(4) 纵墙内力计算及截面承载力验算

① 计算单元的确定。

比较各纵墙，Ⓐ、Ⓓ轴线墙体洞口较多，Ⓑ、Ⓒ轴线内纵墙因洞口面积较小不起控制作用，可仅选取Ⓓ轴线纵墙选相邻开间各一半作为计算单元计算纵墙承载力(Ⓐ轴线受力情况与Ⓓ轴线相同),窗间墙为计算截面,如图 3-42(a)所示。

② 控制截面。

由于底层和二、三层砂浆强度等级不同,需验算底层及二层墙体承载力。此外,顶层由于轴力小,偏心力较大,也应进行验算。每层墙取墙顶大梁底部、墙底下层大梁底部两个控制截面Ⅰ—Ⅰ、Ⅱ—Ⅱ[图 3-42(b)]。二、三层砌体抗压强度设计值 $f=1.71$ MPa,底层砌体抗压强度设计值 $f=2.50$ MPa。每层墙的计算截面面积为

$$A_1 = A_2 = A_3 = 190 \times 1800 = 3.42 \times 10^5 (\text{mm}^2)$$

③ 各层墙体内力标准值计算。

a. 计算各层墙自重标准值。

女儿墙及顶层梁高范围墙重:女儿墙高 600 mm,梁高 600 mm,屋面板、楼面板厚度均为 120 mm。

$$G_k = (0.6 + 0.12 + 0.6) \times 3.6 \times 2.96 = 14.07(\text{kN})$$

2～3 层墙重(从上一层梁底面到下一层梁底面),计入窗自重:

$$G_{2k} = G_{3k} = (3.6 \times 3.3 - 1.8 \times 1.5) \times 2.96 + 1.8 \times 1.5 \times 0.25 = 27.85(\text{kN})$$

底层墙重(大梁底面到基础顶面):

$$G_{1k} = (3.6 \times 3.6 - 1.8 \times 1.5) \times 2.96 + 1.8 \times 1.5 \times 0.25 = 31.04(\text{kN})$$

b. 计算屋面、楼面梁支座反力标准值。

屋面梁由恒荷载标准值传来支座反力:

$$N_{l3gk} = (4.28 \times 3.6 + 4.33) \times 6.3 \times 0.5 = 62.17(\text{kN})$$

屋面梁由活荷载标准值传来支座反力:

$$N_{l3qk} = 0.5 \times 3.6 \times 6.3 \times 0.5 = 5.67(\text{kN})$$

一、二层楼面梁由恒荷载标准值传来支座反力:

$$N_{l1gk} = N_{l2gk} = (3.19 \times 3.6 + 4.33) \times 6.3 \times 0.5 = 49.81(\text{kN})$$

一、二层楼面梁由活荷载标准值传来支座反力:

$$N_{l1qk} = N_{l2qk} = 2.0 \times 3.6 \times 6.3 \times 0.5 = 22.68(\text{kN})$$

二、三层梁有效支承长度:

$$a_{02} = a_{03} = 10\sqrt{\frac{h_c}{f}} = 10 \times \sqrt{\frac{600}{1.71}} = 187.3(\text{mm}) < 190(\text{mm})$$

一层楼面梁有效支承长度:

$$a_{01} = 10\sqrt{\frac{h_c}{f}} = 10 \times \sqrt{\frac{600}{2.5}} = 154.9(\text{mm}) < 190(\text{mm})$$

④ 内力组合。

a. 三层墙Ⅰ—Ⅰ截面。

(a) 由可变荷载效应控制的组合:

$$N_{3\text{I}} = 1.2(G_k + N_{l3gk}) + 1.4N_{l3qk} = 1.2 \times (14.07 + 62.17) + 1.4 \times 5.67 = 99.43(\text{kN})$$

$$N_{l3} = 1.2N_{l3gk} + 1.4N_{l3qk} = 1.2 \times 62.17 + 1.4 \times 5.67 = 82.54(\text{kN})$$

$$e_{l3} = \frac{190}{2} - 0.4a_{02} = 95 - 0.4 \times 187.3 = 20.1(\text{mm})$$

$$e_3 = \frac{N_{l2}e_{l2}}{N_{2\text{I}}} = \frac{82.54 \times 20.1}{99.43} = 16.68(\text{mm})$$

(b) 由恒荷载效应控制的组合：

$$\begin{aligned} N_{3\,\mathrm{I}} &= 1.35(G_k + N_{l3gk}) + 1.4 \times 0.7N_{l3qk} \\ &= 1.35 \times (14.07 + 62.17) + 1.4 \times 0.7 \times 5.67 \\ &= 108.48(\mathrm{kN}) \end{aligned}$$

$$N_{l3} = 1.35N_{l3gk} + 1.4 \times 0.7N_{l3qk} = 1.35 \times 62.17 + 1.4 \times 0.7 \times 5.67 = 89.49(\mathrm{kN})$$

$$e_{l3} = \frac{190}{2} - 0.4a_{02} = 95 - 0.4 \times 187.3 = 20.1(\mathrm{mm})$$

$$e_3 = \frac{N_{l2}e_{l2}}{N_{2\,\mathrm{I}}} = \frac{89.49 \times 20.1}{108.48} = 16.58\ (\mathrm{mm})$$

b. 三层墙Ⅱ—Ⅱ截面。

(a) 由可变荷载效应控制的组合：

$$N_{3\,\mathrm{II}} = 12G_{3k} + N_{3\,\mathrm{I}} = 1.2 \times 27.85 + 99.43 = 132.85(\mathrm{kN})$$

(b) 由恒荷载效应控制的组合：

$$N_{3\,\mathrm{II}} = 1.35G_{3k} + N_{3\,\mathrm{I}} = 1.35 \times 27.85 + 108.48 = 146.08(\mathrm{kN})$$

c. 二层墙Ⅰ—Ⅰ截面。

(a) 由可变荷载效应控制的组合：

$$\begin{aligned} N_{2\,\mathrm{I}} &= 1.2(G_k + G_{3k} + N_{l3gk} + N_{l2gk}) + 1.4(N_{l3qk} + N_{l2qk}) \\ &= 1.2 \times (14.07 + 27.85 + 62.17 + 49.81) + 1.4 \times (5.67 + 22.68) \\ &= 224.37(\mathrm{kN}) \end{aligned}$$

$$N_{l2} = 1.2N_{l2gk} + 1.4N_{l2qk} = 1.2 \times 49.81 + 1.4 \times 22.68 = 91.52(\mathrm{kN})$$

$$e_{l2} = \frac{190}{2} - 0.4a_{02} = 95 - 0.4 \times 187.3 = 20.1(\mathrm{mm})$$

$$e_2 = \frac{N_{l2}e_{l2}}{N_{2\,\mathrm{I}}} = \frac{91.52 \times 20.1}{224.37} = 8.20(\mathrm{mm})$$

(b) 由恒荷载效应控制的组合：

$$\begin{aligned} N_{2\,\mathrm{I}} &= 1.35(G_k + G_{3k} + N_{l3gk} + N_{l2gk}) + 1.4 \times 0.7(N_{l3qk} + N_{l2qk}) \\ &= 1.35 \times (14.07 + 27.85 + 62.17 + 49.81) + 1.4 \times 0.7 \times (5.67 + 22.68) \\ &= 235.55(\mathrm{kN}) \end{aligned}$$

$$N_{l2} = 1.35N_{l2gk} + 1.4 \times 0.7N_{l2qk} = 1.35 \times 49.81 + 1.4 \times 0.7 \times 22.68 = 89.47(\mathrm{kN})$$

$$e_{l2} = \frac{190}{2} - 0.4a_{02} = 95 - 0.4 \times 187.3 = 20.1(\mathrm{mm})$$

$$e_2 = \frac{N_{l2}e_{l2}}{N_{2\,\mathrm{I}}} = \frac{89.47 \times 20.1}{235.55} = 7.63(\mathrm{mm})$$

d. 二层墙Ⅱ—Ⅱ截面。

(a) 由可变荷载效应控制的组合：

$$N_{2\,\mathrm{II}} = 1.2G_{2k} + N_{2\,\mathrm{I}} = 1.2 \times 27.85 + 224.37 = 257.79(\mathrm{kN})$$

(b) 由恒荷载效应控制的组合：

$$N_{2\,\mathrm{II}} = 1.35G_{2k} + N_{2\,\mathrm{I}} = 1.35 \times 27.85 + 235.55 = 273.15(\mathrm{kN})$$

e. 一层墙Ⅰ—Ⅰ截面[根据《建筑结构荷载规范》(GB 50009—2012)，考虑 2～3 层楼面荷载折减系数 0.85]。

(a) 由可变荷载效应控制的组合：

$$N_{1\,\mathrm{I}} = 1.2(G_k + G_{3k} + G_{2k} + N_{l3gk} + N_{l2gk} + N_{l1gk}) + 1.4[N_{l3qk} + 0.85(N_{l2qk} + N_{l1qk})]$$
$$= 1.2 \times (14.07 + 27.85 \times 2 + 62.17 + 49.81 \times 2) + 1.4 \times (5.67 + 0.85 \times 22.68 \times 2)$$
$$= 339.79(\mathrm{kN})$$

$$N_{l1} = 1.2N_{l1gk} + 1.4N_{l1qk} = 1.2 \times 49.81 + 1.4 \times 22.68 = 91.52(\mathrm{kN})$$

$$e_{l1} = \frac{190}{2} - 0.4a_{02} = 95 - 0.4 \times 154.9 = 33.04(\mathrm{mm})$$

$$e_1 = \frac{N_{l2}e_{l2}}{N_{2\,\mathrm{I}}} = \frac{91.52 \times 33.04}{339.79} = 8.90(\mathrm{mm})$$

(b) 由恒荷载效应控制的组合：

$$N_{1\,\mathrm{I}} = 1.35(G_k + G_{3k} + G_{2k} + N_{l3gk} + N_{l2gk} + N_{l1gk}) + 1.4 \times 0.7[N_{l3qk} + 0.85(N_{l2qk} + N_{l2qk})]$$
$$= 1.35 \times (14.07 + 27.85 \times 2 + 62.17 + 49.81 \times 2) + 1.4 \times 0.7 \times (5.67 + 0.85 \times 22.68 \times 2)$$
$$= 355.95(\mathrm{kN})$$

$$N_{l1} = 1.35N_{l1gk} + 1.4 \times 0.7N_{l1qk} = 1.35 \times 49.81 + 1.4 \times 0.7 \times 22.68 = 89.47(\mathrm{kN})$$

$$e_{l1} = \frac{190}{2} - 0.4a_{02} = 95 - 0.4 \times 154.9 = 33.04(\mathrm{mm})$$

$$e_1 = \frac{N_{l1}e_{l1}}{N_{1\,\mathrm{I}}} = \frac{89.47 \times 33.04}{355.95} = 8.30(\mathrm{mm})$$

f. 一层墙Ⅱ—Ⅱ截面。

(a) 由可变荷载效应控制的组合：

$$N_{1\,\mathrm{II}} = 1.2G_{2k} + N_{1\,\mathrm{I}} = 1.2 \times 27.85 + 339.79 = 373.21(\mathrm{kN})$$

(b) 由恒荷载效应控制的组合：

$$N_{2\,\mathrm{II}} = 1.35G_{2k} + N_{2\,\mathrm{I}} = 1.35 \times 27.85 + 355.95 = 393.55(\mathrm{kN})$$

⑤ 截面承载力验算。

a. 三层墙Ⅰ—Ⅰ截面：$A=3.42\times10^5\ \mathrm{mm}^2$，$f=1.71\ \mathrm{MPa}$，$\beta=\gamma_\beta\dfrac{H_0}{h}=1.1\times\dfrac{3300}{190}=19.1$，$H_0=3300\ \mathrm{mm}$。

(a) 由可变荷载效应控制的组合：$e_3=16.68\ \mathrm{mm}<0.6y=0.6\times95=57(\mathrm{mm})$，$\dfrac{e}{h}=\dfrac{16.68}{190}=0.088$，查附录 6 附表 6-12，得 $\varphi=0.477$。

$$\varphi Af = 0.477 \times 3.42 \times 10^5 \times 1.71 = 278.96(\mathrm{kN}) > N_{3\,\mathrm{I}} = 99.43\ \mathrm{kN}$$

满足要求。

(b) 由恒荷载效应控制的组合：

$e_3=16.58\ \mathrm{mm}<0.6y=0.6\times95=57(\mathrm{mm})$，$\dfrac{e}{h}=\dfrac{16.58}{190}=0.087$，查附录 6 附表 6-12，得 $\varphi=0.479$。

$$\varphi Af = 0.479 \times 3.42 \times 10^5 \times 1.71 = 331.5(\mathrm{kN}) > N_{3\,\mathrm{I}} = 108.48\ \mathrm{kN}$$

满足要求。

b. 三层墙Ⅱ—Ⅱ截面：$A=3.42\times10^5\ \mathrm{mm}^2$，$f=1.71\ \mathrm{MPa}$，$\beta=\gamma_\beta\dfrac{H_0}{h}=1.1\times\dfrac{3300}{190}=19.1$，$H_0=3300\ \mathrm{mm}$。按轴心受压计算，取可变荷载效应控制与恒荷载效应控制两组组合中的较大轴力进行验算，查附录 6 附表 6-12，得 $\varphi=0.643$。

$$\varphi Af = 0.643 \times 3.42 \times 10^5 \times 1.71 = 376.04(\mathrm{kN}) > N_{3\,\mathrm{II}} = 146.08\ \mathrm{kN}$$

c. 二层墙Ⅰ—Ⅰ截面：$A=3.42\times10^5\ \text{mm}^2$，$f=1.71$ MPa，$\beta=\gamma_\beta\dfrac{H_0}{h}=1.1\times\dfrac{3300}{190}=19.1$，$H_0=3300$ mm。

(a) 由可变荷载效应控制的组合：$e_2=8.20\ \text{mm}<0.6y=0.6\times95=57(\text{mm})$，$\dfrac{e}{h}=\dfrac{8.20}{190}=0.043$，查附录 6 附表 6-12，得 $\varphi=0.56$。

$$\varphi Af=0.56\times3.42\times10^5\times1.71=327.5(\text{kN})>N_{2\text{I}}=224.37\ \text{kN}$$

满足要求。

(b) 由恒荷载效应控制的组合：$e_2=7.63\ \text{mm}<0.6y=0.6\times95=57(\text{mm})$，$\dfrac{e}{h}=\dfrac{7.63}{190}=0.040$，查附录 6 附表 6-12，得 $\varphi=0.566$。

$$\varphi Af=0.566\times3.42\times10^5\times1.71=331.5(\text{kN})>N_{2\text{I}}=235.55\ \text{kN}$$

满足要求。

d. 二层墙Ⅱ—Ⅱ截面：$A=3.42\times10^5\ \text{mm}^2$，$f=1.71$ MPa，$\beta=\gamma_\beta\dfrac{H_0}{h}=1.1\times\dfrac{3300}{190}=19.1$，$H_0=3300$ mm。按轴心受压计算，取可变荷载效应控制与恒荷载效应控制两组组合中的较大轴力进行验算，查附录 6 附表 6-12，得 $\varphi=0.643$。

$$\varphi Af=0.643\times3.42\times10^5\times1.71=376.04(\text{kN})>N_{2\text{II}}=273.15\ \text{kN}$$

e. 一层墙Ⅰ—Ⅰ截面：$A=3.42\times10^5\ \text{mm}^2$，$f=2.5$ MPa，$\beta=\gamma_\beta\dfrac{H_0}{h}=1.1\times\dfrac{4200}{190}=24.3$，$H_0=4200$ mm。

(a) 由可变荷载效应控制的组合：

$e_1=8.90\ \text{mm}<0.6y=0.6\times95=57(\text{mm})$，$\dfrac{e}{h}=\dfrac{8.90}{190}=0.047$，查附录 6 附表 6-12，得 $\varphi=0.45$。

$$\varphi Af=0.45\times3.42\times10^5\times2.5=384.75(\text{kN})>N_{2\text{I}}=339.79\ \text{kN}$$

满足要求。

(b) 由恒荷载效应控制的组合：

$e_2=8.3\ \text{mm}<0.6y=0.6\times95=57(\text{mm})$，$\dfrac{e}{h}=\dfrac{8.3}{190}=0.044$，查附录 6 附表 6-12，得 $\varphi=0.455$。

$$\varphi Af=0.455\times3.42\times10^5\times2.5=389.03(\text{kN})>N_{1\text{I}}=355.95\ \text{kN}$$

满足要求。

f. 一层墙Ⅱ—Ⅱ截面：$A=3.42\times10^5\ \text{mm}^2$，$f=2.5$ MPa，$\beta=\gamma_\beta\dfrac{H_0}{h}=1.1\times\dfrac{4200}{190}=24.3$，$H_0=4200$ mm。按轴心受压计算，取可变荷载效应控制与恒荷载效应控制两组组合中的较大轴力进行验算，查附录 6 附表 6-12，得 $\varphi=0.534$。

$$\varphi Af=0.534\times3.42\times10^5\times2.5=456.57(\text{kN})>N_{1\text{II}}=393.55\ \text{kN}$$

⑥ 大梁下局部受压承载力验算。

略。

(5) 横墙内力计算及截面承载力验算

① 计算单元的确定。

选取 5 轴线横墙上 1 m 宽墙体作为计算单元，受力范围为横相邻开间各一半，由于房屋开间、荷载均相同，因此可按轴心受压验算。如图 3-42(a)所示。

② 控制截面。

由于墙体厚度相同，底层和二、三层砂浆强度等级不同，所以仅需验算底层及二层墙体承载力，每层仅取最大轴向压力控制截面Ⅱ—Ⅱ[图 3-42(b)]。二、三层砌体抗压强度设计值 $f=1.71$ MPa，底层砌体抗压强度设计值 $f=2.50$ MPa。每层墙的计算截面面积为 $A_1=A_2=A_3=190\times1000=1.9\times10^5(\text{mm}^2)$。

③ 各层墙体内力组合。

a. 二层墙Ⅱ—Ⅱ截面。

(a) 由可变荷载效应控制的组合：

$$N_{2\text{Ⅱ}}=1.2\times(1\times3.3\times2.96\times2+1\times3.6\times4.28+1\times3.6\times3.19)+1.4\times(1\times0.5+1\times2.0)\times3.6=68.32(\text{kN})$$

(b) 由恒荷载效应控制的组合：

$$N_{2\text{Ⅱ}}=1.35\times(1\times3.3\times2.96\times2+1\times3.6\times4.28+1\times3.6\times3.19)+1.4\times0.7\times(1\times0.5+1\times2.0)\times3.6=71.5(\text{kN})$$

b. 一层墙Ⅱ—Ⅱ截面。

(a) 由可变荷载效应控制的组合：

$$N_{1\text{Ⅱ}}=1.2\times(1\times4.2\times2.96\times1+1\times3.6\times3.19)+1.4\times1\times2.0\times3.6+N_{2\text{Ⅱ}}=97.02(\text{kN})$$

(b) 由恒荷载效应控制的组合。

$$N_{1\text{Ⅱ}}=1.35\times(1\times4.2\times2.96\times1+1\times3.6\times3.19)+1.4\times0.7\times1\times2.0\times3.6+N_{2\text{Ⅱ}}=103.79(\text{kN})$$

④ 截面承载力验算。

a. 二层墙Ⅱ—Ⅱ截面。

按轴心受压计算，取可变荷载效应控制与恒荷载效应控制两组组合中的较大轴力进行验算，$H_0=3.18$ m；$\beta=\gamma_\beta\dfrac{H_0}{h}=1.1\times\dfrac{3180}{190}=18.41$，查附录 6 附表 3-12，得 $\varphi=0.66$。

$$\varphi Af=0.66\times1.9\times10^5\times1.71=214.43(\text{kN})>N_{2\text{Ⅱ}}=71.5\ \text{kN}$$

满足要求。

b. 一层墙Ⅱ—Ⅱ截面。

按轴心受压计算，取可变荷载效应控制与恒荷载效应控制两组组合中的较大轴力进行验算，$H_0=3.36$ m；$\beta=\gamma_\beta\dfrac{H_0}{h}=1.1\times\dfrac{3360}{190}=19.45$，查附录 6 附表 3-12，得 $\varphi=0.634$。

$$\varphi Af=0.634\times1.9\times10^5\times2.5=301.15(\text{kN})>N_{1\text{Ⅱ}}=103.79\ \text{kN}$$

满足要求。

3.7 圈梁、过梁、挑梁和墙梁的设计

3.7.1 圈梁设计

在砌体结构房屋中，沿外墙及内墙水平方向设置连续、封闭的钢筋混凝土梁，称为圈梁。位于房屋檐口处的圈梁又称为檐口圈梁，位于±0.000 以下基础顶面处设置的圈梁，又称为地圈梁。

3.7.1.1 圈梁的作用及设置

在砌体结构房屋中设置圈梁可以增强房屋的整体刚度，防止由于地基的不均匀沉降或较大振动荷载等对房屋产生的不利影响，可按本节规定，在墙中设置现浇钢筋混凝土圈梁。

① 厂房、仓库、食堂等空旷单层房屋应按下列规定设置圈梁。

a. 砖砌体结构房屋，当檐口标高为 5～8 m 时，应在檐口标高处设置圈梁一道；当檐口标高大于 8 m 时，应增加设置数量。

b. 砌块及料石砌体结构房屋，当檐口标高为 4～5 m 时，应在檐口标高处设置圈梁一道；当檐口标高大于 5 m 时，应增加设置数量。

c. 对有吊车或较大振动设备的单层工业房屋，当未采取有效的隔振措施时，除在檐口或窗顶标高处设置现浇混凝土圈梁外，还应增加设置数量。

② 多层工业与民用建筑应按下列规定设置圈梁。

a. 住宅、办公楼等多层砌体结构民用房屋，当层数为 3～4 层时，应在底层和檐口标高处各设置圈梁一道；当层数超过 4 层时，除应在底层和檐口标高处各设置圈梁一道外，还应在所有纵、横墙上隔层设置圈梁。

b. 多层砌体工业房屋，应每层设置现浇混凝土圈梁。

c. 墙梁的多层砌体结构房屋，应在托梁、墙梁顶面和檐口标高处设置现浇钢筋混凝土圈梁。

d. 采用现浇混凝土楼(屋)盖的多层砌体结构房屋，当层数超过 5 层时，除应在檐口标高处设置一道圈梁外，还应隔层设置圈梁，并应与楼(屋)面板一起现浇。未设置圈梁的楼面板嵌入墙内的长度不应小于 120 mm，并沿墙长配置不少于 2 根直径为 10 mm 的纵向钢筋。

③ 建筑在软弱地基或不均匀地基上的砌体结构房屋，除按本节规定设置圈梁外，还应符合《建筑地基基础设计规范》(GB 50007—2011)的有关规定。

3.7.1.2 圈梁的构造要求

① 圈梁宜连续设在同一水平面上，并形成封闭状。当圈梁被门窗洞口截断时，应在洞口上部增设相同截面的附加圈梁。附加圈梁与圈梁的搭接长度不宜小于其中到中垂直间距的 2 倍，且不宜小于 1 m(图 3-43)。

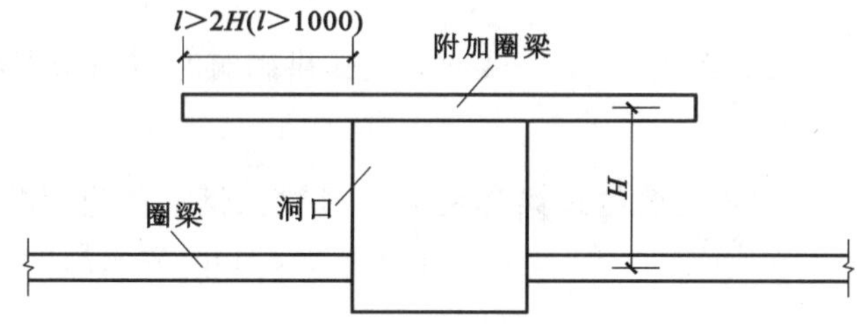

图 3-43 附加圈梁

② 纵、横墙交接处的圈梁应可靠连接。刚弹性和弹性方案房屋，圈梁应与屋架、大梁等构件可靠连接。

③ 混凝土圈梁的宽度宜与墙厚相同。当墙厚不小于 240 mm 时，其宽度不宜小于墙厚的 2/3，圈梁高度应不小于 120 mm，纵向钢筋数量不应少于 4 根，直径不应小于 10 mm，绑扎接头的搭接长度按受拉钢筋考虑，箍筋间距不应大于 300 mm。

④ 圈梁兼作过梁时，过梁部分的钢筋应按计算面积另行增配。

3.7.2 过梁设计

过梁是门窗洞口上常用的构件,其作用是承受洞口上部墙体自重及楼盖传来的荷载。

3.7.2.1 过梁的分类及构造要求

常用的过梁有砖砌过梁和钢筋混凝土过梁。砖砌过梁又可分为砖砌平拱过梁、砖砌弧拱过梁和钢筋砖过梁等几种形式(图 3-44)。

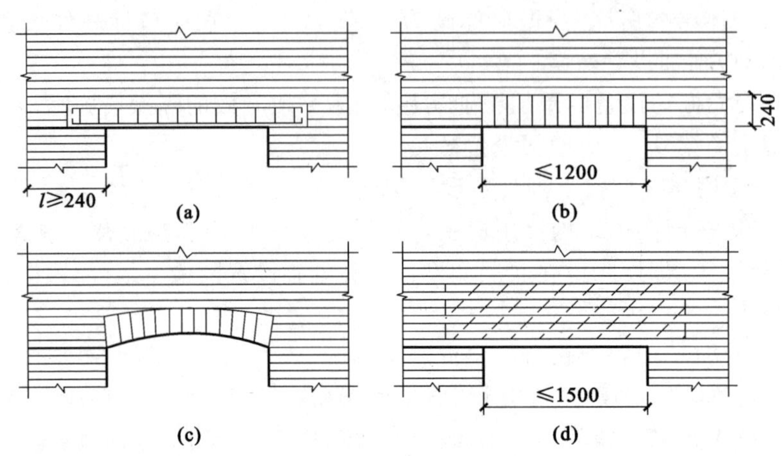

图 3-44 过梁的分类

(a) 钢筋混凝土过梁;(b) 砖砌平拱过梁;(c) 砖砌弧拱过梁;(d) 钢筋砖过梁

(1) 砖砌平拱过梁

用砖竖立砌筑的过梁称砖砌平拱过梁。竖砖砌筑部分高度应不小于 240 mm,过梁截面计算高度内的砂浆不宜低于 M5,其净跨度不宜超过 1.2 m。

(2) 砖砌弧拱过梁

用砖竖立和侧立砌筑而成的过梁称砖砌弧拱过梁。用砖竖砌部分的高度应不小于 120 mm(即半砖长)。弧拱最大跨度与矢高 f 有关。当矢高 $f=\left(\frac{1}{12}\sim\frac{1}{8}\right)l_n$ 时,最大跨度为 2.5~3.0 m;当矢高 $f=\left(\frac{1}{6}\sim\frac{1}{5}\right)l_n$ 时,最大跨度为 3.0~4.0 m。弧拱砌筑时需用胎模,施工复杂。

(3) 钢筋砖过梁

在过梁底部水平灰缝内配置钢筋的过梁称钢筋砖过梁。钢筋的直径应不小于 5 mm,间距不宜大于 120 mm。钢筋伸入支座砌体内的长度不宜小于 240 mm,砂浆层的厚度不宜小于 30 mm。

(4) 钢筋混凝土过梁

钢筋混凝土过梁一般采用预制构件,截面形式有矩形、L 形等。砖砌过梁的跨度受到限制且对变形很敏感,跨度较大或受有较大振动及可能产生不均匀沉降的房屋,须采用钢筋混凝土过梁。钢筋混凝土过梁端部在墙中的支承长度不宜小于 240 mm。

3.7.2.2 过梁上的荷载

过梁承受的荷载一般有两部分,一部分为墙体及过梁本身自重,另一部分为过梁上部的梁、板传来的荷载。

(1) 墙体荷载

对于砖砌体,当过梁上的墙体高度 $h_w<\frac{l_n}{3}$(l_n 为过梁的净跨)时,墙体荷载应按墙体的均布自

重采用；当墙体高度 $h_w \geq \frac{l_n}{3}$ 时，应按高度为 $\frac{l_n}{3}$ 墙体的均布自重来采用[图 3-45(a)、(b)]。

对砌块砌体，当过梁上的墙体高度 $h_w < \frac{l_n}{2}$ 时，墙体荷载应按墙体的均布自重采用；当墙体高度 $h_w \geq \frac{l_n}{2}$ 时，应按高度为 $\frac{l_n}{2}$ 墙体的均布自重采用[图 3-45(c)、(d)]。

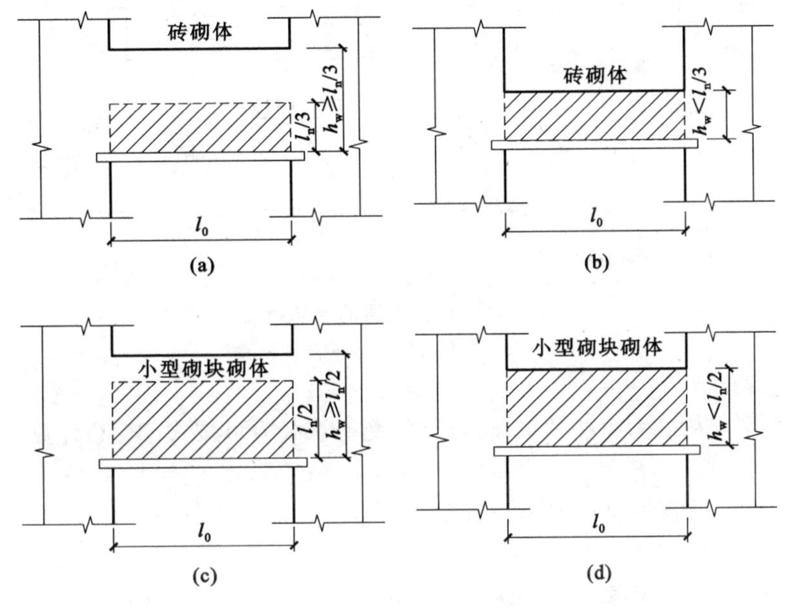

图 3-45 过梁上墙体荷载

(2) 梁板荷载

对砖和砌块砌体，当梁、板下的墙体高度 $h_w < l_n$ 时，过梁应计入梁、板传来的荷载；当梁、板下的墙体高度 $h_w \geq l_n$ 时，可不考虑梁、板荷载。

3.7.2.3 过梁的承载力计算

(1) 砖砌过梁的破坏特征

砖砌过梁在荷载作用下，墙体上部受压，下部受拉，像受弯构件一样受力。随着荷载不断增大，当跨中竖向截面的拉应力或支座截面的主拉应力超过砌体的抗拉强度时，将先后在跨中出现竖向裂缝，在靠近支座处出现阶梯形斜裂缝(图 3-46)，其可能发生如下破坏。

① 过梁跨中正截面的受弯承载力不足而发生的破坏。

② 过梁支座附近截面受剪承载力不足，沿灰缝产生 45°方向的阶梯形斜裂缝不断扩展而产生的破坏。

③ 过梁支座端部墙体宽度不够，引起水平灰缝的受剪承载力不足而发生的支座滑移破坏。

(2) 砖砌平拱过梁计算

砖砌平拱过梁的受弯和受剪承载力可按式(3-22)和式(3-23)计算，f_{tm} 一般可取沿齿缝截面的弯曲抗拉强度。

由于砖砌平拱过梁支座处受水平推力作用，对墙体中部窗间墙，支座水平推力可相互抵消，而对端部窗间墙，有可能水平灰缝受剪承载力不足，发生受剪破坏。因此，需对端部窗间墙水平灰缝进行受剪承载力计算。其受剪承载力按式(3-25)计算，式中，V 取按三铰拱原则确定的支座水平推

力设计值 V_H，三铰拱矢高为受拉钢筋合力点至跨中截面受压合力点的距离，根据实验结果其为 $0.76h$，则 $V_H=\frac{M}{0.76h}$（M、h 同跨中正截面承载力计算取值）。

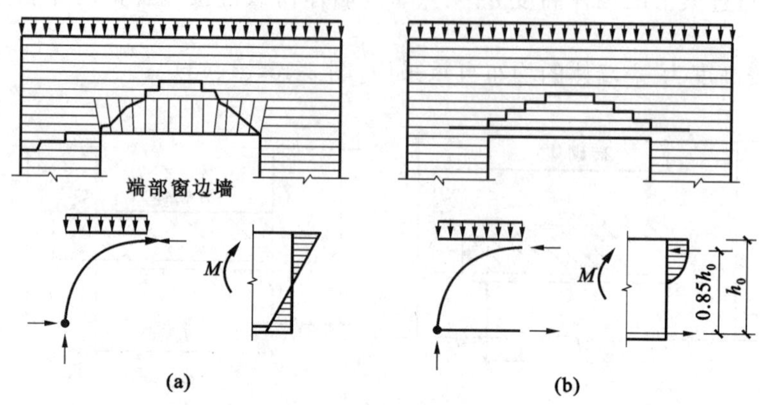

图 3-46 砖砌过梁的破坏特征

(a) 砖砌平拱过梁；(b) 钢筋砖过梁

(3) 钢筋砖过梁的计算

钢筋砖过梁的受弯承载力可按式(3-66)计算，受剪承载力可按式(3-23)计算。

$$M \leqslant 0.85h_0 f_y A_s \tag{3-66}$$

式中 M——按简支梁计算的跨中弯矩设计值。

h_0——过梁截面的有效高度，$h_0=h-a_s$。

a_s——受拉钢筋重心至截面下边缘的距离。

h——过梁的截面计算高度，取过梁底面以上的墙体高度，但不大于 $\frac{l_n}{3}$；当考虑梁、板传来的荷载时，则按梁、板下的高度采用。

f_y——钢筋的抗拉强度设计值。

A_s——受拉钢筋的截面面积。

(4) 钢筋混凝土过梁的计算

钢筋混凝土过梁的承载力，应按混凝土受弯构件计算。验算过梁下砌体局部受压承载力时，可不考虑上层荷载的影响；梁端底面压应力图形完整系数可取 1.0，梁端有效支承长度可取实际支承长度，但不应大于墙厚。

3.7.3 挑梁设计

挑梁是指一端埋入墙体内，一端挑出墙外的悬挑构件。其与砌体共同工作，是一种在砌体结构房屋中常用的构件，如挑檐、阳台、雨篷、悬挑楼梯等。

3.7.3.1 挑梁的受力特点和破坏形态

在外荷载 F 的作用下，挑梁埋入部分的上、下界面分别产生拉应力和压应力[图 3-47(a)]。当挑梁与砌体的上界面墙边竖向拉应力超过砌体沿通缝的抗拉强度时，将出现水平裂缝①[图 3-47(b)]，随着荷载的增大，水平裂缝①不断向内发展，随后在挑梁埋入端下界面出现水平裂缝②，并随着荷载的增大逐步向墙边发展。此时，挑梁有上翘的趋势，在挑梁埋入端上角将出现阶梯型斜裂缝③。最后，挑梁埋入端近墙边下界面砌体的受压区不断减小，会出现局部受压裂缝④，甚至发生局部受压破坏。

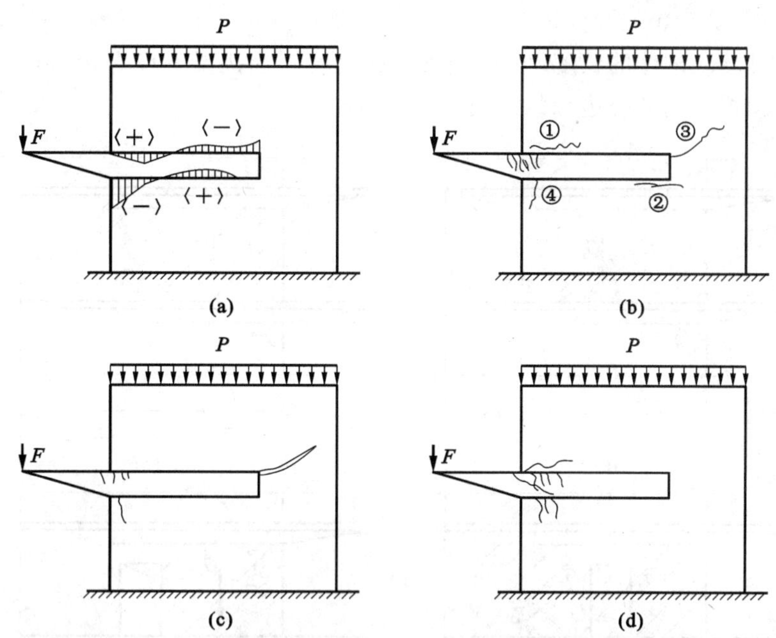

图 3-47 挑梁的受力性能及破坏特征

若挑梁本身的承载力得到保证,则挑梁在砌体中发生以下两种破坏形态。

(1) 挑梁倾覆破坏形态

当挑梁埋入端的砌体强度较高且埋入长度较短,则可能在挑梁尾端处的砌体中产生阶梯形斜裂缝。若挑梁砌入端斜裂缝范围内的砌体及其他上部荷载不足以抵抗挑梁的倾覆力矩时,此斜裂缝将继续发展,直至挑梁产生倾覆破坏[图 3-47(c)]。

(2) 挑梁下砌体局部受压破坏

当挑梁埋入端的砌体强度较低且埋入段长度较长,在斜裂缝发展的同时,下界面的水平裂缝也在延伸,使挑梁下砌体受压区的长度减小、砌体压应力增大。若压应力超过砌体的局部抗压强度,则挑梁下的砌体发生局部受压破坏[图 3-47(d)]。

3.7.3.2 挑梁的设计计算

对挑梁需进行抗倾覆验算、挑梁下砌体的局部受压承载力验算及挑梁本身的承载力验算。

(1) 挑梁的抗倾覆验算

砌体墙中混凝土挑梁的抗倾覆应按下式进行验算:

$$M_{ov} \leqslant M_r \tag{3-67}$$

式中 M_{ov}——挑梁的荷载设计值对计算倾覆点产生的倾覆力矩。

M_r——挑梁的抗倾覆力矩设计值,可按下式计算:

$$M_r = 0.8G_r(l_2 - x_0) \tag{3-68}$$

式中 G_r——挑梁的抗倾覆荷载,为挑梁尾端上部 45°扩展角的阴影范围(其水平长度为 l_3)内本层的砌体与楼面恒荷载标准值之和(图 3-48);当上部楼层无挑梁时,抗倾覆荷载中可计及楼层的楼面永久荷载。

l_2——G_r 作用点至墙外边缘的距离。

x_0——挑梁计算倾覆点至墙外边缘的距离,按下列规定采用:

当 $l_1 \geqslant 2.2h_b$ 时,$x_0 = 0.3h_b$,且 $x_0 \leqslant 0.13l_1$;

当 $l_1<2.2h_b$ 时，$x_0=0.13l_1$。

其中，l_1 为挑梁埋入砌体的长度，h_b 为挑梁界面高度。当挑梁下设有构造柱时，考虑对抗倾覆的有利作用，计算倾覆点到墙外边缘的距离可取 $0.5x_0$。

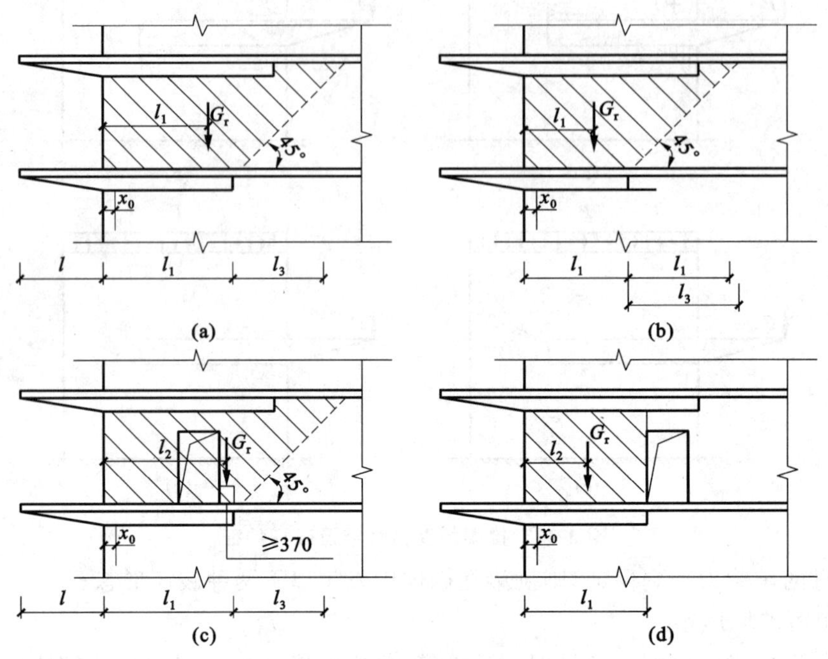

图 3-48 挑梁的抗倾覆荷载

(a) $l_3\leqslant l_1$ 时；(b) $l_3>l_1$ 时；(c) 洞在 l_1 之内；(d) 洞在 l_1 之外

(2) 挑梁下砌体的局部受压承载力验算

挑梁下砌体的局部受压承载力，可按下式验算：

$$N_1 \leqslant \eta\gamma f A_l \tag{3-69}$$

式中 N_1——挑梁下的支承压力，可取 $N_1=2R$，R 为挑梁的倾覆荷载设计值。

η——梁端底面压应力图形的完整系数，取 0.7。

γ——砌体局部抗压强度提高系数，对挑梁下为矩形截面墙端（一字墙）时，可取 1.25；对挑梁下为 T 形截面墙端（丁字墙）时，可取 1.5。

A_l——挑梁下砌体局部受压面积，可取 $A_l=1.2bh_b$，b 为挑梁的截面宽度，h_b 为挑梁的截面高度。

(3) 挑梁本身承载力验算

挑梁应按钢筋混凝土受弯构件进行正截面受弯承载力和斜截面受剪承载力计算。挑梁的最大弯矩设计值 M_{max} 与最大剪力设计值 V_{max}，可按下列公式计算：

$$M_{max}=M_0 \tag{3-70}$$

$$V_{max}=V_0 \tag{3-71}$$

式中 M_0——挑梁的荷载设计值对计算倾覆点截面产生的弯矩；

V_0——挑梁的荷载设计值在挑梁墙外边缘处截面产生的剪力。

3.7.3.3 挑梁的构造要求

挑梁设计除应符合《混凝土结构设计规范》(GB 50010—2010)的有关规定外，尚应满足下列要求。

① 纵向受力钢筋至少应有$\frac{1}{2}$的钢筋面积伸入梁尾端，且不少于 2Φ12。其余钢筋伸入支座的长度应不小于$\frac{2l_1}{3}$。

② 挑梁埋入砌体长度 l_1 与挑出长度 l 之比宜大于 1.2；当挑梁上无砌体时，埋入砌体长度 l_1 与挑出长度 l 之比宜大于 2。

3.7.4 墙梁设计

由支承墙体的钢筋混凝土托梁及其以上计算高度范围内的墙体所组成的组合构件称为墙梁。墙体不仅作为荷载作用在托梁上，而且作为结构的一部分与托梁共同工作。工业厂房的基础梁及其上部一定高度的围护墙等均属墙梁。

根据墙梁的承重情况，可将其分为承重墙梁和自承重墙梁。若建筑中，底层为大空间（如营业厅），上层为小房间（如办公室）的多层房屋，由托梁及与其以上墙体组成的墙梁，不仅承受墙梁（托梁和墙体）自重，还承受计算高度范围以上各层墙体及楼盖、屋盖或其他结构传送的荷载，为承重墙梁。而工业建筑中承托围护墙体的基础梁、连系梁及其以上墙体组成的墙梁，一般仅承受托梁和砌筑在其上的墙体自重，为自承重墙梁（也称非承重墙梁）。另外，墙梁可设计成简支墙梁、框支墙梁和连续墙梁（图 3-49）。根据墙体上是否开洞，又分为无洞口墙梁和有洞口墙梁。承重墙梁和非承重墙梁都可以做成无洞口墙梁或有洞口墙梁。

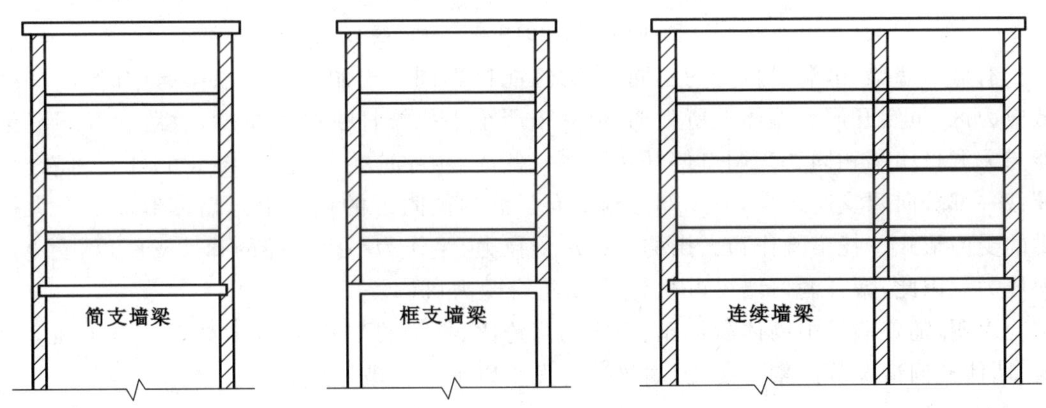

图 3-49 多层砌体房屋墙梁

3.7.4.1 墙梁的一般规定

采用烧结普通砖砌体、混凝土普通砖砌体、混凝土多孔砖砌体和混凝土砌块砌体的墙梁设计应符合表 3-12 的规定。

表 3-12 墙梁的一般规定

墙梁类别	墙体总高度/m	跨度/m	墙体高跨比 h_w/l_{0i}	托梁高跨比 h_b/l_{0i}	洞宽比 h_h/l_{0i}	h_h 洞高
承重墙梁	≤18	≤9	≥0.4	≥1/10	≤0.3	≤$5h_w/6$ 且 h_w-h_h≥0.4 m
自承重墙梁	≤18	≤12	≥1/3	≥1/15	≤0.8	—

注：1. 墙体总高度是指托梁顶面到檐口的高度，带阁楼的坡屋面应算到山尖墙 1/2 高度处。

2. 表中 h_w 为墙体计算高度；h_b 为托梁截面高度；l_{0i} 为墙梁计算跨度；h_h 为洞口高度，对窗洞取洞顶至托梁顶面距离。

3. 对于自承重墙梁，洞口至边支座中心的距离不应小于 $0.1l_{0i}$，门窗洞上口至墙顶的距离不应小于 0.5 m。

3.7.4.2 墙梁的受力性能和破坏形态

(1) 简支墙梁

试验表明,无洞口梁在未出现裂缝前,其受力性能与深梁相似。图 3-50(a)所示为均布荷载作用下墙梁的主应力轨迹线图。由图 3-50 可以看出,墙梁两边的主应力轨迹线直接指向支座,中间部分主应力轨迹线呈拱形指向支座,在支座附近托梁上的砌体中形成很大的主压应力集中;此处的主拉应力,当墙梁高跨比较小时,数值较大;当墙梁高跨比较大时,数值较小,甚至可能变为压应力,形成双向受压应力状态。托梁中段主拉应力轨迹线几乎为水平状,表明托梁处于偏心受拉状态;而主压应力在托梁支座附近集中,端部呈现复杂的应力状态。墙梁将形成以支座上方斜向砌体为拱肋,以托梁为拉杆的组合拱受力体系。

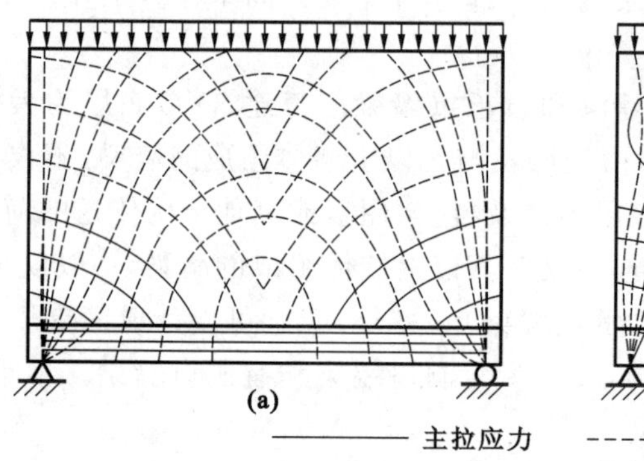

图 3-50 墙梁的主应力轨迹线

对于有洞口墙梁,因洞口位置的不同,受力性能也不同。当洞口位于墙梁跨中时,洞口处于墙体的低应力区,虽然开洞后墙体有所削弱,但并未严重干扰拉杆拱受力机构,故跨中开洞墙梁的工作性能与无洞口墙梁相同。当洞口偏开在墙体一侧时,由主应力轨迹线[图 3-50(b)]可看出,墙体顶部荷载一部分向两支座传递,另一部分则传向门洞内侧附近的托梁上。墙体形成一个大拱内套一小拱的受力形式。托梁既作为大拱的拉杆承受拉力,又作为小拱一端的弹性支座,承受小拱传来的竖向压力。因此,偏开洞口墙梁可视为梁-拱组合受力机构。

试验表明,随着墙梁中墙体高跨比、托梁的高跨比、托梁的配筋数量、砌体及混凝土强度等级加荷方式、墙体开洞情况等因素的变化,墙梁可能发生以下几种破坏形态。

① 弯曲破坏。

对于无洞口简支墙梁,当托梁中的钢筋较弱,而砌体强度相对较强,且墙体高跨比 $\frac{h_w}{l_0}$ 较小时,墙梁在竖向荷载作用下一般先在跨中出现垂直裂缝,随着荷载的增加,垂直裂缝迅速向上延伸,并穿过梁与墙的界面进入墙体,在墙体内迅速向上扩展,同时托梁中还有新的垂直裂缝出现[图 3-51(a)]。破坏时,墙梁正截面的受压区高度很小,往往只有 3~5 匹砖高,甚至更少。但未发现墙体上部受压区砌体被压坏现象。

偏开洞口简支墙梁的受弯破坏发生在洞口边缘截面。托梁下部受拉钢筋屈服后,托梁刚度迅速降低,引起托梁与墙体之间的内力重分布,墙体随之破坏[图 3-51(b)]。

② 剪切破坏。

当托梁纵筋配筋率较高,而砌体强度相对较弱,在靠近支座上部的墙体中往往发生因主拉或主压应力过大而引起的斜裂缝,导致墙体剪切破坏。由于墙体高跨比、荷载作用方式或位置等不同,墙体剪切破坏形式有以下几种。

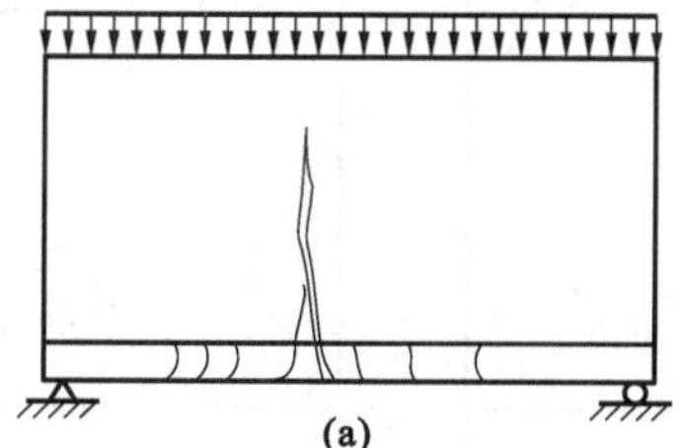

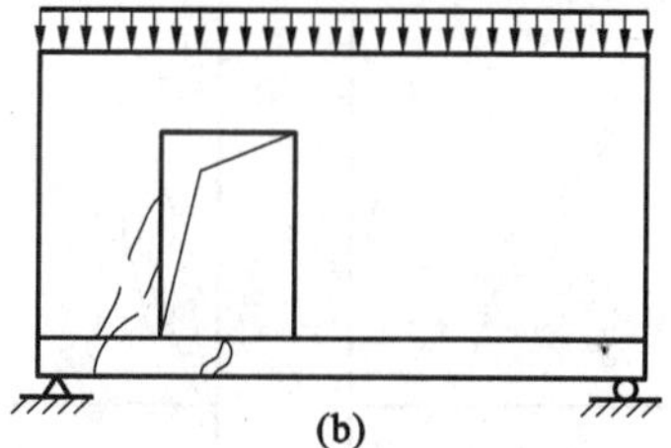

图 3-51 简支墙梁受弯破坏

a. 斜拉破坏。

当$\frac{h_w}{l_0}$<0.35~0.4,且砂浆强度较低时,容易发生斜拉破坏。这是因为砌体中部主拉应力过大,超过墙体沿阶梯形截面抗拉强度,沿灰缝产生较平缓的阶梯形裂缝,如图 3-52(a)所示。一旦该斜裂缝发生,延伸至跨中后向上发展,基本会贯通墙高,使墙体丧失承载力。这种破坏承载能力较低。

b. 斜压破坏。

当$\frac{h_w}{l_0}$>0.4,且砌体强度较高时,容易发生斜压破坏。在主压应力作用下,于支座斜上方形成许多较陡的斜裂缝,裂缝倾角达 55°以上,如图 3-52(b)所示。这是因为墙体内的主压应力超过墙体抗压强度而引起的组合拱肋的斜向压坏。该裂缝随荷载的增加逐渐增多,其开裂荷载和破坏荷载均较大。墙梁破坏时沿主裂缝中、下部砌体被压碎剥落。这种破坏墙梁承载能力较强。

c. 劈裂破坏。

在集中荷载作用下,斜裂缝多出现在支座垫板与荷载作用点的连线上。斜裂缝突然出现,延伸较长,有时伴有响声。其开裂荷载和破坏荷载接近,属于劈裂破坏形态。这种破坏没有预兆,且承载能力很低,所以危害性较大。当托梁混凝土强度等级较低时,也可能发生托梁的剪切破坏。

③ 局压破坏。

在支座上方砌体中,当竖向正应力形成较大的应力集中并超过砌体的局部受压强度时,则将产生支座上方较小范围砌体局部压碎现象,称为局压破坏[图 3-52(c)]。一般当托梁配筋较强,墙梁的砌体强度相对较弱,且$\frac{h_w}{l_0}$>0.75 时,可能发生局压破坏。

此外,由于构造措施不当(如托梁纵筋锚固不足,支承长度过小时),托梁端部也可能发生局部破坏。这类破坏可采取相应的构造措施来避免。

对于有洞口墙梁,它的破坏形态除弯曲破坏及托梁的剪切破坏[图 3-52(d)]常发生在洞口内缘截面外,其余均与无洞口墙梁类似。

(2) 框支墙梁

以单跨框支墙梁的试验为例,在竖向荷载作用下,裂缝出现以前,框支墙梁处于弹性阶段,框支柱和托梁应变符合平截面假设,墙梁跨中截面则不符合平截面假设。当加荷到破坏荷载的 35%时,首先在托梁跨中截面出现竖向裂缝,并迅速发展至墙体中。继续加载,在墙体或托梁端部出现斜裂缝,并向托梁或墙体延伸。临近破坏时,框支墙梁形成框架组合拱受力体系。

根据托梁高跨比、墙体高跨比、梁柱线刚度比、托梁下纵筋配筋率及材料强度的不同,框支墙梁有以下几种破坏形态。

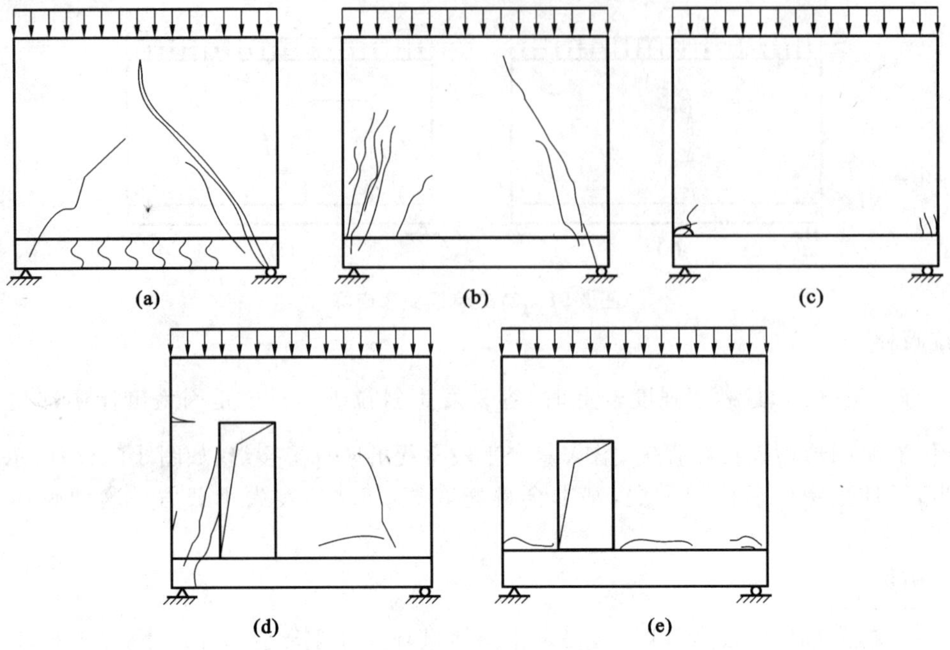

图 3-52 简支墙梁的剪切与局压破坏

(a) 斜拉破坏;(b) 斜压破坏;(c) 无洞口局压破坏;(d) 有洞口剪切破坏;(e) 有洞口局压破坏

① 弯曲破坏。

当托梁或柱的配筋较少而砌体强度较高时,一般$\frac{h_w}{l_0}$稍小,跨中竖向裂缝发展导致托梁纵向钢筋屈服,形成拉弯塑性铰。随后,在框架柱上截面外侧纵向钢筋屈服产生大偏心受压破坏形成压弯塑性铰或者托梁端截面的负弯矩,使上部纵向钢筋屈服形成塑性铰,最终使框支墙梁形成弯曲破坏机构而破坏[图 3-53(a)]。

② 剪切破坏。

当托梁或柱的配筋较多而砌体强度较低时,一般$\frac{h_w}{l_0}$适中,在托梁和柱的纵筋未屈服的情况下,托梁端或墙体出现斜裂缝而发生剪切破坏。当墙梁顶面荷载为均布荷载时,有以下两类破坏形态:一类是由于墙体主拉应力超过砌体复合抗拉强度而发生的沿阶梯形斜裂缝的斜拉破坏[图 3-53(b)],另一类是由于墙体主压应力超过砌体复合抗压强度而发生的沿穿过块体和水平灰缝的陡峭裂缝的斜压破坏[图 3-53(c)]。

③ 弯剪破坏。

当托梁配筋率和砌体强弱均较适当时,托梁受拉弯承载力和墙体受剪承载力接近,托梁跨中纵筋屈服的同时或稍后,墙体发生斜压破坏。随之托梁梁端上部钢筋或者框架柱上部截面外边钢筋屈服而形成托梁弯曲破坏机构[图 3-53(d)]。

④ 局压破坏。

框支柱上方砌体和混凝土应力集中使局部应力超过材料的局部受压强度,发生砌体或梁柱节点区局部受压破坏,其破坏特征和出现的场合与简支墙梁和连续墙梁相似[图 3-53(e)]。

(3) 连续墙梁

混凝土连续托梁及支撑在连续托梁上的计算高度范围内的墙体所组成的组合构件,称为连续墙梁。现以两跨连续墙梁为例简单介绍连续墙梁的受力特点。

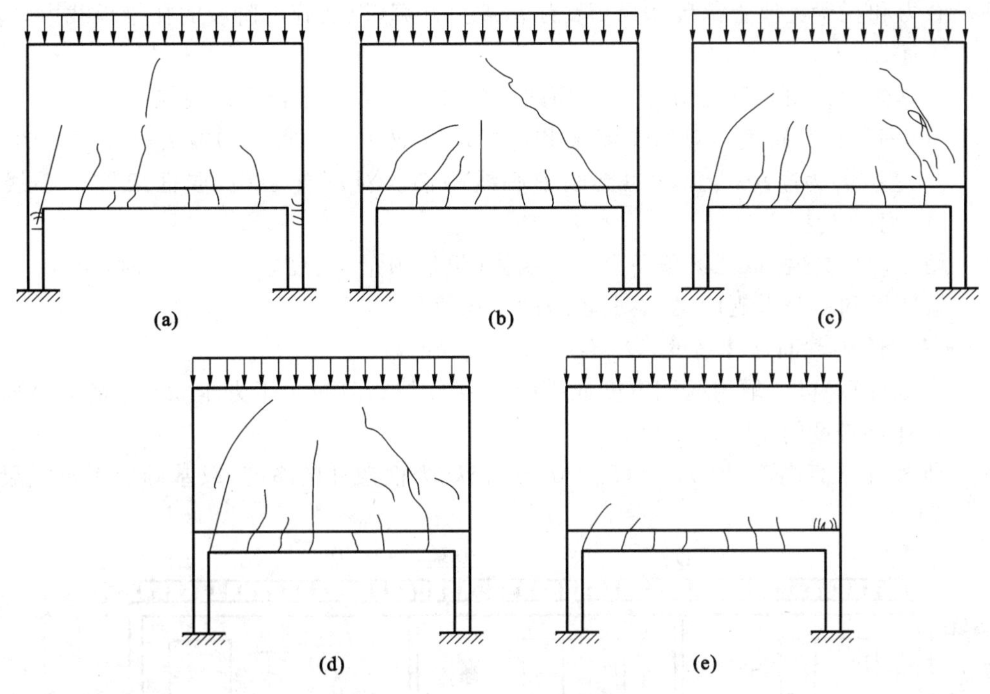

图 3-53 框支墙梁破坏

(a) 弯曲破坏；(b) 斜拉破坏；(c) 斜压破坏；(d) 弯剪破坏；(e) 局压破坏

两跨连续墙梁的受力体系如图 3-54 所示。墙梁顶面处应按构造要求设置圈梁并在墙梁上拉通，称为顶梁。在弹性阶段，连续墙梁与由托梁、墙体和顶梁组合而成的连续深梁一样，其应力分布及弯矩、剪力和支座反力均反映连续深梁的受力特点。有限元分析表明，与一般连续梁相比，由于连续墙梁的组合作用，托梁的弯矩和剪力均有一定程度的降低；同时，托梁中出现了轴力，在跨中区段出现了较大的轴拉力，在支座附近则受轴压力作用。

根据托梁高跨比、墙体高跨比、托梁纵筋配筋率及材料强度的不同，框支墙梁有以下几种破坏形态。

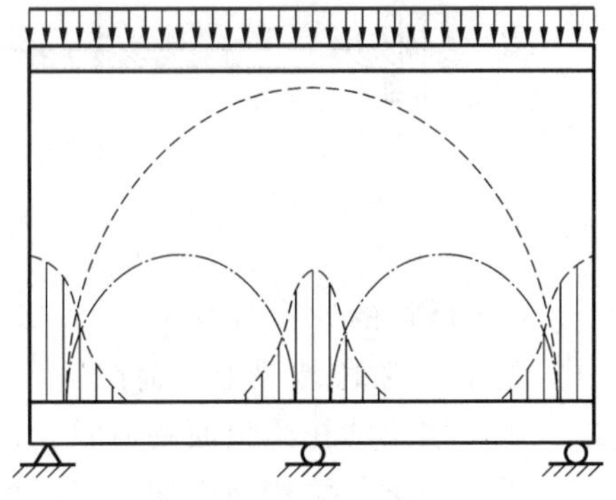

图 3-54 两跨连续墙梁的受力体系

① 弯曲破坏。

连续墙梁的弯曲破坏主要发生在跨中截面，托梁处于小偏心受拉状态而使下部和上部钢筋先后屈服。随后发生的支座截面弯曲破坏将使顶梁钢筋受拉屈服。由于跨中和支座截面先后出现塑性铰而使连续墙梁形成弯曲破坏机构。

② 剪切破坏。

连续墙梁墙体剪切破坏的特征和简支墙梁相似。墙体剪切多发生斜压破坏或集中荷载作用下的劈裂破坏。由于连续托梁分担的剪力比简支托梁更大些，故中间支座处托梁剪切破坏比简支墙梁更容易发生。

③ 局压破坏。

中间支座处托梁上方砌体比边支座处托梁上方砌体更易发生局部受压破坏。破坏时，中间支座托梁上方砌体产生向斜上方辐射状斜裂缝，最终导致局部砌体压碎。

3.7.4.3 墙梁的计算

考虑托梁和墙体共同作用，墙梁应分别进行托梁使用阶段正截面承载力、斜截面受剪承载力、墙体受剪承载力和托梁支座上部砌体局部受压承载力计算，以及施工阶段的托梁承载力验算。

(1) 计算简图

墙梁的计算简图如图 3-55 所示。计算简图中各计算参数应符合下列规定。

$l_0(l_{0i})$——墙梁计算跨度。对简支墙梁和连续墙梁取 $1.1l_n(1.1l_{ni})$ 或 $l_c(l_{ci})$ 两者的较小值；$l_n(l_{ni})$为净跨，$l_c(l_{ci})$为支座中心线距离。对框支墙梁，取框架柱中心线间的距离$l_c(l_{ci})$。

h_w——墙体计算高度，取托梁顶面上一层墙体(包括顶梁)高度，当 $h_w>l_0$ 时，取 $h_w=l_0$(对连续墙梁和多跨框支墙梁，l_0 取各跨的平均值)。

H_0——墙梁跨中截面计算高度，取 $H_0=h_w+0.5h_b$。

b_{f1}——翼墙计算宽度，取窗间墙宽度或横墙间距的 2/3，且每边不大于 3.5 倍的墙体厚度和墙梁计算跨度的 1/6。

H_c——框架柱计算高度，取 $H_c=H_{cn}+0.5h_b$；H_{cn}为框架柱的净高，取基础顶面至托梁底面的距离。

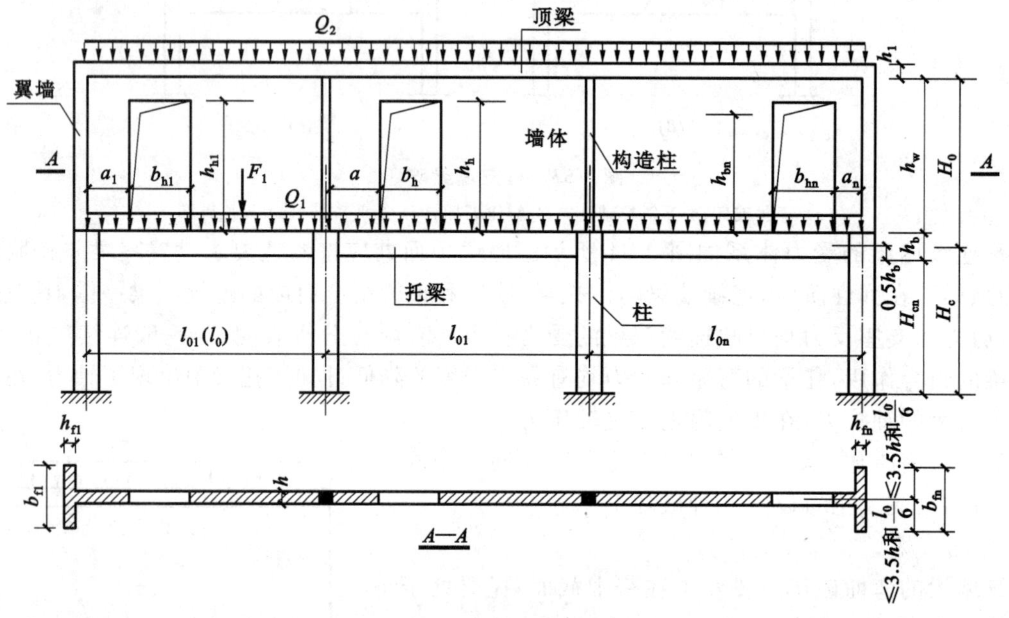

图 3-55 墙梁的计算简图

(2) 墙体的计算荷载

① 使用阶段墙梁上的荷载。

承重墙梁的托梁顶面的荷载设计值 Q_1、F_1，包括托梁自重及本层楼盖的恒荷载和活荷载。

承重墙梁的墙梁顶面的荷载设计值 Q_2，包括托梁以上各层墙体自重，以及墙梁顶面以上各层楼(屋)盖的恒荷载和活荷载；集中荷载可沿作用的跨度近似化为均布荷载。

自承重墙梁的墙梁顶面的荷载设计值 Q_2，取托梁自重及托梁以上墙体自重。

② 施工阶段托梁上的荷载。

施工阶段作用于托梁上的荷载包括托梁自重及本层楼盖的恒荷载、本层楼盖的施工荷载及墙体自重，对于托梁上的墙体自重，可取高度为$\frac{l_{0\max}}{3}$的墙体自重($l_{0\max}$为各计算跨度的最大值)，开洞时应按洞顶以下实际分布的墙体自重复核。

(3) 托梁的正截面承载力验算

① 托梁跨中截面应按钢筋混凝土偏心受拉构件计算，第 i 跨跨中最大弯矩设计值 M_{bi} 及轴心拉力设计值 N_{bti} 可按下列公式计算：

$$M_{bi} = M_{1i} + \alpha_M M_{2i} \tag{3-72}$$

$$N_{bti} = \eta_N \left(\frac{M_{2i}}{H_0}\right) \tag{3-73}$$

对简支墙梁：

$$\alpha_M = \psi_M \left(1.7\frac{h_b}{l_0} - 0.03\right) \tag{3-74}$$

$$\psi_M = 4.5 - 10\frac{a}{l_0} \tag{3-75}$$

$$\eta_N = 0.44 + 2.1\frac{h_w}{l_0} \tag{3-76}$$

对连续墙梁和框支墙梁：

$$\alpha_M = \psi_M \left(2.7\frac{h_b}{l_{0i}} - 0.08\right) \tag{3-77}$$

$$\psi_M = 3.8 - 8\frac{a_i}{l_{0i}} \tag{3-78}$$

$$\eta_N = 0.8 + 2.6\frac{h_w}{l_{0i}} \tag{3-79}$$

式中 M_{1i}——荷载设计值 Q_1、F_1 作用下的简支梁跨中弯矩或按连续梁、框架分析的托梁第 i 跨跨中最大弯矩。

M_{2i}——荷载设计值 Q_2 作用下的简支梁跨中弯矩或按连续梁、框架分析的托梁第 i 跨跨中最大弯矩。

α_M——考虑墙梁组合作用的托梁跨中截面弯矩系数，可按式(3-74)或式(3-77)计算，但对自承重简支墙梁应乘以折减系数 0.8；当式(3-74)中的 $\frac{h_b}{l_0} > \frac{1}{6}$ 时，取 $\frac{h_b}{l_0} = \frac{1}{6}$；当式(3-74)中的 $\frac{h_b}{l_0} > \frac{1}{7}$ 时，取 $\frac{h_b}{l_0} = \frac{1}{7}$；当 $\alpha_M > 1.0$ 时，取 $\alpha_M = 1.0$。

η_N——考虑墙梁组合作用的托梁跨中截面轴力系数，可按式(3-76)或式(3-79)计算，但对自承重简支墙梁应乘以折减系数 0.8；当 $\frac{h_w}{l_{0i}} > 1$ 时，取 $\frac{h_w}{l_{0i}} = 1$。

ψ_M——洞口对托梁跨中截面弯矩的影响系数，对无洞口墙梁取 1.0，对有洞口墙梁可按式(3-75)或式(3-78)计算。

a_i——洞口边缘至墙梁最近支座中心的距离，当 $a_i > 0.35l_{0i}$ 时，取 $a_i = 0.35l_{0i}$。

② 托梁支座截面应按混凝土受弯构件计算，第 j 支座的弯矩设计值 M_{bj} 可按下列公式计算：

$$M_{bj} = M_{1j} + \alpha_M M_{2j} \tag{3-80}$$

$$\alpha_M = 0.75 - \frac{a_i}{l_{0i}} \tag{3-81}$$

式中 M_{1j}——荷载设计值 Q_1、F_1 作用下按连续梁或框架分析的托梁第 j 支座截面的弯矩设计值；

M_{2j}——荷载设计值 Q_2 作用下按连续梁或框架分析的托梁第 j 支座截面的弯矩设计值；

α_M——考虑墙梁组合作用的托梁支座截面弯矩系数，无洞口墙梁取0.4，有洞口墙梁可按式(3-81)计算。

对于多跨框支墙梁的框支边柱，当柱的轴向压力增大对承载力不利时，在墙梁荷载设计值Q_2作用下的轴向压力值应乘以修正系数1.2。

(4) 托梁斜截面受剪承载力验算

墙梁的托梁斜截面受剪承载力应按混凝土受弯构件计算，第j支座边缘截面的剪力设计值V_{bj}，可按下式计算：

$$V_{bj}=V_{1j}+\beta_v V_{2j} \tag{3-82}$$

式中　V_{1j}——荷载设计值Q_1、F_1作用下按简支梁、连续梁或框架分析的托梁第j支座边缘截面剪力设计值。

V_{2j}——荷载设计值Q_2作用下按简支梁、连续梁或框架分析的托梁第j支座边缘截面剪力设计值。

β_v——考虑墙梁组合作用的托梁剪力系数，无洞口墙梁边支座截面取0.6，中间支座截面取0.7；有洞口墙梁边支座截面取0.7，中间支座截面取0.8；对自承重墙梁，无洞口时取0.45，有洞口时取0.5。

(5) 墙梁的墙体受剪承载力验算

墙梁的墙体受剪承载力应按式(3-83)验算，当墙梁支座处墙体中设置上、下贯通的落地混凝土构造柱，且其截面不小于240 mm×240 mm时，可不验算墙梁的墙体受剪承载力。

$$V_2 \leqslant \xi_1\xi_2\left(0.2+\frac{h_b}{l_{0i}}+\frac{h_t}{l_{0i}}\right)fhh_w \tag{3-83}$$

式中　V_2——在荷载设计值Q_2作用下墙梁支座边缘截面剪力的最大值。

ξ_1——翼墙影响系数，对单层墙梁取1.0。对多层墙梁，当$\frac{b_f}{h}=3$时取1.3；当$\frac{b_f}{h}=7$时取1.5；当$3<\frac{b_f}{h}<7$时，按线性插入取值。

ξ_2——洞口影响系数，无洞口墙梁取1.0，多层有洞口墙梁取0.9，单层有洞口墙梁取0.6。

h_t——墙梁顶面圈梁截面高度。

(6) 托梁支座上部砌体局部受压承载力验算

托梁支座上部砌体局部受压承载力，应按式(3-84)验算，当墙梁的墙体中设置上、下贯通的落地混凝土构造柱，且其截面不小于240 mm×240 mm时，或当$\frac{b_f}{h}\geqslant 5$时，可不验算托梁支座上部砌体局部受压承载力。

$$Q_2 \leqslant \zeta fh \tag{3-84}$$

$$\zeta=0.25+0.08\frac{b_f}{h} \tag{3-85}$$

式中　ζ——局压系数，当$\zeta>0.81$时，取$\zeta=0.81$。

采用构造框架约束砌体的墙梁，因构造柱对减少应力集中、改善局部受压的作用更为明显。《砌体规范》规定，当$\frac{b_f}{h}\geqslant 5$或墙梁支座处设置上、下贯通的落地构造柱时可不验算局部受压承载力。

(7) 墙梁的构造要求

① 材料。

托梁和框支柱的混凝土强度等级不应低于 C30；纵向钢筋宜采用 HRB335、HRB400 或 RRB400；承重墙梁的块体强度等级不应低于 MU10，计算高度范围内墙体的砂浆强度等级应不低于 M10(Mb10)。

② 墙体。

a. 框支墙梁的上部砌体房屋，以及设有承重的简支墙梁或连续墙梁的房屋，应满足刚性方案房屋的要求。

b. 墙梁计算高度范围内的墙体厚度，对砖砌体不应小于 240 mm，对混凝土砌块砌体应不小于 190 mm。

c. 墙梁洞口上方应设置混凝土过梁，其支承长度不应小于 240 mm；洞口范围内不应施加集中荷载。

d. 承重墙梁的支座处应设置落地翼墙，翼墙厚度，对砖砌体不应小于 240 mm，对混凝土砌块砌体不应小于 190 mm，翼墙宽度不应小于墙梁墙体厚度的 3 倍。并与墙梁墙体同时砌筑。当不能设置翼墙时，应设置落地且上、下贯通的混凝土构造柱。

e. 当墙梁墙体在靠近支座 1/3 跨度范围内开洞时，支座处应设置落地且上、下贯通的混凝土构造柱，并应与每层圈梁连接。

f. 墙梁计算高度范围内的墙体，每天砌筑高度不应超过 1.5 m，否则，应加设临时支撑。

③ 托梁。

a. 托梁两侧各两个开间的楼盖应采用现浇混凝土楼盖，楼板厚度不应小于 120 mm，当楼板厚度大于 150 mm 时，应采用双层双向钢筋网，楼板上应少开洞，洞口尺寸大于 800 mm 时应设洞口边梁。

b. 托梁每跨底部的纵向受力钢筋应通长设置，不应在跨中弯起或截断；钢筋连接应采用机械连接或焊接。

c. 托梁跨中截面的纵向受力钢筋总配筋率不应小于 0.6%。

d. 托梁上部通长布置的纵向钢筋面积与跨中下部纵向钢筋面积之比值不应小于 0.4。连续墙梁或多跨框支墙梁的托梁支座上部附加纵向钢筋从支座边缘算起每边延伸长度不应小于$\frac{l_0}{4}$。

e. 承重墙梁的托梁在砌体墙、柱上的支承长度不应小于 350 mm；纵向受力钢筋伸入支座的长度应符合受拉钢筋的锚固要求。

f. 当托梁截面高度 $h_b \geqslant 450$ mm 时，应沿梁截面高度设置通长水平腰筋，其直径不应小于 12 mm，间距不应大于 200 mm。

g. 对于洞口偏置的墙梁，其托梁的箍筋加密区范围应延到洞口外，距洞边的距离大于等于托梁截面高度 h_b，箍筋直径不应小于 8 mm，间距不应大于 100 mm。

3.8 墙、柱的一般构造要求、框架填充墙和防止墙体裂缝的措施

3.8.1 墙、柱的一般构造要求

砌体结构设计包括计算设计和构造设计两部分。构造设计的作用，一是保证计算设计的工作性能得以实现，二是反映一些计算设计中无法确定，但在实践中总结出的经验和要求，以确保结构

或构件具有可靠的工作性能。因此，在墙体设计中不仅要满足有关的计算要求，还必须满足下列构造要求。

3.8.1.1　块材和砂浆强度等级的选择

① 五层及五层以上房屋的外墙、潮湿房间的墙，以及受震动或层高大于 6 m 的墙和柱所用材料的最低强度等级应符合下列要求：砖采用 MU10，砌块采用 MU7.5，石材采用 MU30，砂浆采用 M5。对安全等级为一级或设计使用年限大于 50 年的房屋、墙、柱所用材料的最低强度等级应至少提高一级。

② 地面以下或防潮层以下的砌体，所用材料的最低强度等级应符合地面以下或防潮层以下的砌体、潮湿房间墙所用材料的最低强度等级(表 3-3)。

室外散水坡顶面以上的砌体内，应铺设防潮层。一般情况下，防潮层材料宜采用防水水泥砂浆。室外勒脚部位应采用水泥砂浆粉刷。目前，防潮层一般采用 20～25 mm 厚的 1∶3 防水水泥砂浆，或 20 mm 厚的沥青砂浆。

③ 夹心墙、混凝土砌块的强度等级不应低于 MU10。

3.8.1.2　最小截面尺寸的要求

① 承重的独立砖柱截面尺寸不应小于 240 mm×370 mm。毛石墙的厚度不宜小于 350 mm，毛料石柱较小边长不宜小于 400 mm。当有振动荷载时，墙、柱不宜采用毛石砌体。

② 夹心墙的夹层厚度不宜大于 120 mm。

3.8.1.3　支承和连接要求

① 预制钢筋混凝土板在混凝土圈梁上的支承长度不应小于 80 mm，板端伸出的钢筋应与圈梁可靠连接，且同时浇筑；预制钢筋混凝土板在墙上的支承长度不应小于 100 mm，并应按下列方法进行连接。

a. 板支承于内墙时，板端钢筋伸出长度不应小于 70 mm，且与支座处沿墙配置的纵筋绑扎，用强度等级不应低于 C25 的混凝土浇筑成板带。

b. 板支承于外墙时，板端钢筋伸出长度不应小于 100 mm，且与支座处沿墙配置的纵筋绑扎，并用强度等级不应低于 C25 的混凝土浇筑成板带。

c. 预制钢筋混凝土板与现浇板对接时，预制板端钢筋应伸入现浇板中进行连接后，再浇筑现浇板。

② 支承在墙、柱上的吊车梁、屋架及砖砌体上跨度大于或等于 9 m 的预制梁、砌块和料石砌体上跨度大于或等于 7.2 m 的预制梁的端部，应采用锚固件与墙、柱上的垫块锚固。

③ 跨度大于 6 m 的屋架、砖砌体上跨度大于 4.8 m 的梁、砌块和料石砌体上跨度大于 4.2 m 的梁、毛石砌体上跨度大于 3.9 m 的梁，应在支承处砌体上设置混凝土或钢筋混凝土垫块；当墙中设有圈梁时，垫块与圈梁宜浇成整体。

④ 当梁支承在 240 mm 厚的砖墙上且跨度大于或等于 6 m、梁支承在 180 mm 厚的砖墙上且跨度大于或等于 4.8 m，梁支承在砌块、料石墙上且跨度大于或等于 4.8 m 时，其支承处宜加设壁柱，或采取其他加强措施(如设壁柱后影响房间的使用功能，也可采用配筋砌体或在墙中设钢筋混凝土柱等措施对墙体予以加强)。

⑤ 山墙处的壁柱或构造柱宜砌至山墙顶部，且屋面构件应与山墙可靠拉结。

⑥ 墙体转角处和纵横墙交接处应沿竖向每隔 400～500 mm 设拉结钢筋，其数量为每 120 mm 墙厚不少于 1 根直径 6 mm 的钢筋；或采用焊接钢筋网片，埋入长度从墙的转角或交接处算起，对实心砖墙每边不小于 500 mm，对多孔砖墙和砌块墙不小于 700 mm。

⑦ 填充墙、隔墙应分别采取措施与周边主体结构构件可靠连接，连接构造和嵌缝材料应满足传力、变形、耐久和防护要求。

3.8.1.4 砌块砌体房屋墙的构造规定

① 砌块砌体应分皮错缝搭砌，上下皮搭砌长度不应小于 90 mm。当搭砌长度不满足上述要求时，应在水平灰缝内设置不少于 2 根且直径不小于 4 mm 的焊接钢筋网片（横向钢筋的间距不应大于 200 mm，网片每端应伸出该垂直缝不小于 300 mm）。

② 砌块墙与后砌隔墙交接处，应沿墙高每 400 mm 在水平灰缝内设置不少于 2 根且直径不小于 4 mm、横筋间距不应大于 200 mm 的焊接钢筋网片（图 3-56）。

③ 混凝土砌块房屋，宜将纵横墙交接处距墙中心线每边不小于 300 mm 范围内的孔洞，采用不低于 Cb20 混凝土沿全墙高灌实。

④ 混凝土砌块墙体的下列部位，如未设圈梁或混凝土垫块，应采用不低于 Cb20 混凝土将孔洞灌实。

a. 搁栅、檩条和钢筋混凝土楼板的支承面下，高度不应小于 200 mm 的砌体。

b. 屋架、梁等构件的支承面下，长度不应小于 600 mm、高度不应小于 600 mm 的砌体。

c. 挑梁支承面下，距墙中心线每边不应小于 300 mm、高度不应小于 600 mm 的砌体。

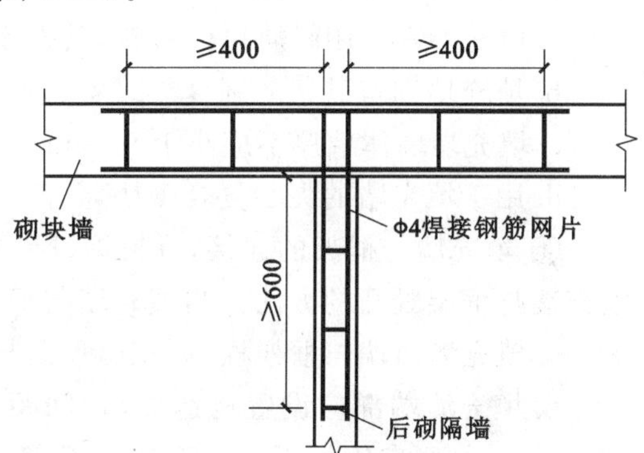

图 3-56 砌块墙与后砌隔墙交接处钢筋网

3.8.1.5 夹心墙的构造规定

① 夹心墙外叶墙的最大横向支承间距，宜按下列规定采用：设防烈度为 6 度时不宜大于 9 m，7 度时不宜大于 6 m，8、9 度时不宜大于 3 m。

② 夹心墙的内、外叶墙，应由拉结件可靠拉结，拉结件应符合下列规定。

a. 当采用环形拉结件时，钢筋直径不应小于 4 mm；当为 Z 形拉结件时，钢筋直径不应小于 6 mm。拉结件应沿竖向梅花形布置，拉结件的水平和竖向最大间距分别不宜大于 800 mm 和 600 mm；有振动或有抗震设防要求时，其水平和竖向最大间距分别不宜大于 800 mm 和 400 mm。

b. 当采用可调拉结件时，钢筋直径不应小于 4 mm，拉结件的水平和竖向最大间距均不宜大于 400 mm。叶墙间灰缝的高差不大于 3 mm，可调拉结件中孔眼和扣钉间的公差不大于 1.5 mm。

c. 当采用钢筋网片作为拉结件时，网片横向钢筋的直径不应小于 4 mm，其间距不应大于 400 mm；网片的竖向间距不宜大于 600 mm；有振动或有抗震设防要求时，不宜大于 400 mm。

d. 拉结件在叶墙上的搁置长度，不应小于叶墙厚度的 2/3，并不应小于 60 mm。

e. 门窗洞口周边 300 mm 范围内应附加间距不大于 600 mm 的拉结件。

③ 夹心墙拉结件或网片的选择与设置，应符合下列规定。

a. 夹心墙宜用不锈钢拉结件。拉结件用钢筋制作或采用钢筋网片时，应先进行防腐处理，对夹心墙的外叶墙，应采用重镀锌或有等效保护的钢筋。

b. 非抗震设防地区的多层房屋，或风荷载较小地区的高层夹芯墙可采用环形或 Z 形拉结件；风荷载较大地区的高层建筑房屋宜采用焊接钢筋网片。

c. 抗震设防地区的砌体房屋（含高层建筑房屋）夹心墙应采用焊接钢筋网作为拉结件。焊接网应沿夹心墙连续通长设置，外叶墙至少有一根纵向钢筋。钢筋网片可计入内叶墙的配筋率，其搭接与锚固长度应符合有关规范的规定。

d. 可调节拉结件宜用于多层房屋的夹心墙，其竖向和水平间距均不应大于 400 mm。

3.8.2 框架填充墙

① 框架填充墙墙体除应满足稳定要求外，尚应考虑水平风荷载及地震作用的影响。地震作用可按《建筑抗震设计规范》(GB 50011—2010)(附录 13)中非结构构件的规定计算。

② 在正常使用和正常维护条件下，填充墙的使用年限宜与主体结构相同，结构的安全等级可按二级考虑。

③ 填充墙的构造设计应符合下列规定。

a. 填充墙宜选用轻质块体材料，其强度等级应符合本章 3.2.2 节的规定。

b. 填充墙砌筑砂浆的强度等级不宜低于 M5(Mb5、Ms5)。

c. 填充墙墙体墙厚不应小于 90 mm。

d. 用于填充墙的夹心复合砌块，其两肢块体之间应有拉结。

④ 填充墙与框架的连接，可根据设计要求采用脱开或不脱开方法。有抗震设防要求时宜采用填充墙与框架脱开的方法。当填充墙与框架采用脱开的方法时，宜符合下列规定。

a. 填充墙两端与框架柱，填充墙顶面与框架梁之间留出不小于 20 mm 的间隙。

b. 填充墙端部应设置构造柱，柱间距宜不大于 20 倍墙厚且不大于 4000 mm，柱宽度不小于 100 mm。柱竖向钢筋不宜小于Φ10，箍筋宜为Φ^{R}5，竖向间距不宜大于 400 mm。竖向钢筋与框架梁或其挑出部分的预埋件或预留钢筋连接，绑扎接头时不小于 $30d$，焊接时(单面焊)不小于 $10d$(d为钢筋直径)。柱顶与框架梁(板)应预留不小于 15 mm 的缝隙，用硅酮胶或其他弹性密封材料封缝。当填充墙有宽度大于 2100 mm 的洞口时，洞口两侧应加设宽度不小于 50 mm 的单筋混凝土柱。

c. 填充墙两端宜卡入设在梁、板底及柱侧的卡口铁件内，墙侧卡口板的竖向间距不宜大于 500 mm，墙顶卡口板的水平间距不宜大于 1500 mm。

d. 墙体高度超过 4 m 时宜在墙高中部设置与柱连通的水平系梁。水平系梁的截面高度不小于 60 mm，填充墙高不宜大于 6 m。

e. 填充墙与框架柱、梁的缝隙可采用聚苯乙烯泡沫塑料板条或聚氨酯发泡材料充填，并用硅酮胶或其他弹性密封材料封缝。

f. 所有连接用钢筋、金属配件、铁件、预埋件等均应做防腐防锈处理，嵌缝材料应能满足变形和防护要求。

当填充墙与框架采用不脱开的方法时，宜符合下列规定。

a. 沿柱高每隔 500 mm 配置 2 根直径 6 mm 的拉结钢筋(墙厚大于 240 mm 时，配置 3 根直径 6 mm的拉结钢筋)，钢筋伸入填充墙长度不宜小于 700 mm，且拉结钢筋应错开截断，相距不宜小于 200 mm。填充墙墙顶应与框架梁紧密结合，顶面与上部结构接触处宜用一皮砖或配砖斜砌楔紧。

b. 当填充墙有洞口时，宜在窗洞口的上端或下端、门洞口的上端设置钢筋混凝土带，钢筋混凝土带应与过梁的混凝土同时浇筑，其过梁的断面及配筋由设计确定。钢筋混凝土带的混凝土强度等级不小于 C20。当有洞口的填充墙尽端至门窗洞口边距离小于 240 mm 时，宜采用钢筋混凝土门窗框。

c. 填充墙长度超过 5 m 或墙长大于 2 倍层高时，墙顶与梁宜有拉接措施，墙体中部应加设构造柱；墙高度超过 4 m 时，宜在墙高中部设置与柱连接的水平系梁，墙高超过 6 m 时，宜沿墙高每 2 m 设置与柱连接的水平系梁，梁的截面高度不小于 60 mm。

3.8.3 防止或减轻墙体裂缝的主要措施

砌体结构中出现裂缝的原因有多种，不同原因将发生不同类型的裂缝。裂缝不仅影响外观和使用功能，严重的裂缝还会影响到墙体的承载力和稳定性，甚至引起倒塌事故。而且，裂缝的发生也往往是重大事故的先兆，必须引起重视。砌体中发生裂缝的主要原因有：地基不均匀沉降、温度变化引起的伸缩及砌体本身质量问题。

3.8.3.1 地基不均匀沉降引起的裂缝

当地基不均匀、建筑体型复杂、结构布置不当时，建筑物容易产生过大的不均匀沉降而引起裂缝。地基发生不均匀沉降后，建筑物发生相应的整体变形，墙体中附加产生弯曲应力和剪应力，当墙体内的主拉应力超过砌体的强度时，墙体中便出现斜裂缝。地基不均匀沉降引起的斜裂缝大多发生在房屋纵墙的两端，裂缝一般由主拉应力引起，发生于墙体较薄弱的截面，所以多数裂缝通过窗口的两个对角，裂缝向沉降较大的方向倾斜。裂缝多发生在墙体下部，向上逐渐减少，裂缝的宽度下大上小，裂缝的数量及宽度随时间逐渐发展。一般说来，当地基沉降曲线为凹形时，墙体裂缝呈正八字形；当地基沉降曲线为凸形时，墙体裂缝呈倒八字形。

防止不均匀沉降引起墙体开裂的重要措施之一是在房屋中设置沉降缝，沉降缝把墙基础全部断开，分成若干个整体刚度较好的独立结构单元，使各单元能独立沉降，避免墙体开裂。一般宜在建筑物的以下部位设置沉降缝。

① 建筑平面的转折部位。

② 建筑物高度或荷载有较大差异处。

③ 过长的砌体承重结构的适当部位。

④ 地基土的压缩性有显著差异处。

⑤ 建筑物上部结构或基础类型不同处。

⑥ 分期建造房屋的交界处。合理布置墙体和圈梁，正确选择地基也是防止不均匀沉降，避免墙体开裂的重要手段。

3.8.3.2 温度变化引起的墙体裂缝

由于温度变化不均匀使砌体产生不均匀伸缩，或者砌体的伸缩受到不均匀的约束，引起砌体开裂。温度变化引起的墙体裂缝的形式主要有八字形裂缝和水平裂缝。八字形裂缝一般出现在顶层纵墙的两端1～2开间的范围内，严重时可发展至房屋长度范围内，有时在横墙上也可能发生。裂缝多沿窗口对角线方向产生。八字形裂缝一般发生在平屋顶房屋顶层纵墙面的两端。这是由于砖砌体的线膨胀系数与混凝土的线膨胀系数差异较大，在较大温差情况下，墙体与屋盖形成较大的变形差异而在墙两端产生八字形斜裂缝。水平裂缝一般发生在平屋顶屋檐下或顶屋圈梁下2～3皮砖的灰缝位置，裂缝一般沿外墙顶部断断续续地分布，裂缝深度有时会贯通墙厚，两端较中间严重。在转角处，因纵、横墙水平裂缝相交而形成包角裂缝。

当房屋有错层时，错层处的墙体容易发生局部垂直裂缝。其主要原因是由于收缩和降温，使钢筋混凝土楼盖变形大于墙体变形，使墙体上产生较大的拉应力造成砌体开裂。此外，由于房屋温度区段过长，因温度及墙体干缩的原因也会引起墙体竖向裂缝。

为防止或减轻房屋在正常使用条件下，因温度及墙体干缩的原因引起墙体竖向裂缝，应在墙体中设置伸缩缝。伸缩缝的间距可按表3-13采用。

为防止或减轻房屋顶层墙体的裂缝，可根据具体情况采取下列措施。

① 采用混凝土屋盖时，应在屋盖结构层上设置保温层或隔热层，并合理安排屋面保温层施工。

现浇的屋面挑檐可采取留置伸缩缝的办法。此外,屋面施工应尽量避开高温季节。

② 加强顶层墙体的抗拉能力。例如,在墙体四角檐口下一定高度范围的砌体内配置适量的转角水平钢筋,在屋盖下设置沿外墙闭合的钢筋混凝土圈梁。

③ 避免楼盖的错层布置,否则宜在错层处设伸缩缝,或在错层处墙体内局部配筋予以加固。

④ 在结构构件的构造上保持结构的连续性,避免形成薄弱环节。如钢筋混凝土圈梁沿外墙应形成闭合,不得在外墙中部做内转处理。

表 3-13 **砌体房屋伸缩缝的最大间距** (单位:m)

屋盖或楼盖类别		间距
整体式或装配整体式钢筋混凝土结构	有保温层或隔热层的屋盖、楼盖	50
	无保温层或隔热层的屋盖	40
装配式无檩体系钢筋混凝土结构	有保温层或隔热层的屋盖、楼盖	60
	无保温层或隔热层的屋盖	50
装配式有檩体系钢筋混凝土结构	有保温层或隔热层的屋盖	75
	无保温层或隔热层的屋盖	60
瓦材屋盖、木屋盖或楼盖、轻钢屋盖		100

注:1. 对烧结普通砖、烧结多孔砖、配筋砌块砌体房屋,取表中数值;对石砌体、蒸压灰砂普通砖、蒸压粉煤灰普通砖、混凝土砌块、混凝土普通砖和混凝土多孔砖房屋,取表中数值乘以系数 0.8;当墙体有可靠外保温措施时,其间距可取表中数值。
2. 在钢筋混凝土屋面上挂瓦的屋盖应按钢筋混凝土屋盖采用。
3. 层高大于 5 m 的烧结普通砖、烧结多孔砖、配筋砌块砌体结构单层房屋,其伸缩缝间距可按表中数值乘以 1.3。
4. 温差较大且变化频繁地区和严寒地区不采暖的房屋及构筑物墙体的伸缩缝的最大间距,应按表中数值予以适当减小。
5. 墙体的伸缩缝应与结构的其他变形缝相重合,缝宽度应满足各种变形缝的变形要求;在进行立面处理时,必须保证缝隙的伸缩作用。

典型例题

【例 3-8】 截面 $b \cdot h = 490\ \text{mm} \times 620\ \text{mm}$ 的砖柱,采用 MU15 蒸压粉煤灰普通砖及 M5 混合砂浆砌筑,施工质量控制等级为 B 级,柱的计算长度 $H_0 = 7\ \text{m}$;柱顶截面承受轴向压力设计值 $N = 290\ \text{kN}$,沿截面长边的弯矩设计值 $M = 9.0\ \text{kN} \cdot \text{m}$;柱底截面按轴心受压计算。试验算该砖柱的承载力是否满足要求。

【解】 (1) 柱顶截面验算

查表得 $f = 1.83\ \text{MPa}$,$A = 0.49 \times 0.62 = 0.3038(\text{m}^2) > 0.3\ \text{m}^2$,取 $\gamma_a = 1.0$。

沿截面长边方向按偏心受压验算:

$$e = \frac{M}{N} = \frac{9.0}{290} = 0.031(\text{m}) = 31\ \text{mm} < 0.6y = 0.6 \times \frac{620}{2} = 186(\text{mm})$$

$$\frac{e}{h} = \frac{31}{620} = 0.05$$

$\beta = \gamma_a \times \dfrac{H_0}{h} = 1.2 \times \dfrac{7000}{620} = 13.55$,查附录 6 附表 6-12 得 $\varphi = 0.671$。则

$\varphi f A = 0.671 \times 1.83 \times 0.3038 \times 10^6 = 373.05 \times 10^3(\text{N}) = 373.05(\text{kN}) > N = 290\ \text{kN}$

满足要求。

沿截面短边方向按轴心受压验算:

$\beta=\gamma_a\times\dfrac{H_0}{h}=1.2\times\dfrac{7000}{490}=17.14$，查附录 6 附表 6-12 得 $\varphi=0.692$。则

$$\varphi fA=0.692\times1.83\times0.3038\times10^6=384.72(\text{kN})>N=290\ \text{kN}$$

满足要求。

(2) 柱底截面验算

砖砌体重力密度 $\rho=18\ \text{kN/m}^3$，则柱底轴心压力设计值：

$$N=290+1.35\times18\times0.49\times0.62\times7=341.67(\text{kN})$$

$$\beta=\gamma_a\frac{H_0}{h}=1.2\times\frac{7000}{490}=17.14,\quad \varphi=0.692$$

$\varphi fA=384.72\ \text{kN}>N=341.67\ \text{kN}$，所以，柱底截面承载力满足要求。

案例分析

克拉玛依南泉小区住宅楼为六层砖混结构住宅楼群，屋顶为坡屋顶，原设计未设保温，砌筑砂浆 1～2 层均采用 M10 混合砂浆砌筑，3 层以上均采用 M7.5 混合砂浆砌筑，砌筑均为 MU10 黏红土砖。各建筑楼板、楼梯、圈梁及构造柱等现浇混凝土构件，混凝土设计强度等级均为 C20。基础混凝土为条形基础，基础顶部设有钢筋混凝土基础圈梁。

上述住宅竣工、居民入住一段时间后，逐渐发现顶部阁楼部分墙体出现不规则的裂缝，主要表现为，各楼外墙墙底部、室内门窗过梁两侧向上呈八字形裂缝，阳面裂缝较明显，其他部位裂缝长度不等。经权威部门检测，本工程实例所产生的裂缝属于非受力裂缝，即非荷载，虽然不影响结构安全，但影响结构的耐久性和正常使用，必须进行封闭处理。

对于该工程发生的现浇楼板裂缝，根据监测调查结果，首先采用排除法分析各种原因。

① 排除地震力作用，因为从工程建造到使用整个过程未发生过地震。

② 排除荷载作用，因为许多发生裂缝的空置房间在竣工验收时未产生裂缝，在住户入住后才陆续出现上述裂缝，房间空置期间未有堆积荷载，只有结构自重。

③ 排除设计承载力不足，因为经复核，设计图符合国家现行设计规范要求。

④ 排除地基不均匀沉降影响，因为通过现场观察，建筑物排水明沟处未出现由沉降产生的开裂现象，墙体未出现斜裂缝；通过沉降观测，到目前建筑物未发现不均匀沉降。

⑤ 排除施工质量的因素，施工过程中每道工序都经过施工单位的严格自检和监理的验收。

⑥ 排除材料不符合因素，因为所采用的材料均有合格证，且材料经过测试合格。

经过深入调查及分析，设计、建设、监理、施工、材料各方认为混凝土温度应力的作用是引起砖砌体出现上述典型裂缝的主要原因。

裂缝出现因素：南泉小区位于克拉玛依地区，年风速较大，夏季气温过高，冬季气温较低，温差较大，阁楼屋面为刚性坡屋面，未设计隔热保温，因此砌体裂缝的主要原因是混凝土结构屋面的伸缩变形牵引其下砖砌体超过其材料抗拉强度的结果。具体机理可认为是：在阳光照射下屋面板温度可高达 40～50 ℃，而在其下的砖砌体仅为 30～35 ℃，如此大的温差，加上混凝土线膨胀系数比砖砌体近似大一倍，根据《建筑物的裂缝控制》一书中提出的计算理论和公式，可计算出砌体中的主拉应力。设砂浆强度为 M7.5、砖强度为 MU10，则其沿灰缝截面破坏时的轴心抗拉、抗剪强度设计值仅为 0.14 MPa 和 0.12 MPa，而沿齿缝通缝的弯曲抗拉强度仅为 0.25 MPa 和 0.12 MPa，则温差引起的砌体主拉应力大于砌体本身抵抗力的 30%～50%不等。又加上房屋两端为“自由端”，水平约束力小，上部砌体垂直压力较小，如无相应措施，上述裂缝在所难免。当屋面向两端热胀时，致使下部砌体出现正“八”字缝，当冷缩时，就出现倒“八”字缝，一胀一缩则易出现“X”字缝。其防治的主要方法：一是减缓热胀冷缩动力源，设屋面保温隔热层；二是增强相关砌体抗力，加钢筋网喷射混凝土补强；三是提高抹灰的抗裂能力，加钢筋网砂浆抹灰补强。

知识归纳

(1) 砌体结构是指以砖、石或砌块为块材用砂浆砌筑而成的结构。砌体结构包括砖砌体、砌块砌体、石材砌体、配筋砌体和组合砌体。

(2) 砌体的抗压强度远小于组成它的砖和砂浆的抗压强度。这是由于受力后砖在砌体中处于受压、受弯、受剪和横向受拉的复杂应力状态，降低了砌体的抗压强度。影响砌体抗压强度的主要因素是：块材和砂浆的强度、砂浆的性能、块材的形状和尺寸、灰缝的厚度及砌筑质量。

(3) 无筋受压砌体构件，按荷载作用位置不同分为轴心受压构件和偏心受压构件。《砌体规范》规定，对于无筋砌体轴心受压构件、偏心受压构件，承载力均可按下式计算：$N\leqslant\varphi fA$。影响无筋砌体受压承载力的主要因素是构件的高厚比和轴向力的偏心距，计算公式中的φ是考虑了高厚比β和偏心距e的综合影响的系数。公式的使用条件为$e\leqslant0.6y$。

(4) 砌体局部受压包括局部均匀受压和非均匀受压。进行砌体局部受压计算时要考虑砌体局部受压强度提高系数γ。当梁端下砌体局部受压承载力不满足要求时，可考虑设置刚性垫块或垫梁。

(5) 当采用无筋砖砌体受压构件的截面尺寸较大，不能满足使用要求时，可采用网状配筋砖砌体。当偏心距超过截面核心范围，对矩形截面即$e/h>0.17$时，或偏心距虽未超过截面核心范围，但构件的高厚比$\beta>16$时，均不宜采用网状配筋砖砌体。

(6) 房屋的静力计算方案可分为刚性方案、刚弹性方案和弹性方案，确定单层和多层刚性方案计算简图，楼(屋)盖可视为墙、柱的不动铰支座。刚性和刚弹性方案横墙应符合相关规范的要求。高厚比验算是保证砌体结构在施工和使用阶段稳定性的一项重要构造措施。

(7) 过梁分为钢筋砖过梁、钢筋混凝土过梁、砖砌平拱过梁和砖砌弧拱过梁，工程上常采用钢筋混凝土过梁。过梁上的荷载有墙体自重及过梁计算范围的板梁荷载。过梁计算按受弯构件计算，并需验算过梁下砌体局部受压承载力。

(8) 圈梁是砌体结构房屋中沿砌体墙水平方向设置封闭状的按构造配筋的钢筋混凝土梁。圈梁的设置有助于提高房屋的整体性、抗震性和抗倒塌能力。

(9)挑梁是常见的悬挑构件，挑梁可能发生的破坏形态有3种：挑梁倾覆破坏、梁下砌体局部受压破坏、挑梁弯曲或剪切破坏。

(10)墙梁由钢筋混凝土托梁和托梁以上计算高度范围内的砌体墙组成，按支承条件可分为简支墙梁、框支墙梁和连续墙梁。托梁因墙梁内拱作用，受拉、弯、剪作用，是偏心受拉构件。

(11)砌体结构房屋的墙体除了进行承载力和高厚比的验算外，为防止墙体开裂，保证房屋的空间工作和整体性，还应满足有关的构造要求。

思考题

3-1　什么是砌体结构？砌体按所采用材料的不同可以分为哪几类？

3-2　简述砌体受压过程及其破坏特征。

3-3　砌体的强度设计值和强度标准值的关系如何？

3-4　砌体受压时，随着偏心距的变化，截面应力状态如何变化？

3-5 网状配筋砖砌体抗压强度较无筋砖砌体抗压强度有所提高，其原因何在？

3-6 网状配筋砖砌体、组合砖砌体、砖砌体和钢筋混凝土构造柱组合墙的应用范围是什么？

3-7 绘制单层砌体房屋刚性方案、刚弹性方案、弹性方案的计算简图。

3-8 如何计算墙梁上的荷载？承载力验算包括哪些内容？

思考题答案

参考文献

[1] 侯立更.砌体结构设计[M].北京：中国计划出版社，2006.

[2] 刘传辉，刘丽芳.砌体结构[M].北京：中国建材工业出版社，2013.

[3] 徐锡权.建筑结构[M].北京：北京大学出版社，2010.

[4] 段春花.混凝土结构与砌体结构[M].3版.北京：中国电力出版社，2014.

[5] 荀勇.砌体结构[M].北京：高等教育出版社，2014.

[6] 王毅红.混凝土与砌体结构[M].北京：中国建筑工业出版社，2011.

[7] 刘立新.砌体结构[M].4版.武汉：武汉理工大学出版社，2012.

4 多层框架结构

内容提要

本章主要介绍了框架结构的几种常用结构形式和选型的一般原则，框架结构在竖向和水平荷载作用下内力近似计算方法及内力组合原则，最后介绍了框架的构造要求。

重难点

能力要求

1. 要求学生了解框架的布置原则和几种布置方式的特点；
2. 重点掌握框架结构的内力计算方法(分层法、反弯点法)；
3. 初步了解结构的构造设计，掌握结构的配筋计算方法。

4.1 多层框架结构的组成与布置

4.1.1 多层框架结构的组成

框架结构是由梁、柱为主要构件组成的承受竖向和水平作用的结构。框架结构的优点是建筑平面布置灵活，能获得较大的空间，常适用于体型较规则、刚度较均匀的公共建筑，例如学校、办公楼、医院和旅馆等，也适用于一些化工、仪表、轻工等工业厂房。

框架结构的主要缺点是抗侧刚度小，在水平荷载作用下侧向变形较大。如果框架结构的高宽比较大，则水平荷载作用下的侧移也较大。因此，设计时应控制房屋的高度和宽度的比值。

4.1.2 框架结构布置

结构的设计方案应选用合理的结构体系、构件形式和布置；结构的平、立面布置宜规则，各部分的质量和刚度宜均匀、连续；结构传力途径应简捷、明确，竖向构件宜连续贯通、对齐；宜采用超静定结构，重要构件和关键传力部位应增加冗余约束或有多条传力途径；宜减小偶然作用的影响范围，避免发生因局部破坏引起的结构连续倒塌。框架的结构布置包含三方面：柱网布置、承重体系的确定、结构缝的设置。

4.1.2.1 柱网布置

柱网：框架柱在平面上纵横两个方向的排列。

柱网布置的任务：确定柱子的排列形式与柱距。

布置的依据：满足建筑使用要求，同时考虑结构的合理性与施工的可行性。

(1) 柱网的形式

工业建筑的柱网主要依据生产工艺的要求确定,建筑平面布置可分为内廊式、统间式、大宽度式等几种。与此对应的,柱网常采用内廊式、等跨式与不等跨式,如图 4-1 所示。

内廊式柱网常采用对称三跨[图 4-1(a)],边跨跨度 a 可为 6 m、6.6 m、6.9 m 等,中间跨为走廊,b 可取 2.4～3 m,开间方向柱距 d 可取 3.6～8 m;等跨式柱网[图 4-1(b)]适用于厂房、仓库、商店等,其进深方向柱距 a 常为 6 m、7.5 m、9 m、12 m 等,开间方向柱距 d 一般为 6 m;对称不等跨式柱网[图 4-1(c)]常用于建筑平面宽度较大的厂房,常用的柱网有(5.8+6.2+6.2+5.8)m×6.0 m、(7.5+7.5+12.0 +7.5+7.5) m×6.0 m、(8.0+12.0+8.0)m×6.0 m 等。

对于宾馆、办公楼等民用建筑,柱网布置应与建筑分隔墙布置相协调,一般将柱子设在纵横墙交叉点上。柱网的尺寸还受到梁跨度的限制,一般梁跨度为 6～9 m。

在宾馆建筑中,一般两边是客房,中间为走廊,柱网布置有两种方案:一种是将柱子布置在走廊两侧,称对称三跨式[图 4-2(a)],另一种是将柱子布置在客房与卫生间之间,即将走廊与两侧的卫生间并为一跨,边跨仅布置客房[图 4-2(b)]。该形式也是对称三跨式,但跨度相对均匀,受力较好。

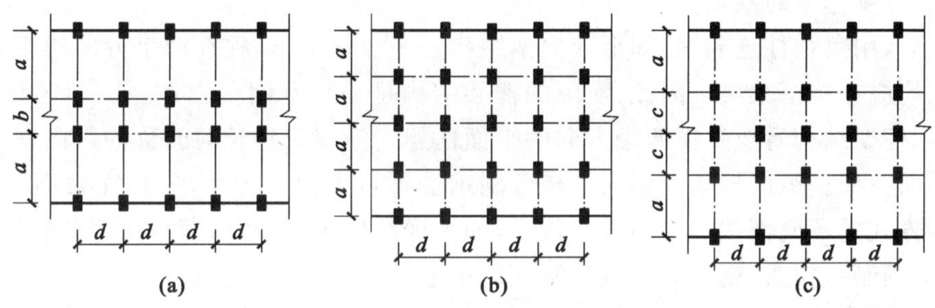

图 4-1 柱网布置图

(a) 内廊式;(b) 等跨式;(c) 不等跨式

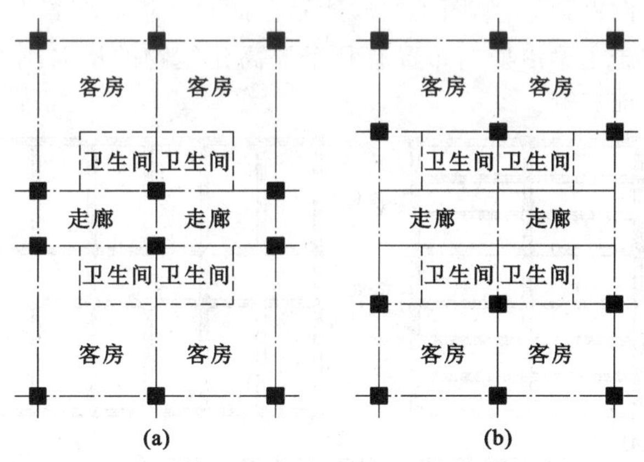

图 4-2 旅馆横向柱列布置

(a) 框架 A;(b) 框架 B

在办公楼建筑中,一般是两边为办公室,中间为走道,这时可将中柱布置在走道两侧,如图 4-3(a)所示。而当房屋进深较小时,也可取消一排柱子,布置成两跨框架,如图 4-3(b)所示。

(2) 柱网布置

柱网布置要做到使结构受力合理。多层框架主要承受竖向荷载,柱网布置时,应考虑结构内力分布的均匀性。如图 4-2 所示的两种框架结构,在竖向荷载作用下框架 A[图 4-2(a)]的跨中弯矩和支座弯矩均比框架 B[图 4-2(b)]大,故其材料用量也多于框架 B。

纵向柱列的布置对结构受力也有影响，框架柱距一般可取建筑开间，如图 4-3(a)所示。但若开间较小，层数也较少，柱子截面配筋常按构造要求确定，导致材料强度不能充分利用。同时过小的柱距也使建筑平面难以灵活布置，为此可考虑取掉一排柱，将框架改成两跨框架，如图 4-3(b)所示。

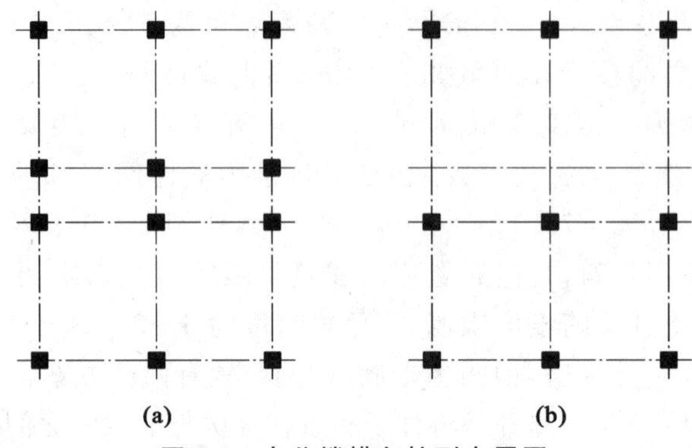

图 4-3　办公楼横向柱列布置图

4.1.2.2　承重体系的确定

柱网确定后，用梁把柱连起来，即形成框架结构。一般情况下，柱在两个方向均应有梁拉结，故在房屋纵横向均应布置框架梁。因此，实际的框架结构是一个空间受力体系。但为计算分析方便起见，可把实际框架结构看成纵横两个方向的平面框架。沿建筑物长向的称为纵向框架，沿建筑物短向的称为横向框架。纵向框架和横向框架分别承受各自方向上的水平力，而楼面竖向荷载则依楼盖结构布置方式的不同而按不同的方式传递，如为现浇楼盖，则竖向荷载向距离较近的次梁或框架梁传递；对于预制板楼盖，则传至搁置预制板的梁上。一般应在承受较大楼面竖向荷载的方向布置框架承重梁。根据楼面竖向荷载的传递路线可将框架的承重体系分为三种。

(1) 横向框架承重体系

楼面荷载全部传至横向框架梁，如图 4-4(a)所示。此时在横向布置框架承重梁，而在纵向布置连系梁。此方案的优点在于主梁沿横向布置有利于提高建筑物的横向刚度(横向跨数少)，纵向设较小的连系梁也有利于立面开洞。

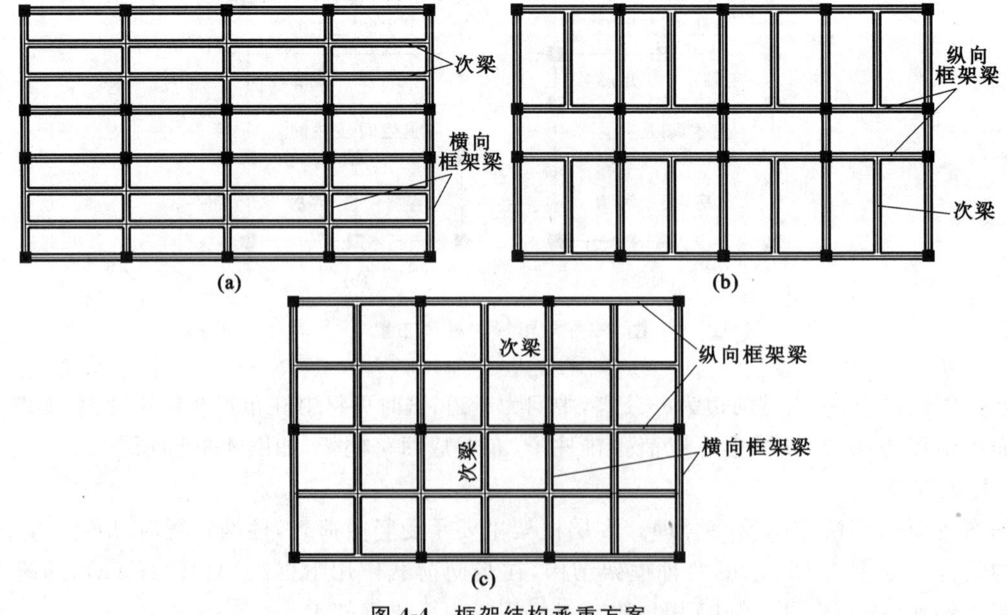

图 4-4　框架结构承重方案

(2) 纵向框架承重体系

如预制板沿横向布置，楼面荷载将传到纵向框架梁，如图 4-4(b)所示，此时纵梁为承重梁，而横向为连系梁。由于横梁高度较小，可获得较高的室内净高，也利于管线的穿行。该方案的缺点是横向抗侧刚度较差，进深尺寸受预制板长度的限制。

(3) 纵横向框架混合承重体系

两个方向的框架梁均承受楼面荷载，如图 4-4(c)中的现浇十字板是预制板布置的板面，荷载将向纵横向框架梁上传递。混合承重方案具有较好的整体工作性能，当楼面作用荷载较大时，常采用此种方案。

顺便指出，若楼盖采用现浇板且为双向板时，则其竖向承重结构应为一空间框架。

4.1.2.3 结构缝的设置

混凝土结构中结构缝的设计应根据结构受力特点及建筑尺度、形状、使用功能，合理确定结构缝的位置和构造形式；宜控制结构缝的数量，并采取有效措施减少设缝的不利影响。可根据需要设置施工阶段的临时性结构缝。结构缝有伸缩缝、沉降缝、防震缝三种。

(1) 伸缩缝

是否设伸缩缝与结构长度有关，当长度超过《混凝土结构设计规范》(GB 50010—2010)对钢筋混凝土结构规定的伸缩缝最大间距时，一般应设缝；如不设缝，应验算温度应力并采取相应的构造措施，如设置后浇带、做好保温隔热层等。伸缩缝宽度应不小于 50 mm。

(2) 沉降缝

如上部荷载差异较大，或地基土的物理力学指标相差较大，则应设沉降缝。沉降缝可利用挑梁或搭置预制板、预制梁等方式做成。沉降缝宽应不小于 50 mm。

(3) 防震缝

当建筑平面形状不规则，竖向高度、刚度、质量差异较大时，应设防震缝。《建筑抗震设计规范》(GB 50011—2012)规定，当高度不超过 15 m 时，抗震缝宽度不应小于 100 mm；超过 15 m 时，6 度、7 度、8 度和 9 度分别每增加高度 5 m、4 m、3 m 和 2 m，宜加宽 20 mm。

上述三种结构缝在进行布置时，应综合考虑，多缝合一，尽量减少缝数，以方便施工，降低造价，增加整体性。伸缩缝和防震缝只需将基础以上的房屋分开，而沉降缝必须将基础也分开。

4.2 框架结构内力近似计算方法

4.2.1 框架结构计算简图

框架的梁、柱常采用矩形或方形截面，其截面尺寸和材料特性一样，在内力分析之前截面尺寸应根据承载力、刚度及延性等要求确定。初步设计时，通常由经验或估算先选定截面尺寸，以后进行承载力、变形等验算，检查所选尺寸是否合适。如果估算的截面尺寸符合要求，便将估算的截面尺寸作为框架的最终尺寸，否则，需要重新确定梁柱截面，并进行计算。

4.2.1.1 梁截面尺寸确定

框架梁截面尺寸可根据计算跨度、活荷载大小等初步确定：梁高 $h=(1/18\sim1/10)l_0$，l_0 为梁的计算跨度；为了防止发生剪切脆性破坏，h 不宜大于 1/4 净跨。主梁的梁宽 $b=(1/3\sim1/2)h$，且不小于 200 mm。为了保证侧向稳定性，梁截面的高宽比不宜大于 4。

以上预估梁高能够满足结构承载及刚度的需要，且结构本身的经济性较好，但建筑功能要求会影响结构的梁高取值。当因结构层高和建筑所需净高的限制，使框架梁高取值显著小于以上预估数值时，或采用扁梁，扁梁的高度可按(1/18～1/10)l_0初步确定，截面宽度和高度的比值不宜超过3。当梁跨度较大时，为了节省材料和空间，可将梁设计成加腋梁(图4-5)。

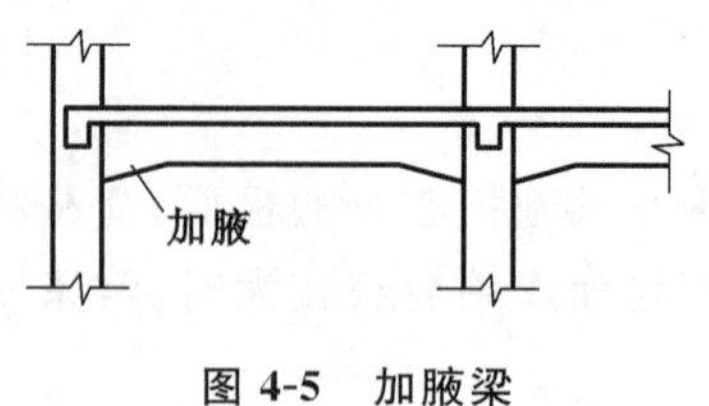

图4-5　加腋梁

4.2.1.2　柱截面尺寸

框架柱一般采用矩形或方形截面，在多层框架中，柱截面尺寸可考虑下列四个因素，按其最大者取值。

① 柱截面宽度可按层高估算，$b_c=(1/15 \sim 1/10)h_i$，h_i为i层层高。$h_c=(1\sim2)b_c$，h_c为柱截面高度。

② 在非抗震设计时，可先根据其所受轴力按轴心受压构件估算，再乘以适当的放大系数以考虑弯矩的影响。即：

$$A \geqslant (1.1 \sim 1.2)\frac{N}{f_c} \tag{4-1}$$

$$N = 1.25N_v \tag{4-2}$$

式中　A——柱截面面积，m^2。

N——柱轴力设计值，kN。

N_v——根据柱负荷面积计算的轴向力，可由式$N_v=nF$预估，其中F为柱每层负荷面积，单位是m^2；n为柱负荷层数，12～14 kN/m^2为框架结构平均设计荷载，隔墙少而轻时取小值。

1.25——重力荷载分项系数平均值。

f_c——柱混凝土轴心抗压强度设计值。

③ 在抗震设计时，一、二、三、四级抗震等级的各类结构的框架柱、框支柱，柱的截面面积还应考虑轴压比N/f_cA的限制。

$$A \geqslant \lambda \frac{N}{f_c} \tag{4-3}$$

式中　λ——柱轴压比限值，m^2，见表4-1。对于Ⅳ类场地上较高的高层建筑，柱轴压比限值应适当减小。

表4-1　**柱轴压比限值**

结构体系	抗震等级			
	一级	二级	三级	四级
框架结构	0.65	0.75	0.85	—
框架-剪力墙结构、筒体结构	0.75	0.85	0.90	0.95
部分框支剪力墙结构	0.60	0.70	—	—

注：1. 当混凝土强度等级为C65～C70时，柱轴压比限值宜按表中数值减小0.05；当混凝土强度等级为C75～C80时，柱轴压比限值宜按表中数值减小0.10。

2. 表内限值适用于剪跨比大于2、混凝土强度等级不高于C60的柱；剪跨比不大于2的柱轴压比限值应降低0.05；剪跨比小于1.5的柱，应专门研究轴压比限值并采取特殊构造措施。

④ 构造要求：非抗震设计时框架柱的截面边长不宜小于250 mm；抗震设计时，四级不宜小于300 mm，一、二、三级不宜小于400 mm。圆柱的截面直径非抗震和四级抗震时不宜小于350 mm，一、二、三级不宜小于450 mm。柱抗震剪跨比宜大于2，截面的高宽比不宜大于3。

4.2.1.3 梁的惯性矩

在结构内力与位移计算中，与梁一起现浇的楼板可作为框架梁的翼缘，每一侧翼缘的有效宽度可取至板厚的 6 倍；装配整体式楼面视其整体性可取等于或小于 6 倍的板厚；无现浇面层的装配式楼面，楼板的作用不予考虑。设计中，为简化计算，也可按表 4-2 近似确定梁截面惯性矩 I。

表 4-2 **框架梁的截面惯性矩**

楼盖形式		I
现浇楼盖	中框架梁	$2.0I_0$
	边框架梁	$1.5I_0$
装配整体式楼盖	中框架梁	$1.5I_0$
	边框架梁	$1.2I_0$
装配式楼盖		按梁的实际截面计算

4.2.1.4 计算单元

框架结构房屋是空间结构体系，一般应按三维空间结构进行分析。但对于平面布置较规则的框架结构房屋，为计算方便，不计结构纵向和横向之间的空间联系，将实际空间结构简化成若干个横向框架[图 4-6(c)]和纵向平面框架[图 4-6(d)]进行分析计算，计算单元取相邻两框架柱距的一半，如图 4-6(b)所示的阴影区范围。

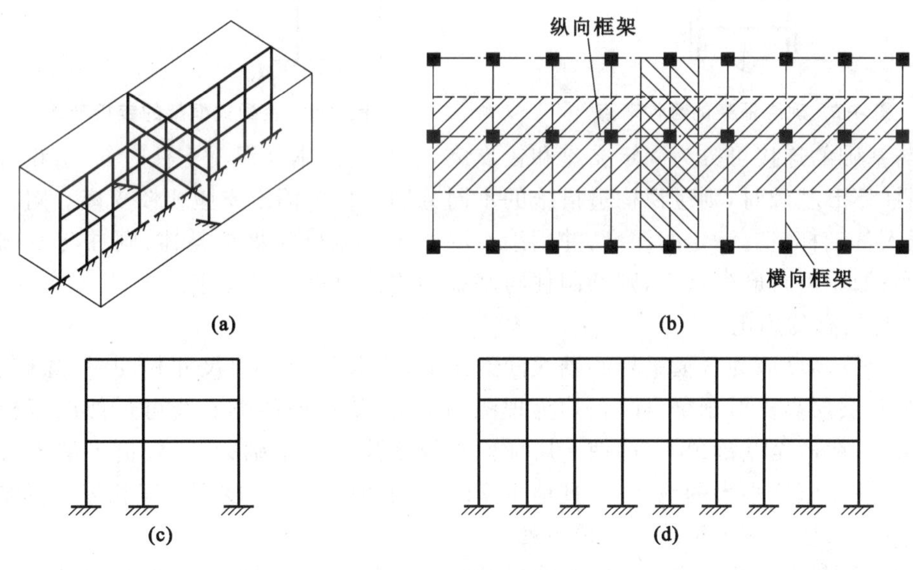

图 4-6 框架结构计算单元

在计算竖向荷载作用下的内力时，一般框架结构在竖向荷载作用下侧移很小，可忽略各榀框架之间的相互影响，认为该榀框架与相邻框架各负担它们之间楼面面积一半的竖向荷载。当采用横向承重方案时，截取横向框架作为计算单元，认为竖向荷载全部由横向框架承担；当采用纵向承重方案时，截取纵向框架作为计算单元，认为竖向荷载全部由纵向框架承担；当采用纵横向双向承重方案时，应根据结构的不同特点进行分析，并对竖向荷载按楼盖的实际支承情况进行传递，这时竖向荷载通常由纵、横向框架共同承担。

4.2.1.5　计算简图

在框架结构的计算简图中，梁、柱用其轴线表示，梁与柱之间的连接用节点表示，梁或柱的长度用节点间的距离表示，框架柱轴线之间的距离即为框架梁的计算跨度。

(1) 节点的简化

框架节点一般总是三个方向受力的，但当按平面框架进行结构分析时，则节点也相应地简化。可根据其实际施工方案和构造措施简化。

现浇钢筋混凝土框架结构，梁和柱内的纵向受力钢筋都将穿过节点或锚入节点区，可将梁、柱节点视为刚接；装配整体式框架中的焊接或搭接，并在现场浇筑部分混凝土使节点成为整体的，亦可视为刚接节点(图 4-7)。但这种节点不如现浇框架的整体性好，在竖向荷载作用下，相应梁端实际负弯矩小于计算值，而跨中实际正弯矩则大于计算值，截面设计时应予以调整。

装配式框架结构则是在梁底和柱上预埋钢板，安装就位后再焊接，由于钢板在其自身平面外的刚度很小，难以保证结构受力后梁柱间没有相对转动，因此常把这类节点简化成铰接节点或半铰接节点，如图 4-8 所示。

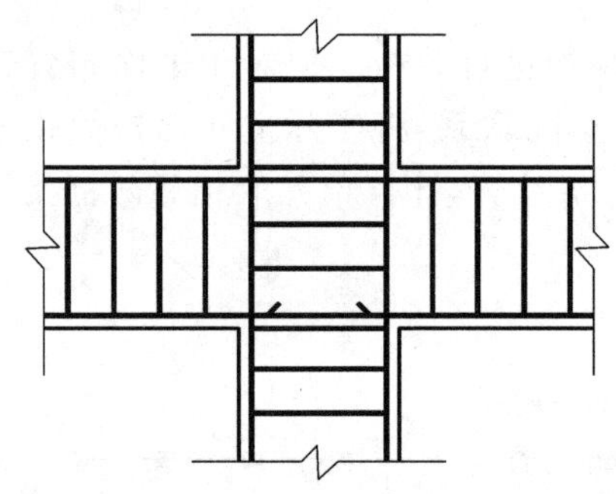

图 4-7　现浇框架的刚性节点

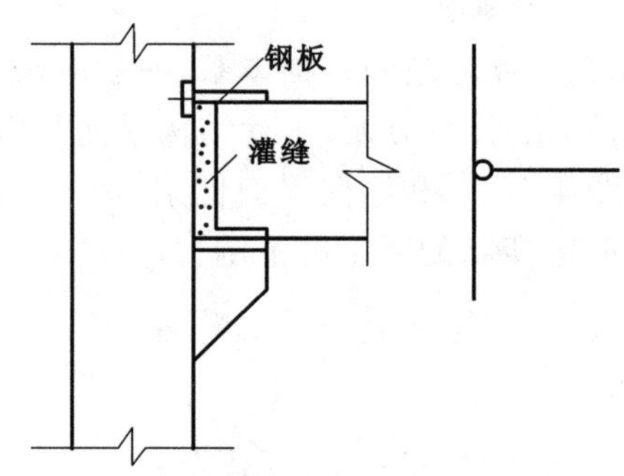

图 4-8　装配式框架的铰接节点

框架柱与基础的连接可分为固定支座和铰支座，当为现浇钢筋混凝土柱时，一般设计成固定支座；当为预制柱杯形基础时，则应视构造措施的不同分别简化为固定支座或铰支座。对于装配式框架，如果柱插入基础杯口有一定的深度，并用细石混凝土与基础浇捣成整体，则柱与基础的连接可视为固定支座；如用沥青麻丝填实，则预制柱与基础的连接可视为铰支座。

(2) 跨度与层高的确定

框架柱的计算高度应为各横梁形心轴线间的距离，当各层梁截面尺寸相同时，除底层外，柱的计算高度即为各层层高。对于梁、柱、板均为现浇的情况，梁截面的形心线可近似取至板底。对于底层柱的下端，一般取至基础顶面，即使一层地面有纵横拉结的基础梁，一般仍可偏于安全而忽略其影响；当设有整体刚度很大的地下室，且地下室结构的楼层侧向刚度不小于相邻上部结构楼层侧向刚度的 2 倍时，可取至地下室结构的顶板处。

有时框架柱的截面尺寸沿房屋高度变化，当上层柱截面尺寸减小但其形心轴仍与下层柱的形心轴重合时，其计算简图与各层柱截面不变时的相同[图 4-9(a)、(b)]；当上、下层柱截面尺寸不同且形心轴也不重合时，一般采取近似方法，即将顶层柱的形心线作为整个柱子的轴线[图 4-9(c)]。但是必须注意，在框架结构的内力和变形分析中，各层梁的计算跨度及线刚度仍应按实际情况选取。另外，还应考虑因为上、下层柱轴线不重合，由上层柱传来的轴力在变截面处所产生的力矩。此力矩应视为外荷载，与其他竖向荷载一起进行框架内力分析。

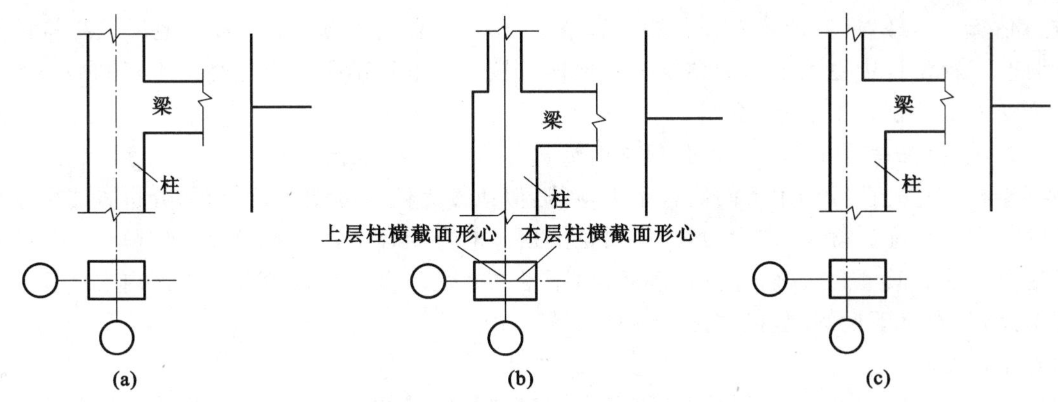

图 4-9 框架柱轴线位置

4.2.1.6 计算荷载

框架结构一般受到竖向荷载、风荷载和地震作用。其中永久荷载和楼(屋)面活荷载为竖向荷载,竖向荷载一般为分布荷载,有时也为集中荷载。风荷载和水平地震作用为水平荷载,水平荷载一般均简化成作用于框架节点的水平集中力。

(1) 荷载的种类

作用于框架结构的荷载按作用方向可分为竖向荷载和水平荷载。荷载按其作用性质可分为永久荷载、可变荷载及偶然荷载。永久荷载包括结构自重、固定设备自重、装饰及粉刷自重、土压力、预应力等。可变荷载有楼面及屋面活荷载、雪荷载、风荷载、积灰荷载、吊车荷载、施工荷载等。偶然荷载有爆炸力和撞击力等。

在抗震设防区,多、高层建筑还要考虑地震作用,但考虑到课程的重叠,本章不做介绍。

(2) 荷载的简化

竖向荷载的简化:次梁传递给主梁的集中荷载,可按假设次梁为单跨简支梁进行计算;主梁自重荷载在不太影响主要受力截面内力时,可以改为集中荷载形式,以简化内力计算;三角形或梯形分布荷载可以转化为等效均布荷载计算。

水平荷载的简化:多层框架结构因层数和高度一般不大,风荷载影响较小,且各榀框架的侧移刚度一般相近,故框架的风荷载可取该榀框架的负荷宽度单独计算,不必考虑各榀框架按侧刚度分配总的风荷载。如果不满足以上条件,各榀框架的抗侧刚度不一致,则各榀框架必须按侧移刚度分配总的风荷载。一般由框架计算单元宽度的墙面向柱集中为线荷载,因风压高度变化系数沿高度变化,应沿高度分层计算各层柱上因风压引起的线荷载,风压高度变化系数按各层柱顶高度选取,层间风压按均布线荷载计算。为简化计算,可将每层节点上、下各半层的线荷载向节点集中为水平力,顶层节点集中力应取顶层上半层层高范围加上屋顶女儿墙的风荷载。

4.2.2 竖向荷载作用下框架结构内力计算方法

框架是典型的杆件体系,“结构力学”课程中已经比较详细地介绍了超静定刚架(框架)内力和位移计算方法。精确地计算其内力的手算方法有全框架力矩分配法、无剪力分配法、迭代法等。但当结构跨数与层数较多时,采用上述手算方法过于耗时,因此,人们采用分层法、反弯点法、D 值法等对结构进行简化分析。随着计算机内存及运算速度的提高,框架结构的分析更多的是根据结构力学中位移法的基本原理编制电算程序,用杆件有限元法由计算机按空间结构进行分析。

但在初步设计阶段,为确定结构布置方案或构件的结构尺寸,还需要采用一些简单的近似计算方法进行估算。另外,近似计算方法虽然计算精度较差,但概念明确,能够直观地反映结构的受力特点,因此,工程设计中也用手算的结果来定性地校核判断电算结果的合理性。本章和后面各章介绍手算方法的目的正在于此。

4.2.2.1 框架结构在竖向荷载作用下的近似计算——力矩分配法

框架结构在竖向荷载作用下的侧移不大,可近似地按无侧移框架进行分析,分析方法可采用力矩分配法。力矩分配法就是“结构力学”中讨论的钢架的弯矩计算,一般进行二次弯矩分配,故也称二次力矩分配法。其概念明确,计算精度较高,不足之处是计算节点数较多。因其内力计算方法大家比较熟悉,故本章不设例题,仅总结了计算步骤。

(1) 计算假定

假定某一节点的不平衡弯矩只对与该节点相交的各杆件的远端有影响,而对其余杆件的影响忽略不计。

(2) 基本思路

先对各节点不平衡弯矩进行第一次分配,并向远端传递(传递系数均取 1/2),再将因传递弯矩而产生的新的不平衡弯矩进行第二次分配,整个弯矩分配和传递过程即告结束。这就是弯矩二次分配法。注意:弯矩分配两次,传递一次。

(3) 计算步骤

① 若框架结构和作用荷载均对称,可仅取半跨进行分析,这时中跨梁的相对线刚度应乘以修正系数 1/2,根据各杆件的线刚度计算各节点杆端弯矩分配系数。

② 计算竖向荷载作用下各跨梁的固端弯矩,并将各节点不平衡弯矩进行第一次分配。

③ 将所有杆端的分配弯矩向远端传递,传递系数均取 1/2。

④ 将各节点因传递弯矩而产生的新的不平衡弯矩进行第二次分配,使各节点处于平衡状态。

⑤ 将各杆端的固端弯矩、分配弯矩和传递弯矩相加,即得各杆端弯矩。

4.2.2.2 框架结构在竖向荷载作用下的近似计算——分层法

框架所承受的竖向荷载一般是结构自重和楼(屋)面使用活荷载。框架在竖向荷载作用下,侧移比较小,可以作为无侧移框架按力矩分配法进行计算。精确计算表明,各层荷载除了在本层梁及与本层梁相连的柱子中产生内力之外,对其他层的梁、柱内力影响不大。为此,可以将整个框架分成一个个刚架单元来计算,这就是分层法。

(1) 计算假定

① 不考虑框架侧移对内力的影响,即框架的侧移忽略不计。

② 作用在某一层框架梁上的竖向荷载只对本楼层的梁及与本层梁相连的框架柱产生弯矩和剪力,而对其他楼层的框架梁和隔层的框架柱都不产生弯矩和剪力。

(2) 基本思路

按照叠加原理,多层多跨框架在多层竖向荷载同时作用下的内力,可以看成是各层竖向荷载单独作用下的内力的叠加,如图 4-10(a)所示。又根据上述假定,当各层梁上单独作用竖向荷载时,仅在图 4-10(a)所示结构的实线部分内产生内力,虚线部分中所产生的内力可忽略不计。这样,框架结构在竖向荷载作用下,可按图 4-10(b)所示各个开口刚架单元进行计算。

由于在开口刚架单元中,各柱的远端均取为固定支座,这与柱子在实际框架中的情况有较大差别。实际上,除底层柱的下端外,其他各层柱端均有转角产生,即虚线部分对实线部分的约束作用应为介于铰支承与固定支承之间的弹性支承。

为此,需要对计算进行以下修正。

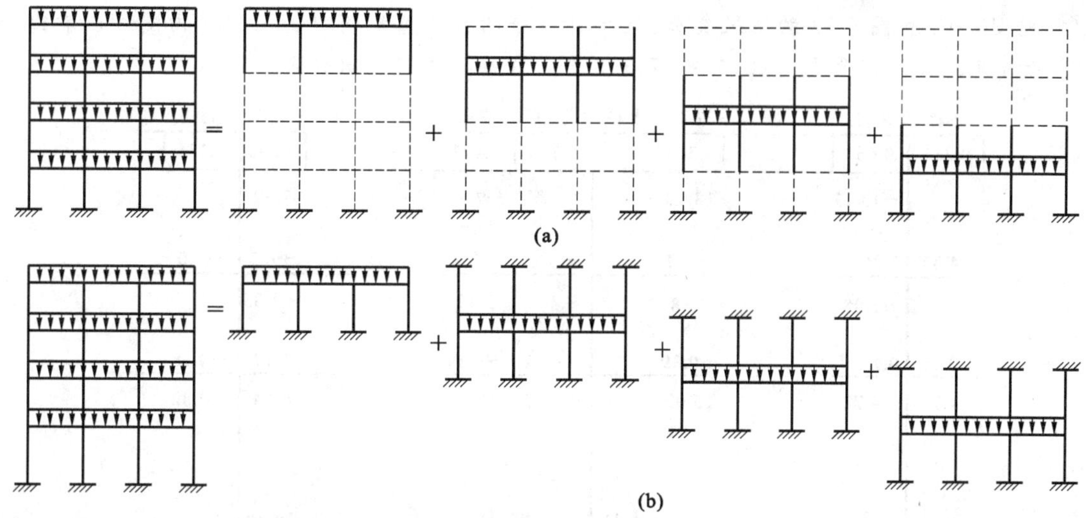
图 4-10 分层法计算简图

① 除底层外，各柱的线刚度乘以 0.9 加以修正。

② 将各柱的弯矩传递系数修正为 1/3。

将各个开口刚架单元组装成原来的整体框架之后，节点上的弯矩可能不平衡，但误差不会很大，一般可不做处理。如果需要更精确一些，可将节点不平衡弯矩在节点处做一次分配即可，不需要再进行传递。

(3) 计算步骤

① 将原框架分为若干个开口刚架，除底层外的各柱线刚度均乘以折减系数 0.9。

② 用弯矩分配法计算每一敞口框架的杆端弯矩(若对称可取半跨)，底层柱弯矩传递系数仍取 1/2，其余各柱弯矩传递系数取 1/3。

③ 将分层法所得弯矩图叠加，并将边跨各节点不平衡弯矩做一次分配，中间跨各节点不平衡弯矩相差不大，不再分配。

(4)适用范围

分层法适用于节点梁柱线刚度比 $\sum i_b / \sum i_c \geqslant 3$，结构刚度与荷载沿高度分布比较均匀的多层框架。满足上述条件的框架，内力分析结果精度较好。

【例 4-1】 如图 4-11 所示的二层框架，用分层法作框架的弯矩图，括号内的数字表示每根杆线刚度的相对值。

【解】 用分层法进行计算。

① 上层计算见图 4-12，下层计算见图 4-13。

a. 上层各柱的线刚度都要先乘以 0.9，然后再计算各节点的分配系数。

b. 各杆的分配系数写在图 4-12 中长方框内。

c. 各杆端固端弯矩查表“等截面直杆的杆端弯矩和剪力”(见《材料力学》教材)得到。

d. 上层各柱远端弯矩等于各柱近端弯矩的 1/3(即传递系数为 1/3)，底层各柱远端弯矩等于各柱近端弯矩的 1/2(即传递系数为 1/2)。最后一行数字为分配后的各杆端弯矩。

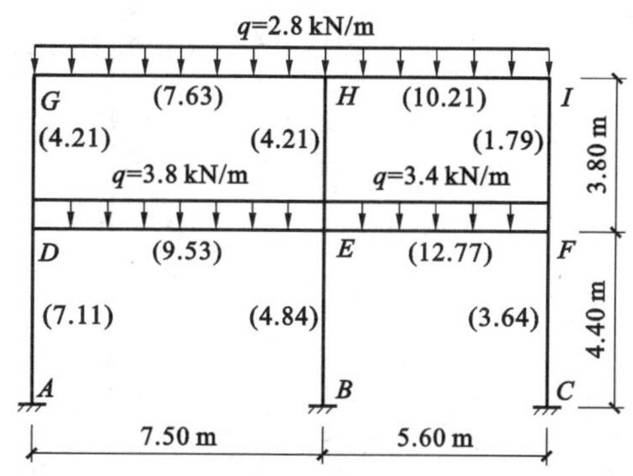

图 4-11 计算简图

② 把图 4-12 和图 4-13 的结果叠加，就得到各杆的最后弯矩图(图 4-14)。由图可以看出，节点有不平衡情况。如果需要更精确，可将节点不平衡弯矩再进行一次分配。

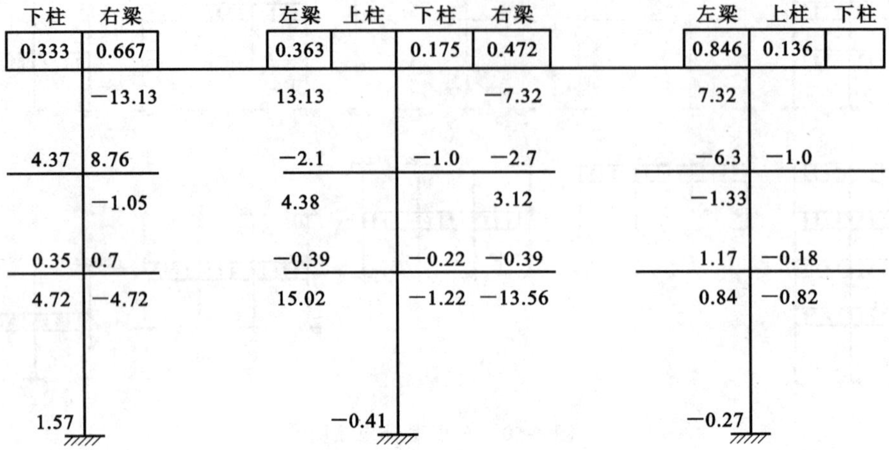

下柱 右梁
0.333 0.667
−13.13
4.37 8.76
−1.05
0.35 0.7
4.72 −4.72
1.57
左梁 上柱 下柱 右梁
0.363 0.175 0.472
13.13 −7.32
−2.1 −1.0 −2.7
4.38 3.12
−0.39 −0.22 −0.39
15.02 −1.22 −13.56
−0.41
左梁 上柱 下柱
0.846 0.136
7.32
−6.3 −1.0
−1.33
1.17 −0.18
0.84 −0.82
−0.27

图 4-12 上层内力计算

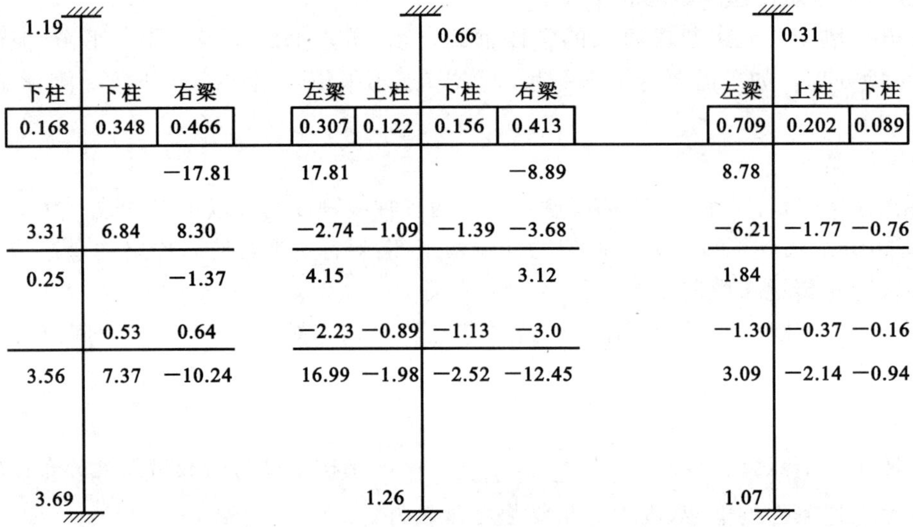

1.19
下柱 下柱 右梁
0.168 0.348 0.466
−17.81
3.31 6.84 8.30
0.25 −1.37
0.53 0.64
3.56 7.37 −10.24
3.69
0.66
左梁 上柱 下柱 右梁
0.307 0.122 0.156 0.413
17.81 −8.89
−2.74 −1.09 −1.39 −3.68
4.15 3.12
−2.23 −0.89 −1.13 −3.0
16.99 −1.98 −2.52 −12.45
1.26
0.31
左梁 上柱 下柱
0.709 0.202 0.089
8.78
−6.21 −1.77 −0.76
1.84
−1.30 −0.37 −0.16
3.09 −2.14 −0.94
1.07

图 4-13 下层内力计算

4.72
15.02
13.56
0.84
5.91
0.51
0.56
10.24
16.99
12.45
3.09
2.14
7.37
2.39
2.52
1.21
3.69
1.26
1.07

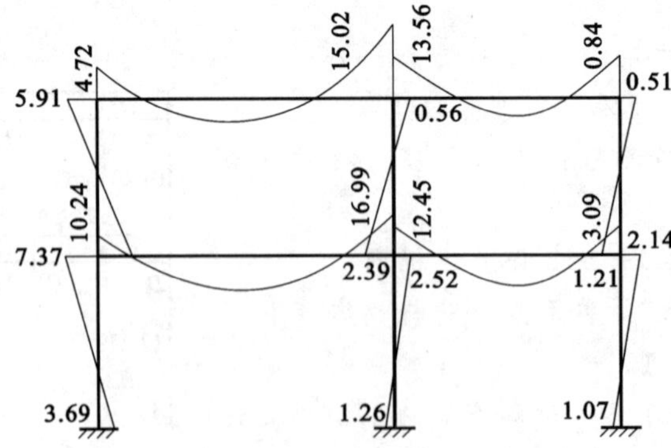

图 4-14 最后弯矩图(单位:kN · m)

4.2.3 水平荷载作用下框架结构内力计算方法

4.2.3.1 框架在水平荷载作用下的近似计算(一)——反弯点法

框架所承受的水平荷载主要是风荷载和水平地震作用,它们都可以转化成作用在框架节点上的集中力。在这种力的作用下,无论是横梁还是柱子,它们的弯矩分布均为直线变化。如图 4-15(a)所示,一般情况下,每根杆件都有一个弯矩为零的点,称为反弯点。如果在反弯点处将柱子切开,切断点处的内力将只有剪力和轴力。如果知道反弯点的位置和柱子的抗侧移刚度,即可求得各柱的剪力,从而求得框架各杆件的内力,反弯点法由此而来。

由此可见,反弯点法的关键是反弯点的位置确定和柱子抗推刚度的确定。

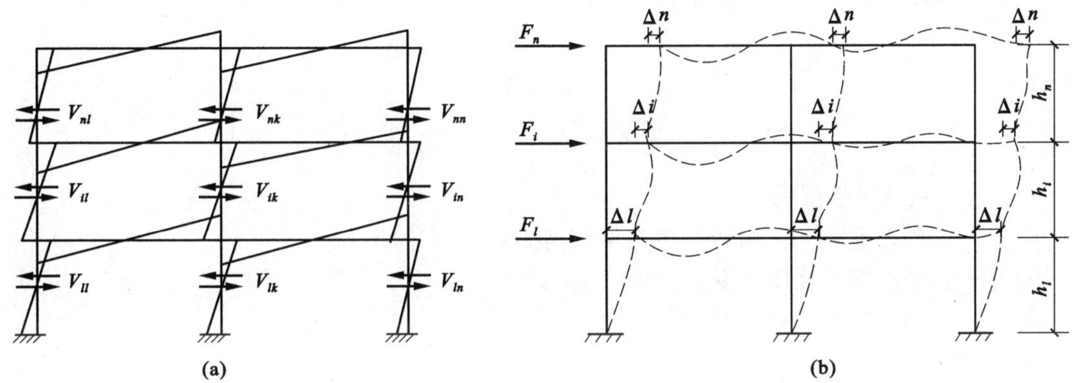

图 4-15 框架弯矩图和变位图

(a) 框架弯矩图;(b) 框架变位图

(1) 基本假定

① 确定各柱间的剪力分配时,认为梁的线刚度与柱的线刚度之比为无限大,各柱上下两端均不发生角位移。

如果框架横梁相对刚度为无穷大,则在水平力的作用下,框架节点将只有侧移而没有转角。实际上,框架横梁刚度不会是无穷大,在水平力下,节点既有侧移又有转角[图 4-15(b)]。但是,当梁、柱的线刚度之比大于 3 时,柱子端部的转角就很小。此时忽略节点转角的存在,对框架内力计算影响不大。

② 不考虑框架梁的轴向变形,同一层各节点水平位移相等。

③ 假定底层柱子的反弯点位于柱子高度的 2/3 处,其余各层柱的反弯点位于柱中。

当柱子端部转角为零时,反弯点的位置应位于柱子高度的中间。而实际结构中,尽管梁、柱的线刚度之比大于 3,在水平力的作用下,节点仍然存在转角,那么反弯点的位置就不在柱子中间。尤其是底层柱子,由于柱子下端为嵌固,无转角,当上端有转角时,反弯点必然向上移,故底层柱子的反弯点取在 2/3 处。上部各层,当节点转角接近时,柱子反弯点基本在柱子中间。

(2) 适用范围

由上述假定可知,反弯点法的适用范围是结构比较均匀,层数不多的多层框架,框架梁、柱的线刚度之比应不小于 3。

(3) 基本思路

① 柱子的抗侧移(抗推)刚度 d。

由假定①知,水平力作用下,i 楼层框架柱 j 的变形如图 4-16 所示。若视横梁为刚性梁,柱端

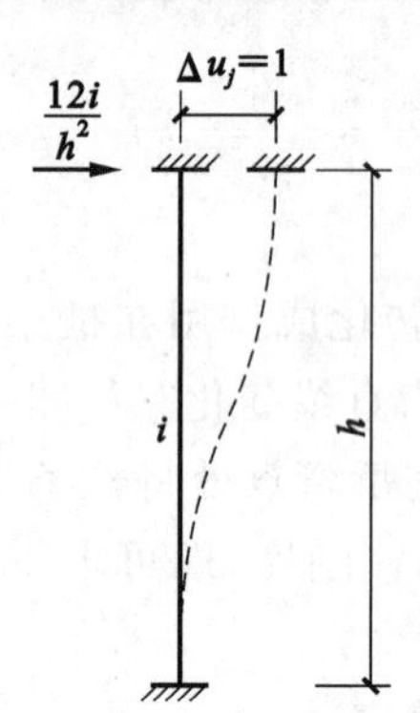

图 4-16 两端固定柱的侧向刚度

转角为零，导出第 i 层第 j 柱的侧移刚度 d_{ij}，它表示要使柱上下端产生单位相对水平位移($\Delta u_i=1$)时，需要在柱顶施加的水平力：

$$d_{ij}=\frac{12i_{ij}}{h_i^{\ 2}} \tag{4-4}$$

式中 i_{ij}——第 i 层第 j 柱的线刚度；

h_i——第 i 层柱子的高度。

② 第 i 层第 j 柱分配到的剪力。

设框架结构共有 n 层，每层内有 m 个柱子[图 4-17(a)]，将框架沿第 i 层各柱的反弯点处切开代以剪力和轴力[图 4-17(b)]，则按水平力的平衡方程有：

$$V_i=\sum_{i=1}^{n}F_i \tag{4-5}$$

$$V_i=V_{i1}+\cdots+V_{ij}+\cdots+V_{im}=\sum_{i=1}^{n}F_i \tag{4-6}$$

式中 F_i——作用在 i 楼层的水平力；

V_i——水平力 F 在第 i 层所产生的层间剪力；

V_{ij}——第 i 层第 j 柱所承受的剪力；

m——第 i 层内的柱子数；

n——楼层数。

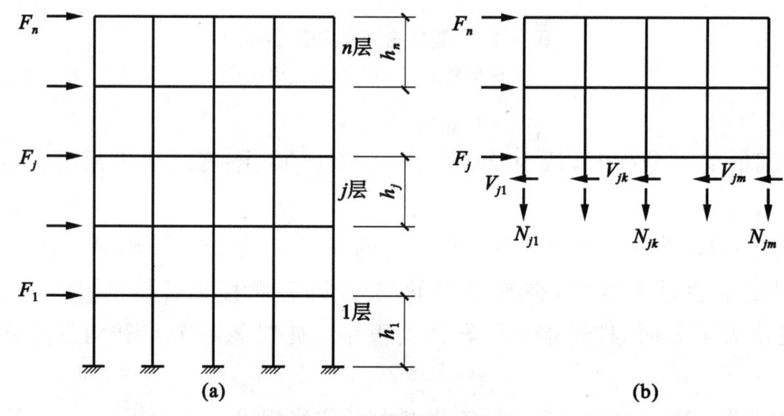

图 4-17 反弯点法推导

由假定②，同层各柱柱端水平位移相等，第 i 层各柱柱端相对侧移均为 Δu_i，按照侧移刚度的定义，有：

$$\Delta u_i=\frac{V_i}{\sum_{j=1}^{m}d_{ij}} \tag{4-7}$$

将式(4-7)代入式(4-4)，得 i 楼层中任一柱 j 在层间剪力 V_i 中分配到的剪力：

$$V_{ij}=\frac{d_{ij}}{\sum_{j=1}^{m}d_{ij}}V_i \tag{4-8}$$

③ 杆端弯矩计算。

求得各柱所承受的剪力 V_{ij} 以后，由假定③便可求得各柱杆端弯矩[图 4-18(a)]：

$$M_{ik}^{\mathrm{d}}=V_{ik}\cdot yh \tag{4-9a}$$

$$M_{ik}^{u} = V_{ik} \cdot (1-y)h \tag{4-9b}$$

对于底层柱：

$$M_{c1j}^{t} = V_{ij} \cdot \frac{h_1}{3} \tag{4-10a}$$

$$M_{c1j}^{b} = V_{ij} \cdot \frac{2h_1}{3} \tag{4-10b}$$

对于上部各层柱：

$$M_{cij}^{t} = M_{cij}^{b} = V_{ij} \cdot \frac{h_i}{2} \tag{4-11}$$

上式中的下标 i、j 表示第 i 层第 j 号柱，上标 d、u 分别表示柱的底端和顶端。在求得柱端弯矩后，由图 4-18(b)所示的节点弯矩平衡条件，即可求得梁端弯矩：

$$M_{b}^{l} = (M_{c}^{u} + M_{c}^{d})\frac{i_{b}^{l}}{i_{b}^{l} + i_{b}^{r}} \tag{4-12a}$$

$$M_{b}^{r} = (M_{c}^{u} + M_{c}^{d})\frac{i_{b}^{r}}{i_{b}^{l} + i_{b}^{r}} \tag{4-12b}$$

式中 M_b^l,M_b^r——节点处左、右的梁端弯矩；

M_c^d,M_c^u——节点处柱下、上端弯矩；

i_b^l,i_b^r——节点左、右的梁的线刚度。

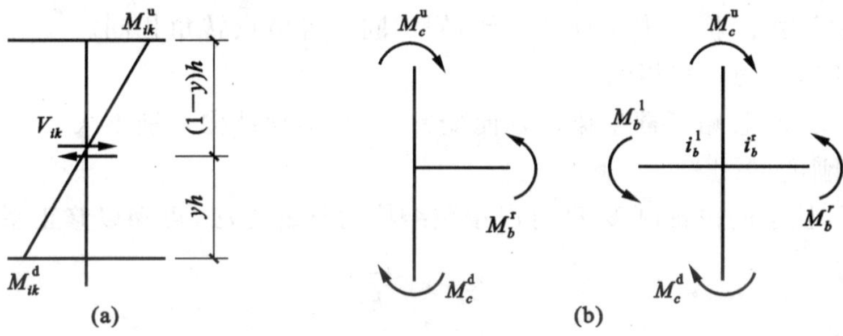

图 4-18 杆端弯矩计算

(a) 柱端弯矩计算；(b) 梁端弯矩计算

④ 梁端剪力计算。

以各个梁为脱离体，将梁的左、右端弯矩之和除以该梁的跨度(图 4-19)，便得梁端剪力：

$$V_{b}^{l} = V_{b}^{r} = \frac{(M_{b}^{l} + M_{b}^{r})}{l} \tag{4-13}$$

⑤ 柱轴力计算。

自上而下逐层叠加节点左、右的梁端剪力(图 4-20)，即可得到柱内轴向力：

$$N_{ik} = \sum_{i}^{n} (V_{ib}^{l} - V_{ib}^{r}) \tag{4-14}$$

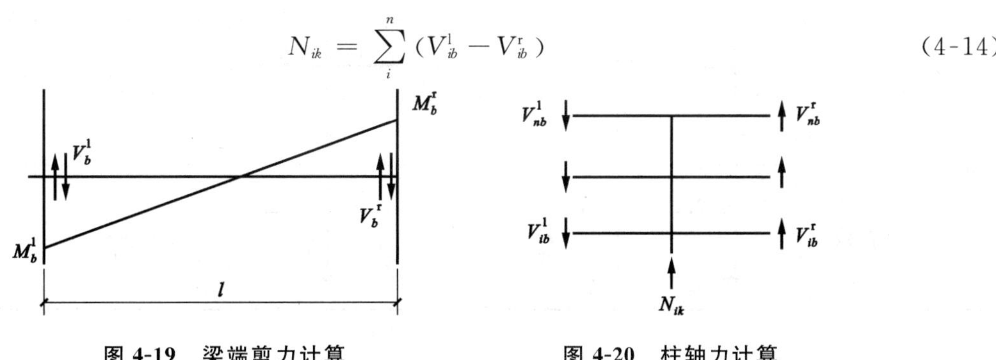

图 4-19 梁端剪力计算 **图 4-20 柱轴力计算**

(4) 反弯点法的计算步骤

① 计算框架梁柱的线刚度,判断其是否大于 3;

② 计算柱子的抗推刚度;

③ 将层间剪力在柱子中进行分配,求得各柱剪力值;

④ 按反弯点高度计算柱子端部弯矩;

⑤ 利用节点平衡计算梁端弯矩,进而求得梁端剪力;

⑥ 计算柱子的轴力。

4.2.3.2 框架在水平荷载作用下的近似计算(二)——改进反弯点法(D 值法)

反弯点法存在两个问题:一是框架各层节点的转角不可能都相等,故柱的反弯点位置也不可能都在柱子中点处;二是由于梁柱线刚度比不可能为无穷大,故柱的抗侧刚度也不完全取决于柱子本身,还与梁的刚度有关。日本武藤清教授针对多层多跨框架受力和变形特点,于 1963 年提出了修正框架柱的侧移刚度和调整框架柱的反弯点高度的方法。修正后柱的侧移刚度以 D 表示,故此法又称为"D 值法",也叫改进反弯点法,实际上它是对反弯点法的一种改进。

因此,D 值法跟反弯点法的计算原理是一样的,只是在计算过程中考虑了两个关键因素:一是确定柱子的抗推刚度,二是柱子的反弯点高度。

(1) 基本假定

① 假定同层各节点转角相同。

承认节点转角的存在,但是为了计算方便,假定同层各节点转角相同。

② 假定同层各节点的侧移相同。

这一假定,实际上是忽略了框架梁的轴向变形,这与实际结构差别不大。

(2) 柱子抗推刚度 D

在上述假定下,柱子的抗推刚度 D 可以按照结构力学的方法,再乘以修正系数计算:

$$D = \alpha_c \frac{12 i_c}{h^2} \tag{4-15}$$

式中 α_c——柱子抗推刚度的修正系数,$\alpha_c \leqslant 1.0$,具体取值见表 4-3。

其余符号的意义同前。

表 4-3 **抗推刚度修正系数 α_c**

位置		边柱		中柱		α_c
一般层		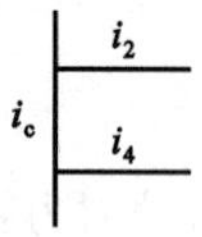 i_2 i_c i_4	$\overline{K}=\frac{i_2+i_4}{2i_c}$	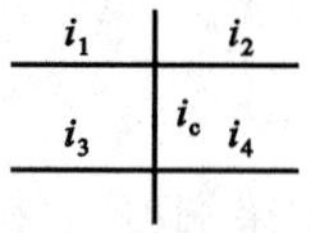 i_1 i_2 i_c i_3 i_4	$\overline{K}=\frac{i_1+i_2+i_3+i_4}{2i_c}$	$\alpha_c=\frac{\overline{K}}{2+\overline{K}}$
底层	固接	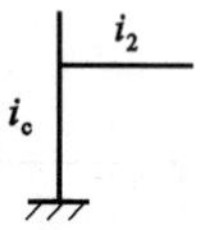 i_2 i_c	$\overline{K}=\frac{i_2}{i_c}$	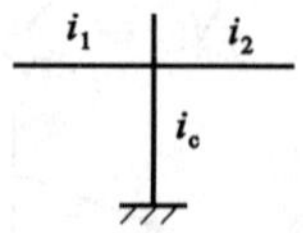 i_1 i_2 i_c	$\overline{K}=\frac{i_1+i_2}{i_c}$	$\alpha_c=\frac{0.5+\overline{K}}{2+\overline{K}}$
	铰接	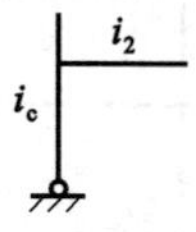 i_2 i_c	$\overline{K}=\frac{i_2}{i_c}$	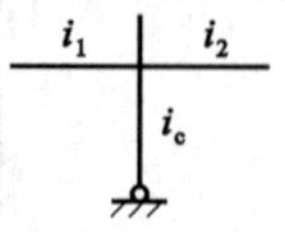 i_1 i_2 i_c	$\overline{K}=\frac{i_1+i_2}{i_c}$	$\alpha_c=\frac{0.5\overline{K}}{1+2\overline{K}}$

由此可以看出，按照上式计算到的柱子抗侧刚度一般要小于反弯点法的 D 值，这是考虑柱子端部转角的缘故。转角的存在，同样水平力作用下柱子的侧移要来得大一些。

① 抗侧刚度 D 的推导。

框架受力变形后，其局部柱 AB 及相关杆件变形如图 4-21(b)所示，柱上下端产生水平侧移 Δ_{ui}，柱的弦转角 $\varphi=\Delta_{ui}/h_i$。

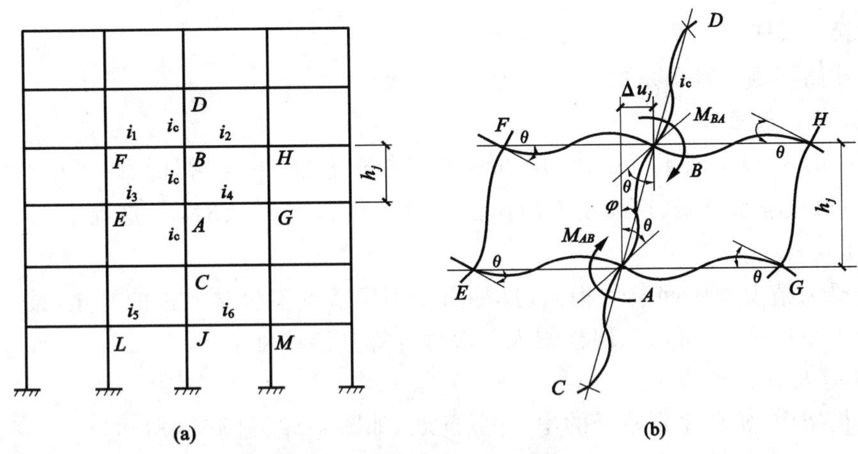

图 4-21 杆件转角变形简图

为了简化起见，做如下假定：

a. 柱 AB 及与其上下相邻柱的线刚度均为 i_c。

b. 柱 AB 及其上下相邻的两个柱的弦转角均为 φ。

c. 柱 AB 两端节点及其上下左右相邻的各个节点的转角均为 θ。

由节点 A 和节点 B 的力矩平衡条件，分别可得：

$$4(i_3+i_4+i_c+i_c)\theta+2(i_3+i_4+i_c+i_c)\theta-6(i_c\varphi+i_c\varphi)=0$$

$$4(i_1+i_2+i_c+i_c)\theta+2(i_1+i_2+i_c+i_c)\theta-6(i_c\varphi+i_c\varphi)=0$$

将以上两式相加，化简后可得

$$\theta=\frac{2}{2+\dfrac{\sum i}{2i_e}}\varphi=\frac{2}{2+\overline{K}}\varphi \tag{4-16}$$

式中 $\sum i$—— 梁线刚度之和，$\sum i=i_1+i_2+i_3+i_4$；

$\overline{K}$—— 梁柱平均线刚度比，$\overline{K}=\dfrac{\sum i}{2i_e}$；

i_e——柱的线刚度。

柱 AB 所受剪力为：

$$V_{AB}=\frac{12i_e}{h_i}(\varphi-\theta)$$

将式(4-16)代入上式得

$$V_{AB}=\frac{\overline{K}}{2+\overline{K}}\frac{12i_e}{h_i}\varphi=\frac{\overline{K}}{2+\overline{K}}\frac{12i_e}{h_i^2}\Delta u_i \tag{4-17}$$

令 $\alpha_c=\dfrac{\overline{K}}{2+\overline{K}}$，则 $V_{AB}=\alpha\dfrac{12i_e}{h_i^2}\Delta u_i$。

由侧移刚度定义，框架结构中的第 i 层第 j 柱的侧移刚度为

$$D_{ij}=\frac{V_{ij}}{\Delta u_i} \tag{4-18}$$

则有

$$D_{ij}=\alpha_c\frac{12i_e}{h_i^2} \tag{4-19}$$

式中 h_i——第 i 层柱子高度；

α_c——柱侧移刚度修正系数。

② 修正系数 α_c 的意义。

式(4-19)中的 α_c 值反映了节点转动降低了柱的抗侧移能力，即梁柱线刚度比值对柱侧移刚度的影响，其值与节点类型及梁、柱线刚度的比值有关。当 $\overline{K}$ 值很大时，α_c 趋近于 1.0；当 $\overline{K}$ 值不太大时，α_c 小于 1.0。

顶层柱的受力情况与中间层柱相似，只是由于顶层节点不包含上柱的弯矩，推导出的 α_c 公式略有区别。为方便计算，仍可将顶层柱归入一般柱计算其侧移刚度。

③ 柱高不等及有夹层的柱。

在不规则框架中，常会碰到柱子的串、并联问题，如图 4-22、图 4-23 所示。

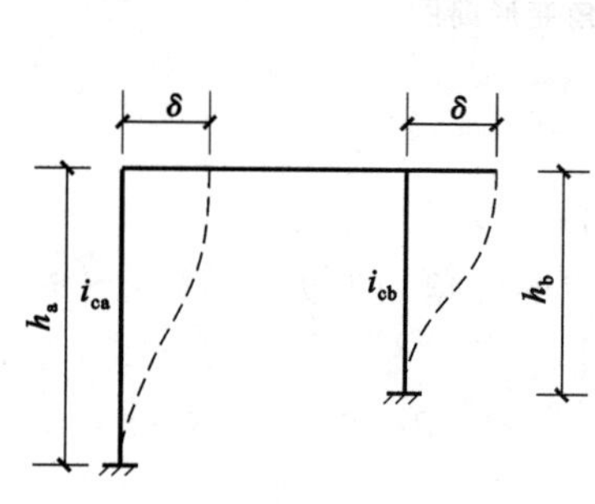

图 4-22　不等高柱

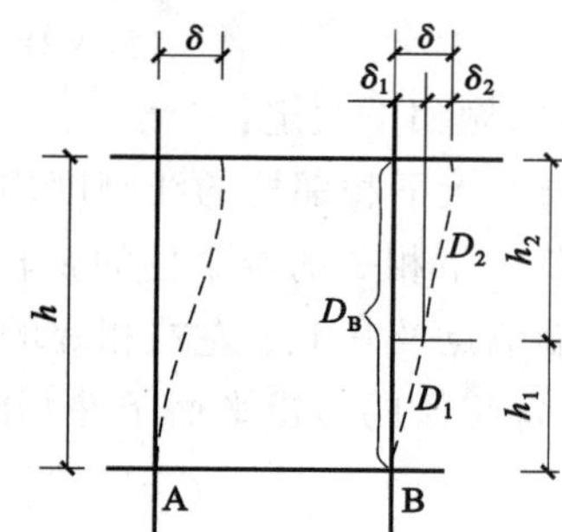

图 4-23　夹层柱

若框架的同一层中某柱再有分层时，总的抗推刚度的倒数等于各层柱抗推刚度的倒数和。设再分层柱承受的剪力为 V_c，则其层间水平侧移为：

$$\Delta_1=\frac{V_e}{D_1};\quad \Delta_2=\frac{V_e}{D_2}$$

$$\Delta=\Delta_1+\Delta_2$$

根据柱顶侧移相等的原则，其等效侧移刚度 D_e 为

$$D_e=\frac{V_e}{\Delta}=\frac{1}{\frac{1}{D_1}+\frac{1}{D_2}}=\frac{D_1D_2}{D_1+D_2} \tag{4-20}$$

式中 D_1——夹层底层柱侧移刚度，$D_1=\alpha_{c1}\frac{12i_{c1}}{h_1^2}$；

D_2——夹层上层柱侧移刚度，$D_2=\alpha_{c2}\frac{12i_{c2}}{h_2^2}$。

数柱并联时，总的抗推刚度等于各柱的抗推刚度之和：

$$D_a=\alpha_{ca}\frac{12i_{ca}}{h_a^2},\quad D_b=\alpha_{cb}\frac{12i_{cb}}{h_b^2}$$

$$D_e = D_a + D_b \tag{4-21}$$

(3) 反弯点高度

柱子反弯点的位置——反弯点高度,取决于柱子两端转角的相对大小。如果柱子两端转角相等,反弯点必然在柱子中间;如果柱子两端转角不一样,反弯点必然向转角较大的一端移动。影响柱子反弯点高度的因素主要有以下几个方面:① 结构总层数及该层所在的位置;② 梁、柱线刚度比;③ 荷载形式;④ 上、下层梁刚度比;⑤ 上、下层层高变化。

在改进反弯点法中,柱子反弯点位置往往用反弯点高度比 y 来表示:

$$y = \frac{\overline{y}}{h}$$

式中 $\overline{y}$——反弯点到柱子下端的距离,即反弯点高度;

h——柱子高度。

综合考虑上述因素,各层柱的反弯点高度比由下式计算:

$$y = y_n + y_1 + y_2 + y_3 \tag{4-21}$$

式中 y_n——柱标准反弯点高度比。标准反弯点高度比是在各层等高、各跨相等、各层梁和柱线刚度都不改变时框架在水平荷载作用下的反弯点高度比。

① 上、下梁线刚度比的影响 y_1。

若某层柱的上、下横梁线刚度不同,则该层柱的反弯点位置就不同于标准反弯点位置,而是偏向于横梁刚度小的一侧,因而必须对标准反弯点进行修正,这个修正值就是反弯点高度的上移增量 y_1h。

y_1 是在各层柱承受等剪力的情况下求得的。y_1 值可根据上下横梁的线刚度比 α_1 和由附录 8 中相关表格查得。当 $i_1+i_2<i_3+i_4$ 时,反弯点上移,由 $\alpha_1=(i_1+i_2)/(i_3+i_4)$ 查附录 8 中表格即得 y_1 值;当 $i_1+i_2>i_3+i_4$ 时,反弯点下移,查表时应取 $\alpha_1=(i_3+i_4)/(i_1+i_2)$,查表得 y_1 应取负值。对于底层柱,不考虑修正值 y_1,即 $y_1=0$。

② 层高变化的影响 y_2、y_3。

若某层柱所在层的层高与相邻上层或下层的层高不同,则该柱的反弯点位置将不同于标准反弯点高度而需要修正。当上层层高变化时,反弯点高度的上移增量为 y_2h。当下层层高变化时,反弯点高度的上移增量为 y_3h。

y_2 和 y_3 也是按上述分析方法,且假定各层柱承受等剪力的情况下求得的。y_2 和 y_3 可由附录 8 查得。对顶层可不考虑修正值 y_2,即 $y_2=0$;对底层可不考虑修正值 y_3,即 $y_3=0$。

综上所述,各层柱的反弯点高度 y 可由下式求出:

$$y = (y_n + y_1 + y_2 + y_3)h \tag{4-22}$$

(4) 计算步骤

反弯点法的计算步骤可归纳如下:

① 计算框架层间剪力;

② 计算柱子的抗推刚度;

③ 将层间剪力在柱子中进行分配,求得各柱剪力值;

④ 确定反弯点高度;

⑤ 按反弯点高度计算柱子端部弯矩;

⑥ 利用节点平衡计算梁端弯矩,进而求得梁端剪力;

⑦ 计算柱子的轴力。

【例 4-2】 某框架结构风荷载内力计算,基本风压 $w_0=0.4\ \text{kN/m}^2$,地面粗糙度为 B 类。计算以左风为例的弯矩图。风荷载作用下计算简图如图 4-24、图 4-25 所示。

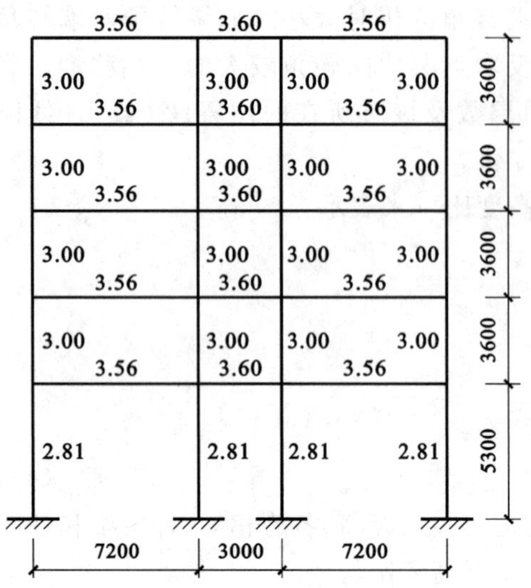

图 4-24 风荷载作用下计算简图(单位:kN)

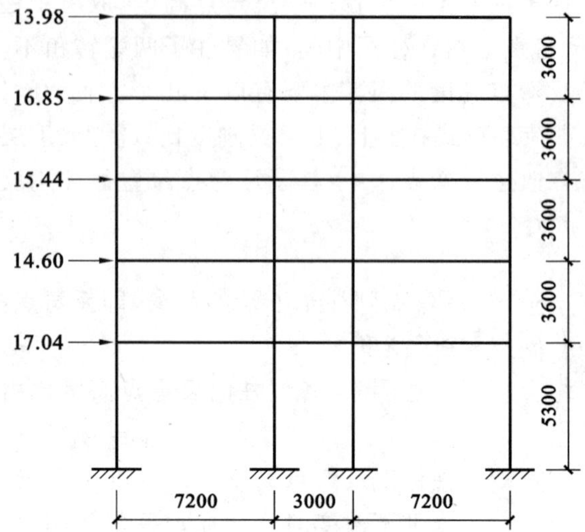

图 4-25 梁"柱"线刚度

【解】 ① 抗侧刚度和反弯点高度确定。

$$y=(y_n+y_1+y_2+y_3)h$$

计算过程见表 4-4。

表 4-4 **抗侧刚度和反弯点高度**

楼层		K	α	$D(\times10^4$ kN/m)	y_0	I	y_1	α_2	y_2	α_3	y_3	yh	$h-yh$
边柱	五	1.19	0.37	1.03	0.36	1	0	—	—	1	0	1.30	2.30
	四	1.19	0.37	1.03	0.41	1	0	1	0	1	0	1.48	2.12
	三	1.19	0.37	1.03	0.46	1	0	1	0	1	0	1.66	1.94
	二	1.19	0.37	1.03	0.50	1	0	1	0	1	0	1.80	1.80
	一	1.27	0.54	0.65	0.62	—	0	0.68	0	—	—	3.29	2.01
中柱	五	2.39	0.54	1.5	0.42	1	0	—	—	1	0	1.51	2.09
	四	2.39	0.54	1.5	0.45	1	0	1	0	1	0	1.62	1.98
	三	2.39	0.54	1.5	0.50	1	0	1	0	1	0	1.80	1.80
	二	2.39	0.54	1.5	0.50	1	0	1	0	1	0	1.80	1.80
	一	2.55	0.67	0.8	0.55	—	0	0.68	0	—	—	2.92	2.38

② 剪力在各层分配计算(单位:kN),计算结果见图 4-26。

$$V_{Pi}=\sum_{i=1}^{5}P_i,\quad V_{ik}=\frac{D_k}{\sum D}\cdot V_{Pi}$$

③ 柱端弯矩计算(单位:kN·m),计算结果见图 4-27。

$$M_{ik}^{d}=V_{ik}\cdot yh$$

$$M_{ik}^{u}=V_{ik}\cdot(1-y)h$$

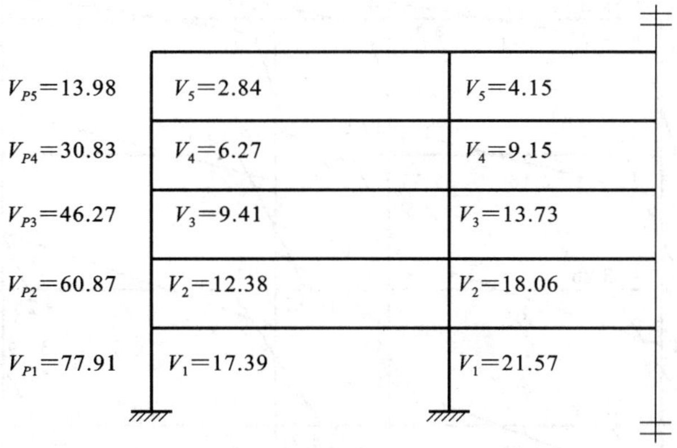

	左柱	右柱
$V_{P5}=13.98$	$V_5=2.84$	$V_5=4.15$
$V_{P4}=30.83$	$V_4=6.27$	$V_4=9.15$
$V_{P3}=46.27$	$V_3=9.41$	$V_3=13.73$
$V_{P2}=60.87$	$V_2=12.38$	$V_2=18.06$
$V_{P1}=77.91$	$V_1=17.39$	$V_1=21.57$

图 4-26 各柱分配到的剪力计算结果

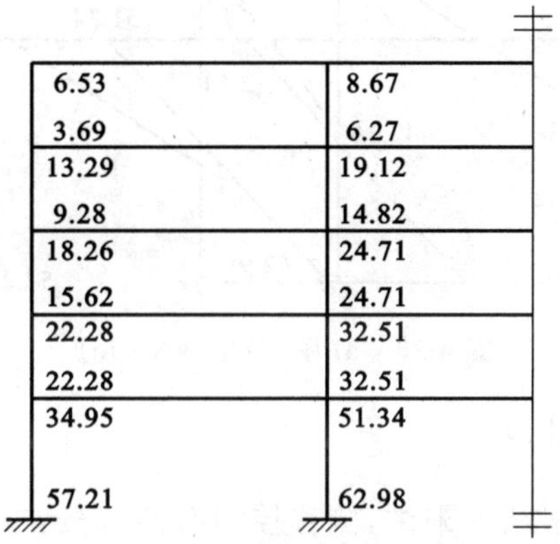

左柱	右柱
6.53	8.67
3.69	6.27
13.29	19.12
9.28	14.82
18.26	24.71
15.62	24.71
22.28	32.51
22.28	32.51
34.95	51.34
57.21	62.98

图 4-27 各柱端弯矩的计算结果

④ 梁端柱边弯矩计算(单位:kN·m),计算结果见图 4-28。

$$M_b^l = (M_c^u + M_c^d)\frac{i_b^l}{i_b^l + i_b^r}$$

$$M_b^r = (M_c^u + M_c^d)\frac{i_b^r}{i_b^l + i_b^r}$$

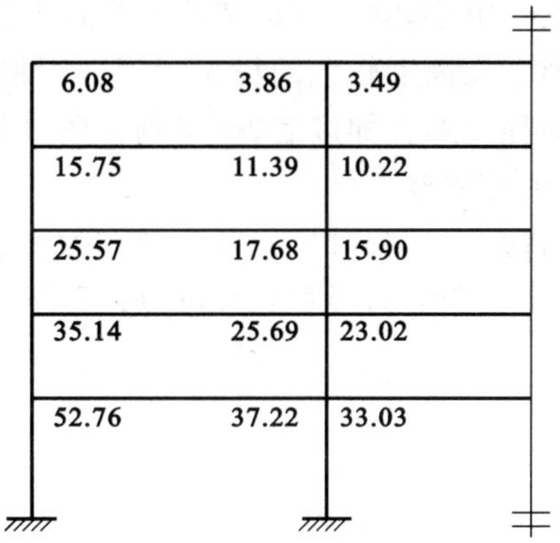

左跨左端	左跨右端	右跨左端
6.08	3.86	3.49
15.75	11.39	10.22
25.57	17.68	15.90
35.14	25.69	23.02
52.76	37.22	33.03

图 4-28 各梁端弯矩的计算结果

⑤ 风荷载作用下的弯矩图如图 4-29 所示。

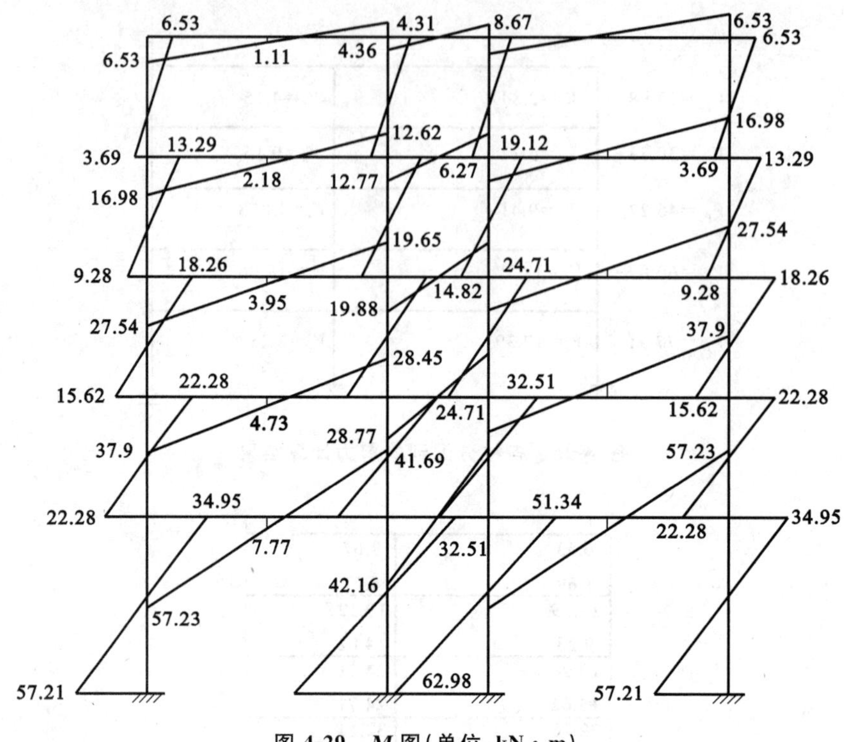

图 4-29 *M* 图(单位:kN·m)

4.2.4 框架结构水平位移计算

高层结构要控制侧移,对框架结构来讲,侧移控制有两部分:一是结构顶点侧移的控制,目的是使结构满足正常使用的要求;二是结构层间侧移的控制,防止填充墙出现裂缝。

4.2.4.1 框架结构在水平荷载作用下的侧移特点

框架结构在水平荷载作用下产生的侧移由两部分组成:剪切变形和弯曲变形,如图 4-30 和图 4-31 所示。前者是由水平荷载产生的层间剪力引起的,其侧移曲线为凹向结构的竖轴,层间相对位移下大上小,这种变形为框架结构的总体剪切变形;后者是由水平荷载产生的倾覆力矩引起的,侧移曲线凸向结构竖轴,层间相对侧移下小上大,故称为框架结构总体弯曲变形。在层数不多的情况下,柱子轴向变形引起的侧移很小,常常可以忽略。在近似计算中,只需计算由梁、柱弯曲变形产生的侧移,即所谓剪切型变形。在高度较大的框架中,柱子轴向力较大,由柱子轴向变形引起的侧移已不能忽略。一般说来,两种变形叠加以后,框架侧移曲线仍以剪切型为主。

4.2.4.2 梁、柱弯曲变形产生的侧移

框架柱抗推刚度的物理意义就是柱顶相对柱底产生单位水平侧移时所需要的柱顶水平推力,即柱子剪力。因此,由梁、柱弯曲变形产生的层间侧移可以按照下式计算:

$$\delta_j^M = \frac{V_{Pj}}{\sum D_{ij}} \tag{4-23}$$

式中 V_{Pj}——第 j 层层间剪力;

δ_j^M——第 j 层层间侧移;

D_{ij}——第 j 层第 i 根柱子的剪力。

各层楼板标高处侧移绝对值是该层以下各层层间侧移之和。框架顶点由梁、柱弯曲变形产生的侧移为所有 n 层层间侧移之和。

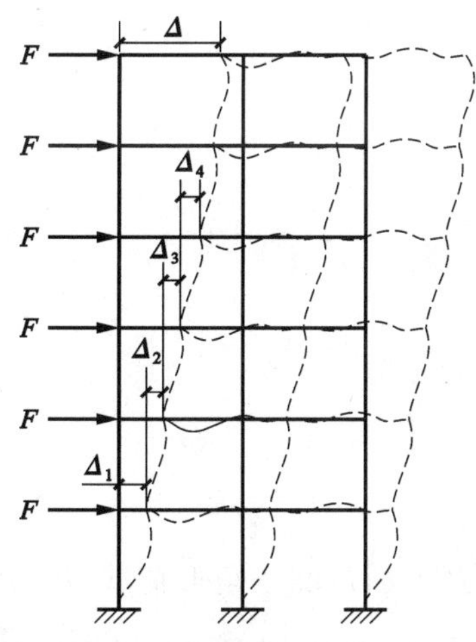

图 4-30 梁柱弯曲变形引起的侧移

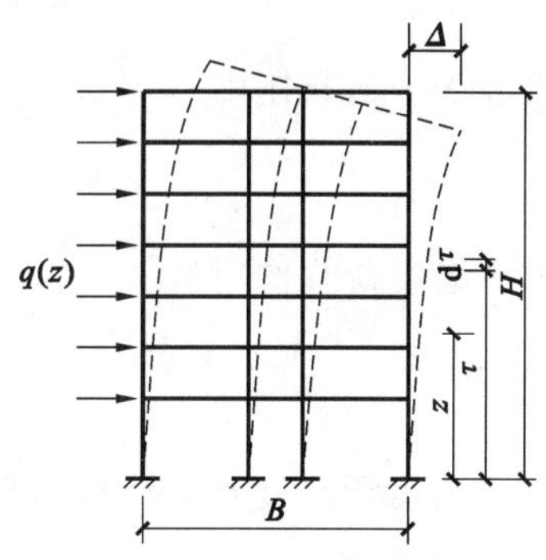

图 4-31 柱轴向变形引起的侧移

第 j 层侧移：

$$\Delta_j^M = \sum_{i=1}^{j} \delta_i^M \tag{4-24}$$

顶点侧移：

$$\Delta_n^M = \sum_{j=1}^{n} \delta_j^M \tag{4-25}$$

4.2.4.3 柱轴向变形产生的侧移

在水平荷载作用下，对于一般框架来讲，只有两根边柱轴力较大，一侧为拉力，另一侧为压力。中柱因柱子两边梁的剪力相近，轴力很小。这样，由柱轴向变形产生的侧移只需考虑两边柱的贡献。

在任意水平荷载 $q(z)$ 作用下，用单位荷载法可求出由柱轴向变形引起的框架顶点水平位移。

$$\Delta_j^N = 2\int_0^{H_j} \left(\frac{\overline{N}N}{EA}\right) \mathrm{d}z \tag{4-26}$$

式中 $\overline{N}$——单位水平集中力作用在 j 层时边柱轴力：

$$\overline{N} = \pm \frac{H_j - Z}{B}$$

B——两边柱之间的距离。

N——水平荷载 $q(z)$ 作用下边柱的轴力：

$$N = \pm \frac{M(z)}{B}$$

$$M(z) = \int_z^H q(\tau)\mathrm{d}\tau(\tau - z)$$

A——边柱截面面积。假定边柱截面沿高度直线变化，令

$$n = \frac{A_{顶}}{A_{底}}$$

$$A(z) = \left[1 - \frac{(1-n)z}{H}\right] A_{底} \tag{4-27}$$

将上述公式整理，则有

$$\Delta_j^N = \frac{2}{EB^2 A_{底}} \int_0^H \frac{(H_j - z)M(z)}{1 - (1-n)z/H} \mathrm{d}z \tag{4-28}$$

针对不同荷载,积分即可求得框架顶部侧移。简化后得:

① 均布水平荷载作用:

$$\Delta = \frac{2}{3}\frac{FH^3}{EAB^2} \tag{4-29}$$

② 倒三角形水平荷载作用:

$$\Delta = \frac{1}{4}\frac{FH^3}{EAB^2} \tag{4-30}$$

③ 顶点水平集中荷载作用:

$$\Delta = \frac{11}{30}\frac{FH^3}{EAB^2} \tag{4-31}$$

其中,F 表示沿房屋高度水平荷载的总和。均布荷载:$F=qH$;倒三角形荷载:$F=\frac{qH}{2}$。

由式(4-28)可以看出,高宽比越大,柱轴向变形引起的侧移越大。因此,《高层建筑混凝土结构技术规程》(JGJ 3—2010)规定:对房屋高度大于 50 m 或高宽比大于 4 的结构,宜考虑柱轴向变形的影响。

4.2.4.4 水平位移的控制

框架的水平位移过大将导致框架中的隔墙等非承重的填充构件开裂,同时也表明结构的侧移刚度不足,影响在强风等水平作用下居住者的舒适度,故规范以弹性层间位移角限定层间位移。《高层建筑混凝土结构技术规程》(JGJ 3—2010)(附录 14)规定,按弹性方法计算的楼层最大弹性层间位移角 θ_e 不能超过其限值,由于 θ_e 很小,所以 $\theta_e \approx \tan\theta_e = \Delta u / h$,即:

$$\theta_e = \frac{\Delta u}{h} \leqslant \left[\frac{\Delta u}{h}\right] \tag{4-32}$$

式中 Δu ——按弹性方法计算所得的楼层层间水平位移;

h——层高;

$\left[\frac{\Delta u}{h}\right]$——楼层层间最大位移与层高之比的限值,对于框架结构,$\Delta u/h$ 不应超过 1/550。

由于变形验算属于正常使用极限状态的验算,因此在计算时,各作用分项系数均采用 1.0,混凝土结构构件的截面刚度可采用弹性刚度。另外,楼层层间最大位移 Δu 以楼层最大水平位移差计算,不扣除整体弯曲变形。

若不满足式(4-32)的要求,则应加大框架构件截面尺寸或提高混凝土强度等级,其中以加大柱截面高度最有效。因框架侧移验算的目的在于验算结构的侧移刚度是否满足式(4-32)的要求,而增大刚度往往要求改变结构构件的尺寸,导致计算模型的改变,故侧移验算应在竖向荷载内力分析和承载力验算之前完成,以避免不必要的重复计算。

4.2.5 框架结构考虑 *P*-Δ 效应的增大系数法

4.2.5.1 框架结构二阶效应的概念

框架结构的二阶效应是指轴向压应力在产生了侧移或挠曲变形的杆件内引起的曲率和弯矩增量,之所以称为二阶,是因为该现象是由二阶微分方程描述的。建筑结构的二阶效应包括重力二阶效应(P-Δ 效应)和受压构件的挠曲效应(P-δ 效应)两部分。

轴向压力在挠曲杆件中产生的二阶效应(P-δ 效应)是偏压杆件中由轴向压力在产生了挠曲变

形的杆件内引起的曲率和弯矩增量。其计算属于构件层面的问题，一般在构件设计时考虑，此处不再赘述。

重力二阶效应（P-Δ 效应）计算属于结构整体层面的问题，一般在结构整体分析中考虑，规范给出了两种计算方法：有限元法和增大系数法。本章节只介绍增大系数法。

4.2.5.2 重力二阶效应的近似计算方法

在框架结构中，当采用增大系数法近似计算偏压构件因侧移产生的二阶效应（P-Δ 效应）时，应对未考虑 P-Δ 效应的一阶弹性分析所得柱端弯矩和梁端弯矩及层间位移乘以增大系数 η_s。

$$M = M_{ns} + \eta_s M_s \tag{4-33}$$

$$\Delta = \eta_s \Delta_1 \tag{4-34}$$

式中 M_s——引起结构侧移的荷载或作用所产生的一阶弹性分析构件端弯矩设计值；

M_{ns}——不引起结构侧移荷载产生的一阶弹性分析构件端弯矩设计值；

Δ_1——一阶弹性分析的层间位移；

η_s——P-Δ 效应增大系数，其中，梁端 η_s 取为相应节点处上、下柱端 η_s 的平均值。

根据二阶效应的基本规律，P-Δ 效应只会增大由引起结构侧移的荷载或作用所产生的构件内力，而不增大不引起结构侧移的荷载（例如较为对称结构上作用的对称竖向荷载）所产生的构件内力，因此弯矩放大只针对 M_s 进行。因 P-Δ 效应既增大竖向构件中引起结构侧移的弯矩，又增大水平构件中引起结构侧移的弯矩，因此式（4-33）同样适用于梁端控制截面的弯矩计算。

在框架结构中，所计算楼层各柱的 η_s 可按下式计算：

$$\eta_s = \frac{1}{1 - \frac{\sum N_j}{DH_0}} \tag{4-35}$$

式中 D——所计算楼层的侧向刚度；

N_j——所计算楼层第 j 列柱轴力设计值；

H_0——所计算楼层的层高。

η_s 为层增大系数，各楼层计算出的 η_s 分别适用于该楼层的所有柱段。当用 η_s 增大柱端及梁端弯矩时，楼层侧向刚度 D 应按构件折减刚度计算。当计算弯矩增大系数时，宜考虑混凝土构件开裂对构件刚度的影响，宜对结构构件的弹性抗弯刚度 $E_c I$ 乘以下列修正系数：对于梁，取 0.4；对于柱，取 0.6；当计算结构位移增大系数时，取弹性抗弯刚度，无须折减。

当框架结构的 $\frac{\sum N_j}{DH_0}$ 足够小时，层增大系数 η_s 接近于 1，此时可不必考虑 P-Δ 效应。参考《高层建筑混凝土结构技术规程》(JGJ 3—2010)刚重比的概念，当刚重比 $\frac{D_i h_i}{\sum_{j=i}^{n} G_j} \geqslant 20$ 时，可不考虑 P-Δ 效应，式中 G_j 为第 j 层重力荷载代表值，大致为 N_j 的 75%；若刚重比大于 20，层增大系数 η_s 将小于 1.05，在实际工程中可忽略其影响。故多层框架 $\frac{D_i h_i}{\sum_{j=i}^{n} G_j} \geqslant 15$ 时，可不考虑 P-Δ 效应。

4.3 多层框架结构内力组合

4.3.1 控制截面

框架结构的承载力设计是按梁、柱、节点分别进行的。对于每种构件，需要找到内力最大的截面作为控制截面，为构件设计的依据。但是不同的内力并不一定在同一截面达到最大值，因此一个构件可能有几个控制截面。

对于框架梁，其控制截面为梁端柱边缘截面和梁的跨中截面。竖向荷载作用下，梁支座截面产生最大负弯矩(弯矩绝对值)和最大剪力作用；水平荷载作用下，还可能出现正弯矩。跨中截面一般产生最大正弯矩，有时也可能出现最大负弯矩。

还应指出的是，在截面配筋计算时应采用构件端部截面的内力(图 4-32)，而在框架内力计算时，计算的梁端弯矩和剪力却是柱子中心点的值。为此，需将梁端内力调整到柱边。梁端柱边的弯矩和剪力计算可按下式取值：

$$V' = V - (g + p)\frac{b}{2} \tag{4-36}$$

$$M' = M - V'\frac{b}{2} \tag{4-37}$$

式中 V',M'——梁端柱边截面的剪力和弯矩；

V,M——内力计算得到的柱轴线处的梁端剪力和弯矩；

g,p——作用在梁上的竖向分布恒荷载和活荷载。

当计算竖向集中荷载或水平荷载产生的内力时，则 $V=V'$。

框架柱的弯矩最大值都在上、下两个端截面，而轴力和剪力沿柱高变化不大，因此可取各层柱的上、下端截面作为控制截面。对于柱子，也需要将计算到的柱子内力调整到梁边缘截面(图 4-32)。

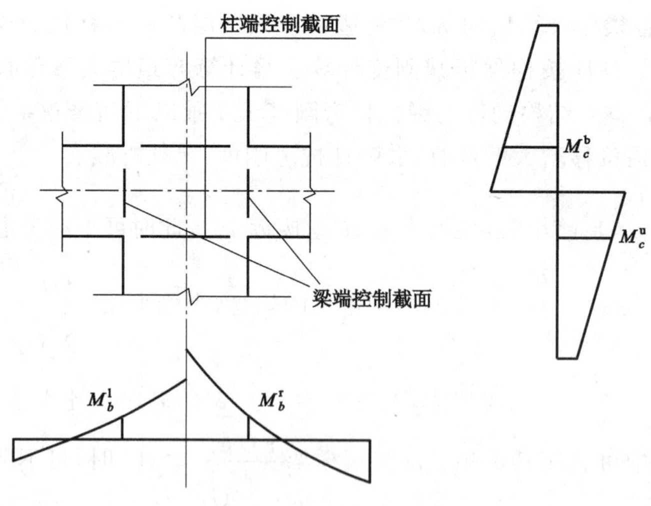

图 4-32 梁、柱端控制截面

4.3.2 荷载效应组合

荷载效应组合实际是指内力组合，即将各种荷载单独作用时所产生的内力，按照不利与可能的原则进行挑选与叠加，得到的控制截面的最不利内力。荷载基本组合的效应设计值，应从下列荷载组合中取用最不利的效应设计值。

不考虑抗震设防时，荷载效应组合如下。

① 由可变荷载效应控制的组合：

$$S_d = \sum_{j=1}^{m} \gamma_{Gj} S_{Gjk} + \gamma_{Qi} \gamma_{Li} S_{Qik} + \sum_{i=2}^{n} \gamma_{Qi} \gamma_{Li} \psi_{ci} S_{Qik} \tag{4-38}$$

② 由永久荷载效应控制的组合：

$$S_d = \sum_{j=1}^{m} \gamma_{Gj} S_{Gjk} + \sum_{i=1}^{n} \gamma_{Qi} \gamma_{Li} \psi_{ci} S_{Qik} \tag{4-39}$$

式中 γ_{Gj}——第 j 个永久荷载的分项系数，当其效应对结构不利时，由可变荷载效应控制的组合应取 1.2，由永久荷载效应控制的组合应取 1.35；当其效应对结构有利时，不应大于 1.0。

γ_{Qi}——第 i 个可变荷载的分项系数，其中 γ_{Qi} 为主导可变荷载 Q_1 的分项系数，一般情况下取 1.4；对荷载标准值大于 4 kN/m^2 的工业房屋楼面结构的活荷载，应取 1.3。

γ_{Li}——第 i 个可变荷载考虑设计使用年限的调整系数。对于楼面和屋面活荷载，当设计使用年限为 5、50、100 年时，分别取 0.9、1.0、1.1；系数可根据使用年限内插取值，且荷载标准值可控制时，仍取 1.0。对于雪荷载和风荷载，应取重现期为设计使用年限，按荷载规范确定基本风压和基本雪压，或按照有关规范的规定使用。

S_{Gjk}——按第 j 个永久荷载标准值 G_{jk} 计算的荷载效应值。

S_{Qik}——按第 i 个可变荷载标准值 Q_{ik} 计算的荷载效应值，其中 S_{Q1k} 为诸可变荷载效应中起控制作用者，当无法明确判断时，轮次以各可变荷载效应为 S_{Q1k}，选其中最不利荷载效应组合。

ψ_{ci}——第 i 个可变荷载 Q_i 的组合值系数。

m——参与组合的永久荷载值。

n——参与组合的可变荷载值。

偶然组合针对爆炸、撞击等偶然荷载进行组合，一般框架结构设计并不考虑，故不再赘述。

由式(4-38)、式(4-39)，对于设计使用年限为 50 年的框架结构构件，一般应考虑下列四种荷载组合。

① 由可变荷载效应控制的组合，当有两个或两个以上可变荷载参与组合且其包括风荷载时：

$S = 1.2\times$ 恒荷载 $+ 1.4 \times 0.9 \times$（活荷载 + 风荷载）

② 由可变荷载效应控制的组合，活荷载为主要可变荷载，风荷载作为次要可变荷载时：

$S = 1.2\times$ 永久荷载 $+ 1.4\times$ 活荷载 $+ 1.4 \times 0.6 \times$ 风荷载

③ 由可变荷载效应控制的组合，风荷载为主要可变荷载，活荷载作为次要可变荷载时：

$S = 1.2\times$ 永久荷载 $+ 1.4\times$ 风荷载 $+ 1.4 \times 0.7 \times$ 活荷载

④由永久荷载效应控制的组合，仅考虑楼面活荷载参与组合，风荷载效应不参与组合时：

$S = 1.35\times$ 永久荷载 $+ 1.4 \times 0.7 \times$ 活荷载

4.3.3 最不利内力组合

(1) 框架梁的最不利内力

对于梁端，最不利内力为最大正负弯矩、最大剪力；对于跨中，最不利内力为最大正负弯矩。

(2) 柱的最不利内力

柱是偏压构件，随轴力与弯矩的不同组合可能出现较大偏压破坏，也可能出现小偏压破坏。在大偏压情况下，弯矩 M 越大越不利；在小偏压情况下，轴力 N 越大越不利。因此，柱的控制截面要组合几种不利内力，从中判断最不利内力作为配筋依据，当无法判断何者最不利时，需通过试算才能找出最大配筋。此外，柱一般采用对称配筋，因此组合时只需找到绝对值最大的弯矩组合。

柱的最不利内力可归纳成以下四种：

① $|M|_{max}$及相应的 N 和 V；

② N_{min}及相应的 M 和 V；

③ N_{max}及相应的 M 和 V；

④ $|M|$比较大(非最大)，但 N 比较小或比较大，以及相应的 V。

其中，一般组合①相应的 N 越小越不利，组合②、③中相应的 M 越大越不利。有时，绝对最大或最小的内力不一定最不利，对于大偏压构件，M/N 越大，截面的配筋越大。对于小偏压构件，即使 N 不是最大，但相应的 M 比较大，配筋也会多一些。所以，组合时要注意组合④，往往是由这种组合控制配筋。

4.3.4 竖向活荷载的取值方法

(1) 最不利荷载位置法

移动荷载作用下，结构上的各种内力随荷载的位置而变化。如果荷载移动到某个位置，其内力的某个量值达到最大值，则称其为最不利荷载位置。最不利荷载位置法就是根据影响线方法，直接确定产生此最不利内力的活荷载布置。首先画出整个结构的虚位移图，然后根据虚功位移图，欲求 $A_2 \sim B_2$ 跨最大正弯矩，需在本层本跨布置活荷载，然后本层隔跨，其他层按棋盘式布置活荷载，如图 4-33(a)所示。求 $A_2 \sim A_1$ 柱柱顶左侧及柱底右侧受拉的最大弯矩，就在该柱右侧跨的上下相邻层横梁布置活荷载，然后隔跨布置，其他层按同跨隔层布置，如图 4-33(b)所示。求 B_2 梁端最大负弯矩，需在本层相邻跨布置活荷载，然后隔跨布置，其他层按同跨隔层布置，如图 4-33(c)所示。

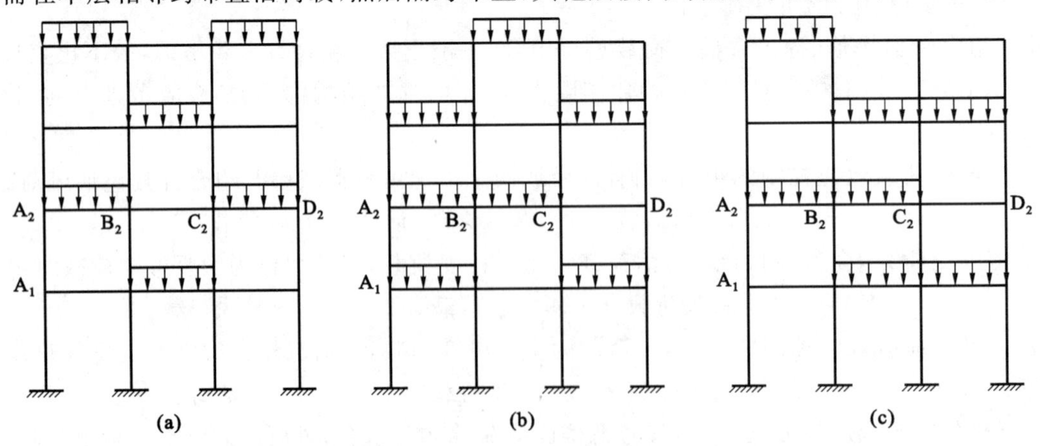

图 4-33 最不利活荷载布置

但当框架结构各跨各层梁柱线刚度不一致时，要准确地作出其影响线是十分困难的。对于远离计算截面的框架节点，往往难以准确地判断其虚位移（转角）的方向，但由于远离计算截面处的荷载对于计算截面的内力影响很小，在实用中往往可以忽略不计。

（2）满布法

满布法是在框架上满布活荷载（图 4-34），然后用控制截面内力再乘以扩大系数的方法。当活荷载产生的内力较大时，例如多层工业厂房、多层图书馆和仓库，采用活荷载不利布置法计算的结果相对准确。而在一般民用建筑中，由恒荷载和活荷载引起的单位面积重力荷载为 12～14 kN/m^2，其中活荷载部分为 2～3 kN/m^2，只占全部重力荷载的 15%～20%。活荷载产生的内力远小于永久荷载及水平力所产生的内力时，可不考虑活荷载的最不利布置。这样求得的内力在支座处与按最不利荷载位置法求得的内力极为相近，可直接进行内力组合。在梁的跨中弯矩比最不利荷载位置法的计算结果要小，因此对梁跨中弯矩应乘以 1.1～1.3 的系数予以增大。但是，当楼面活荷载大于4 kN/m^{2}时，应考虑楼面活荷载不利布置引起的梁弯矩的增大。当考虑地震作用组合时，重力荷载代表值作用下的效应可不考虑活荷载的不利布置，按满布荷载计算。

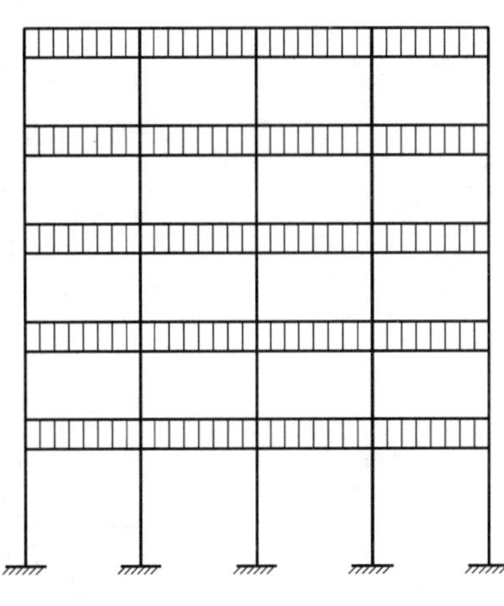

图 4-34 活荷载满布

4.3.5 框架梁端弯矩调幅

框架梁一般认为在节点处是刚接的，但是实际情况更接近刚接和铰接之间。尤其是混凝土开裂之后，在竖向荷载作用下，跨中的弯矩按照梁端刚接计算会偏小。另一方面，按照框架结构在强震下的合理破坏模式，允许在梁端出现塑性铰，为了便于浇筑混凝土，也往往希望减少节点处梁的上部钢筋。因此，在进行框架结构设计时，一般均对梁端弯矩进行调幅，即人为地减小梁端负弯矩，增加跨中正弯矩。

设某框架梁 AB 在竖向荷载作用下，梁端最大负弯矩分别为 M_{A0}、M_{B0}，梁跨中最大正弯矩为 M_{c0}，则调幅后梁端弯矩可取：

$$M_A = \beta M_{A0} \tag{4-40a}$$

$$M_B = \beta M_{B0} \tag{4-40b}$$

式中 β——弯矩调幅系数。对于现浇框架，可取 β=0.8～0.9；对于装配整体式框架，由于框架梁端的实际弯矩比弹性计算值要小，弯矩调幅系数允许取得低一些，一般取 β=0.7～0.8。

梁端弯矩调幅后，在相应荷载作用下的跨中弯矩将增加，这时应校核该梁的静力平衡条件，即调幅后梁端弯矩 M_A、M_B 的平均值与跨中最大正弯矩 M_{c0} 之和大于按简支梁计算的跨中弯矩值 M_0。同时应保证调幅后，支座及跨中控制截面的弯矩均值不小于 M_0 的 1/3。

$$\frac{|M_A + M_B|}{2} + M_{c0} \geqslant M_0 \tag{4-41}$$

梁端弯矩调幅将增大梁的裂缝宽度及挠度，故对裂缝宽度及挠度控制较严格的结构或有较大振幅动荷载的结构，不应进行弯矩调幅。

必须指出，弯矩调幅只对竖向荷载作用下的内力进行，水平荷载产生的弯矩不参加调幅，因此，弯矩调幅应在内力组合之前进行。

4.4 多层框架结构构造要求

4.4.1 框架柱的计算长度

一般多层房屋中梁柱为刚接的框架结构，各层柱的计算长度 l_0 可按表 4-5 取用。

表 4-5 **框架结构各层柱的计算长度**

楼盖类型	柱的类别	l_0
现浇楼盖	底层柱	$1.0H$
	其余各层柱	$1.25H$
装配式楼盖	底层柱	$1.25H$
	其余各层柱	$1.5H$

注：表中 H 为底层柱从基础顶面到一层楼盖顶面的高度，对其余各层柱为上、下两层楼盖顶面之间的高度。

4.4.2 框架节点构造要求

框架节点连接图

4.4.2.1 梁纵向钢筋在框架中间层端节点的锚固

梁纵向钢筋在框架中间层端节点的锚固应符合下列要求。

① 梁上部纵向钢筋伸入节点的锚固。

a. 当采用直线锚固形式时，不应小于 l_a，且应伸过柱中心线。伸过的长度 l_a 不小于 $5d$（d 为梁上部纵向钢筋的直径）。

b. 当柱截面尺寸不满足直线锚固要求时，梁上部纵向钢筋可采用钢筋端部加机械锚头的锚固方式。梁上部纵向钢筋宜伸至柱外侧纵筋内边，包括机械锚头在内的水平投影锚固长度不应小于 $0.4l_{ab}$[图 4-35(a)]。

c. 梁上部纵向钢筋也可采用 90°弯折锚固的方式，此时梁上部纵向钢筋应伸至节点对边并向节点内弯折，其包含弯弧在内的水平投影长度不应小于 $0.4l_{ab}$，弯折钢筋在弯折平面内包含弯弧段的投影长度不应小于 $15d$[图 4-35(b)]。

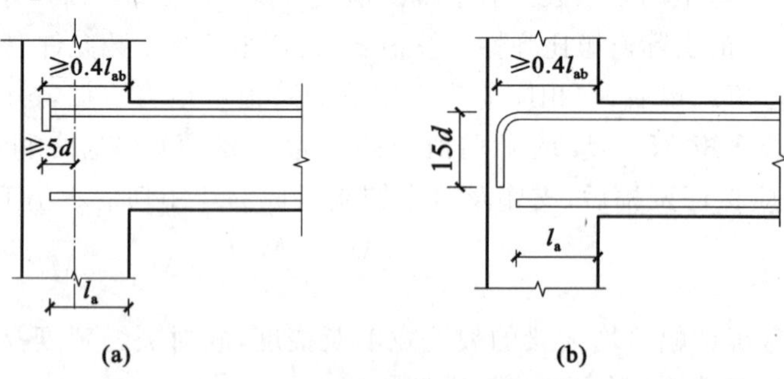

图 4-35 梁上部纵向钢筋在中层端节点内的锚固

(a) 钢筋端部加锚头锚固；(b) 钢筋末端 90°弯折锚固

② 框架梁下部纵向钢筋在端节点处的锚固。

a. 当计算中充分利用该钢筋的抗拉强度时，钢筋的锚固方式及长度应与上部钢筋的规定相同。

b. 当计算中不利用该钢筋的强度或仅利用该钢筋的抗压强度时，伸入节点的锚固长度应分别符合中间节点梁下部纵向钢筋锚固的规定。

③ 框架中间层中间节点或连续梁中间支座，梁的上部纵向钢筋应贯穿节点或支座。梁的下部纵向钢筋应符合下列锚固要求。

a. 当计算中不利用该钢筋的强度时，其伸入节点或支座的锚固长度对带肋钢筋不小于 $12d$，对光面钢筋不应小于 $15d$（d 为钢筋的最大直径）。

b. 当计算中充分利用钢筋的抗压强度时，钢筋应按受压钢筋锚固在中间节点或中间支座内，其直线锚固长度不应小于 $0.7l_{ab}$。

c. 当计算中充分利用钢筋的抗拉强度时，钢筋可采用直线方式锚固在节点或支座内，锚固长度不应小于钢筋的受拉锚固长度[图 4-36(a)]。

d. 当柱截面尺寸不足时，也可采用钢筋端部加锚头的机械锚固措施，或 90°弯折锚固的方式。

e. 钢筋也可在节点或支座外梁中弯矩较小处设置搭接接头，搭接长度的起始点至节点或支座边缘的距离不应小于 $1.5h_0$[图 4-36(b)]。

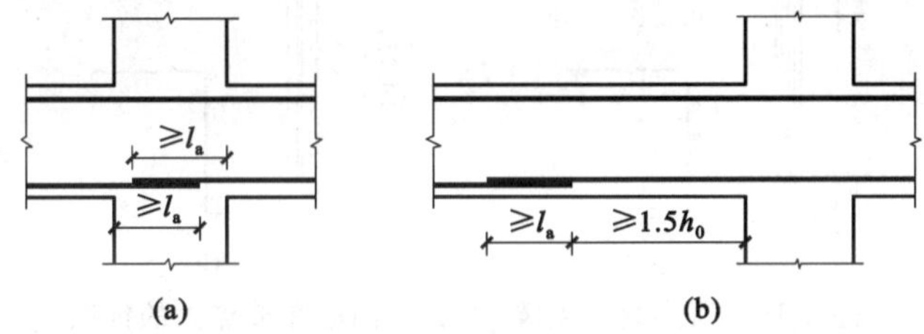

图 4-36　梁下部纵向钢筋在中间节点或中间支座范围的锚固与搭接

(a) 下部纵向钢筋在节点中直线锚固；(b) 下部纵向钢筋在节点或支座范围外的搭接

4.4.2.2　柱纵向钢筋的锚固和搭接

柱纵向钢筋应贯穿中间层的中间节点或端节点，接头应设在节点区以外。

① 柱纵向钢筋在顶层中节点的锚固应符合下列要求。

a. 柱纵向钢筋应伸至柱顶，自梁底算起的锚固长度不应小于 l_a。

b. 当截面尺寸不满足直线锚固要求时，可采用 90°弯折锚固措施。此时，包括弯弧在内的钢筋垂直投影锚固长度不应小于 $0.5l_{ab}$，在弯折平面内包含弯弧段的水平投影长度不宜小于 $12d$[图 4-37(a)]。

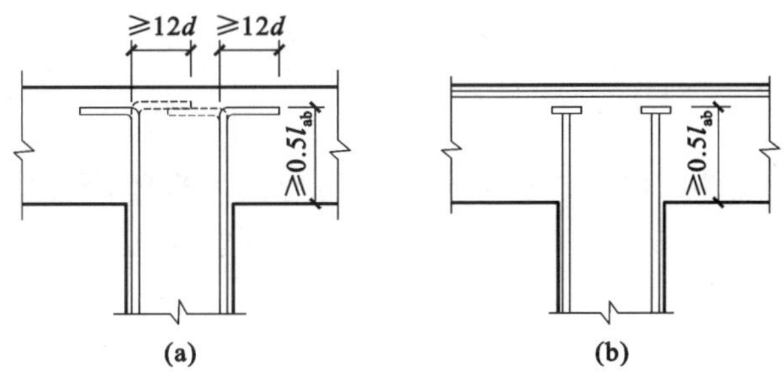

图 4-37　顶层节点中柱纵向钢筋在节点内的锚固

(a) 柱纵向钢筋 90°弯折锚固；(b) 柱纵向钢筋端头加锚板锚固

c. 当截面尺寸不足时，也可采用带锚头的机械锚固措施。此时，包含锚头在内的竖向锚固长度不应小于 $0.5l_{ab}$[图 4-37(b)]。

② 顶层端节点柱外侧纵向钢筋可弯入梁内作梁上部纵向钢筋，也可将梁上部纵向钢筋与柱外侧纵向钢筋在节点及附近部位搭接，搭接可采用下列方式。

a. 搭接接头可沿顶层端节点外侧及梁端顶部布置，搭接长度不应小于 $1.5l_{ab}$[图 4-38(a)]。其中，伸入梁内的柱外侧钢筋截面面积不宜小于其全部面积的 65%；梁宽范围以外的柱外侧钢筋宜沿节点顶部伸至柱内边锚固。当柱钢筋位于柱顶第一层时，钢筋伸至柱内边后宜向下弯折不小于 $8d$ 后截断[图 4-38(a)]，d 为柱纵向钢筋的直径；当柱纵向钢筋位于柱顶第二层时，可不向下弯折。梁宽范围以外的柱外侧纵向钢筋也可伸入现浇板内，其长度与伸入梁内的柱纵向钢筋相同。

b. 当柱外侧纵向钢筋配筋率大于 1.2% 时，伸入梁内的柱纵向钢筋应满足上条规定且宜分两批截断，截断点之间的距离不宜小于 $20d$，d 为柱外侧纵向钢筋的直径。梁上部纵向钢筋应伸至节点外侧并向下弯至梁下边缘高度位置截断。

c. 搭接接头也可沿节点外侧直线布置[图 4-38(b)]，此时，搭接长度自柱顶算起不应小于 $1.7l_{ab}$。当上部梁纵向钢筋的配筋率大于 1.2% 时，弯入柱外侧的梁上部纵向钢筋应满足以上规定的搭接长度，且宜分两批截断，其截断点之间的距离不宜小于 $20d$，d 为梁上部纵向钢筋的直径。

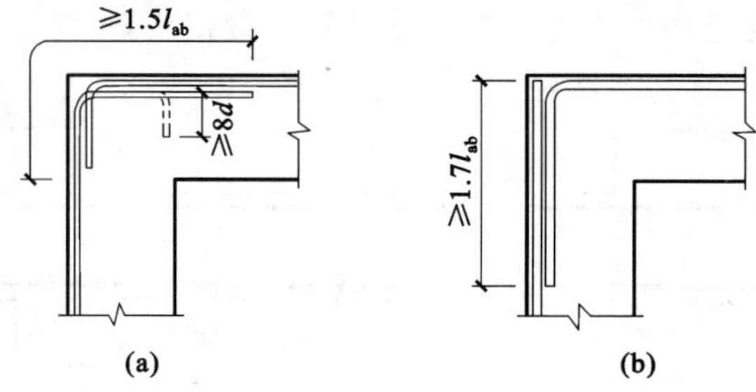

图 4-38　顶层端节点梁、柱纵向钢筋在节点内的锚固

(a) 搭接接头沿顶层端节点外侧及梁端顶部布置；(b) 搭接接头沿节点外侧直线布置

d. 当梁的截面高度较大，梁、柱纵钢筋相对较小，从梁底算起的直线搭接长度未延伸至柱顶即已满足 $1.5l_{ab}$ 的要求时，应将搭接长度延伸至柱顶并满足搭接长度 $1.7l_{ab}$ 的要求；或从梁底算起的弯折搭接长度未延伸至柱内侧边缘即已满足 $1.5l_{ab}$ 的要求时，其弯折后包括弯弧在内的水平段的长度不应小于 $15d$，d 为柱纵向钢筋的直径。

e. 柱内侧纵向钢筋的锚固应符合关于顶层中节点的规定。

4.4.2.3　顶层端节点

顶层端节点处梁上部纵向钢筋的截面面积 A_s 应符合下列规定：

$$A_s \leqslant \frac{0.35\beta_c f_c b_b h_0}{f_y} \tag{4-42}$$

式中　b_b——梁腹板宽度；

　　h_0——梁截面有效高度。

梁上部纵向钢筋与柱外侧纵向钢筋在节点角部的弯弧内半径，当钢筋直径不大于 25 mm 时，不宜小于 $6d$；当钢筋直径大于 25 mm 时，不宜小于 $8d$。钢筋弯弧外的混凝土中应配置防裂、防剥落的构造钢筋。

4.4.2.4　节点内的水平箍筋

在框架节点内应设置水平箍筋，箍筋应符合柱中箍筋的构造规定，但间距不宜大于 250 mm。对四边均有梁的中间节点，节点内可只设置沿周边的矩形箍筋。当顶层端节点内有梁上部纵向钢筋和柱外侧纵向钢筋的搭接接头时，节点内水平箍筋应符合梁柱纵向钢筋搭接长度范围内箍筋的构造要求。

4.5 现浇混凝土多层框架结构设计示例

典型例题

【例 4-3】 图 4-39 所示为某三层两跨框架，梁和柱的相对线刚度均为 1，各层竖向均布荷载$q=20\ \text{kN/m}$，用分层法画出顶层梁 AB 的弯矩图。

总结 100 种弯矩图图例

【解】 该结构对称，荷载对称，且只需计算顶层单元，故其计算简图可取半跨(图 4-40)。

① 梁固端弯矩。

$$M=\frac{1}{12}ql^2=\frac{1}{12}\times 20\times 8^2$$
$$=106.67(\text{kN}\cdot\text{m})$$

② 柱刚度乘以 0.9，则 A 节点梁端、柱端分配系数分别为$\frac{1}{1.9}$和$\frac{0.9}{1.9}$，利用弯矩分配法可求得梁端弯矩值：

$$M_A=50.53\ \text{kN}\cdot\text{m},$$
$$M_B=78.60\ \text{kN}\cdot\text{m}$$

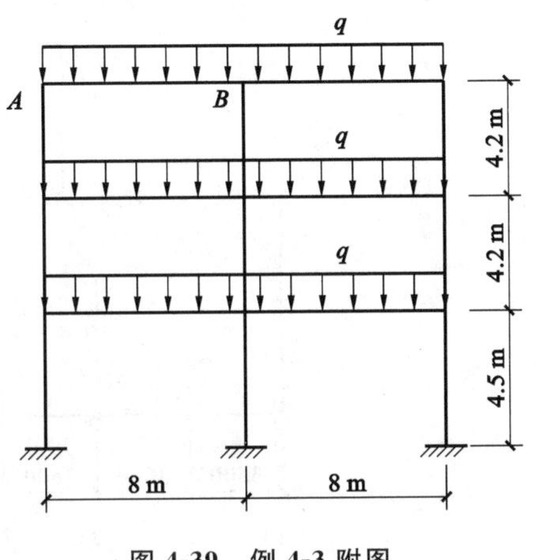

图 4-39 例 4-3 附图

③ 在梁端弯矩连线基础上，叠加均布荷载 q 作用下的简支梁弯矩 M_0，即得梁的跨中弯矩 M：

$$M=\frac{1}{8}\times 20\times 8^2-\frac{1}{2}\times(50.53+78.60)$$
$$=95.44(\text{kN}\cdot\text{m})$$

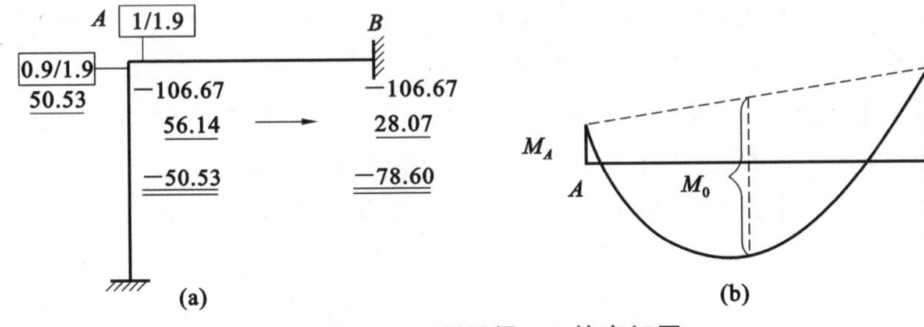

图 4-40 顶层梁 AB 的弯矩图

(a) 弯矩分配；(b) 弯矩图

案例分析

广西藤县某信用综合楼为 7 层现浇框架结构工程，建筑面积为 2400 m²。1995 年 8 月开工，1996 年 5 月完成主体结构，1996 年 6 月 28 日 7 时发现底层一根中柱出现裂缝，位置在设计高层0.2～0.5 m，15 时左右该柱钢筋已外露，并向柱边弯曲。虽然采取了用杉圆木、槽钢等临时支撑加固的措施，但是没能阻止房屋的倒塌，当天 21 时整楼分两次倒塌，所幸人员及时撤离并无伤亡。

事后经过分析和调查，该综合楼倒塌的主要原因有以下几方面。

(1) 结构布置不合理，见图4-41。这是框架破坏首先出现在③～⑩两轴线相交的柱的重要原因。

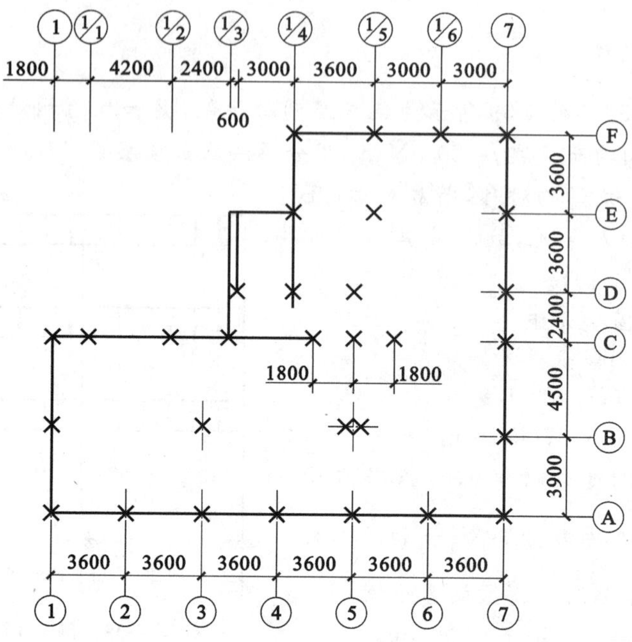

图4-41 底层平面图

(2) 设计计算错误。主要包括没有考虑风荷载，有些荷载值取得偏小；底层框架柱的计算高度取值偏小；柱截面尺寸过小，如底层柱高8 m，柱截面仅为350～600 mm；框架配筋不足，例如③轴线上的3根柱，实际配筋比计算值少24.1%～54.9%，③轴线的框架梁配筋比计算值少52%～67%。

(3) 钢筋大部分为不合格品。倒塌后取样检查发现钢筋实际直径比钢印直径小，差值较大，力学性能试验有64%不合格。钢筋既无出厂合格证，又无送检试验报告。

(4) 混凝土质量低劣。水泥无合格证，混凝土不做配合比试验，施工现场不留试块，无法控制混凝土质量。从倒塌现场看，混凝土内石多砂少，砂细且含泥量高，个别处还发现混凝土内有大片石(260 mm×250 mm)，混凝土中有的碎石与水泥没黏结，混凝土与钢筋无黏结力。为检查混凝土的实际强度，钻芯取样时，承台混凝土取不出芯样，在柱、梁取芯17个，龄期超过45 d，实际强度6.1～10.2 N/mm^2(混凝土设计强度为C20)，底层为6.6 N/mm^2。

日本对混凝土保护层的控制方法和措施

(5) 桩基混凝土厚度严重不足，造成承台冲击破坏。该现场实测承台厚度9处，不足设计值一半的有3处。在④轴线与②轴线相交的基坑内已找不到承台混凝土。

(6) 现浇楼板超厚。该现场实测板厚为100～120 mm，比设计的80 mm厚超重25%～50%，不仅加大了板的自重，而且梁、柱与基础的负荷也大幅度增加。

(7) 钢筋保护层不均匀，大多超厚。倒塌后实测有6根柱一侧的混凝土保护层(相关介绍扫描左边二维码获取)为40 mm。板的负弯矩区的主

筋保护层最大的达 70 mm，一般均大于 40 mm，承载能力大幅度下降。

知识归纳

(1) 混凝土框架结构按施工方法的不同可分为现浇式、装配式和装配整体式。现浇式整体性强，抗震性能好，国内外大多采用现浇式混凝土框架。

(2) 现浇平面混凝土框架结构按弹性理论的近似手算方法，包括竖向荷载作用下的分层法、水平荷载作用下的反弯点法和改进反弯点法（D 值法）。当竖向荷载与水平荷载联合作用时，可分别计算框架的内力和水平位移，然后叠加。

(3) 框架节点的构造要求：节点设计是框架结构设计重要的一节，节点设计应保证整体框架结构安全可靠、经济合理且施工方便。

思考题

4-1 试分析框架结构在水平荷载作用下，框架柱反弯点高度的影响因素。

4-2 D 值法中值的物理意义是什么？

4-3 框架梁、柱纵向钢筋在节点内锚固有何要求？

4-4 钢筋混凝土框架柱计算长度的取值与框架结构的整体侧向刚度有何联系？

4-5 试画出多层多跨框架在水平风荷载作用下的弹性变形曲线。

4-6 框架结构设计时一般需对梁端负弯矩进行调幅，现浇框架梁与装配整体式框架梁的负弯矩调幅系数取值是否一致？哪个大？为什么？

思考题答案

参考文献

[1] 中华人民共和国住房和城乡建设部，中华人民共和国国家质量监督检验检疫总局. GB 50010—2010 混凝土结构设计规范. 北京：中国建筑工业出版社，2011.

[2] 东南大学，同济大学，天津大学. 混凝土结构（中册）：混凝土结构与砌体结构设计. 5 版. 北京：中国建筑工业出版社，2012.

[3] 东南大学，同济大学，天津大学. 混凝土结构（上册）：混凝土结构设计原理. 5 版. 北京：中国建筑工业出版社，2012.

[4] 中华人民共和国住房和城乡建设部，中华人民共和国国家质量监督检验检疫总局. GB 50011—2010 建筑抗震设计规范. 北京：中国建筑工业出版社，2010.

[5] 中华人民共和国住房和城乡建设部，中华人民共和国国家质量监督检验检疫总局. GB 50009—2012 建筑结构荷载规范. 北京：中国建筑工业出版社，2012.

5 高层建筑结构

内容提要

多层和高层建筑结构的受力特性和单层房屋有着明显的不同。高层建筑结构体系有框架结构体系、剪力墙结构体系、框架-剪力墙结构体系、筒体结构体系、巨型框架结构体系等。随着房屋高度的增加,由水平力(风荷载和水平地震作用等)产生的内力和位移迅速增大,竖向荷载和水平力在结构中,尤其是在基地处产生的内力都大大增加。因此,地基基础问题越显得重要,结构自重对结构受力的影响也越来越重要。

高层建筑结构除应有足够的承载能力之外,还要求有足够的刚度,以便控制结构的总体侧向变形和层间侧向变形。结构体系要求受力明确,传力合理,力的传递路线不应间断,从上部结构到基础,力的传递路线越短,越具有经济性和合理性。本章的教学重点为理解高层建筑结构体系中各个体系之间的关系与区别,教学难点为理解并运用高层建筑结构的设计要求和受力性能并灵活运用到以后的实践当中。

能力要求

1. 理解高层建筑的受力特点、结构形式和结构布置的一般原则;
2. 理解剪力墙构件的受力特点和分类;
3. 了解剪力墙的内力和水平位移计算方法,领会剪力墙的构造要求;
4. 了解剪力墙构造的结构布置和计算方法;
5. 了解框架-剪力墙结构的组成、受力特点和计算方法;
6. 了解筒体结构的结构类型、框筒结构的受力特点和计算方法。

重难点

5.1 概　　述

5.1.1 高层建筑的定义

高度和层数是高层建筑的两个主要指标。多少高度或多少层以上的建筑物称为高层建筑,世界各国的规定不一,也不严格。因为高层建筑的一般标准较高,所以对高层建筑的定义与一个国家的经济条件、建筑技术、电梯设备、消防装置等诸多因素有关。在结构设计中,高层建筑要采取专门的计算方法和构造措施。

《高层建筑混凝土结构技术规程》(JGJ 3—2010)(以下简称《高规》)规定,10 层及 10 层以上或房屋高度大于 28 m 的住宅建筑以及房屋高度大于

24 m 的其他民用建筑称为高层建筑，并按结构形式和高度的不同分为 A 级和 B 级两类，且在设计中应分别采用不同的抗震等级、计算方法和构造措施。高度不超过表 5-1 中限值的钢筋混凝土高层建筑为 A 级，高度超过 A 级高度限值的高层建筑称为 B 级高度的高层建筑。B 级高度钢筋混凝土高层建筑的最大适用高度见表 5-2。上述两表对于甲类建筑宜按设防烈度提高一度后查用，对于位于平面和竖向均不规则的结构，其适用高度应适当降低。

表 5-1 **A 级高度钢筋混凝土高层建筑的最大适用高度** （单位：m）

结构体系	非抗震体系	抗震设防烈度				
		6 度	7 度	8 度		9 度
				0.20g	0.30g	
框架	70	60	50	40	35	—
框架-剪力墙	150	130	120	100	80	50
剪力墙	150	140	120	100	80	60
	130	120	100	80	50	不应采用
筒体	160	150	130	100	90	70
	200	180	150	120	100	80
板柱-剪力墙	110	80	70	55	40	不应采用

表 5-2 **B 级高度钢筋混凝土高层建筑的最大适用高度** （单位：m）

结构体系		非抗震设计	抗震设防烈度			
			6 度	7 度	8 度	
					0.20g	0.30g
框架-剪力墙		170	160	140	120	100
剪力墙	全部落地	180	170	150	130	110
	部分框支	150	140	120	100	80
筒体	框架-核心筒	220	210	180	140	120
	筒中筒	300	280	230	170	150

在结构设计中，高层建筑的高度一般是指从室外地面至主要屋面的距离，不包括突出屋面的水箱、电梯间、构架等高度及地下室的埋置深度。

对于房屋高度超过 A 级高度限值的框架结构、板柱-剪力墙结构，以及 9 度抗震设防的各类结构，因研究成果和工程经验尚显不足，《高规》中未给出 B 级高度限值。

高度超出表 5-2 中值的高层建筑，则应通过专门的审查、论证，补充多方面的计算分析，必要时进行相应的结构试验研究，采取专门的加强构造措施，才能予以实施。

5.1.2 高层建筑的发展概况

广义地说，高层建筑在很早以前就出现了。在古巴比伦王国就建有数百米的高塔；在古罗马时期，也有过一些高达十几层的房屋；在我国古代，曾建造了许多高层塔楼，有的还经受了地震与战火的考验，至今仍保存完好。

现代高层建筑作为城市现代化的象征，只有一百多年的历史，主要用于住宅、旅馆和办公楼等。18 世纪末的产业革命带来了生产力的发展和经济的繁荣，人口向城市集中，材料不断地更新，设备得到了完善，技术日益发展，使得高层建筑的兴建成为必要与可能。1883 年美国芝加哥建成的 11

层保险公司大楼首先采用了框架结构承重体系(外墙为砖墙自承重)。1905年美国纽约建成了高达 50 层的大楼;1931 年在纽约又建成了帝国大厦,有102 层,高达 381 m。第二次世界大战以后,世界政治与经济格局相对稳定,使建筑业有了较大的发展。特别是最近一段时期,由于轻质、高强材料的研制成功,抗侧力结构体系的发展,电子计算机的广泛应用,服务设施和技术设备的完善,使得高层、超高层建筑大量涌现,这些高层、超高层建筑不仅出现在北美、欧洲的一些发达国家,而且还出现在亚洲、拉美等地的许多发展中国家。

图 5-1 是世界著名高层建筑的若干代表,图 5-1(a)是位于阿拉伯联合酋长国迪拜市的哈利法塔,162 层,桅杆高度为 828 m,是目前世界上最高的建筑;图 5-1(b)是上海环球金融中心,2008 年建成,地上 101 层,地下 3 层,平屋顶高度为 492 m;图 5-1(c)是台北 101 大厦,2004 年建成,450 m,桅杆高度为 509 m;图 5-1(d)是位于马来西亚吉隆坡的石油大厦双塔,1998 年建成,88 层,桅杆高度为 452 m;图 5-1(e)是位于美国芝加哥市的西尔斯大厦,1974 年建成,地上 108 层,地下 3 层,443 m,桅杆高度为 527 m;图 5-1(f)是上海中心大厦效果图,2014 年建成,建筑总高度为 632 m。

中国 35 栋 500 m 以上高楼(含在建、拟建、完工)

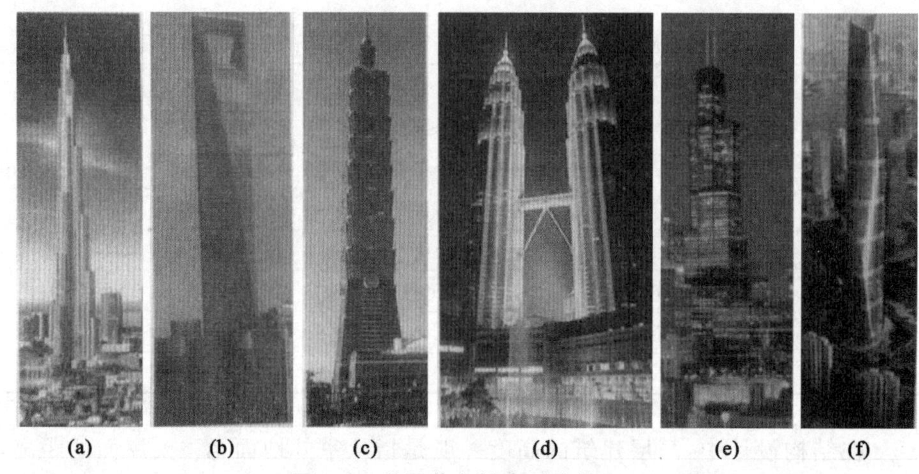

(a) (b) (c) (d) (e) (f)

图 5-1 世界著名的高层建筑

我国的高层建筑首先出现在 20 世纪 20 年代的上海。我国自行设计建造的高层建筑则始于 20 世纪 50 年代。20 世纪 80 年代后,我国高层建筑的发展极为迅猛,不但出现在大城市,而且还出现在一些中小城市,并且高度不断增长,造型日益翻新,结构体系丰富多样,建筑材料、施工技术、服务设施都得到了发展和提高。

5.1.3 高层建筑结构的受力特点

高层建筑结构的受力特点与多层建筑结构的主要区别是,侧向力(风或水平地震作用)成为影响结构内力、结构变形及建筑物土建造价的主要因素。在一般多层建筑结构中,影响结构内力的主要是竖向荷载,在结构变形方面主要考虑梁在竖向荷载作用下的挠度,一般不必考虑结构侧向位移对建筑物使用功能或结构可靠性的影响。在高层建筑结构中,竖向荷载的作用与多层建筑相似，柱内轴力随着层数的增大，可近似地认为轴力与结构高度呈线性关系，见图 5-2(a)；而水平向作用的风荷载或地震作用力可近似地认为呈倒三角分布，该倒三角分布力在结构底部所产生的弯矩与结构高度的三次方成正比，见图 5-2(b)；水平力作用下结构顶点的侧向位移与高度的四次方成正比，见图 5-2(c)。上述弯矩和侧向位移常常成为决定结构方案、结构布置及构件截面尺寸的控制因素。因此，对高层建筑结构考虑水平力的作用比竖向力更为重要。

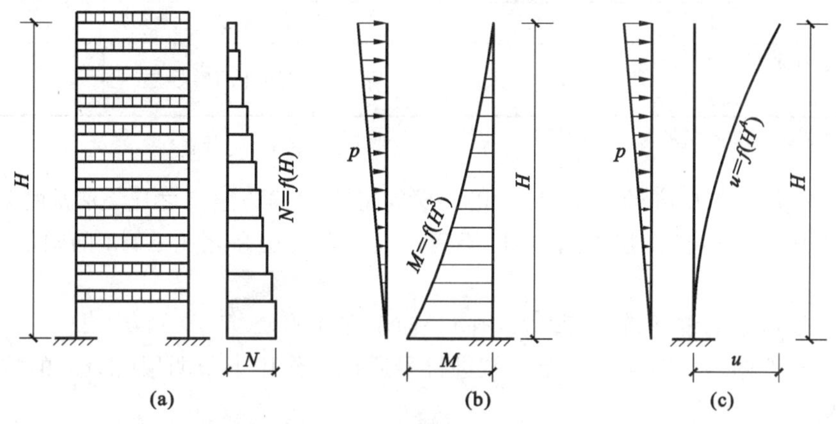

图 5-2 高层建筑结构的受力特点

(a) 轴力与高度的关系；(b) 弯矩与高度的关系；(c) 侧向位移与高度的关系

5.1.4 高层建筑的优缺点

高层建筑的设计与建造不仅要考虑建筑功能与结构受力，还应该考虑文化、社会、经济和技术等各方面的要求。

高层建筑集中了成千上万的人在一起工作、生活，极大地提高了土地的利用率，节约用地，增加了绿化面积，改善了城市环境。相对集中的高层建筑群便于人们相互间的联系，也可减少建筑物的管理费用。办公、居住、商业、娱乐等多用途的综合性办公楼的出现，使人们可从方便地在同一座楼内工作和生活，免除了上下班的长途奔波，减少城市的交通流量，缩短道路、水、电、燃气管线等市政建设线路，节省市政建设投资。因此，尽管高层建筑的单体造价较高，但从城市总体规划的角度来看，却是经济的。

但是，高层建筑也有不尽如人意的一面。高层建筑造价昂贵，管理复杂，施工周期长，能量消耗大。高层建筑中难以充分利用天然采光、通风等自然环境，使人与自然的联系减少。大风时建筑物摆动会使人感觉眩晕，电梯损坏时上下楼梯困难。高层建筑还会投下一个巨大的阴影，影响附近建筑物的采光和日照。高层建筑对于无线电波犹如一个巨大的屏障和反射面，使附近居民收看电视节目困难。特别严重的是，高层建筑内如果发生火灾，其危害要比多层建筑大得多。如遇战争等意外袭击，高层建筑所造成的损失尤其惨重。例如，纽约世界贸易中心的南、北两座姐妹塔楼都是 110 层，南塔高 415 m，北塔高 417 m。2001 年 9 月 11 日，两架被劫持的波音客机分别撞击在南、北塔楼的 2/3～3/4 高度处，导致世界贸易中心南、北两塔楼完全倒塌，造成数千人死亡和重大财产损失。该惨剧受到世界结构工程师的密切关注。很多人对双塔的倒塌原因、倒塌模式提出了各种各样的见解，公认的是大厦是由于火灾和堆载而倒塌的。同时也有一些专家提出了包括二次破坏、燃爆等可能性。

5.1.5 高层建筑水平位移和加速度的限制

5.1.5.1 中层间弹性水平位移的限值

高层建筑应有足够的侧向刚度。为此，《高规》规定，在风荷载和多遇水平地震作用下，高层建筑的水平位移当按弹性理论分析时，其楼层层间最大位移与层高之比 $\Delta u/h$ 不宜大于以下限值。

① 高度不大于 150 m 的高层建筑，其楼层层间最大位移与层高之比 $\Delta u/h$ 不宜大于表 5-3 的限值。

表 5-3　楼层层间最大位移与层高之比的限值

结构类型	$[\Delta u/h]$	结构类型	$[\Delta u/h]$
框架	1/550	筒中筒、剪力墙	1/1000
框架-剪力墙、框架-核心筒、板柱-剪力墙	1/800	除框架结构外的转换层	1/1000

注：楼层层间最大位移 Δu 以楼层最大位移差计算，不扣除整体弯曲变形。

② 高度等于或大于 250 m 的高层建筑，楼层层间最大位移与层高之比 $\Delta u/h$ 的限值为 1/500。

③ 高度为 150～250 m 的高层建筑，楼层层间最大位移与层高之比 $\Delta u/h$ 的限值按上述限值线性插入取用。

5.1.5.2　罕遇水平地震作用下薄弱层(部位)的抗震变形验算

为了实现“大震不倒”，应对某些高层建筑进行罕遇地震作用下薄弱层(部位)的抗震变形验算，具体规定见《高规》。

5.1.5.3　结构风振加速度的限制

高层建筑物在风荷载作用下将产生水平振动，过大的水平振动加速度将使在高楼内居住的人们感觉不舒适，甚至不能忍受。研究表明，当建筑物的水平加速度小于 $0.005g$ 时，居住者没有感觉；当建筑物的加速度为 $0.005\sim0.05g$ 时，便会干扰居住者；当建筑物的加速度大于 $0.15g$ 时，则居住者不能忍受。

对照国外的研究成果和有关标准，与我国《高层民用建筑钢结构技术规程》(JGJ 99—2015)相协调，《高规》规定，高度超过 150 m 的高层建筑混凝土结构应具有更好的使用条件，满足舒适度的要求。按《建筑结构荷载规范》(GB 50009—2012)规定的 10 年一遇的风荷载取值计算或专门风洞试验确定的结构顶点最大加速度，对住宅、公寓，a_{max} 不应大于 0.15 m/s^2；对办公楼、旅馆，a_{max} 不应大于 0.25 m/s^2。

高层建筑风振反应水平加速度包括顺风向最大加速度、横风向最大加速度和扭转角加速度。关于顺风向最大加速度和横风向最大加速度的研究工作虽然较多，但各国的计算方法并不统一，相互之间也存在明显的差异，建议按《高层民用建筑钢结构技术规程》(JGJ 99　2015)的规定计算。

5.2　高层建筑结构体系与布置

高层建筑的结构体系是指承担竖向荷载(自重和竖向活荷载)、水平荷载(风荷载)及地震作用的骨架。结构体系由水平构件和竖向构件组成。有的结构体系还有斜向构件，即支撑。水平构件包括梁和楼板；竖向构件包括柱和墙肢。由梁板构成了水平结构体系，即楼、屋盖；由墙、柱构成了竖向结构体系。具体可分为框架结构、剪力墙结构、框架-剪力墙结构及筒体结构等。作用在房屋上的各类荷载均通过梁、板传递给墙、柱，最后传至基础。

5.2.1　高层建筑的竖向结构类型

(1) 框架结构

框架结构是由梁(纵向和横向)和立柱构成的结构体系。结构的全部竖向荷载和水平作用均由

框架结构承担。框架只能在自身平面内抵抗水平力，所以必须在两个正交的主轴方向设置框架，形成双向抗侧力结构，以承受任意方向的水平力。框架结构的柱距可以是 4～6 m 的小柱距，也可以是 7～10 m 的大柱距。其建筑平面布置灵活，能满足不同使用功能的要求，主要用于办公楼、教室、商场等房屋建筑。

框架结构可以采用横向承重、纵向承重，或纵横向混合承重，其主要取决于楼板布置。图 5-3 所示为一些框架结构的平面布置图。

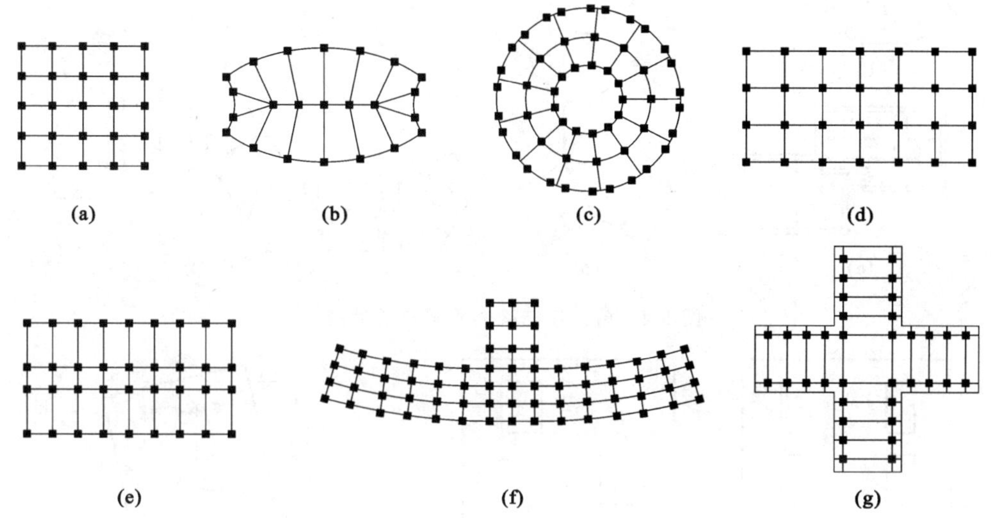

图 5-3 框架结构的平面布置举例

框架结构布置时应双向设置承重框架，形成双向抗侧力体系，并使结构在两个主轴方向动力特性相近；立面刚度沿高度不宜突变，以免出现薄弱层，避免出现错层和短柱；填充墙及隔墙等非承重构件宜选择轻质材料，沿平面、立面均匀对称布置；楼梯间的布置应尽量减小其造成的结构平面不规则。

框架结构属于柔性结构，在总体水平荷载作用下，位移曲线为剪切型。由于梁、柱都是线型构件，截面惯性矩小，所以框架结构的侧向刚度相对较小。当结构高度较高时，需要增大截面尺寸来满足侧向刚度的要求，这样就减小了结构的有效使用空间。因此，框架结构不宜用于较高的高层建筑，且一般不宜超过 70 m。在地震区采用框架结构应进行合理的结构延性设计，以满足抗震要求。

(2) 剪力墙结构

采用钢筋混凝土墙组成的承受竖向荷载和抵抗水平作用的结构称为剪力墙结构。因钢筋混凝土墙具有较强的抵抗水平力(剪力)的能力，故称之为剪力墙，也称为抗震墙。沿房屋纵横向布置的剪力墙和水平方向的楼屋盖组成了空间刚性结构，其整体性好，刚度大，承载力高，弹塑性变形能力大，具有良好的抗震能力，适用于 30～40 层的高层建筑。一般剪力墙小开间为 3～4.5 m，大开间为 6～8 m，平面布置不如框架灵活，结构自重大，适用于开间比较小的住宅、旅馆等高层建筑。图 5-4所示是一些剪力墙结构的平面布置图。

在进行抗震墙布置时，抗震墙宜贯通房屋全高，且横向与纵向的抗震墙宜相连；抗震墙宜设置在墙面不需要开大洞口的位置；房屋较长时，刚度较大的纵向抗震墙不宜设置在房屋的端开间；抗震墙洞口宜上下对齐，形成明显的墙肢和连梁，如图 5-5 所示；应尽量减轻结构自重并降低重心位置；楼梯间、电梯间不宜设在单元两端及拐角处，以避免扭转等破坏。

在水平荷载作用下，剪力墙结构的水平位移曲线呈弯曲型，即层间位移由下至上逐渐增大，如图 5-6 所示。

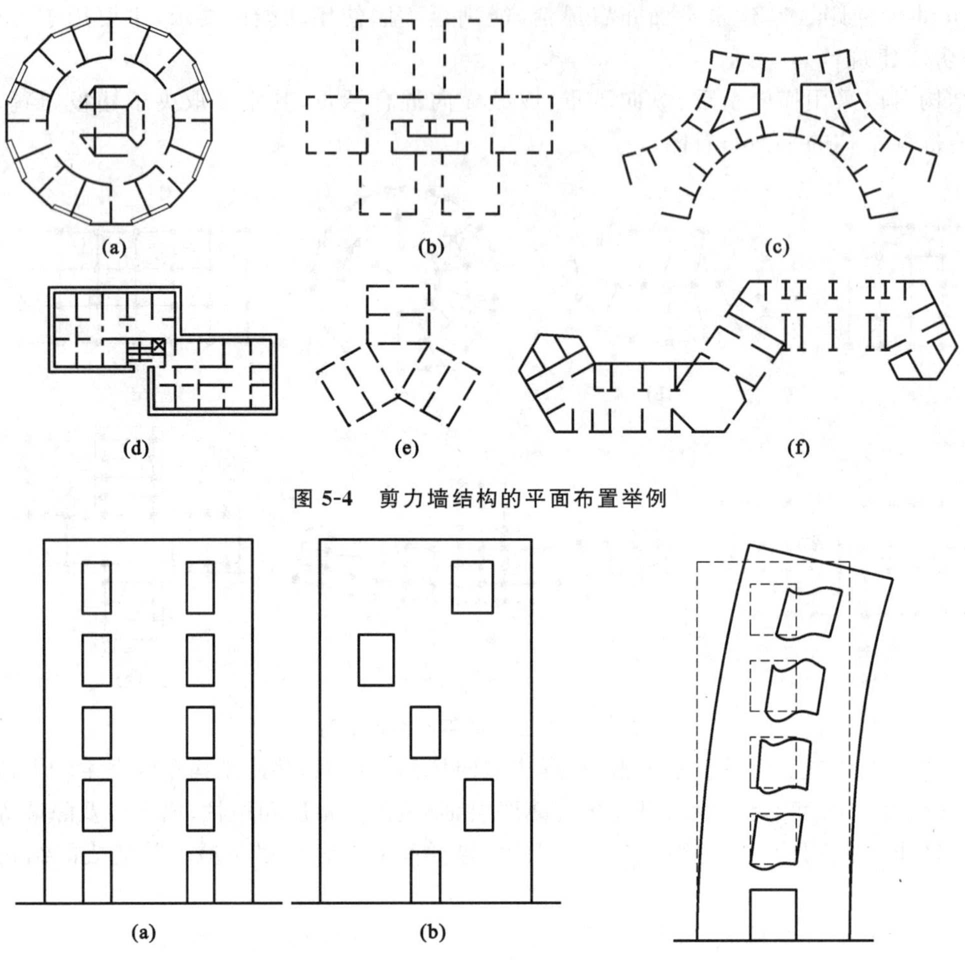

图 5-4 剪力墙结构的平面布置举例

图 5-5 剪力墙洞口布置

(a) 规则洞口的联肢墙；(b) 不规则洞口的错洞墙

图 5-6 剪力墙的水平位移曲线

当建筑物底部需要大空间时，底部或底部若干层剪力墙不落地，支承在转换层的框架上，称为框支剪力墙，其立面图、平面图分别如图 5-7、图 5-8 所示。

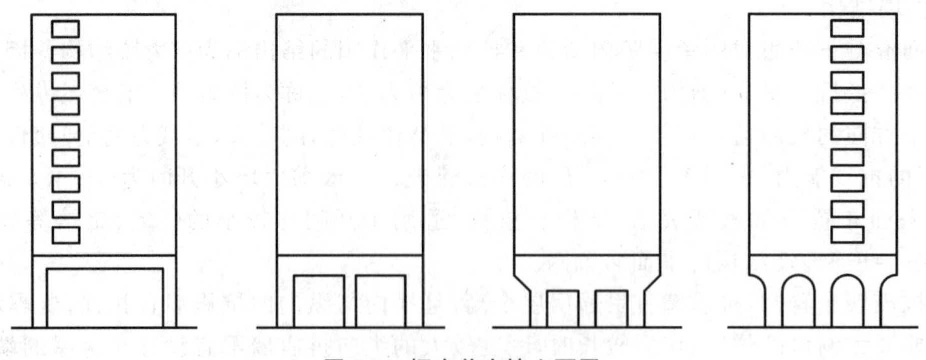

图 5-7 框支剪力墙立面图

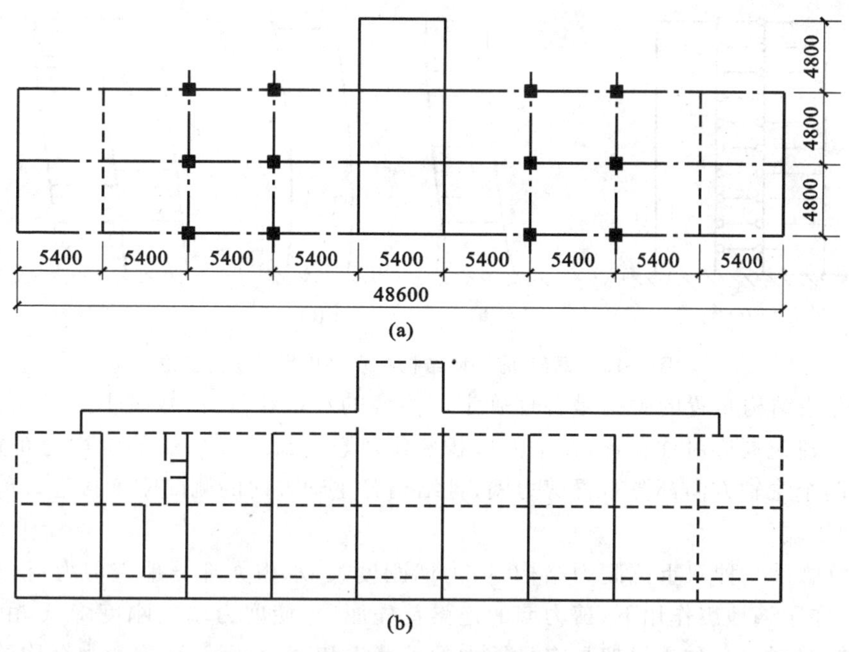

图 5-8　框支剪力墙平面图

(a) 首层平面；(b) 标准层平面

(3) 框架-剪力墙结构

在框架结构平面中的适当位置布置一定数量的剪力墙，即形成了框架-剪力墙结构，由框架和剪力墙共同承担竖向荷载和水平作用。框架-剪力墙结构既具有框架结构布置灵活、延性好的特点，也有剪力墙结构刚度大，承载力大的特点。框架-剪力墙结构的刚度介于框架和剪力墙之间，属于中等刚度结构，是一种比较好的抗侧力体系，广泛应用于各类高层建筑，一般可用于 40 层以下的建筑。图 5-9 所示为典型的框架-剪力墙结构。

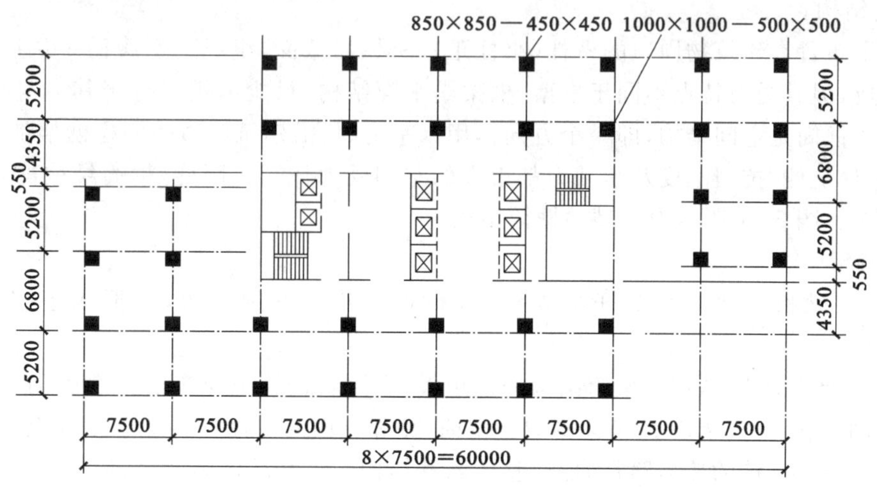

图 5-9　上海宾馆平面布置图(26 层，高 91.5 m)

在水平力作用下，框架和剪力墙的变形曲线分别为剪切型和弯曲型，由于楼板的作用，框架和剪力墙变形必须协调，其位移曲线呈弯剪型，如图 5-10 所示，结构层间位移沿高度分布比较均匀，改善了框架和剪力墙结构的抗震性能。

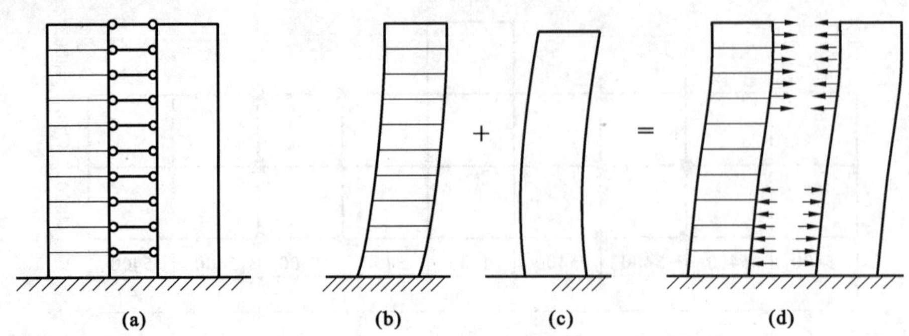

图 5-10　框架-剪力墙结构在水平作用下协同变形

框架-剪力墙结构布置的关键是合理确定剪力墙的数量和位置，数量不能过少，剪力墙的间距不宜过大；宜沿建筑周边对称布置，在平面形状变化及竖向荷载较大的部位均匀布置，沿高度连续均匀，结构的两个主轴方向都要布置剪力墙，且结构各主轴方向的侧向刚度接近。剪力墙不宜集中布置在框架两尽端。

框架-剪力墙是一种双重抗侧力结构，剪力墙刚度大，承担大部分地震剪力，框架刚度小，承担小部分剪力。在罕遇地震作用下，剪力墙的连梁首先屈服，使剪力墙的刚度降低，由剪力墙承担的一部分剪力转移给框架，如果框架具有足够大的承载力和延性，则双重抗侧力结构的优势得以充分发挥，避免在罕遇地震作用下严重倒塌甚至破坏。

(4) 筒体结构

将剪力墙集中到一起形成封闭的筒体，犹如一个竖向放置的悬臂柱，以此筒体承担房屋的全部竖向荷载和水平作用的结构体系称为筒体结构。筒体结构中的筒体分为剪力墙围成的薄壁筒和由密柱框架或壁式框架围成的框筒两种。筒体结构抗侧刚度大，整体性好，建筑布置灵活，能够提供可以自由分割的使用空间，特别适用于 100 m 以上的超高层建筑。筒体结构包括框筒、桁架筒、筒中筒、束筒等结构形式。

① 框筒结构。

框筒是由布置在建筑物周边的密柱(小柱距)深梁(高截面)组成的空腹筒。从形式上看，犹如四榀框架围成，但其受力特点不同于框架，框架是平面结构，只能承担平行于其自身平面内的楼层剪力和力矩。框筒是空间结构，即一个方向作用水平力时，沿建筑周边的四榀框架都参与抵抗水平力，形成了一种抗侧、抗扭刚度及承载力都很大的空间受力体系。因此，框筒结构的适用高度比框架结构高得多。图 5-11 所示为典型的框筒结构。

② 桁架筒结构。

用稀柱、浅梁和巨型支撑斜杆组成桁架，布置在建筑物的周边，就形成了桁架筒结构，如图 5-12 所示。

桁架筒主要是钢结构，钢桁架筒结构的柱距大，支撑斜杆跨越建筑的一个面的边长，沿竖向跨越几个楼层，形成巨型桁架，4 片桁架围成桁架筒，相邻立面的支撑杆相交于角柱上，保证了从一个立面到另一个立面支撑的传力路径，形成整体悬臂结构。且其结构刚度大，适用于更高的建筑。

③ 筒中筒结构。

用框筒作为外筒，将电梯井、管道竖井等集中在建筑平面的中心形成薄壁内筒，就形成了筒中筒结构，如图 5-13 所示。

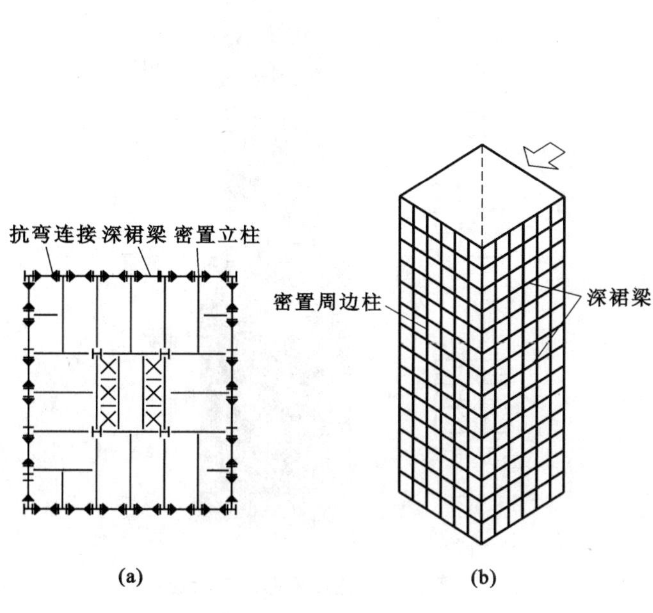

图 5-11　典型的框筒结构

图 5-12　芝加哥汉考克大厦(单位:m)

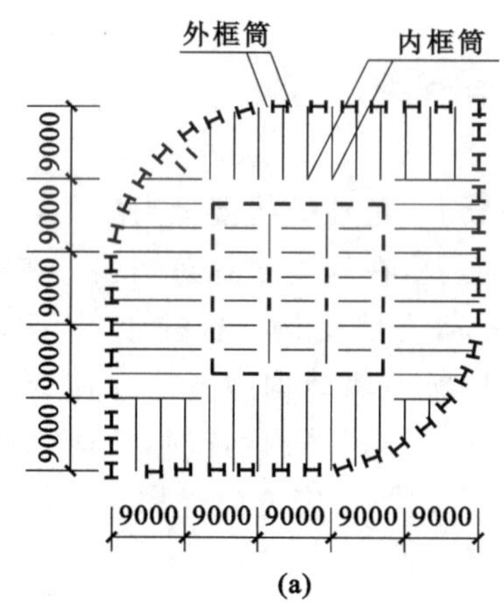

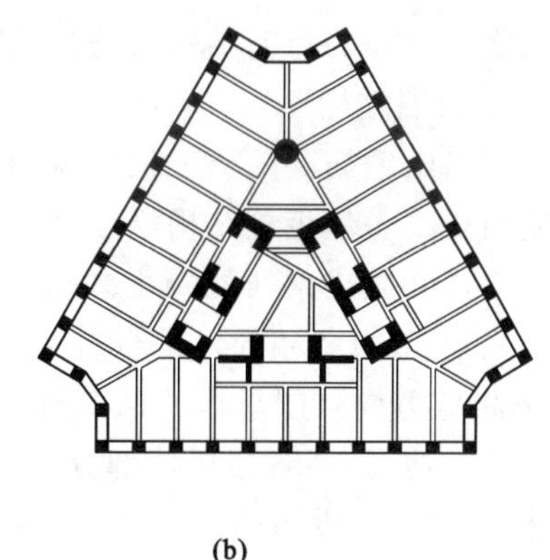

图 5-13　筒中筒结构实例

(a) 北京国贸大厦(39 层,153 m);(b) 香港中环广场(78 层,372 m)

筒中筒结构是双重抗侧力体系,在水平力作用下,内外筒协同工作,其侧移曲线类似于框架-剪力墙,呈弯剪型。内筒具有较大的抵抗水平力的能力,外框筒平面尺寸大,抗扭、抗倾覆能力强,因此,其适用高度比框筒更高。

④ 束筒结构。

将两个或两个以上框筒排列在一起,即形成束筒结构。束筒结构中的每一个框筒可以是矩形、方形、三角形等,多个束筒可以组成不同的平面形状,其中任何一个筒可以在任意高度终止,如图 5-14 所示。

最有名的束筒结构是芝加哥的西尔斯大厦,地上 108 层,地下 3 层,443 m,底层平面尺寸为

68.6 m×68.6 m,50 层以下由 9 个筒组成,51～66 层是 7 个筒,67～91 层是 5 个筒,91 层以上是 2 个筒。西尔斯大厦是世界上最高的钢结构建筑,如图 5-15 所示。

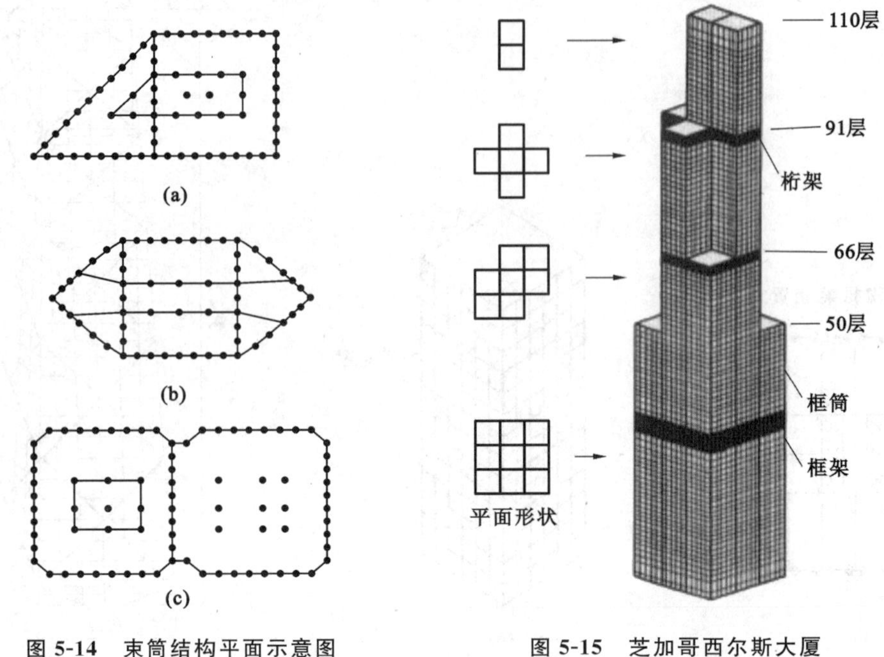

图 5-14　束筒结构平面示意图　　图 5-15　芝加哥西尔斯大厦

5.2.2　高层建筑的其他结构类型

高层建筑除了前述的竖向结构类型外,还有其他几种特殊类型的结构。

(1) 板柱-剪力墙结构

板柱结构是指由钢筋混凝土无梁楼盖和柱组成的结构。板柱结构楼板高度小,可以减小层高,增大房屋的使用空间。但板柱结构刚度小,节点抗震性能差,在地震中容易倒塌。在板柱中设置剪力墙,或将楼、电梯间做成钢筋混凝土井筒,即成为板柱-剪力墙结构。板柱-剪力墙结构中剪力墙的布置要求与框架-剪力墙相同。进行抗风设计时,板柱-剪力墙结构中各层筒体或剪力墙应能承担不小于 80%相应方向该层承担的风荷载作用下的剪力;进行抗震设计时,应能承担全部相应方向该层承担的地震剪力,而各层板柱部分尚应承担不小于 20%相应方向该层承担的地震剪力。板柱-剪力墙结构可以用于设防烈度不超过 8 度的高层建筑。

(2) 框架-核心筒结构

框架-核心筒结构是指建筑周边为平面框架结构,平面中心区域采用剪力墙实腹筒体构成的结构,如图 5-16 所示。周边框架没有框筒的空间作用,仅承受较小的水平剪力,中部核心筒除了四周的剪力墙外,内部还有楼、电梯间的分隔墙,故核心筒的刚度和承载力都较大,是抗侧力的主体。框架和核心筒之间的楼盖采用刚度较好的梁板体系,可以加强框架与核心筒的共同工作。

(3) 巨型框架结构

巨型框架是由巨型的主框架和普通的次框架构成的组合体。巨型主框架是利用筒体做柱子,每隔 4～10 层楼设置一道巨型框架梁,截面高度为一个结构楼层高。在相邻的巨型梁之间设置次框架,即普通框架,次框架梁柱的截面较小,仅承担竖向荷载,并传递给巨型框架梁。水平荷载由巨型框架柱承担。巨型框架柱一般设置在建筑的周边,中间无柱,提供大的使用空间。图 5-17 所示

为深圳亚洲大酒店钢筋混凝土巨型框架的平面图和剖面图。位于三个翼端的筒(楼、电梯间)和位于平面中心的剪力墙作为四根巨柱,每隔 6 层用一层高的 4 根大梁和楼板组成箱型大梁。巨梁之间的次梁框架为 5 层,次框架顶上有一层没有柱子,形成大面积的空旷场地。

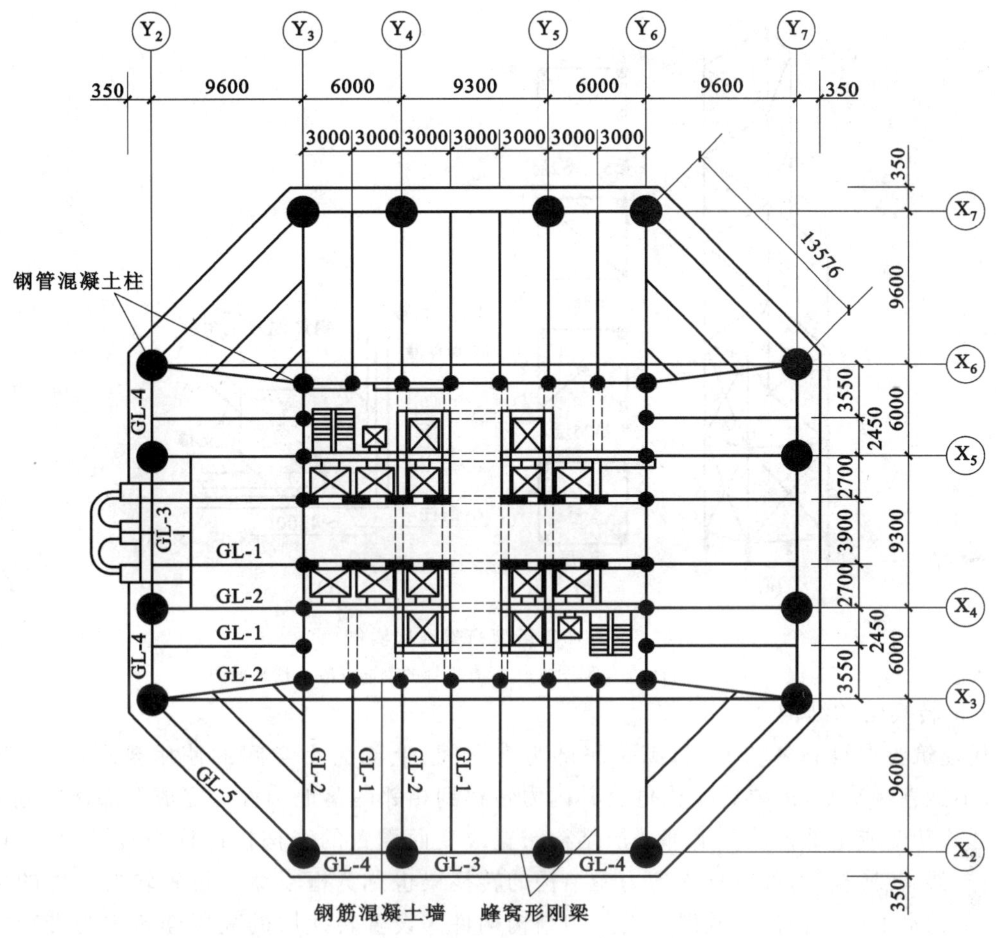

图 5-16 框架-核心筒结构举例(深圳赛格广场结构平面图)

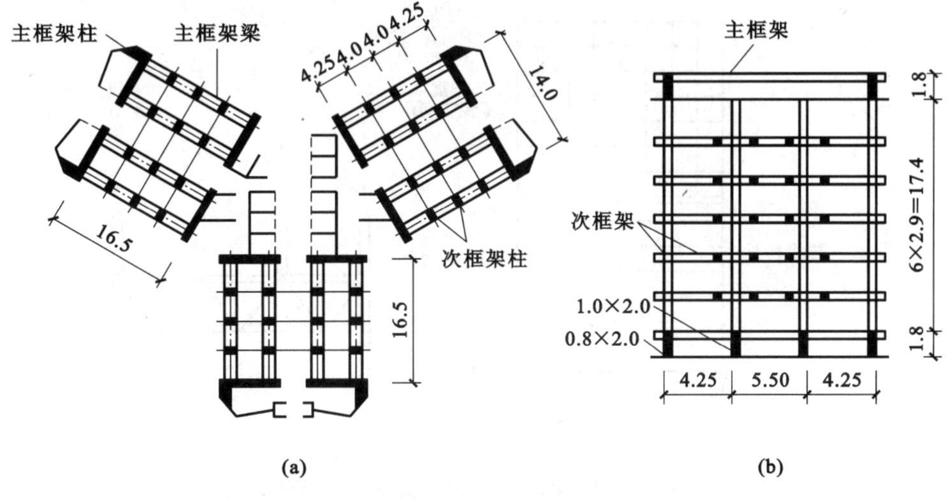

图 5-17 巨型框架结构实例(单位:m)

(a) 平面图;(b) 剖面图

除了巨型框架结构外,还有巨型桁架结构,图 5-18 所示为香港中银大厦结构体系,由巨型柱、巨型梁、巨型桁架组成空间桁架,相邻立面的支撑交汇于角柱,形成巨大的空间桁架结构,可以抵抗任何方向的水平作用。

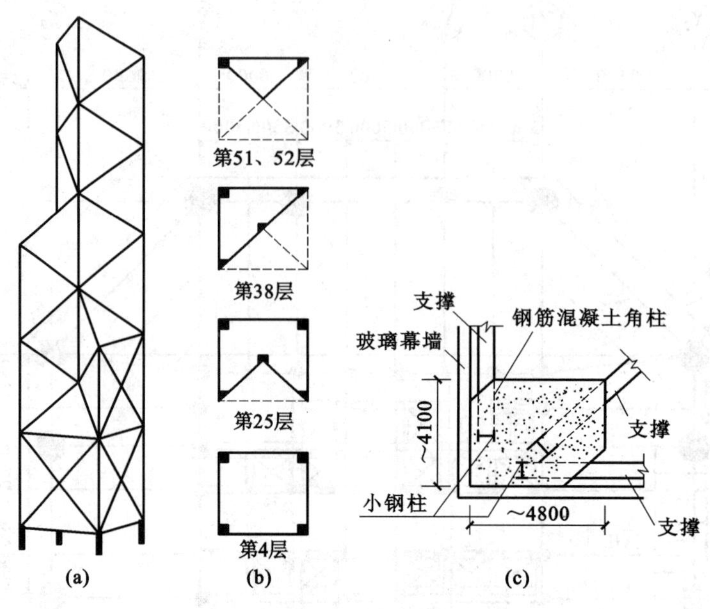

图 5-18 巨型桁架结构实例

(a) 立面图;(b) 平面图;(c) 配有钢骨的钢筋混凝土柱平面图

(4) 带转换层的结构

现代建筑要求具有多功能,为满足底部为大空间、上部为小空间的使用要求,部分竖向构件(墙、柱)不能直接落地,需要转换构件将其内力转移到相邻的落地构件。完成上部楼层到下部楼层的结构形式转变或上部楼层到下部楼层结构布置改变而设置的结构构件称为转换构件,包括转换梁、转换桁架、转换板等,部分框支剪力墙结构的转换梁也称为框支梁。设置转换构件的楼层称为转换层,包括水平结构构件及其以下的竖向结构构件。设置转换层的高层建筑称为带转换层的结构,如图 5-19 所示。

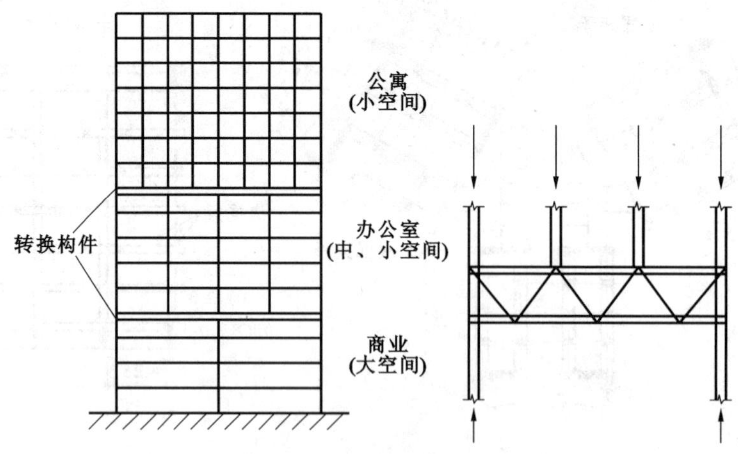

图 5-19 带转换层的高层建筑结构剖面示意图

在剪力墙结构中,将不能落地的剪力墙通过转换构件支承在框架上,形成框支剪力墙,称为托

墙转换；在框筒结构、筒中筒结构及框架-核心筒结构中外围框架中不能落地的柱通过转换构件支承在稀柱框架上，称为托柱转换。

为了避免转换层成为薄弱层，转换层的侧向刚度与其相邻上一层的侧向刚度比不宜过小，当转换层设置在第1、2层时，转换层与其相邻上一层的等效剪切刚度比 γ_{e1} 宜接近于1，非抗震设计时不应小于0.4，抗震设计时不应小于0.5。γ_{e1} 按下式计算：

$$\gamma_{e1} = \frac{G_1 A_1}{G_2 A_2} \cdot \frac{h_2}{h_1} \tag{5-1a}$$

$$A_i = A_{w,i} + \sum_j C_{i,j} A_{ci,j} \quad (i=1,2) \tag{5-1b}$$

$$C_{i,j} = 2.5\left(\frac{h_{ci,j}}{h_i}\right)^2 \quad (i=1,2) \tag{5-1c}$$

式中 G_1, G_2——转换层和转换层以上一层的混凝土剪切模量；

A_1, A_2——转换层和转换层以上一层的折算抗剪截面面积，可按式(5-1b)计算；

$A_{w,i}$——第 i 层（$i=1$ 为转换层，$i=2$ 为转换层以上一层）全部剪力墙在计算方向的有效截面面积（不包括翼缘面积）；

$A_{ci,j}$——第 i 层第 j 根柱的截面面积；

h_i——第 i 层层高；

$h_{ci,j}$——第 i 层第 j 根柱在计算方向的截面高度；

$C_{i,j}$——第 i 层第 j 根柱截面面积折算系数，当计算值大于1时，取1，可按式(5-1c)计算。

当转换层设置在第2层以上时，转换层（第 i 层）与其相邻上一层[第 $(i+1)$ 层]的侧向刚度比应满足下式：

$$\gamma_1 = \frac{V_i \Delta_{i+1}}{V_{i+1} \Delta_i} \geqslant 0.6 \tag{5-2}$$

式中 γ_1——楼层侧向刚度比；

V_i, V_{i+1}——第 i 层、第 $(i+1)$ 层的地震剪力标准值，kN；

Δ_i, Δ_{i+1}——第 i 层、第 $(i+1)$ 层在地震剪力标准值作用下的层间位移，m。

当转换层设置在第2层以上时，还需以图5-20所示的计算模型按式(5-3)计算转换层及其下部结构与转换层上部结构的等效侧向刚度比 γ_{e2}。γ_{e2} 宜接近于1，非抗震设计时不应小于0.5，抗震设计时不应小于0.8。

$$r_{e2} = \frac{\Delta_2 H_1}{\Delta_1 H_2} \tag{5-3}$$

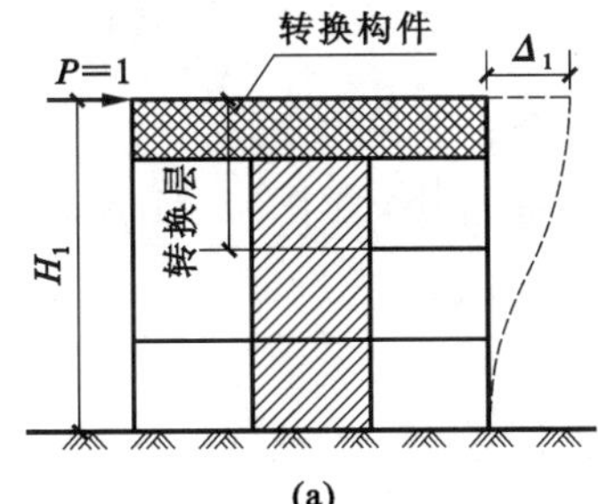

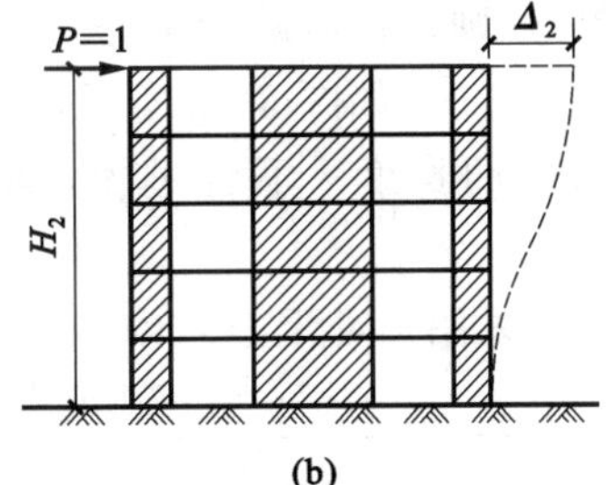

图5-20 转换层上、下等效侧向刚度计算模型

(a) 计算模型1——转换层及其下部结构；(b) 计算模型2——转换层上部结构

式中 H_1——转换层及其下部结构(计算模型 1)的高度;

Δ_1——转换层及其下部结构(计算模型 1)的顶部在单位水平力作用下的侧向位移;

H_2——转换层上部若干层结构(计算模型 2)的高度,其值应等于或接近于计算模型 1 的高度 H_1,且不大于 H_1;

Δ_2——转换层上部若干层结构(计算模型 2)的顶部在单位水平力作用下的侧向位移。

5.2.3 高层建筑结构布置一般原则

建筑体形是指建筑的平面和立面,结构总体布置是指结构构件的平面布置和竖向布置。建筑体形和结构总体布置对结构的抗震性能起决定性的作用。建筑体形由建筑师根据其使用功能、建筑场地、美学确定;结构构件布置由结构师根据结构抵抗竖向荷载、抗风、抗震的要求确定。功能好的房屋设计由建筑师和结构师密切配合实现。

(1) 结构布置的一般原则

抗震房屋结构总体布置,应符合下列原则。

① 采用规则结构,不应采用严重不规则的结构。

② 具有明确的计算简图和合理的传力途径。

③ 具备必要的刚度和承载力,良好的弹塑性变形能力和消耗地震能量的能力;避免因部分结构或构件破坏而导致整个结构倒塌;对可能出现的薄弱部位,采取措施提高抗震能力。

④ 设置多道抗震防线,采用超静定结构,尽可能多地增加结构赘余度。

(2) 结构平面布置原则

在高层建筑的一个独立结构单元内,结构平面形状宜简单、规则,承载力、刚度、质量分布对称、均匀,刚度中心和质量中心尽可能重合,减小扭转效应。应尽量避免采用表 5-4 所列的平面不规则的结构。

表 5-4 平面不规则的主要类型

不规则类型	定义
扭转不规则	在规定的水平力作用下,楼层的最大弹性水平位移(或层间位移),大于该楼层两端弹性水平位移(或层间位移)平均值的 1.2 倍
凹凸不规则	平面凹进的尺寸大于相应投影方向总长度的 30%
楼板局部不连续	楼板的尺寸和刚度急剧变化,例如,有效楼板宽度小于该层楼板典型宽度的 50%,或开洞面积大于该层楼面面积的 30%,或较大的楼层错层

抗震设计的高层建筑,平面布置应符合下列规定。

① 平面宜简单、规则、对称,减少偏心。

② 平面长度不宜过长,如图 5-21 所示,L/B 应符合表 5-5 的要求。

③ 平面突出部分的长度 l 不宜过大,宽度 b 不宜过小,如图 5-21 所示,l/B_{max}、l/b 应符合表 5-5 的要求。

④ 建筑平面不宜采用角部重叠或细腰形平面布置。

表 5-5 平面尺寸及突出部位的限值

设防烈度	L/B	l/B_{max}	l/b
6、7 度	≤6.0	≤0.35	≤2.0
8、9 度	≤5.0	≤0.30	≤1.5

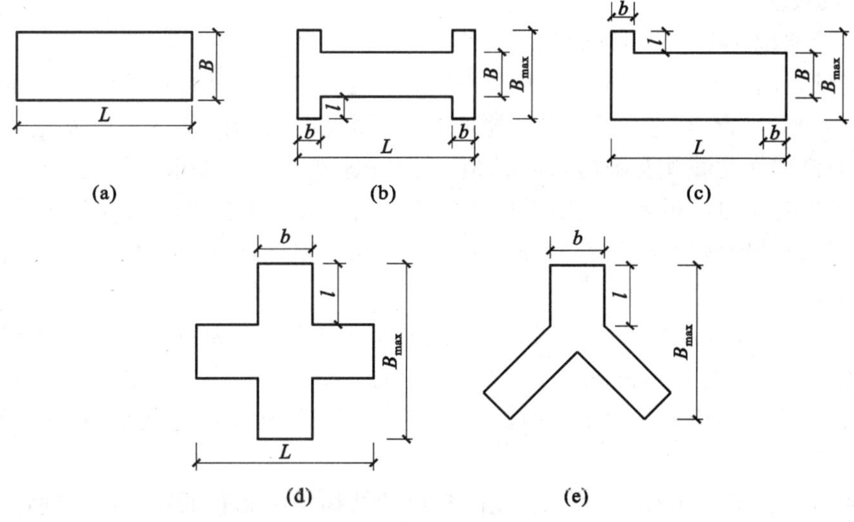

图 5-21 建筑平面示意图

(3) 结构沿高度布置原则

高层建筑的竖向体形宜规则、均匀，避免有过大的外挑和收进，结构的侧向刚度和承载力上下相同，或下大上小，自下而上连续、逐渐减小，避免有刚度或承载力突然变小的楼层，避免造成薄弱层或柔软层，并应尽量避免采用表 5-6 所列的竖向不规则的结构。

表 5-6 竖向不规则的主要类型

不规则类型	定义
侧向刚度不规则	该层的侧向刚度小于相邻上一层的 70%，或小于其上相邻三个楼层侧向刚度平均值的 80%；除顶层和出屋面小建筑外，局部收进的水平尺寸大于相邻下一层的 25%
竖向抗侧力构件不连续	竖向抗侧力构件(柱、抗震墙、抗震支撑)的内力由水平转换构件(梁、桁架)向下传递
楼层承载力突变	抗侧力结构的层间受剪承载力小于相邻上一楼层的 80%

抗震设计时，建筑立面的局部收进和外挑应满足下列要求。

① 局部收进：当结构上部楼层收进部位到室外地面的高度 H_1 与房屋总高度 H 之比大于 0.2 时，上部楼层收进后的水平尺寸 B_1 不宜小于下部楼层水平尺寸 B 的 75%，如图 5-22 所示。

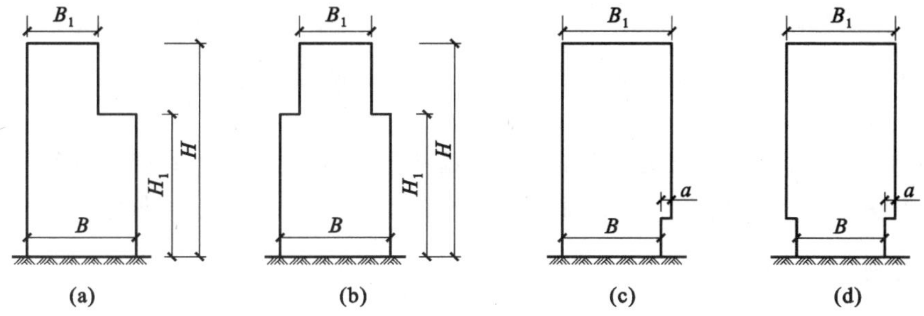

图 5-22 结构竖向收进和外挑示意图

②外挑：当上部楼层相对于下部楼层外挑时，上部楼层水平尺寸不宜大于下部楼层水平尺寸 B 的 1.1 倍，且水平外挑尺寸 $a \leqslant 4$ m，如图 5-22 所示。

结构设计时，允许采用不规则结构，但应采取相应的措施考虑其不利影响。

(4) 变形缝的设置

变形缝有三种类型：防震缝、伸缩缝、沉降缝。

设置变形缝可以消除不规则结构，减少收缩和温度应力，减少不均匀沉降。但设置变形缝会影响建筑立面，材料用量加大，构造复杂，防水处理难，强烈地震时缝间结构可能发生碰撞而局部损坏。因此，设计时倾向于尽量避免设缝，而采取其他措施来满足设计要求。

① 防震缝。防震缝的作用是将特别不规则的结构划分为若干独立的结构单元，使各个结构单元成为规则结构。设计时倾向于不设防震缝，采取加强结构整体性、防止薄弱部位破坏的措施。

防震缝宽度要求：

a. 对于钢筋混凝土框架结构，高度不超过 15 m 时，防震缝宽度为 100 mm；超过 15 m 时，6 度、7 度、8 度和 9 度分别每增加 5 m、4 m、3 m 和 2 m，宜加宽 20 mm。

b. 对于框架-剪力墙结构和剪力墙结构，可分别采用框架结构防震缝宽度的 70% 和 50%，但都不小 100 mm。

防震缝两侧结构类型不同时，按需要较宽防震缝的结构类型和较低房屋高度确定缝宽。

② 伸缩缝。伸缩缝的作用是避免收缩裂缝和温度裂缝。

伸缩缝的最大间距：现浇钢筋混凝土框架结构为 55 m，剪力墙结构为 45 m，框架-剪力墙结构为 45～55 m。伸缩缝的宽度不小于防震缝的宽度。

避免设置伸缩缝，可以采取下列措施。

a. 顶层、底层、山墙和纵墙端开间等温度变化较大的部位提高配筋率。

b. 顶层加强保温隔热措施，外墙设置外保温层。

c. 每隔 30～40 m 间距留出后浇带，带宽 800～1000 mm，钢筋采用搭接接头，后浇带混凝土宜在 45 d 后浇筑。

d. 采用收缩小的水泥，减小水泥用量，在混凝土中掺入适宜的外加剂。

e. 提高每层楼板的构造配筋率或采用部分预应力结构。

③ 沉降缝。沉降缝的作用是将裙房和主体结构从顶层到基础全部断开，使各部分自由沉降，避免由沉降差引起裂缝或破坏。沉降缝的缝宽应符合防震缝的最小宽度要求。

通过采取下列措施减小沉降差，可以不设沉降缝。

a. 用压缩性小的土层作为地基。

b. 施工时从基础到顶层设置后浇带，待大部分沉降完成后，再浇筑后浇带的混凝土。

c. 从主体结构的箱形基础上悬挑基础梁，承受裙房的重量。

5.3 高层建筑结构上的作用

高层建筑上的外荷载按方向分为两类：竖向荷载和水平荷载。竖向荷载包括结构自重和楼屋面活荷载，计算方法和一般建筑相同。下面仅介绍水平荷载——风荷载和地震作用的计算方法。

5.3.1 风荷载

空气流动形成的风遇到建筑物时，在建筑物表面产生压力或吸力，这种风力作用称为风荷载。

风对建筑表面的作用力并不等于基本风压值。风的作用力随建筑物的体型、尺度、表面位置、表面状况而改变，并且是压力和吸力并存。实际上，风荷载是随时间而波动的动力荷载，但为了简化计算，在房屋设计中通常把它看成等效静荷载。对于高度大于 30 m 且高宽比大于 1.5 的房屋结

构，以及基本自振周期大于 0.25 s 的塔架、桅杆、烟囱等高耸结构，应采用风振系数来考虑风压脉动的影响。但对于高度超过 200 m 的建筑，还要通过风洞试验确定风荷载。

5.3.2 地震作用

地震波对结构造成破坏的，主要是水平振动，地面竖向振动在震中附近的高烈度区对房屋结构的影响比较大。目前，建筑结构抗震设计计算主要考虑水平地震作用，对于水平长悬臂构件，9 度抗震设计时，需要考虑竖向地震作用。

对于高层建筑结构的地震作用计算，《高规》有以下规定。

① 一般情况下，应至少在建筑结构的两个主轴方向分别计算水平地震作用，有斜交抗侧力构件的结构，当相交角度大于 15°时，应分别计算各抗侧力构件方向的水平地震作用。

② 质量和刚度分布明显不对称的结构，应计入双向水平地震作用下的扭转影响，其他情况应计算单向水平地震作用的扭转影响。

③ 高层建筑结构中的大跨度、长悬臂结构，7 度（0.15g）、8 度抗震设计时应计入竖向地震作用。

④ 9 度抗震设计时应计算竖向地震作用。

地震作用的计算方法，一般可采用底部剪力法和振型分解反应谱法。对于特别不规则结构，甲类建筑和 7 度及 7 度以上较高的高层建筑应采用弹性时程分析法进行多遇地震下的补充计算。

5.4 剪力墙结构

5.4.1 剪力墙结构的布置

剪力墙结构应有适宜的抗侧刚度，其结构布置应该符合下列规定。

① 平面布置宜简单、规则，宜沿两个主轴方向或其他方向双向布置，两个方向的刚度相差不宜过大。抗震设计时不应采用仅单向有墙的结构布置。

② 剪力墙宜自下至上连续布置，避免沿高度方向刚度突变，且横向与纵向的剪力墙宜相连。

③ 门窗洞口宜上下对齐，成列布置，形成明显的墙肢和连梁，避免造成墙肢宽度相差悬殊的洞口设置；抗震设计时，一、二、三级剪力墙的底部加强部位不宜采用上下洞口不对齐的错洞墙，全高均不宜采用洞口局部重叠的叠合错洞墙。

④ 剪力墙不宜过长，较长剪力墙宜设置跨高比较大的连梁，将其分成长度较均匀的若干墙段，各墙段的高度与墙段长度之比不宜小于 3，墙段长度不宜大于 8 m。

⑤ 由于短肢剪力墙（墙肢截面高度与厚度之比为 5～8）抗震性较差，因此进行抗震设计时，不应全部采用短肢剪力墙结构。

⑥ 不宜采用一字形短肢剪力墙，不宜在一字形短肢剪力墙布置平面外与之相交的单侧楼面梁。

5.4.2 剪力墙的受力特点和分类

(1) 剪力墙的受力特点

任何结构都是空间结构，但对剪力墙而言，由于其平面内的刚度比平面外的刚度大很多，一般都把剪力墙简化为平面构件，即假定剪力墙只能抵抗其自身平面内的侧向力。在水平荷载作用下，剪力墙处于二维应力状态，严格来说，应该采用平面有限元方法进行计算，但是实用上，大都将剪力墙简化为杆系，采用结构力学中力学的方法近似计算。本节将介绍这种近似计算方法。

(2) 剪力墙的类型

按照洞口大小和分布的不同，剪力墙可划分为整体墙、联肢墙、错洞墙几类。

① 整体墙。

当墙上洞口面积不超过墙面面积的16%，且洞口间净距及洞口至墙边净距大于洞口长边时，可以忽略洞口的影响。假设截面上应力为线性分布，按整体悬臂墙(静定结构)计算其内力和位移，如图5-23(a)所示。

② 联肢墙。

当洞口较大且排列整齐，可划分为墙肢和连梁，称为联肢墙，如图5-23(b)所示。联肢墙为超静定结构，有多种近似计算方法，本节将介绍连续化法。

③ 错洞墙。

剪力墙上洞口较大，而且排列不规则，如图5-23(c)所示。这种墙不能简化成杆件体系进行计算，可以采用平面有限元法计算。

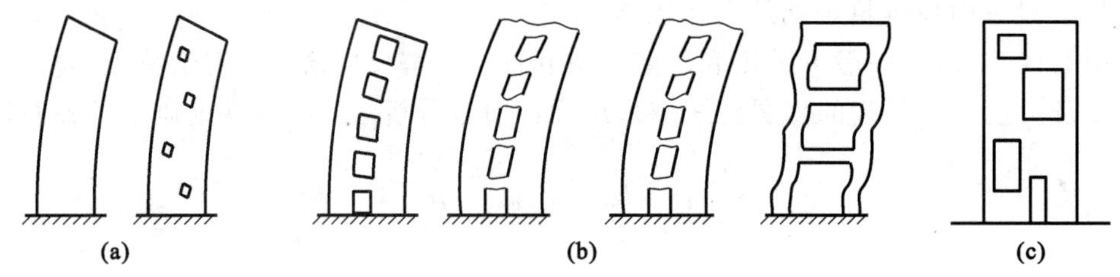

图5-23 剪力墙分类

(a) 整体墙；(b) 联肢墙；(c) 错洞墙

(3) 计算假定

为了简化计算，对剪力墙结构做如下假定。

① 忽略剪力墙平面外刚度，近似认为剪力墙只在其自身平面内有刚度和承载力。因此，剪力墙结构可以按纵、横两个方向分别计算。每一个方向由若干个平面剪力墙组成，协同抵抗外荷载。对于每一片墙，墙端可考虑带翼墙工作，即纵墙的一部分可作为横墙的翼缘，横墙的一部分可作为纵墙的翼缘。

② 楼板在其平面内刚度无限大，各片剪力墙通过刚性楼盖连接，在水平荷载作用下，各片剪力墙在同一楼板标高侧移相等，因此，总水平荷载将按各片剪力墙刚度分配到每片墙。

③ 竖向荷载作用下，按每片墙的承载负荷面积计算，直接计算为该墙面的轴力。

5.4.3 剪力墙的内力和水平位移计算

5.4.3.1 整体墙近似计算方法

无洞口或开洞较小的剪力墙，可按整体墙计算。整体墙可视为悬臂构件，为静定结构，其内力和位移按材料力学方法计算得到。如果有小洞口，如图5-24所示。整体墙的刚度取 $E_c I_{eq}$，其中折算惯性矩 I_{eq} 取有洞口截面与无洞口截面惯性矩的加权平均值。折算惯性矩 I_{eq} 和折算面积 A_q 按下式计算：

$$I_{eq} = \frac{\sum I_i h_i}{\sum h_i} \tag{5-4}$$

$$A_q = \left(1 - 1.25\sqrt{\frac{A_d}{A_0}}\right)A \tag{5-5}$$

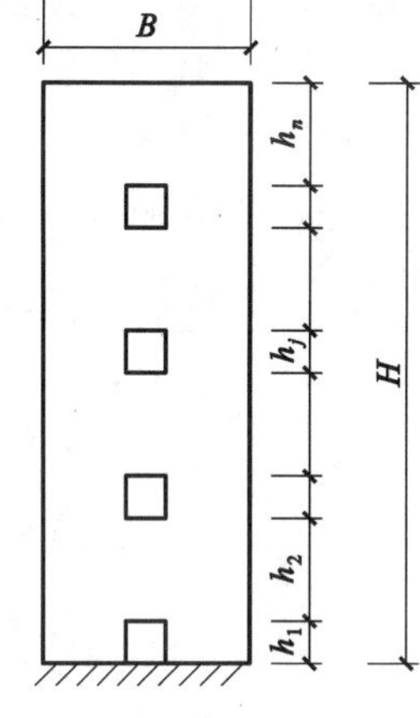

图 5-24 整体墙

式中 I_i——剪力墙有洞口或无洞口部分截面的惯性矩；

h_i——各截面相应的墙高；

A——无洞口的剪力墙截面面积；

A_d——剪力墙洞口立面面积；

A_0——剪力墙立面总面积。

(1) 剪力分配

剪力墙属于悬臂构件，以弯曲变形为主。由于存在一定的剪切变形，所以采用等效抗弯刚度将层间剪力向各片剪力墙分配，第 i 层第 j 片剪力墙分配到的剪力按下式计算：

$$V_{ij} = \frac{E_c I_{eqj}}{\sum E_c I_{eqk}} V_{Pi} \tag{5-6}$$

式中 V_{Pi}——第 i 层总剪力；

EI_{eqj}，EI_{eqk}——第 j、k 片剪力墙的等效抗弯刚度。

(2) 位移计算

在常用水平荷载作用下，剪力墙顶点水平位移按下式计算。

在均布荷载作用下：

$$\Delta = \frac{1}{8} \times \frac{V_0 H^3}{EI_{eq}} \tag{5-7a}$$

在倒三角形荷载作用下：

$$\Delta = \frac{11}{60} \times \frac{V_0 H^3}{EI_{eq}} \tag{5-7b}$$

在顶部集中荷载作用下：

$$\Delta = \frac{1}{3} \times \frac{V_0 H^3}{EI_{eq}} \tag{5-7c}$$

式中 V_0——底部截面总剪力；

H——结构总高度；

EI_{eq}——整体墙的等效抗弯刚度，按下式计算：

$$E_c I_{eq} = \frac{E_c I_q}{1 + \frac{4\mu E_c I_q}{H^2 G A_q}} \quad \text{（均布荷载作用下）} \tag{5-8a}$$

$$E_c I_{eq} = \frac{E_c I_q}{1 + \frac{3.64\mu E_c I_q}{H^2 G A_q}} \quad \text{（倒三角形荷载作用下）} \tag{5-8b}$$

$$E_c I_{eq} = \frac{E_c I_q}{1 + \frac{3\mu E_c I_q}{H^2 G A_q}} \quad \text{（顶部集中力作用下）} \tag{5-8c}$$

式中 μ——剪力不均匀系数，矩形截面取 1.2，I 形截面取全面积除以腹板面积。

5.4.3.2 连续化方法计算联肢墙

(1) 基本假定及计算思路

连续化法是把连梁看作分散在整个高度上的平行排列的连续连杆，连杆之间没有相互作用，如

图 5-25 所示。该方法的基本假定为：

① 忽略连梁轴向变形，即假定两墙肢水平位移相同；

② 连梁两端转角相等，连梁反弯点在跨中；

③ 墙肢截面、各连梁截面及层高等几何尺寸沿全高相同。

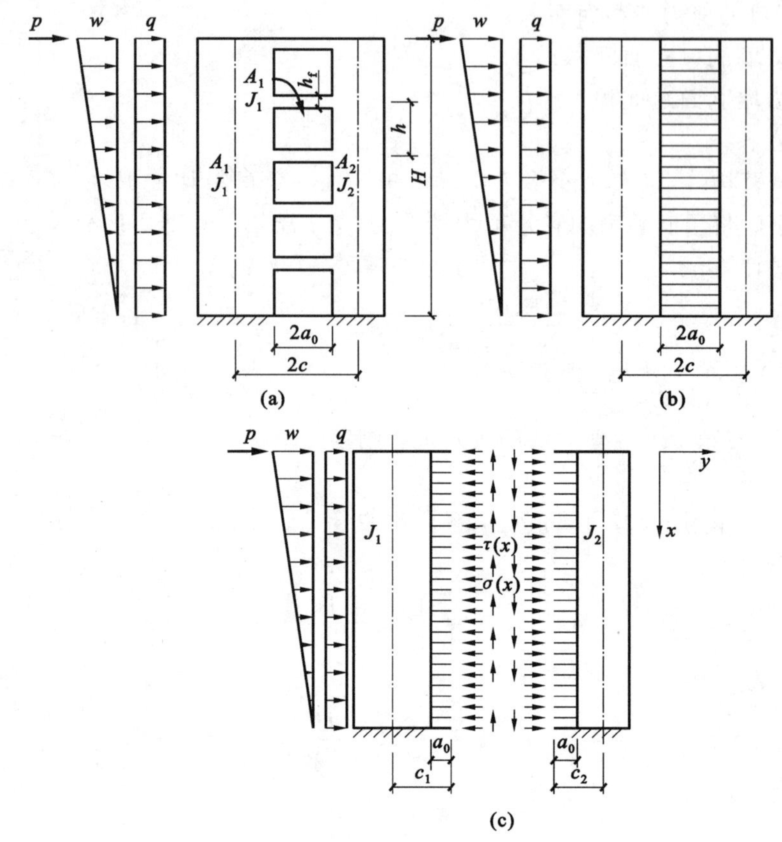

图 5-25　连续化法计算简图及基本体系

(a) 结构尺寸；(b) 计算简图；(c) 基本体系

该方法以连杆中点的剪力 $\tau(x)$ 为未知数，沿连杆中点切开，切开点连杆弯矩为 0，剪力 $\tau(x)$ 是一个连续函数，通过在切开点处变形协调(相对位移为 0)，建立 $\tau(x)$ 的微分方程，求解微分方程后得出，积分后得连杆剪力 V_l，再通过平衡条件求出连梁的梁端弯矩、墙肢轴力及弯矩。这就是连续化法的基本思路。

切开点处沿 $\tau(x)$ 方向的变形连续条件可用下式表达：

$$\delta_1(x)+\delta_2(x)+\delta_3(x)=0 \tag{5-9}$$

式中　$\delta_1(x)$——墙肢弯曲变形产生的相对位移，如图 5-26(a)所示；

$\delta_2(x)$——墙肢轴向变形产生的相对位移，如图 5-26(b)所示；

$\delta_3(x)$——连梁弯曲和剪切变形产生的相对位移，如图 5-26(c)所示。

求解微分方程，即可得到以函数形式表达的未知力 $\tau(x)$。令截面位置相对坐标为 $\xi=\dfrac{x}{H}$，则结果可以表达为更一般化的形式 $\tau(\xi)$，求解过程从略。

由连续化方法推导过程中，归纳出联肢墙的一个重要参数 α，也称整体系数，它表示连梁与墙肢相对刚度的一个几何特征参数，按下式计算：

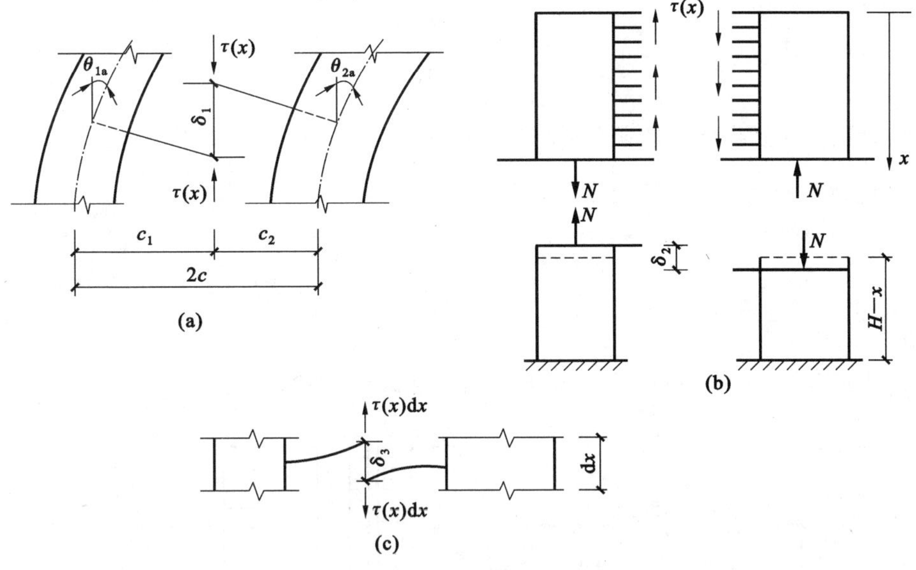

图 5-26 连梁切开处的变形

(a) 墙肢弯曲变形;(b) 墙肢轴向变形;(c) 连梁弯曲及剪切变形

$$\alpha = H\sqrt{\frac{6}{Th(I_1+I_2)} \cdot \widetilde{I}_l \frac{c^2}{a_0^3}} \tag{5-10}$$

式中 H,h——剪力墙的总高和层高。

T——考虑墙肢轴向变形的影响系数,当为 3～4 肢时,取 0.8;5～7 肢时,取 0.85;8 肢以上时取 0.9。

$I_1,I_2,\widetilde{I}_l$——两个墙肢和连梁的惯性矩。

a_0,c——洞口净宽 $2a_0$ 和墙肢重心到重心距离 $2c$ 的一半。

整体系数只与联肢墙的几何参数有关,系数越大,表示连梁刚度与墙肢刚度的相对比值越大。连梁刚度与墙肢刚度的相对比值对联肢墙内力分布和位移影响很大。

在连续化方法计算时,计算简图中连梁应采用带刚域连杆,如图 5-27 所示,墙肢轴线间距离为 $2c$,连梁刚域长度为墙肢宽度一半减去连梁高度 h_1 的 1/4,即图 5-27 中的阴影部分。刚域为不变形部分,除刚域外的变形段为连梁的计算跨度,取为 $2a_l$,按下式计算:

$$2a_l = 2a + 2 \times \frac{h_1}{4} \tag{5-11}$$

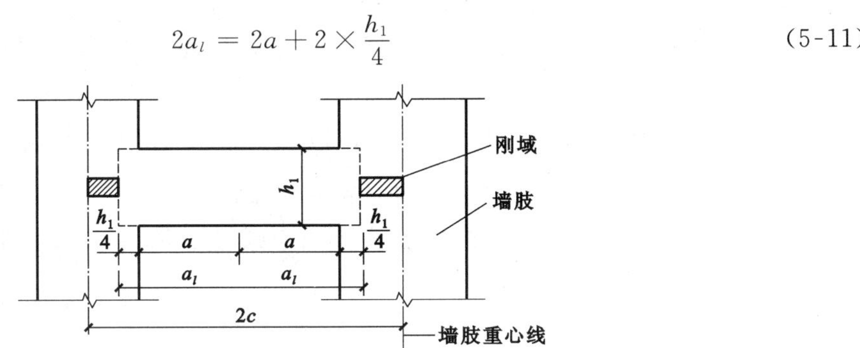

图 5-27 连梁计算跨度

一般连梁宽高比较小,在计算跨度内要考虑连梁的弯曲变形和剪切变形,连梁的折算惯性矩按下式计算:

$$\widetilde{I}_l = \frac{I_l}{1+\frac{3\mu EI_l}{A_l G a_l^2}} \tag{5-12a}$$

令 $G=0.4E$，矩形连梁截面剪应力不均匀系数 $\mu=1.2$，$I_l=\frac{1}{12}b_1 h_1^3$，代入式(5-12a)得简化后的连梁折算惯性矩为：

$$\widetilde{I}_l = \frac{I_l}{1+0.7\frac{h_1^2}{a_l^2}} \tag{5-12b}$$

(2) 联肢墙的内力

由连梁的连续剪力 $\tau(\xi)$ 可以计算连梁内力和墙肢内力，如图 5-28 所示。

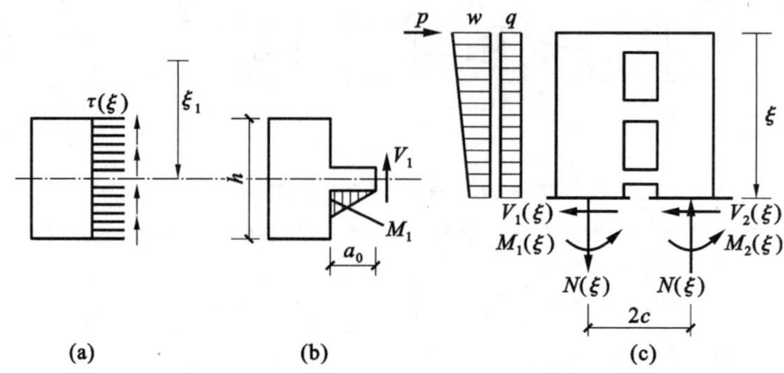

图 5-28 连梁、墙肢的内力计算

(a) 连杆内力；(b) 连梁剪力、弯矩；(c) 墙肢轴力及弯矩

计算 j 层剪力时，用该层连梁中点处的剪应力乘以层高就可得到；连梁的弯矩为连梁剪力乘以连梁跨度的 1/2，即：

$$V_{bj} = \tau(\xi_j)h \tag{5-13}$$

$$M_{bj} = V_{bj}a \tag{5-14}$$

已知连梁内力后，可由隔离体平衡求出墙肢轴力及弯矩。由连续化法分析得到的墙肢内力可以表达成下列公式：

$$M_i(\xi) = kM_p(\xi)\frac{I_i}{I} + (1-k)M_p(\xi)\frac{I_i}{\sum I_i} \tag{5-15}$$

$$N_i(\xi) = kM_p(\xi)\frac{A_i y_i}{I} \tag{5-16}$$

式中 $M_i(\xi)$，$N_i(\xi)$——第 i 墙肢的弯矩和轴力，$\xi=\frac{x}{H}$，为截面相对坐标；

$M_p(\xi)$——坐标 ξ 处，外荷载作用下的倾覆力矩；

I_i，y_i——第 i 墙肢的截面惯性矩、截面重心到剪力墙总截面重心的距离；

I——剪力墙截面总惯性矩：

$$I = \sum I_i^2 + \sum A_i y_i^2 \tag{5-17}$$

A_i——第 i 墙肢的截面面积；

k——系数，与荷载形式有关，在倒三角形分布荷载下，k 值可表达为：

$$k = \frac{3}{\xi^2(3-\xi)}\left[\frac{2}{\alpha^2}(1-\xi)+\xi^2\left(1-\frac{\xi}{3}\right)-\frac{2}{\alpha^2}\mathrm{ch}\alpha\xi+\left(\frac{2\mathrm{sh}\alpha}{\alpha}+\frac{2}{\alpha^2}-1\right)\frac{\mathrm{sh}\alpha\xi}{\alpha\,\mathrm{ch}\alpha}\right] \tag{5-18}$$

墙肢公式的物理意义可用图 5-29 说明，图 5-29(c)表示多肢剪力墙截面应力分布，它可以分解为图 5-29(d)、图 5-29(e)两部分，图 5-29(d)表示整体弯曲应力，符合整体平截面假定，组成墙肢的部分弯矩[式(5-15)中的第一项]及轴力；图 5-29(e)局部弯曲应力符合墙肢平截面假定，组成墙肢的另一部分弯矩[式(5-15)中的第二项]。

系数 k 物理意义为两部分弯矩的百分比，k 值越大，则整体弯矩及轴力越大，局部弯矩越小，此时截面上总应力分布更接近直线，可能一个墙肢完全受拉，另一个墙肢完全受压；反之，k 值较小时，截面上应力锯齿形分布更明显，每个墙肢都有拉力、压力。

墙肢剪力仍可用(5-6)近似计算，式中的等效抗弯刚度取考虑剪切变形的墙肢弯曲刚度，仍由式(5-4)计算。

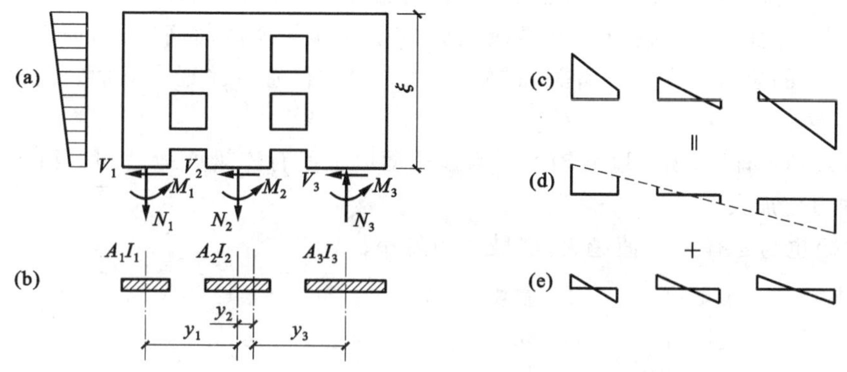

图 5-29　多肢墙截面的应力分解

(3) 联肢墙位移计算

通过连续化方法还可求出联肢墙在水平荷载下的位移，位移与水平荷载形式有关，在三种常用荷载作用下，其顶点位移公式仍可用悬臂墙公式式(5-7)计算。但联肢墙的等效抗弯刚度 EI_{eq} 按下式计算：

$$EI_{eq}=\frac{E\sum I_i}{1+4\gamma^2-T+\psi_\alpha T}\quad\text{（均布荷载作用下）}\tag{5-19a}$$

$$EI_{eq}=\frac{E\sum I_i}{1+3\gamma^2-T+\psi_\alpha T}\quad\text{（倒三角形荷载作用下）}\tag{5-19b}$$

$$EI_{eq}=\frac{E\sum I_i}{1+3.64\gamma^2-T+\psi_\alpha T}\quad\text{（顶部集中荷载作用下）}\tag{5-19c}$$

式中　γ^2——墙肢剪切变形影响系数：

$$\gamma^2=\frac{E\sum I_i}{H^2G\sum A_i/\mu_i}\tag{5-20}$$

ψ_α——系数，是整体系数 α 的函数，与荷载形式有关：

$$\psi_\alpha=\frac{8}{\alpha^2}\left(\frac{1}{2}+\frac{1}{\alpha^2}-\frac{1}{\alpha^2\text{ch}\alpha}-\frac{\text{sh}\alpha}{\alpha\,\text{ch}\alpha}\right)\quad\text{（均布荷载作用下）}\tag{5-21a}$$

$$\psi_\alpha=\frac{60}{11}\frac{1}{\alpha^2}\left(\frac{2}{3}+\frac{2\text{sh}\alpha}{\alpha^2\text{ch}\alpha}-\frac{2}{\alpha^2\text{ch}\alpha}-\frac{\text{sh}\alpha}{\alpha\,\text{ch}\alpha}\right)\quad\text{（倒三角形荷载作用下）}\tag{5-21b}$$

$$\psi_\alpha=\frac{3}{\alpha^2}\left(1-\frac{\text{sh}\alpha}{\alpha\,\text{ch}\alpha}\right)\quad\text{（顶部集中荷载作用下）}\tag{5-21c}$$

T——轴向变形影响系数，表示墙肢与洞口相对关系，T 值大表示墙肢窄，按下式计算：

$$T = \frac{I - \sum_{i=1}^{s+1} I_i}{I} = \frac{\sum_{i=1}^{s+1} A_i y_i^2}{I} \tag{5-22}$$

$$I = \sum I_i + \sum_{i=1}^{s+1} A_i y_i^2 \tag{5-23}$$

(4) 联肢墙的位移和内力分布规律

图 5-30 给出了按连续化方法计算得到联肢墙的侧移、连梁剪力、墙肢轴力、墙肢弯矩沿高度分布曲线，它们受整体系数 α 的影响，其特点如下。

① 联肢墙的侧移曲线呈弯曲型，α 值越大，墙的侧移刚度越小，侧移越小。

② 连梁内力沿高度分布的特点：连梁最大剪力在中部某个截面高度处，向上、向下都逐渐减小，最大值 $\tau_{\max}(x)$ 的位置与参数 α 有关，α 越大，$\tau_{\max}(x)$ 的位置越接近底截面。此外，α 越大，连梁剪力越大。

③ 墙肢轴力和 α 有关，因为墙肢轴力即为该截面以上所有连梁剪力之和，当 α 增大时，连梁剪力加大，墙肢轴力也加大。

④ 肢的弯矩也与 α 有关，α 值越大，墙肢弯矩越小。

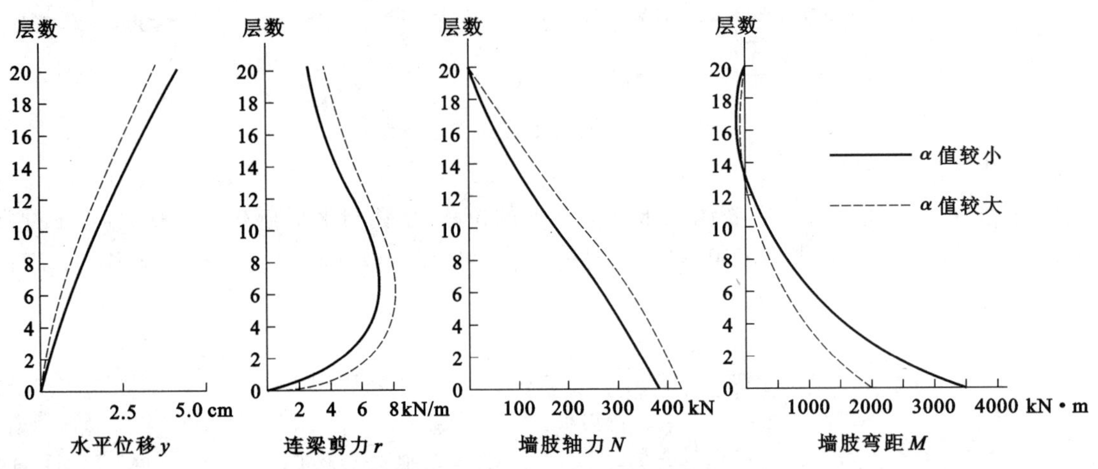

图 5-30 联肢墙侧移及内力分布图

剪力墙墙肢内力分布、位移曲线形状与有无洞口、α 值大小有关。剪力墙弯矩及截面应力分布如图 5-31 所示。

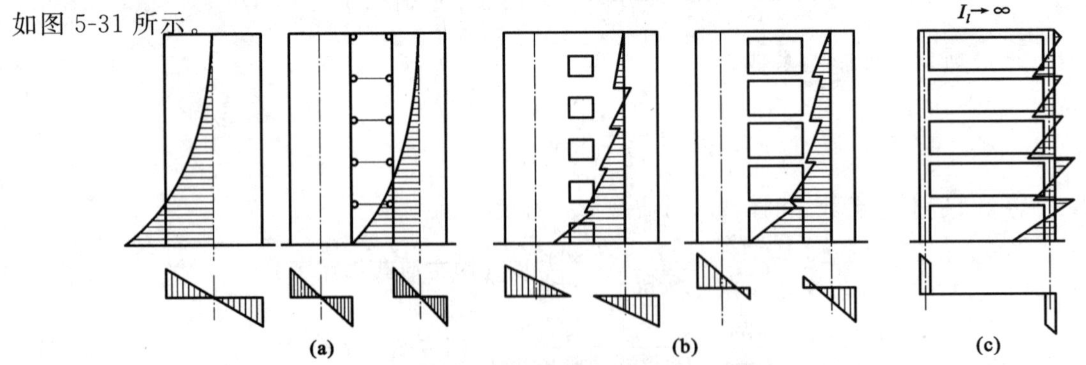

图 5-31 剪力墙弯矩及截面应力分布

(a) 整体墙；(b) 联肢墙；(c) 框架

① 实体墙：弯矩沿高度是一个方向，没有反向弯矩，截面应力分布为直线，弯曲型位移曲线。

② 开洞墙：内力分布与 α 值大小有关，分以下三种情况。

a. 整体系数 $\alpha<1$，连梁很小，弯连梁与墙肢铰接，墙肢为单肢实体墙。

b. 整体系数 $\alpha>10$，连梁刚度很大，每层墙肢都没有或大部分没有反弯点，截面应力接近直线分布，侧移曲线主要为弯曲型，接近实体墙。

c. 整体系数 $1\leqslant\alpha\leqslant10$，连梁刚度介于上面两者之间，为典型的联肢墙，弯矩为较大的锯齿形，截面应力不再为线形，侧移曲线主要为弯曲型。

③ 开洞很大的墙：整体系数 $\alpha\gg10$，梁相对于柱的刚度较大，墙肢相对较弱，极端情况就是框架，各墙肢都有反弯点，截面应力（拉压）较大，侧移曲线主要为剪切型。

5.4.4　剪力墙的截面设计与构造

5.4.4.1　剪力墙的截面设计

剪力墙在竖向荷载和水平力作用下，产生弯矩、轴力和剪力，其中，轴向力可能受压，也可能受拉，属于偏心受力构件，应分别进行正截面和斜截面的承载力计算。

(1) 正截面承载力计算

剪力墙正截面承载力计算与一般偏心受力构件基本相同，但由于剪力墙截面高宽比较大，所以配筋方法有所不同。墙肢配筋的方法：两端集中配竖向钢筋，腹板配竖向和水平分布钢筋。墙肢端部集中配置的竖向钢筋参与抵抗弯矩，墙肢端部以外的受拉竖向分布钢筋参与抵抗弯矩，不考虑受压竖向分布钢筋的抗弯作用。竖向分布钢筋一般按最小配筋率配置。

根据轴向力的方向不同，剪力墙墙肢可分为偏心受压和偏心受拉两类。

① 偏心受压墙肢截面计算。

与偏心受压柱类似，根据受压破坏时端部受拉钢筋是否能达到受拉屈服，剪力墙也分为大偏心受压和小偏心受压两种形式。

a. 大偏心受压承载力计算。

为简化计算，当剪力墙达到承载能力极限状态时，做如下基本假定。

(a) 符合平截面假定。

(b) 不考虑受拉混凝土的作用。

(c) 受压区混凝土采用等效矩形应力图，应力达到混凝土轴心抗压强度。

(d) 墙肢端部集中配置的纵向受拉、受压钢筋均能达到屈服强度。

(e) 从受压区边缘算起 $1.5x$（x 表示混凝土受压区高度）范围以外的受拉竖向分布钢筋全部屈服并参与受力计算，$1.5x$ 范围以内的竖向分布钢筋不参与受力计算。

根据上述基本假定，给出如图 5-32 所示的剪力墙在极限状态下的应力图形，对照应力建立剪力墙的基本公式：

$$N=\alpha_1 f_c b_w x+A_s' f_y'-A_s f_y-f_{yw}\frac{A_{sw}}{h_{w0}}(h_{w0}-1.5x) \tag{5-24}$$

$$N\left(e_0+h_{w0}-\frac{h_w}{2}\right)=\alpha_1 f_c b_w x\left(h_{w0}-\frac{x}{2}\right)+A_s' f_y'(h_{w0}-a_s')-\frac{1}{2}(h_{w0}-1.5x)^2 f_{yw}\frac{A_{sw}}{h_0} \tag{5-25}$$

式中　f_y，f_y'——剪力墙端部受拉、受压钢筋强度设计值；

f_{yw}——剪力墙竖向分布钢筋强度设计值；

f_c——混凝土轴心抗压强度设计值；

h_{w0}——剪力墙截面有效高度，$h_{w0}=h_w-a_s'$；

e_0——偏心距，$e_0=M/N$；

A_s，A_s'——剪力墙端部受拉、受压钢筋截面面积；

A_{sw}——剪力墙竖向分布钢筋截面面积；

a_s'——剪力墙受压区端部钢筋合力点到受压混凝土边缘的距离。

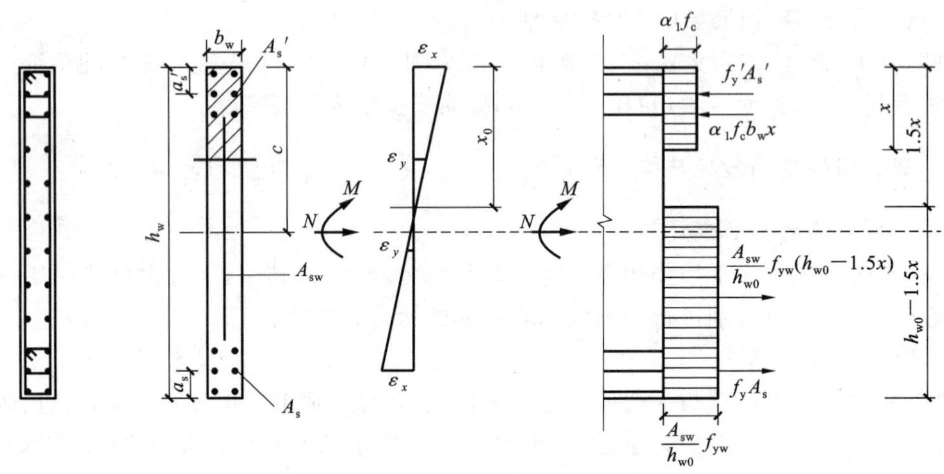

图 5-32　墙肢大偏心受压截面应变和应力分布

在大偏压计算过程中，混凝土受压区高度 x 应满足下列使用条件：

$$x \leqslant \xi_b h_{w0} \tag{5-26}$$

在截面设计时，通常先按构造要求设置竖向分布钢筋用量 A_{sw}，但采用对称配筋时，由式(5-24)求出 x，再代入式(5-25)即可求出 $A_s=A_s'$。

b. 小偏心受压承载力计算。

剪力墙小偏心受压时，截面大部分或全部受压；靠近受压较大边的端部钢筋及竖向分布钢筋屈服，但计算中不考虑竖向分布压筋的作用；受拉区的竖向分布钢筋未屈服，计算中不考虑其作用。墙肢截面极限状态的应力分布与小偏心受压柱相同，承载力计算方法也相同。墙肢小偏心受压截面应力分布如图 5-33 所示。

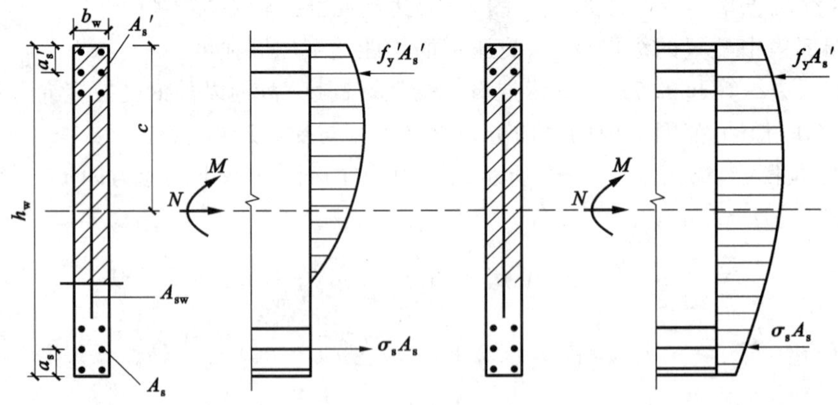

图 5-33　墙肢小偏心受压截面应力分布

基本方程为：

$$N = \alpha_1 f_c b_w x + f_y' A_s' - \sigma_s A_s \tag{5-27}$$

$$N\left(e_0 + h_{w0} - \frac{h_w}{2}\right) = \alpha_1 f_c b_w x\left(h_{w0} - \frac{x}{2}\right) + f_y A_s'(h_{w0} - a_s') \tag{5-28}$$

$$\sigma_s = \frac{\xi - 0.8}{\xi_b - 0.8} f_y \tag{5-29}$$

基本公式的适用条件为：

$$h \geqslant x > \xi_b h_{w0} \tag{5-30}$$

在截面设计时，通常采用对称配筋，ξ 可按下式近似计算：

$$\xi = \frac{N - \alpha_1 \xi_b f_c b_w h_{w0}}{\dfrac{Ne - 0.43\alpha_1 f_c b_w h_{w0}^2}{(0.8 - \xi_b)(h_{w0} - a')} + \alpha_1 f_c b_w h_{w0}} + \xi_b \tag{5-31}$$

将 ξ 代入式(5-28)即可确定钢筋面积 $A_s = A_s'$。

竖向分布钢筋用量按构造要求设置。

② 偏心受拉墙肢截面计算。

偏心受拉墙肢根据偏心距的大小分为大偏心受拉和小偏心受拉。当 $e_0 \geqslant \frac{h_w}{2} - a_s$ 时，为大偏心受拉；当 $e_0 < \frac{h_w}{2} - a_s$ 时，剪力墙一般不允许出现小偏心受拉。下面仅介绍大偏心受拉情况。

在大偏心受拉情况下，截面大部分处于受拉状态，仅有小部分处于受压状态。破坏时的应力图如图 5-34 所示，假定距受压区边缘 1.5x 范围以外的受拉分布钢筋屈服并参与工作，承载计算公式与大偏心受压相同，只需将轴向力 N 变号。基本公式为：

$$N = A_s f_y + f_{yw} \frac{A_{sw}}{h_{w0}}(h_{w0} - 1.5x) - \alpha_1 f_c b_w x - A_s' f_y' \tag{5-32}$$

$$N\left(e_0 + h_{w0} - \frac{h_w}{2}\right) = \frac{1}{2}(h_{w0} - 1.5x)^2 f_{yw} \frac{A_{sw}}{h_0} - \alpha_1 f_c b_w x\left(h_{w0} - \frac{x}{2}\right) - A_s' f_y'(h_{w0} - a_s') \tag{5-33}$$

当采用对称配筋时，由式(5-33)可得：

$$x = \frac{f_{yw} A_{sw} - N}{\alpha_1 f_c b_w + 1.5 f_{yw} A_{sw}/h_{w0}} \tag{5-34}$$

将求得的 x 代入式(5-33)即可确定受拉、受压钢筋面积。

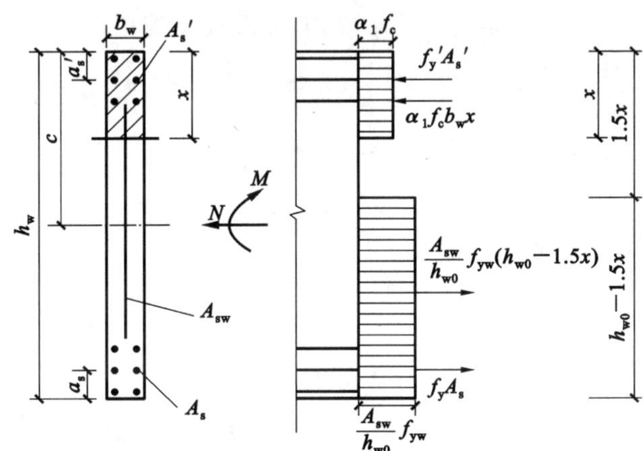

图 5-34 墙肢大偏心受拉截面应力分布

(2) 斜截面承载力计算

剪力墙斜截面剪切破坏有三种类型：斜压破坏、斜拉破坏和剪压破坏。斜压破坏通过控制截面尺寸防止其发生；斜拉破坏通过限制水平分布钢筋最小配筋率防止其破坏发生；剪压破坏是一种比较理想的破坏模式，是剪力斜截面承载力的设计依据，通过计算可以避免。

截面上存在轴向力对斜截面承载力有影响，轴向压力会抑制斜裂缝的开展，对斜截面承载力有贡献，轴向拉力则会减小斜截面受剪承载力。

① 偏心受压斜截面受剪承载力计算。

斜截面承担剪力的由混凝土和水平分布钢筋共同承担，考虑轴向压力的有利影响，按下式计算：

$$V \leqslant \frac{1}{\lambda - 0.5}\left(0.5 f_t b_w h_{w0} + 0.13 N \frac{A_w}{A}\right) + f_{yh} \frac{A_{sh}}{s} h_{w0} \tag{5-35}$$

式中 N——剪力墙轴向压力设计值，当 $N > 0.2 f_c b_w h_{w0}$ 时，取 $N = 0.2 f_c b_w h_{w0}$。

A——剪力墙全截面面积。

A_w——T 形或 I 字形截面腹板的面积，当为矩形截面时取 A。

A_{sh}——水平分布钢筋截面面积。

s——水平分布钢筋间距。

λ——计算截面处的剪跨比，$\lambda = M/Vh_{w0}$，M、V 为计算截面的弯矩、剪力设计值。当 $\lambda < 1.5$ 时，取 1.5；当 $\lambda < 2.2$ 时，取 2.2；当计算截面与墙底之间的距离小于 $0.5h_{w0}$ 时，λ 应按距墙底 $0.5h_{w0}$ 处的弯矩与剪力计算。

② 偏心受拉斜截面受剪承载力计算。

偏心受拉斜截面受剪承载力按下式计算：

$$V \leqslant \frac{1}{\lambda - 0.5}\left(0.5 f_t b_w h_{w0} - 0.13 N \frac{A_w}{A}\right) + f_{yh} \frac{A_{sh}}{s} h_{w0} \tag{5-36}$$

式中 N——剪力墙轴向拉力设计值。

注意 式(5-36)右端计算结果小于 $f_{yh}\frac{A_{sh}}{s}h_{w0}$ 时，取 $f_{yh}\frac{A_{sh}}{s}h_{w0}$。

5.4.4.2 连梁截面设计

连梁可按一般受弯构件进行承载力计算，但注意由于连梁跨高比较小，在侧向力作用下容易发生剪切破坏，应采取适当措施提高连梁的延性，比如降低连梁的刚度或弯矩设计值，限制连梁剪压比；或采取特殊措施，如配置交叉斜筋或交叉暗撑，开缝混凝土连梁。

5.4.4.3 剪力墙的构造要求

(1) 截面尺寸限值

为了防止斜压破坏的发生，剪力墙截面尺寸应满足下列要求：

$$V \leqslant 0.25 \beta_c f_c b_w h_{w0} \tag{5-37}$$

式中 V——剪力墙计算截面的剪力设计值；

β_c——混凝土强度影响系数。

(2) 剪力墙的厚度

非抗震设计的剪力墙厚度不应小于层高或剪力墙无支长度的 1/25，且不得小于 160 mm，其底部加强部位厚度不宜小于层高的 1/20，一字形剪力墙厚度不宜小于 180 mm。

(3) 剪力墙构造边缘构件

为了提高剪力墙的承载力，保证墙体的侧向刚度和增强延性，非抗震设计的剪力墙应设置构造边缘构件。边缘构件包括暗柱、端柱、翼墙和转角墙，如图 5-35 所示。构造边缘构件的纵向钢筋应满足承载力要求，并至少配置 4 Φ 12 的纵筋，配筋范围见图 5-35 所示的阴影区，箍筋直径不小于 6 mm，间距不大于 250 mm。

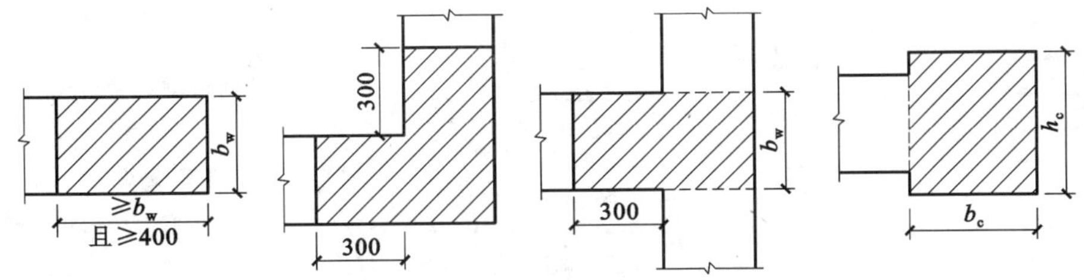

图 5-35 剪力墙构造边缘构件范围

(4) 剪力墙内水平和竖向分布钢筋

剪力墙内设置水平分布钢筋和竖向分布钢筋，竖向分布钢筋抗弯，水平分布钢筋抗剪。配筋用量由承载力计算确定，同时要满足下列构造要求。

① 一般剪力墙的水平和竖向分布钢筋的配筋率均不应小于 0.2%，钢筋间距不宜大于 300 mm，直径不小于 8 mm，且直径不宜大于墙厚的 1/10。房屋顶层剪力墙，长矩形平面房屋的楼梯间和电梯间剪力墙，端开纵向间剪力墙及端山墙的水平和竖向分布钢筋的配筋率均不应小于 0.25%，钢筋间距不宜大于 200 mm。

② 高层建筑剪力墙中竖向和水平分布钢筋，不应采用单排布置，当剪力墙厚度不大于 400 mm 时，可以采用两排布置；当剪力墙厚度大于 400 mm 但不大于 700 mm 时，宜采用三排布置；当剪力墙厚度大于 700 mm 时，宜采用四排布置。

5.5 框架-剪力墙结构

5.5.1 框架-剪力墙结构组成及受力特点

框架结构易形成较大的自由、灵活的使用空间，以满足不同建筑功能的要求；剪力墙则可提供很大的抗侧刚度，以减少结构在风荷载或侧向地震作用下的侧向位移，有利于提高结构的抗震能力。因此，框架-剪力墙结构适用范围较广，在办公楼、旅馆等公共建筑中得到了广泛的应用。

在框架-剪力墙结构中，框架和剪力墙同时承受竖向荷载和侧向力。在竖向荷载作用下，框架和剪力墙分别承担其受荷范围内的竖向力，受荷范围的确定与楼盖结构的布置有关。在侧向力作用下，框架和剪力墙协同工作，共同抵抗侧力。由于框架和剪力墙单独承受侧向力时的变形特性完全不同，因此，侧向力在框架和剪力墙之间的分配不但与框架和剪力墙之间的刚度比有关，而且还随着高度变化。当侧向力单独作用于框架结构时，结构侧移曲线呈剪切型，如图 5-36(a)所示；当侧向力单独作用于剪力墙结构时，结构侧向位移曲线呈弯曲型，如图 5-36(b)所示；当侧向力作用于框架-剪力墙结构时，由于楼盖结构的连接作用，若不发生结构的整体扭转，则框架与剪力墙在各楼层处必须具有相同的侧向位移，协调后的结构侧向位移曲线如图 5-36(c)所示，呈弯剪型。由此可见，框架与剪力墙对整个结构侧移曲线的影响，沿结构高度方向是变化的。在结构的底部，框架结构层间位移较大，剪力墙结构的层间位移较小，剪力墙发挥了较大的作用，框架结构的变形受到剪力墙结构的"牵约"；而在结构的顶部，框架结构层间位移较小，剪力墙结构层间位移较大，剪力墙受到框架结构的"拖住"作用，如图 5-36(c)、(d)所示。上述框架和剪力墙之间的相互作用是借助于楼盖结构平面内的剪力实现的，因此，在框架-剪力墙结构中，楼盖结构的整体性和平面内刚度必须得到保证。

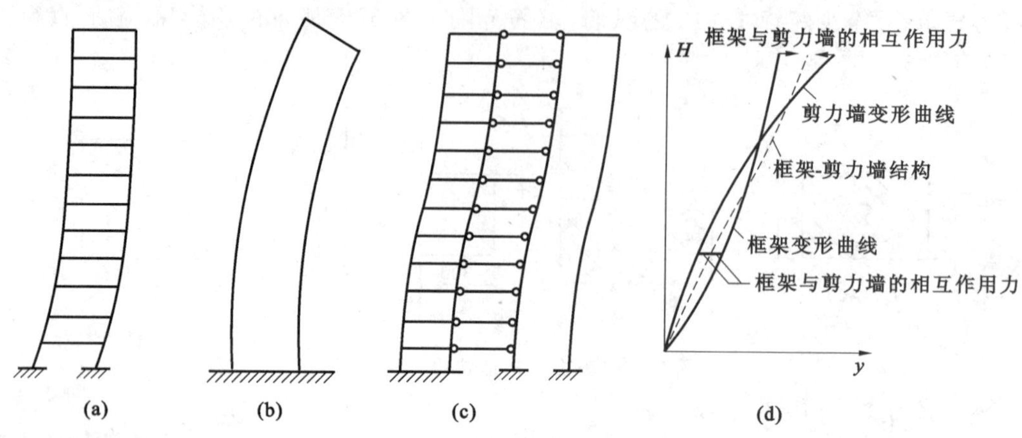

图 5-36 框架与剪力墙的相互作用

5.5.2 框架-剪力墙结构中剪力墙的数量及布置

在框架-剪力墙结构中，框架梁、柱和剪力墙的布置应当由建筑师和结构工程师按照建筑的使用功能和结构的合理性共同商讨确定。结构布置的关键是剪力墙的数量及位置，因为这既影响到建筑使用功能，又影响到结构整体抗侧刚度。

5.5.2.1 剪力墙的合理数量

在框架-剪力墙结构中，剪力墙的数量直接影响到整个结构的抗震性能和土建造价。剪力墙布置得多，结构的抗侧刚度大，侧向位移小；但材料用量增加，同时由于结构自振周期缩短，结构自重增大，导致地震反应随之加大，即侧向力变大。反之，剪力墙布置得少，材料用量减少，由于结构较柔，自振周期变长，地震反应即地震作用力变小；但结构抗侧刚度小，侧向位移较大，地震后结构开裂或破坏严重。因此，剪力墙应该是布置得多还是布置得少才有利于结构抗震的问题，曾经在结构工程界引起较长时间的争论。经过对历次地震震害的调查分析发现，剪力墙数量过少，结构侧向位移较大，结构或非结构构件损坏严重，增加了修复费用；而剪力墙数量较多时，往往表现的震害较轻。这就说明，尽管增加剪力墙的布置会加大结构的地震反应，但对整个结构的抗震性能来说，还是有利的。当然，从建筑物土建造价的角度来说，剪力墙数量多时，会导致钢筋和混凝土用料增加，结构自重增大，并导致地基处理费用上涨。剪力墙数量增加，虽然从力学的角度看，框架所受的水平力会有所减少，但按照我国《高规》，框架部分的材料用量并不能减少很多。因此，从经济的角度来看，剪力墙以少设为好。此外，剪力墙少则有利于建筑平面的灵活布置。

确定剪力墙的合理数量是一个十分复杂的问题。在方案设计阶段，作为一个初步估算的方法，一般可以按剪力墙的壁率确定。壁率是指平均每单位建筑面积上的剪力墙长度。日本在对几次地震的震害调查后发现，当壁率少于 50 mm/m^2 时，震害严重；当壁率多于 150 mm/m^2 时，破坏极轻微。另外，剪力墙的初步布置也可根据剪力墙面积率来确定，即同一层剪力墙截面面积与楼面面积之比。根据我国大量已建的框架-剪力墙结构的工程实践经验，一般认为剪力墙面积率在3%～4%较为适宜。

在扩大初步设计阶段或作为结构设计的原则，剪力墙的布置应满足结构抗侧刚度的要求，即通过计算校核结构顶点位移及结构最大层间位移分别满足本章表 5-3 的限值。同时，应控制结构的自振周期在一个合理的范围内。根据我国大量已建的框架-剪力墙结构工程的经验，一般认为当结构基本自振周期 $T=(0.1\sim0.15)n$（n 为结构层数）时，剪力墙的数量和构件截面尺寸较为合理。

5.5.2.2 剪力墙的布置

剪力墙在建筑平面上的布置宜均匀、对称。对于地震区的框架-剪力墙结构，剪力墙沿纵、横两个方向都要布置，并应使两个方向的结构自振周期较为接近。当无抗震设防要求时，侧向力为风荷载，因房屋纵向一般受风面较小且纵向框架跨数较多，这时也允许只设横向剪力墙，而纵向为纯框架结构。

剪力墙宜布置在房屋的竖向荷载较大处。剪力墙作为竖向薄壁柱，具有较大的承受轴向力的能力，利用剪力墙承受竖向荷载，可避免设置截面尺寸过大的柱子，有利于建筑布置。同时，剪力墙作为主要的抗侧力构件，在侧向力作用下墙肢内将产生很大的弯矩和剪力，有时还有轴向拉力，在此基础上增加竖向荷载所产生的轴向压力，可提高墙肢截面的承载力，改善墙肢的受力性能。

剪力墙宜布置在建筑平面形状变化处、楼梯间和电梯间的周围。上述位置由于楼板的刚度受到削弱，在地震时往往由于应力集中而发生较严重的震害，因此有必要布置一些剪力墙予以加强。同时，布置在楼梯间、电梯间四周的剪力墙可以形成井筒(核心筒)结构，有利于提高结构抗侧刚度，也不会影响建筑平面的布置和使用。

剪力墙应尽量布置在结构区段的两端或周边，以利于结构区段的整体抗扭。剪力墙宜拉通对直，以取得较大的抗侧刚度。但当两榀纵向剪力墙布置在同一条轴线上而又相距较远时，要注意温度及混凝土收缩等对该两榀剪力墙受力的影响。

5.5.2.3 楼盖结构的作用与布置

框架与剪力墙的协同工作需要由楼盖结构来保证。在框架-剪力墙结构中，楼盖的作用有时仅传递水平推力，不传递平面外弯矩和剪力，相当于铰接刚性连杆；有时既传递水平推力，又传递弯矩，相当于连系梁，这在分析中应根据结构布置的具体情况确定。为了保证框架与剪力墙能够共同承受侧向力，楼盖结构在其自身平面内的刚度必须得到保证。以结构底部为例，由于剪力墙的抗侧刚度比框架的抗侧刚度大得多，当它们受到相同侧向外力作用时，在同一楼面处，剪力墙的侧向位移比框架小得多，这时楼盖结构可看成支承于相邻两榀剪力墙上、跨度为 L、截面高度为 B 的深梁，见图 5-37。为了保证框架与剪力墙在侧向力作用下的空间协同工作性能，应限制楼盖这根水平深梁的挠度 f，这一方面要保证楼盖本身的结构整体性，避免在楼面内开过大的洞口；另一方面应控制剪力墙之间的间距。

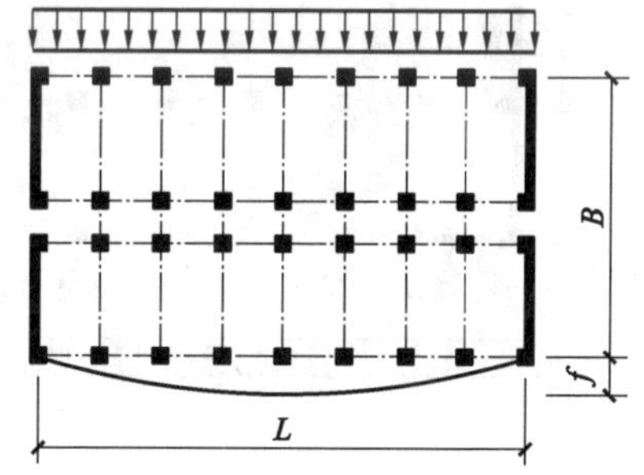

图 5-37 楼盖结构的作用及剪力墙的间距

当剪力墙间距小于限值时，楼盖结构在其自身平面内的刚度可视为无穷大，即结构受力后楼盖仅发生平面内的刚体位移。各榀框架、剪力墙在同一楼层标高处的水平位移均可根据这一刚体位移条件确定，这可大大减少结构分析时的位移未知量数目。特别是当结构无整体扭转时，框架和剪力墙在同一楼层标高处可看成具有相等的水平位移，只有一个位移未知量。

5.5.3 框架-剪力墙结构计算

框架-剪力墙结构在侧向力作用 F 的内力计算分两步进行，首先求出侧向力在各榀框架和剪力墙之间的分配，然后再分别计算各榀框架或剪力墙的内力。它们的计算方法已经在前面讲过了，这里介绍基于框架-剪力墙结构协同工作原理的手算方法，导出侧向力作用下框架和剪力墙内总弯矩、总剪力的计算公式。

5.5.3.1 铰接体系和刚接体系

框架-剪力墙结构中的内力分布受到楼盖结构平面外刚度的影响。以图 5-38(a)所示的框架-剪力墙结构为例,当受到 y 方向水平作用力时,x 方向的剪力墙即 A 轴、C 轴上的剪力墙仅作为翼缘参加工作,其截面面积一部分作为①轴、⑧轴上剪力墙的翼缘,一部分计入与之相连的框架柱。各榀框架和剪力墙均不在一条直线上,屋盖的作用相当于仅传递水平推力,不传递平面外弯矩和剪力的铰接刚性连杆。这一类结构方案称为框架-剪力墙结构铰接体系。其水平作用下的结构计算简图如图 5-38(a)所示。当结构受到 x 方向水平力作用时,y 方向的剪力墙即①轴、⑧轴上剪力墙仅作为翼缘参加工作,其截面面积一部分作为 A 轴、C 轴剪力墙上的翼缘,一部分作为 B 轴上的框架柱。这是剪力墙和框架位于同一竖向平面内而且有连系梁相连,则在连梁内除轴向力外,还将在框架与剪力墙之间传递竖向平面内的剪力和弯矩,该剪力将分别在框架柱和剪力墙内产生轴向拉力和压力,所形成的弯矩将平衡一部分外力所产生的弯矩。这一类结构方案称为框架-剪力墙刚接体系。其水平作用下的结构计算简图如图 5-38(b)、(c)所示。

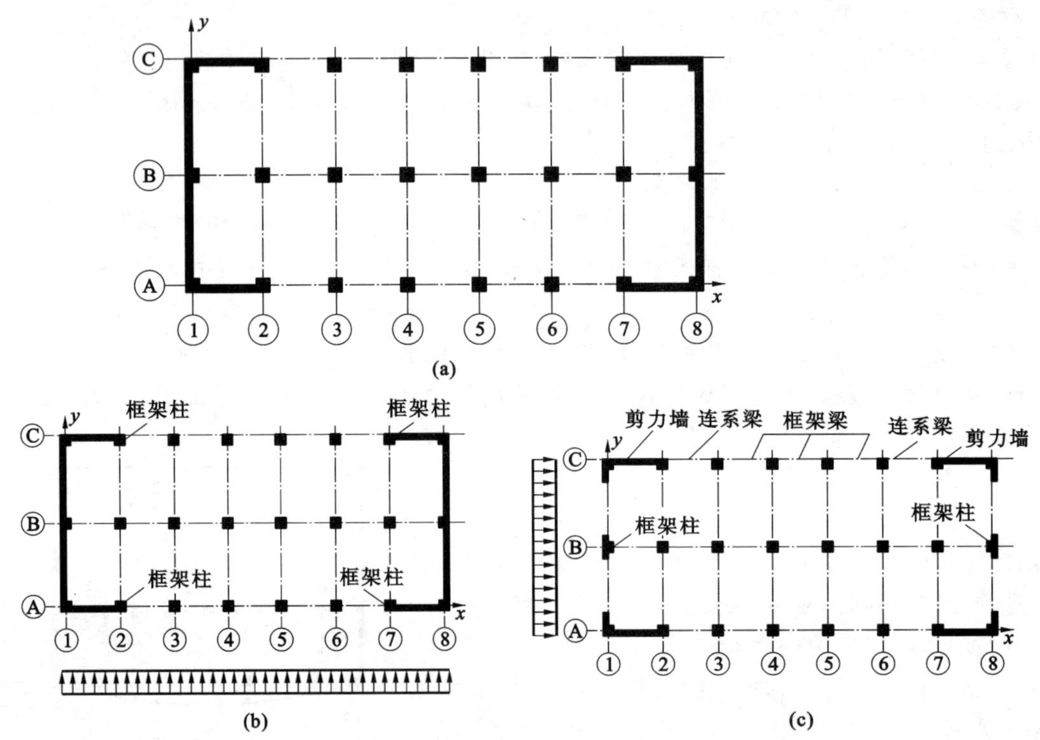

图 5-38 框架-剪力墙结构的简化

(a) 结构平面;(b) 结构在 y 方向受力(铰接体系);(c) 结构在 x 方向受力(刚接体系)

5.5.3.2 空间结构的平面化假定

在确定结构计算简图时,采用如下假定。

① 楼盖结构在其自身平面内的刚度为无穷大。

② 侧向力的合力通过结构的抗侧刚度中心,即结构平面没有整体扭转。

③ 框架与剪力墙的结构刚度参数沿结构高度方向均为常数。

由前两条假定可以推出,在侧向力作用下,框架剪力墙结构仅有沿外力作用方向的平移,在同一楼层标高处,各榀框架或剪力墙的侧移量都是相等的。这样,就可把所有的框架等效为综合框架,把所有剪力墙等效为综合剪力墙,并将综合框架和综合剪力墙移到同一层平面内进行分析。框

架-剪力墙结构铰接体系计算简图如图 5-39(a)所示，框架-剪力墙结构刚接体系计算简图如图 5-39(b)所示，综合框架的刚度为所有框架刚度的总和，综合剪力墙的刚度也为所有剪力墙的刚度总和。对于框架-剪力墙结构刚接体系，某一层内综合连梁的刚度，为该层内水平力作用方向上所有一端与剪力墙、另一端与框架连接的梁或两端均与剪力墙相连的梁的刚度的总和。如果梁的纵轴线与水平力作用方向垂直，则这根梁的作用可忽略不计，其刚度不能计入综合连梁；如果梁的两端均为框架或框架柱，那就是框架梁，不是连系梁。

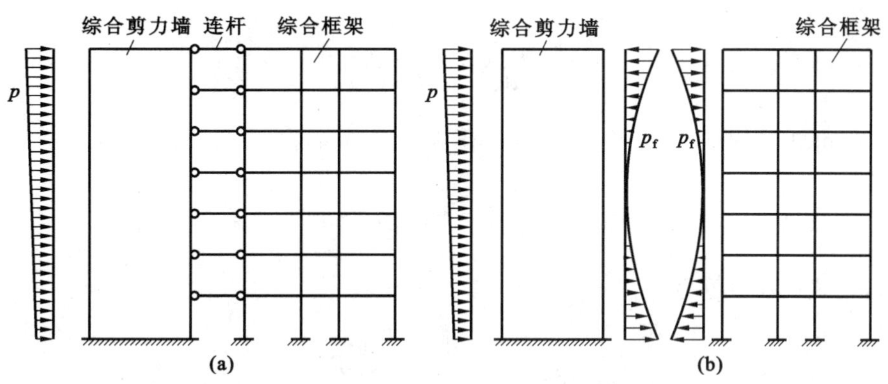

图 5-39 框架-剪力墙结构体系的计算

5.5.3.3 框架-剪力墙铰接体系的基本方程

框架-剪力墙结构铰接体系的计算简图如图 5-39(a)所示，在综合框架与综合剪力墙之间为代表楼盖作用的两端铰接的刚性连杆。为求出侧向力 p 在综合框架与综合剪力墙之间的分配，可采用连续化方法，即将刚性连杆沿高度方向连续化、切断，并代之以等效的分布力 p_f，如图 5-39(b)所示。

脱离以后的综合剪力墙可看成底部固定的悬臂梁，受侧向分布力 p_f 的作用。由材料力学可以得到：

$$EI_e \frac{d^4 y}{dz^4} = p - p_f \tag{5-38a}$$

式中 EI_e——综合剪力墙的等效抗弯刚度，是各榀剪力墙的等效抗弯刚度之和；

y——结构的侧向位移，是高度 z 的函数。

对于综合框架，在 D 值法中，曾定义框架柱的两端发生单位相对层间水平位移时所需的推力为 D 值[图 5-40(a)]，即当框架柱两端相对层间位移为 Δu 时，该柱所承受的剪力为：

$$V = D \cdot \Delta u \tag{5-38b}$$

在这里，令 C_f 为综合框架的抗推刚度，即综合框架沿竖向产生单位剪切角时所需的剪力：

$$V_f = C_f \frac{dy}{dz} \tag{5-38c}$$

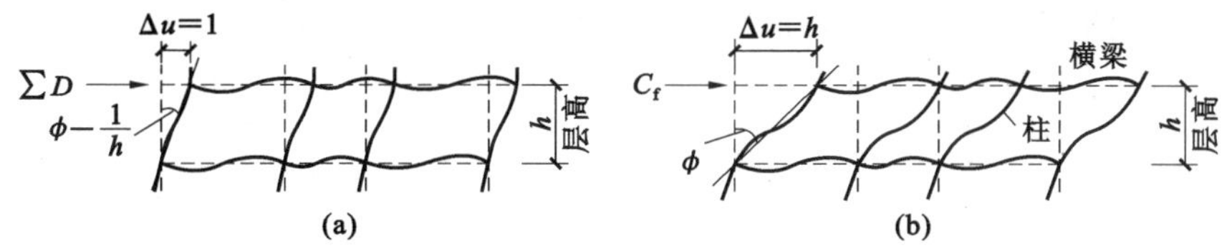

图 5-40 框架的抗侧刚度与抗推刚度

(a) 框架的抗侧刚度；(b) 框架的抗推刚度

当框架沿高度方向产生单位剪切角 $\phi=\frac{\mathrm{d}y}{\mathrm{d}z}=1$ 时，框架柱的相对层间位移为 $\Delta u=h$，见图 5-40(b)。将 $\Delta u=h$ 代入式(5-38b)，并与式(5-38c)相比较，可知综合框架的抗推刚度 C_f 为：

$$C_f=\sum Dh=\sum \alpha\frac{12i}{h}$$

式中，$\sum$ 是对综合框架某层所有框架柱求和。

将式(5-38c)对 z 微分一次，可得：

$$\frac{\mathrm{d}V_f}{\mathrm{d}z}=C_f\frac{\mathrm{d}^2y}{\mathrm{d}z^2} \tag{5-39}$$

由材料力学可知，$\frac{\mathrm{d}V_f}{\mathrm{d}z}=-p_f$，将式(5-38c)代入式(5-38a)得：

$$EI_e\frac{\mathrm{d}^4y}{\mathrm{d}z^4}-C_f\frac{\mathrm{d}^2y}{\mathrm{d}z^2}=p \tag{5-40}$$

令 $\xi=\frac{z}{H}$，则式(5-40)可写成：

$$\frac{\mathrm{d}^4y}{\mathrm{d}\xi^4}-\lambda^2\frac{\mathrm{d}^2y}{\mathrm{d}\xi^2}=\frac{pH^4}{EI_e} \tag{5-41a}$$

其中：

$$\lambda=\sqrt{\frac{C_fH^2}{EI_e}} \tag{5-41b}$$

式(5-41a)即为框架-剪力墙结构铰接体系的基本微分方程。式中 λ 是一个无量纲的量，称为框架-剪力墙结构刚度特征值。λ 是反映综合框架和综合剪力墙之间刚度比值的一个参数，是影响框架-剪力墙结构受力和变形的主要参数。

5.5.3.4 框架-剪力墙刚接体系的基本方程

当考虑框架与剪力墙之间或剪力墙与剪力墙之间的梁的转动约束作用时，在平面化力学模式中，综合框架与综合剪力墙之间就应该用综合连梁来连接，如图 5-41(a)所示，这种结构称为框架-剪力墙结构刚接体系。

将综合连梁连续化，截断后，所加的等效力除轴向分布力 p_f 以外，还有分布剪力，如图 5-40(b)所示。

截断后，对于综合框架部分，可近似地忽略分布剪力的作用，而仅考虑 p_f 的作用。即对于综合框架，仍有：

$$V_f=C_f\frac{\mathrm{d}y}{\mathrm{d}z}$$

$$C_f\frac{\mathrm{d}^2y}{\mathrm{d}z^2}=-p_f$$

脱离以后的综合剪力墙，由于综合连梁内分布剪力 τ_f 的作用，将在剪力墙内产生沿竖向分布的线力矩 m，称为综合连系梁的约束矩，如图 5-41(c)所示。由材料力学可得：

$$EI_e\frac{\mathrm{d}^2y}{\mathrm{d}z^2}=\int_z^H(p-p_f)(x-z)\mathrm{d}x-\int_z^H m\,\mathrm{d}z$$

$$EI_e\frac{\mathrm{d}^4y}{\mathrm{d}z^4}=p-p_f+\frac{\mathrm{d}m}{\mathrm{d}z} \tag{5-42}$$

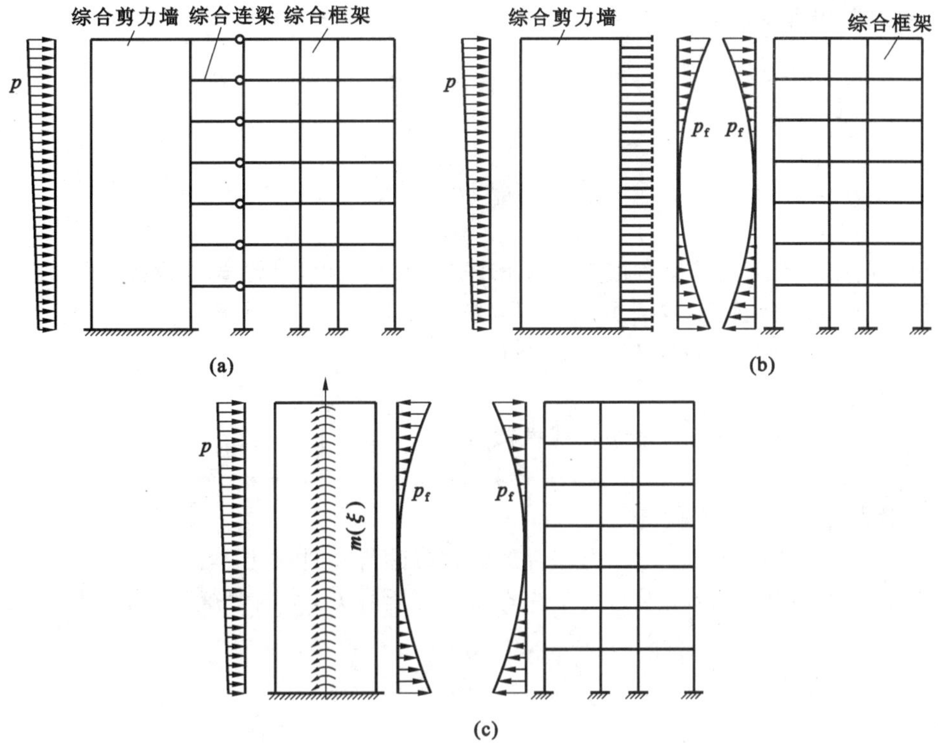

图 5-41　框架-剪力墙刚接体系计算简图

综合连梁的约束弯矩 m 与结构侧向位移 y 之间的关系可由带刚臂梁的分析得到。带刚臂梁(相当于某一根连梁)的杆端约束弯矩与杆端转角的关系为：

$$m_b = 6ci\theta$$

其中，i 为连梁的线刚度，θ 为梁端转角。在连续化后，应把 m_b 折算成沿高度方向分布的线力矩，则有：

$$m_b' = \frac{m_b}{h} = \frac{6ci}{h}\theta$$

在图 5-41(a)所示的计算力学模式中，把所有连梁等效成综合连梁，因此综合连梁的线刚度应为所有连梁的线刚度之和，综合连梁的约束弯矩 m_b 为所有连梁的约束弯矩之和，即：

$$m_b = \sum m_b' = \sum \frac{6ci}{h}\theta \tag{5-43}$$

式中，$\sum$ 是对连梁与剪力墙相交的节点数求和。

令

$$C_b = \sum \frac{6ci}{h} \tag{5-44}$$

为综合连梁的等效剪切刚度，并注意到 $\theta = \frac{dy}{dz}$，代入式(5-43)，可得：

$$\frac{dm_b}{dz} = C_b \frac{d^2 y}{dz^2} \tag{5-45}$$

将式(5-45)代入式(5-42)，即得：

$$EI_e \frac{d^4 y}{dz^4} - (C_f + C_b) \frac{d^2 y}{dz^2} = p$$

令 $\xi=\dfrac{z}{H}$,则上式可写成:

$$\frac{\mathrm{d}^4 y}{\mathrm{d}\xi^4}-\lambda^2\frac{\mathrm{d}^2 y}{\mathrm{d}\xi^2}=\frac{pH^4}{EI_e} \tag{5-46a}$$

其中:

$$\lambda=\sqrt{\frac{H^2(C_f+C_b)}{EI_e}} \tag{5-46b}$$

式(5-46a)即为框架-剪力墙结构刚接体系的基本微分方程,其形式与铰接体系的基本微分方程(5-41a)完全一样。但须注意,二者的结构刚度特征值 λ 的计算公式不同。

5.5.3.5 框架-剪力墙结构的内力与位移计算

(1) 计算公式

式(5-41a)或式(5-41b)为四阶常系数线性微分方程,其一般解为:

$$y=A\mathrm{sh}(\lambda\xi)+B\mathrm{ch}(\lambda\xi)+C_1+C_2\xi+y_1 \tag{5-47}$$

式中 y_1——特解,由荷载形式确定;

A,B,C_1,C_2——四个积分常数,由综合剪力墙的边界条件确定。

求得侧移量 y 的表达式后,由材料力学受弯梁的分析可知,梁内弯矩 M、剪力 V 与梁挠曲线之间的关系为:

$$M=-EI\frac{\mathrm{d}^2 y}{\mathrm{d}z^2} \tag{5-48a}$$

$$V=\frac{\mathrm{d}M}{\mathrm{d}z}=-EI\frac{\mathrm{d}^3 y}{\mathrm{d}z^3} \tag{5-48b}$$

注意,综合剪力墙除受到线分布力($p-p_f$)作用以外,在刚接体系中,还受到线分布力矩 m_b 的作用,且 m_b 的方向与分布力($p-p_f$)在剪力墙内产生的弯矩的方向相反。因此,式(5-48b)应改写为:

$$V-m_b=-EI\frac{\mathrm{d}^3 y}{\mathrm{d}z^3} \tag{5-48c}$$

将有关下标补入式(5-48a)及式(5-48c),并令 V_w' 为综合剪力墙的名义剪力(对于铰接体系,$V_w'=V_w$):

$$V_w'=V_w-m_b \tag{5-49a}$$

则有:

$$M_w=-EI_e\frac{\mathrm{d}^2 y}{\mathrm{d}z^2}=-\frac{EI_e}{H^2}\frac{\mathrm{d}^2 y}{\mathrm{d}\xi^2} \tag{5-49b}$$

$$V_w'=-EI_e\frac{\mathrm{d}^3 y}{\mathrm{d}z^3}=-\frac{EI_e}{H^3}\frac{\mathrm{d}^3 y}{\mathrm{d}\xi^3} \tag{5-49c}$$

为了使用方便,下面分别给出在三种典型荷载作用下,框架-剪力墙结构的侧向位移 y,综合剪力墙的弯矩 M_w,以及综合剪力墙的名义剪力 V'_w 的计算公式。

均布荷载作用下:

$$\begin{cases} y=\dfrac{pH^2}{C_f\lambda^2}\left[\left(\dfrac{1+\lambda\mathrm{sh}\lambda}{\mathrm{ch}\lambda}\right)[\mathrm{ch}(\lambda\xi)-1]-\lambda\mathrm{sh}\lambda+\lambda^2\xi\left(1-\dfrac{\xi}{2}\right)\right] \\ M_w=\dfrac{pH^2}{\lambda^2}\left[\left(\dfrac{1+\lambda\mathrm{sh}\lambda}{\mathrm{ch}\lambda}\right)\mathrm{ch}(\lambda\xi)-\lambda\mathrm{sh}(\lambda\xi)-1\right] \\ V_w'=\dfrac{pH}{\lambda}\left[\lambda\mathrm{ch}(\lambda\xi)-\left(\dfrac{1+\lambda\mathrm{sh}\lambda}{\mathrm{ch}\lambda}\right)\mathrm{sh}(\lambda\xi)\right] \end{cases} \tag{5-50}$$

式中 p——均布荷载值。

倒三角形分布荷载作用下：

$$\begin{cases} y = \dfrac{qH^2}{C_f}\left[\left(1+\dfrac{\lambda \text{sh}\lambda}{2}-\dfrac{\text{sh}\lambda}{\lambda}\right)\dfrac{\text{ch}(\lambda\xi)-1}{\lambda^2 \text{ch}\lambda}+\left(\dfrac{1}{2}-\dfrac{1}{\lambda^2}\right)\left[\xi-\dfrac{\text{sh}(\lambda\xi)}{\lambda}\right]-\dfrac{\xi^3}{6}\right] \\ M_w = \dfrac{qH^2}{\lambda^2}\left[\left(1+\dfrac{\lambda \text{sh}\lambda}{2}-\dfrac{\text{sh}\lambda}{\lambda}\right)\dfrac{\text{ch}(\lambda\xi)}{\text{ch}\lambda}-\left(\dfrac{\lambda}{2}-\dfrac{1}{\lambda}\right)\text{sh}(\lambda\xi)-\xi\right] \\ V_w' = \dfrac{qH}{\lambda}\left[\left(1+\dfrac{\lambda \text{sh}\lambda}{2}-\dfrac{\text{sh}\lambda}{\lambda}\right)\dfrac{\lambda \text{sh}\lambda}{\text{ch}\lambda}-\left(\dfrac{\lambda}{2}-\dfrac{1}{\lambda}\right)\lambda \text{ch}(\lambda\xi)-1\right] \end{cases} \tag{5-51}$$

式中 q——倒三角形分布荷载定点荷载值。

顶点集中荷载作用下：

$$\begin{aligned} y &= \frac{PH^3}{EI_w}\left[\frac{\text{sh}\lambda}{\lambda^3 \text{ch}\lambda}[\text{ch}(\lambda\xi)-1]-\frac{1}{\lambda^3}\text{sh}(\lambda\xi)+\frac{1}{\lambda^2}\xi\right] \\ M_w &= PH\left[\frac{\text{sh}\lambda}{\lambda \text{ch}\lambda}\text{ch}(\lambda\xi)-\frac{1}{\lambda}\text{sh}(\lambda\xi)\right] \end{aligned} \tag{5-52}$$

$$V_w' = P\left[\text{ch}(\lambda\xi)-\frac{\text{sh}\lambda}{\text{ch}\lambda}\text{sh}(\lambda\xi)\right] \tag{5-53}$$

式中 P——顶点集中荷载值。

(2) 计算图表

为使用方便，分别将在两种典型荷载作用下结构的侧向位移 y、综合剪力墙的弯矩 M_w、综合剪力墙的名义剪力 V_w'不同的结构刚度特征值 λ 绘制了图表，如图 5-42、图 5-43 所示，在绘制上述图表时所采用的自变量为 $\xi=\dfrac{z}{H}$，应变量为$\dfrac{y}{y_0}$、$\dfrac{M_w}{M_0}$、$\dfrac{V_w'}{V_0}$，其中，y_0 为相应的外荷载作用于纯剪力墙结构($\lambda=0$)时在剪力墙结构顶点的侧移值，M_0 为相应的外荷载在结构基底处所产生的总弯矩，V_0 为相应的外荷载在结构基底处所产生的总剪力。这样，当外荷载形式和结构刚度特征值确定以后，即可由相应的曲线查得不同 ξ 值的$\dfrac{y}{y_0}$、$\dfrac{M_w}{M_0}$、$\dfrac{V_w'}{V_0}$，继而可求得结构各标高处的侧向位移值 y，综合剪力墙的弯矩值 M_w，综合剪力墙的名义剪力 V_w'。

(3) 结构内力计算

① 综合框架、综合剪力墙、综合连梁的内力计算。

a. 对于框架-剪力墙结构铰接体系，$m_b=0$，由式(5-45)可知 $V'_w=V_w$，即由图 5-42～图 5-44 或由式(5-51)～式(5-53)直接可得任一标高处综合剪力墙的内力 M_w、V_w。在任一标高处，综合框架所承受的总剪力 V_f 可由整个结构水平截面内的剪力平衡条件得到，即

$$V_f = V_p - V_w \tag{5-54}$$

式中 V_p——外荷载在任一标高处所产生的剪力值。

b. 对于框架-剪力墙结构刚接体系，由式(5-49a)可得：

$$V_w = V_w' + m_b \tag{5-55a}$$

又由水平截面内结构的剪力平衡条件可知

$$V_w + V_f = V_p \tag{5-55b}$$

将式(5-55a)代入式(5-55b)，有

$$V_f + m_b = V_p - V_w' \tag{5-56}$$

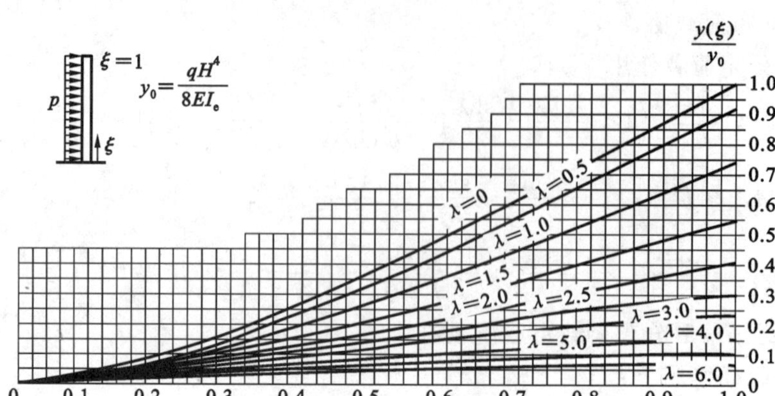

(a)

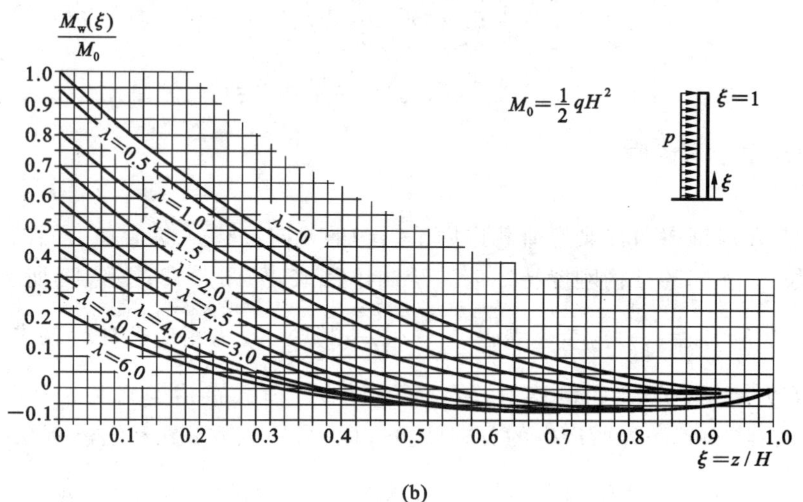

(b)

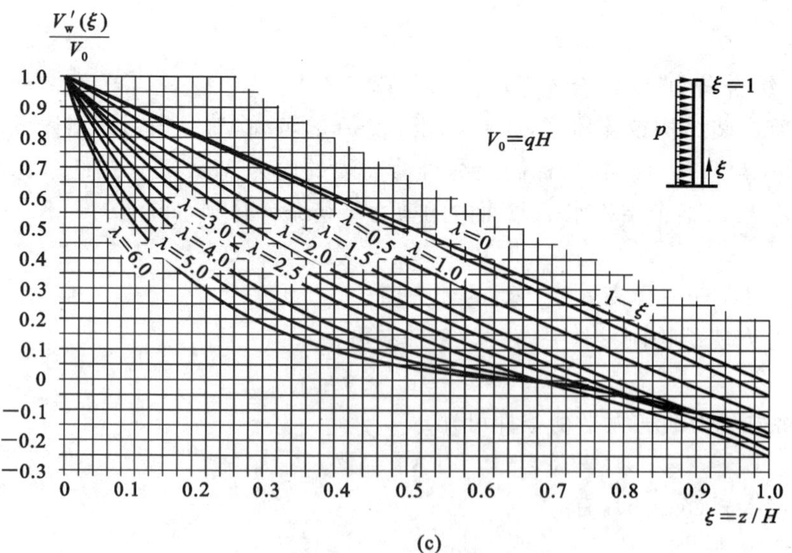

(c)

图 5-42 均布荷载剪力墙系数表

(a) 均布荷载剪力墙位移系数表;(b) 均布荷载剪力墙弯矩系数表;(c) 均布荷载剪力墙剪力系数表

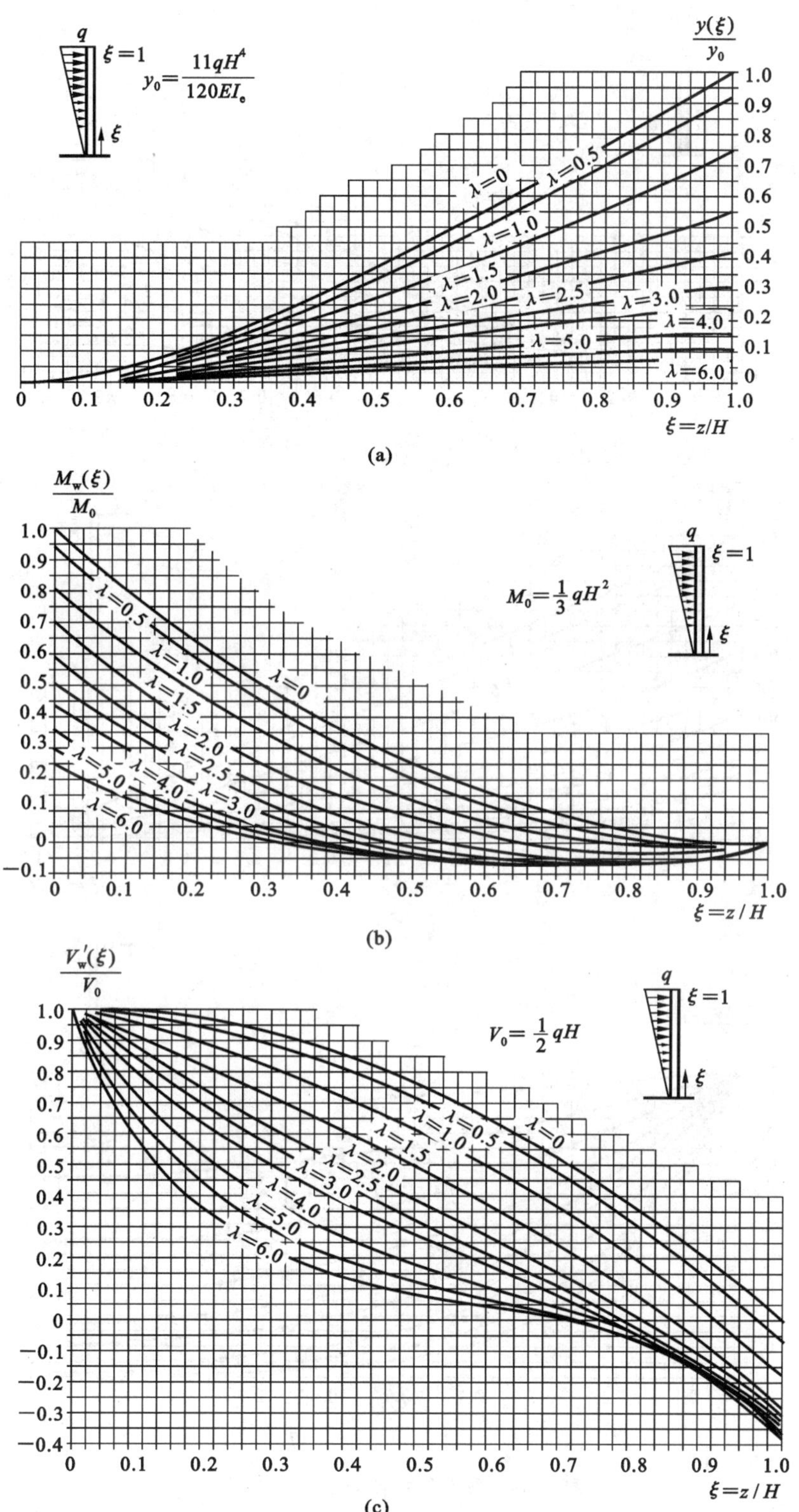

图 5-43 倒三角荷载剪力墙系数表

(a) 倒三角荷载剪力墙位移系数表;(b) 倒三角荷载剪力墙弯矩系数表;(c) 倒三角荷载剪力墙剪力系数表

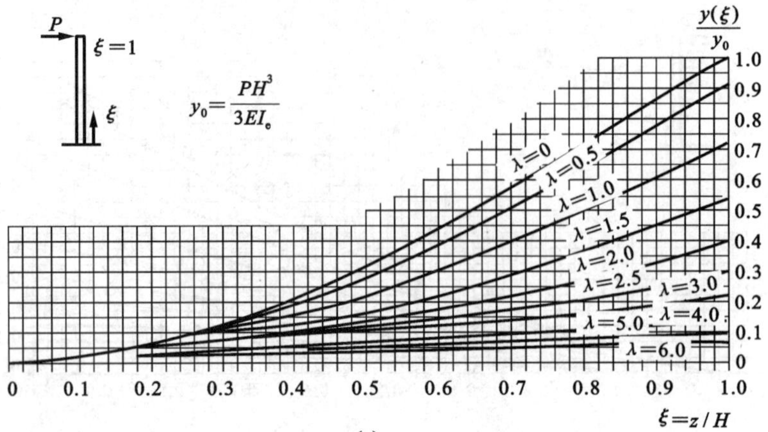

$\frac{y(\xi)}{y_0}$　$y_0=\frac{PH^3}{3EI_e}$　$\xi=z/H$

(a)

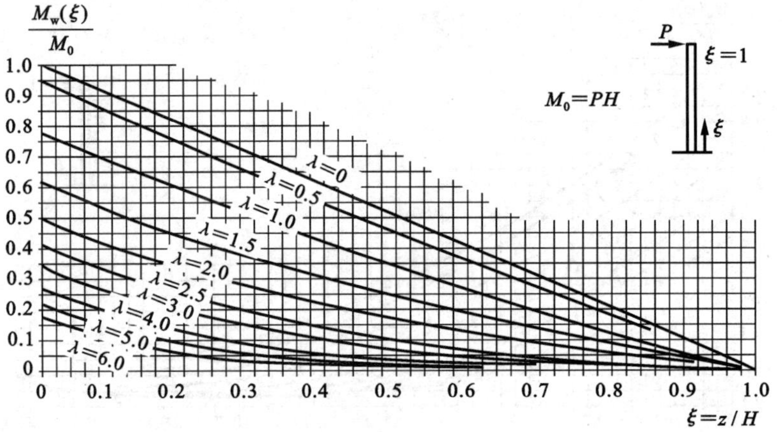

$\frac{M_w(\xi)}{M_0}$　$M_0=PH$　$\xi=z/H$

(b)

$\frac{V_w'(\xi)}{V_0}$　$V_0=P$　$\xi=z/H$

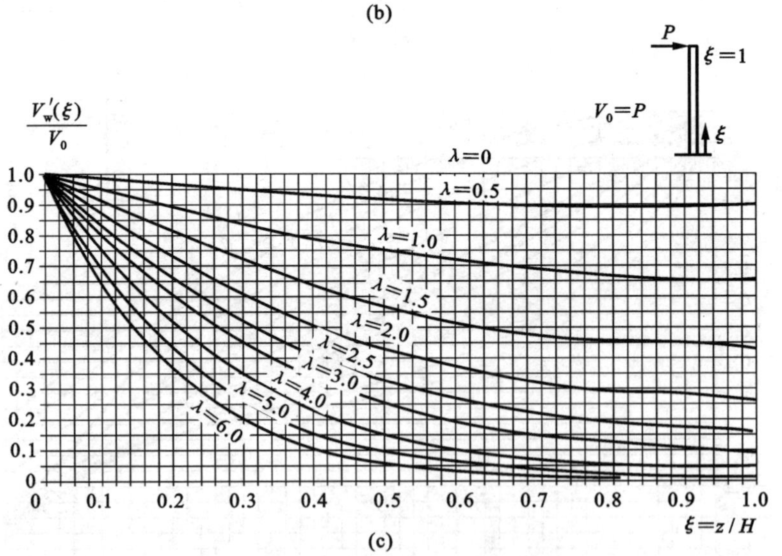

(c)

图 5-44　顶点集中荷载剪力墙系数表

(a) 顶点集中荷载剪力墙位移系数表；(b) 顶点集中荷载剪力墙弯矩系数表；(c) 顶点集中荷载剪力墙剪力系数表

在由公式或图表求得 V'_w 以后，由上式可求得 (V_f+m_b)，(V_f+m_b) 可按综合框架的抗推刚度 C_f 和综合连梁的等效剪切刚度 C_b 的比例进行分配，即

$$V_f=\frac{C_f}{C_f+C_b}(V_f+m_b) \tag{5-57}$$

$$m_b=\frac{C_b}{C_f+C_b}(V_f+m_b) \tag{5-58}$$

将按上式求得的 V_f 代入式(5-55b)，便得综合剪力墙的总剪力 V_w：

$$V_w=V_p-V_f \tag{5-59}$$

② 综合框架总剪力 V_f 的修正。

在工程设计中，为防止由于某种原因(如受到地震作用，剪力墙内出现塑性铰)引起剪力墙刚度的突然降低而导致整个结构承载能力下降过多，在框架内力计算时所采用的框架层剪力 V_f 不得太小。当按式(5-54)或式(5-57)求得某一标高处综合框架总剪力 $V_f<0.2V_0$ 时，则该标高处综合框架总剪力 V_f 应取下列两者中的较小者：

$$V_f=1.5V_{max}=0.2V_0 \tag{5-60}$$

式中 V_0——外荷载在结构基底处所产生的总剪力值。

V_{max}——整个结构所有各层 V 中的最大者。

③ 单榀剪力墙、框架及单根连梁的内力。

将由上述各式求得的综合剪力墙的内力 M_w、V_w 按各单榀剪力墙的等效刚度 EI_e 分配给每一榀剪力墙，综合框架的总剪力 V_f 按各单榀框架的抗推刚度 C_f 分配给每一榀框架，综合连梁的约束弯矩 m_b 按各连梁的线刚度 C_i 分配给每一根连梁，则可进行各榀剪力墙、各榀框架及各根连梁的内力计算。

5.5.4 框架与剪力墙的共同工作性能

5.5.4.1 结构的侧向位移特征

由图 5-40 的定性分析或式(5-47)的理论分析结果可以看出，框架-剪力墙结构的侧向位移曲线呈弯剪型，结构侧移曲线随着框架剪力墙结构的刚度特征值 λ 的变化而变化。图 5-45 给出了均布荷载作用下不同 λ 值时结构的侧向位移曲线，其中，H 为结构总高度，u 为结构顶点处的侧移值。由图 5-45 可知，当 λ 值较小时(如 $\lambda=1$)，即综合框架的抗推刚度较小、综合剪力墙的等效抗弯刚度较大时，结构侧移曲线较接近于弯曲型。当 λ 值较大时(如 $\lambda=6$)，即综合框架的抗推刚度较大、综合剪力墙的等效抗弯刚度较小时，结构侧移曲线较接近于剪切型。当 $\lambda=1\sim6$ 时，结构侧移曲线介于两者之间，下部略带弯曲型，上部略带剪切型，称为弯剪型。

弯剪型曲线的层间位移较为均匀。对于弯曲型侧移曲线，其最大层间位移在结构的顶层；对于剪切型侧移曲线，其最大层间位移在结构的底层；对于弯剪型曲线，其最大层间位移在结构的中部。通过对框架-剪力墙结构侧向位移 y 的表达式进行分析，由 $\frac{d^2y}{dz^2}=0$ 可求出最大层间位移值 $\frac{\Delta u}{h}$ 及其所在高度 z_m，图 5-46 给出了 z_m/H 随 λ 值而变化的关系曲线，由该图可知，随着 λ 值的增大，z_m/H 的位置由高而低逐渐下降。

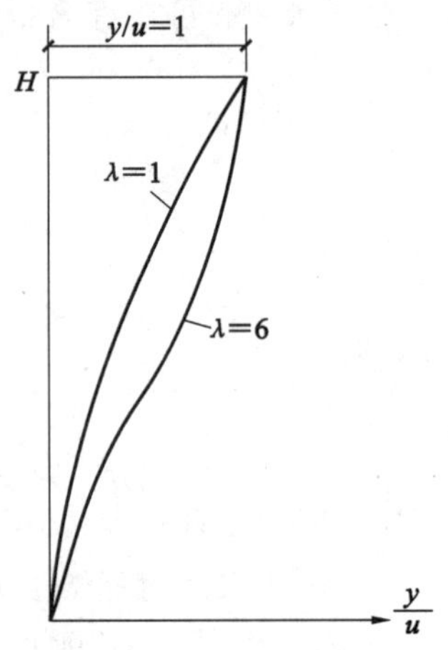

图 5-45　结构侧向位移曲线

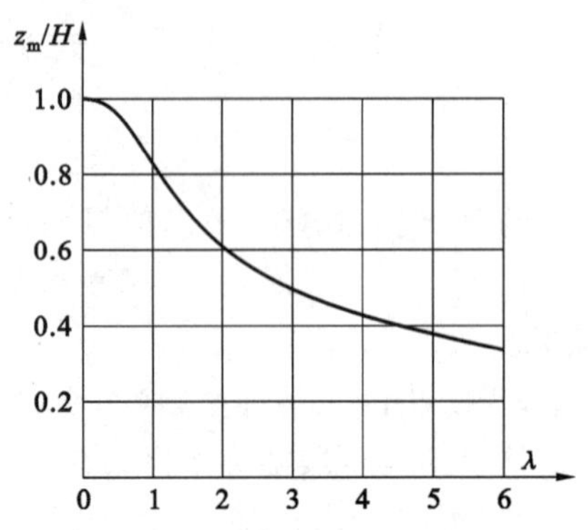

图 5-46　最大层间位移的位置

5.5.4.2　结构的内力分布特征

作用在整个框架-剪力墙上的侧向力 p 由综合剪力墙与综合框架共同承担，即

$$p = p_w + p_f \tag{5-61}$$

因为剪力墙与框架在侧向力单独作用下的变形特性不同，而楼板在其自身平面内刚度无穷大的作用要求两者的变形必须协调，因此，两者都有阻止对方发生自由变形的趋势，必然会在两者之间产生相互作用力，导致 p_w 与 p_f 沿结构高度方向的分布形式与外荷载形式不一致。图 5-47 为均布侧向力作用下，外荷载 p 在框架和剪力墙之间的分配。在结构的顶部，框架与剪力墙之间有一个相互作用的集中力；在结构的上部，框架和剪力墙共同承受水平外荷载 p；在结构的底部，剪力墙所负担的水平荷载 p_w 大于总水平荷载 p，而框架所承担的水平荷载 p_f 的作用方向与外荷载 p 的作用方向相反。当然，p_w 和 p_f 的代数和仍等于外荷载 p 值。

图 5-48 表示在均布外荷载 p 作用下，综合剪力墙承受的剪力 V_w 和综合框架承受的剪力 V_f 随结构刚度特征值 λ 的变化情况。值得注意的是，在结构的底部，框架所承受的总剪力 V_f 总是等于 0，外荷载 p 所产生的剪力 V_p 均由剪力墙承担；在结构的顶部，尽管外荷载所产生的总剪力 V_p 应该等于 0，但综合剪力墙的剪力 V_w 和综合框架的剪力 V_f 都不等于 0；它们大小相等，方向相反，两者恰好平衡。该组剪力 V_w 和 V_f 即图 5-48 中所示的顶点集中力。

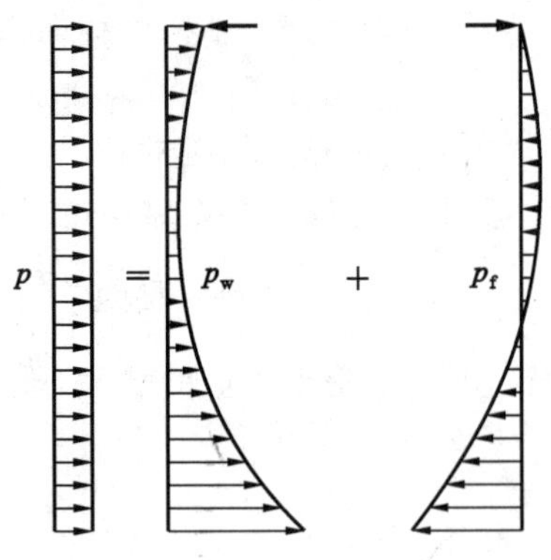

图 5-47　框架与剪力墙的荷载分配

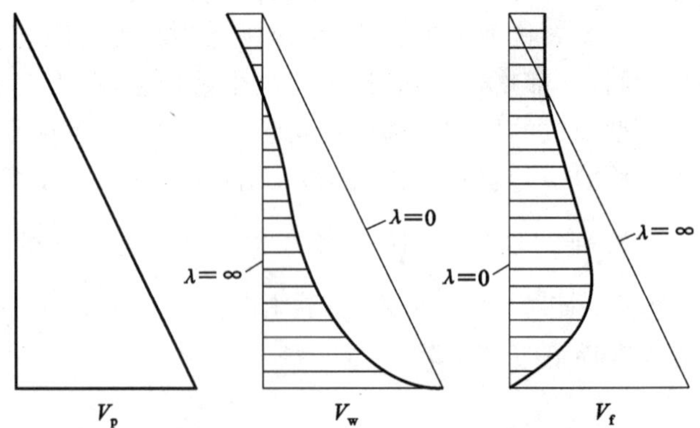

图 5-48　框架与剪力墙的剪力分配

5.5.5 截面设计及构造要求

框架-剪力墙结构的截面设计，框架部分可按第4章进行，剪力墙部分可按本章5.4节进行，但框架-剪力墙结构中的剪力墙常常设有端柱，以便于建筑立面处理。同时也常将框架梁或连系梁拉通穿过剪力墙，以利于结构受力，方便结构布置。这种每层有梁、周边带柱的剪力墙也称为带边框剪力墙，它比矩形截面的剪力墙具有更高的承载能力和更好的抗震性能，其构造要求也与普通剪力墙稍有不同。

5.5.5.1 带边框剪力墙的受力性能

对于一般高层框架-剪力墙结构中带边框的剪力墙，在正常的配筋情况下，一般未发生弯曲破坏。在水平荷载作用下，墙肢内首先出现水平向裂缝，当受拉侧边柱的纵筋达到屈服应力时，剪力墙即进入屈服阶段。随着荷载的继续增加，墙板中纵向分布筋逐渐屈服，裂缝不断加大，受压区高度不断减小，最后由于受压侧混凝土被压碎而导致整个构件的破坏。试验结果表明，结构的极限位移约为屈服位移的7倍，表明这类剪力墙具有较好的变形能力。

研究结果表明，带边框剪力墙的抗震性能明显优于矩形截面的剪力墙。设置端柱，特别是加密端柱的约束箍筋可以延缓剪力墙内受压纵筋的压屈，提高端柱核心区混凝土的抗压强度，增强剪力墙的受弯承载力，提高结构的延性和耗能能力。设置于每层楼盖结构标高处的横梁则可作为剪力墙的加劲肋，可有效地阻止墙体内斜裂缝的开展，提高剪力墙的抗剪能力。同时，端柱和横梁所形成的边框加强了剪力墙的稳定性，当在墙体内出现交叉斜裂缝以后，边框梁、柱仍可支持墙体裂而不倒，共同工作至最后极限状态。对比试验的结果表明，取消边框柱后，剪力墙的极限承载力将下降30%；取消边框梁后，剪力墙的极限承载力将下降10%。带边框剪力墙与矩形截面剪力墙相比，极限受剪承载力提高42.5%，极限层间位移提高110%。

5.5.5.2 周边有梁、柱的剪力墙的设计要点

带边框剪力墙的截面，厚度不应小于160 mm，且应进行墙体稳定验算。

带边框现浇剪力墙边框柱的截面应与该榀框架其他柱的截面相同。界面设计可按本章5.4节普通剪力墙的界面设计方法进行。这里短柱可视为剪力墙截面的翼缘，计算所得的纵向受力钢筋应配置在边框柱截面内。边框柱截面配筋应同时符合框架柱的构造配筋规定。剪力墙底部加强部位边框柱的箍筋宜沿全高加密，当带边框剪力墙上的洞口紧邻边框柱时，边框柱的箍筋宜沿全高加密。剪力墙内的边框梁相当于墙体的加强肋，当没有边框梁时，应设置暗梁。暗梁宽度与墙厚相同，暗梁截面高度可取墙厚的2倍或与该榀框架梁截面等高。其配筋可按构造配置且应符合一般框架梁相应抗震等级的最小配筋要求。

剪力墙应沿水平向和竖向分别布置分布钢筋，分布钢筋沿墙厚方向均应双排配置，即形成两片竖向的钢筋网。分布钢筋直径不应小于8 mm，间距不应大于300 mm。同时，在非抗震设计时，剪力墙水平和竖向分布钢筋配筋率均不应小于0.2%。抗震设计时，水平和竖向分布钢筋配筋率均不应小于0.25%。各排分布筋之间应设置拉筋，拉筋的直径不应小于6mm，间距不应大于600 mm。

剪力墙的水平钢筋应全部锚入边框柱内，锚固长度不应小于l_a（非抗震设计）或l_{aE}（抗震设计）。

5.6 筒体结构

5.6.1 筒体结构的布置

筒体结构建筑图

5.6.1.1 核心筒结构

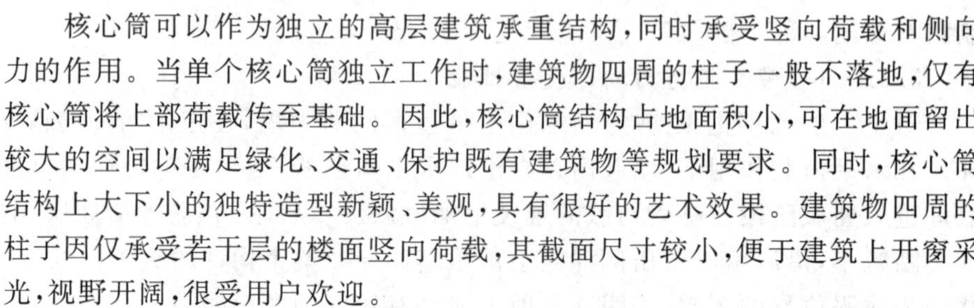

核心筒可以作为独立的高层建筑承重结构，同时承受竖向荷载和侧向力的作用。当单个核心筒独立工作时，建筑物四周的柱子一般不落地，仅有核心筒将上部荷载传至基础。因此，核心筒结构占地面积小，可在地面留出较大的空间以满足绿化、交通、保护既有建筑物等规划要求。同时，核心筒结构上大下小的独特造型新颖、美观，具有很好的艺术效果。建筑物四周的柱子因仅承受若干层的楼面竖向荷载，其截面尺寸较小，便于建筑上开窗采光，视野开阔，很受用户欢迎。

核心筒结构具有较大的抗侧刚度，且受力明确，分析方便。核心筒本身是一个典型的竖向悬壁结构，在竖向荷载和侧向力作用下，可按偏心受压构件进行筒身截面配筋设计。但在地震区，实腹的核心筒结构的受力性能并不理想。实腹的筒体结构易于出现脆性的破坏形态，且在地震作用下，作为悬臂结构的实腹核心筒为静定结构，没有多余的约束，缺乏第二道防线。当核心筒底部在水平力作用下形成塑性铰时，整个结构即变为机构而倒塌。同时，水塔状的建筑外形和质量分布及刚性的结构形式，使核心筒结构具有较大的地震反应。因此，结构布置时应该在筒壁四周适当地布置一些结构洞，或者根据结构抗震的要求对筒壁上的门窗洞口进行适当的调整，使筒壁成为联肢剪力墙的结构形式，利用连系梁梁端的塑性铰耗散地震能量，使之出现“强肢弱梁”型的破坏形态。

当建筑周边柱子不落地时，楼面竖向荷载只能通过水平悬挑构件传至核心筒。因为悬臂段跨度较大，水平悬挑构件的形式一般为桁架结构，当层数较多时还可在竖向分成若干区段，设置多个桁架，各区段范围内楼盖可以通过小框架支承于下层的悬挑桁架上，也可通过悬挂索支承于上层的悬挑桁架上。

图 5-49 为同济大学图书馆新楼的结构布置图。该楼建于原有图书馆的天井内，为核心筒悬挑式结构，当核心筒上升至原有图书馆屋顶以上后再向四边布置预应力悬挑桁架及楼盖结构。核心筒内布置楼梯间、电梯间和卫生间等服务性用房，悬挑部分布置阅览室。该结构核心筒尺寸为8.3 m×8.3 m，标准层建筑平面为 25.0 m×25.0 m。楼盖结构支承于每两层一榀的预应力悬挑空腹桁架上，该桁架在平面上呈井字形布置，支承于核心筒上，同时在建筑外围的四周布置四榀预应力空腹桁架使楼盖结构形成整体。

图 5-50 为长沙黄兴路综合大楼的结构剖面，该大楼为核心筒承重结构。在第 9、15、21 层分别设置悬挑大梁，大梁为部分预应力结构，支承上部 5 层小框架的竖向荷载。为增强结构底部的承载力和提高结构延性，核心筒下部数层与裙房连为整体，共同抵抗侧向力。

当核心筒成组布置时，可形成较大的使用空间，常常被用于高层办公楼建筑中，这时常布置一些柱子承受竖向荷载以减少楼盖结构的跨度，这些柱

子承受侧向力的能力很小，侧向力主要由核心筒承受。

5.6.1.2 框筒结构

典型的框筒结构平面如图 5-51(a)所示。当框筒单独作为承重结构时，一般在中间需布置柱子，承受竖向荷载，以减少楼盖结构的跨度，如图 5-51(b)所示。水平力全部由框筒结构承受，房屋中间的柱子仅承受竖向荷载，这些柱子所形成的框架结构对抵抗侧向力的作用很小，可忽略不计。

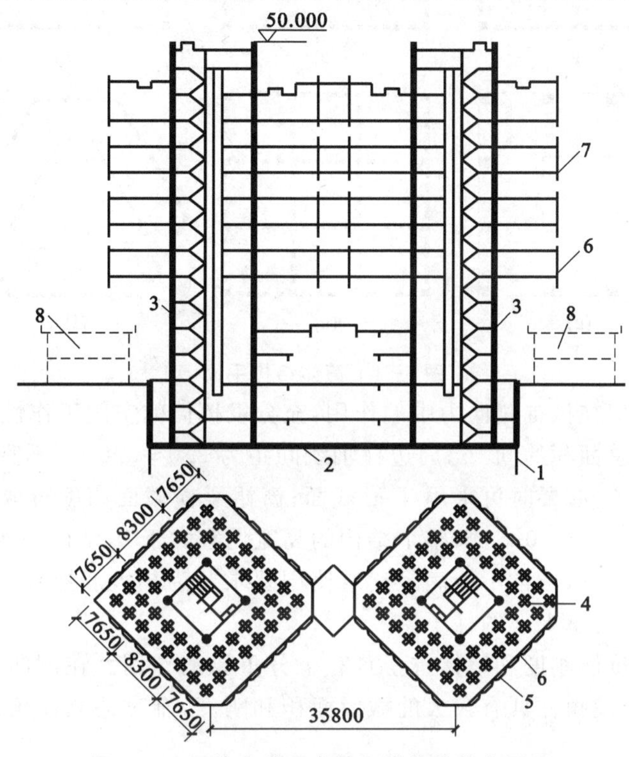

图 5-49 同济大学图书馆新楼的结构布置图

1—地下连续墙；2—箱基；3—筒体；4—预应力主空腹桁架；5—预应力边空腹桁架；6—柱；7—后浇缝；8—原图书馆

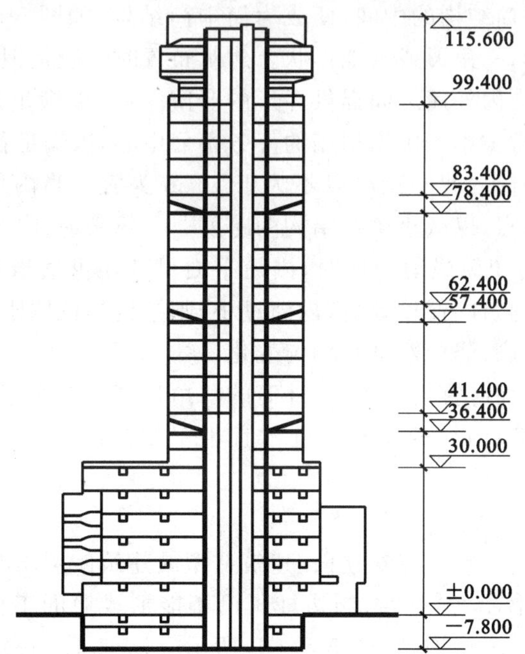

图 5-50 长沙黄兴路综合大楼的结构剖面

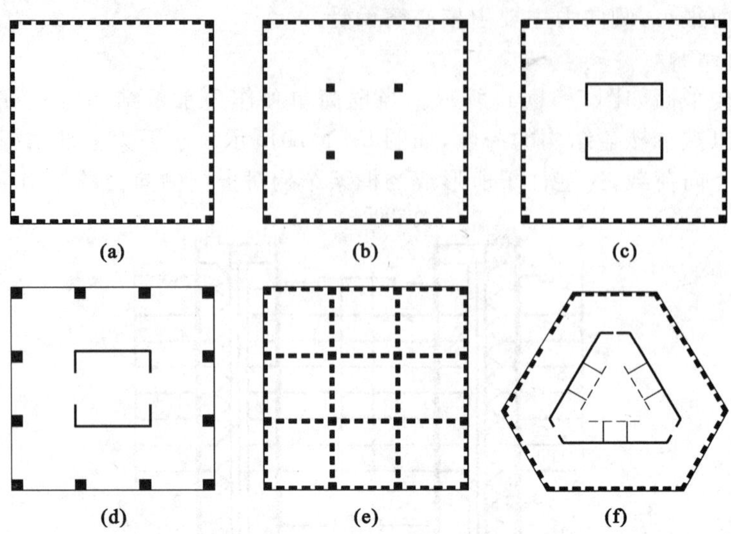

图 5-51 筒体结构平面

为保证翼缘框架在抵抗侧向力中的作用,充分发挥筒的空间工作性能,一般要求每一立面孔洞面积不宜大于立面总面积的60%;周边柱轴线间距为2.0～3.0 m,不宜大于4 m;框架柱的截面长边应沿筒壁方向布置,必要时可采用T形截面;窗裙梁横截面高度可取柱净距的1/4,一般为0.6～1.2 m,截面宽度为0.3～0.5 m;整个结构的高宽比宜大于3,结构平面的长度比不宜大于2。

框筒结构外筒框距较密,常常不能满足建筑使用要求。为扩大底层柱距,减少底层柱子数,常用巨大的拱、梁或朽架等支承上部的柱子。

角柱对框筒结构的抗侧刚度和整体抗扭具有十分重要的作用。在侧向力作用下,角柱内往往产生较大的应力,因此应使角柱具有较大的截面面积和刚度,有时甚至在角柱位置布置实腹筒(或称为角筒)。

5.6.1.3 筒中筒结构

把核心筒结构布置于框筒结构的中间,便成为筒中筒结构,如图5-51(c)所示。筒中筒结构平面可以为正方形、矩形、圆形、三角形或其他形状。建筑布置时一般是把楼梯间、电梯间等服务性设施全部布置在核心筒内,而在内外筒之间提供环形的开阔空间,以满足建筑上自由分隔、灵活布置的要求。因此,筒中筒结构常被用于供出租用的商务办公中心,以满足各承租客户的不同要求。

筒中筒结构的内筒与外筒之间的距离以不大于12 m为宜。当内外筒之间的距离较大时,可另设柱子作为楼面梁的支撑点,以减小楼盖结构的跨度。一般来说,内筒的边长为外筒相应边长的1/3左右较为适宜,如另外有角筒或剪力墙时,内筒平面尺寸还可适当减小。内筒过大,内外筒之间的使用面积减小,影响到建筑的使用效益;内筒过小,则结构的抗侧刚度变小,影响结构受力的合理性。内筒宜贯通建筑物全高,竖向刚度宜均匀变化。

筒中筒结构为三角形平面时宜切除尖角,外筒的切角长度不宜小于相应边长的1/8,其角部可设置刚度较大的角柱或角筒;内筒的切角长度不宜小于相应边长的1/10,切角处的筒壁宜适当加厚。

5.6.1.4 框架-核心筒结构

筒中筒结构外部柱距较密,常与建筑立面、建筑造型或建筑使用功能相矛盾。有时建筑布置上要求外部柱距为4～5 m或者更大,这时,周边柱子已不能形成筒的工作状态,而相当于框架的作用。这类结构称为框架-核心筒结构,如图5-51(d)所示。框架-核心筒结构可提供较大的开阔空

间，因此常被用于高层办公楼建筑中。

如把内筒看成剪力墙结构，则框架-核心筒结构的受力性能与框架-剪力墙结构相似，但框架-核心筒结构中的柱子往往数量少而断面大。因此，应特别注意保证内筒的抗侧刚度和结构的抗震性能。框架-核心筒结构的周边柱间必须设置框架梁。

核心筒宜贯通建筑物全高，核心筒的宽度不宜小于筒体高度的 1/12，当结构平面上设置角筒、剪力墙或增强结构整体刚度的构件时，核心筒的宽度可适当减小。

5.6.1.5 成束筒结构

当建筑物高度或其平面尺寸进一步加大，以至于框筒结构或筒中筒结构无法满足抗侧刚度要求时，可采用束筒结构(也称组合筒或模数筒)，如图 5-51(e)所示。由于中间两排密柱框架的作用，可以有效地减少外筒翼缘框架中的剪力滞后效应，使翼缘框架柱充分发挥作用。图 5-15 所示的西尔斯大厦是束筒架构的成功案例。

5.6.1.6 多重筒结构

当建筑平面尺寸很大或当内筒较小时，内外筒之间的距离较大，即楼盖结构的跨度较大，这样势必会增加板厚或楼面大梁的高度。为保证楼盖结构的合理性，降低楼盖结构的高度，可在筒中筒结构的内外筒之间增设一圈柱子或剪力墙。若将这些柱子或剪力墙用梁联系起来使之也形成一个筒的作用，则可认为是由三个筒共同作用来抵抗侧向力，亦即成为一个三重筒结构，如图 5-55(f)所示。

5.6.2 筒体结构在侧向力作用下的受力特点

在侧向力作用下，框筒结构的受力既类似于薄壁箱形结构，又有其自身的特点。从材料力学可知，当侧向力作用于箱形结构时，箱形结构截面内的正应力均呈线性分布，其应力图形在翼缘方向为矩形，在腹板方向为一拉一压两个三角形；但当侧向力作用于框筒结构时，框筒底部柱内正应力沿框筒水平截面的分布不是呈线性关系，而是呈曲线分布。框筒结构底部柱内正应力分布如图 5-52所示。正应力在角柱较大，在中部逐渐减小，这种现象称为剪力滞后效应。这是由翼缘框架中梁的剪切变形和梁、柱的弯曲变形造成的。同时，在框筒结构的顶部，角柱内的正应力反而小于翼缘框架中柱内的正应力，这一现象称为负剪力滞后效应。事实上，对于实腹的箱形截面，当考虑板内纵向剪切变形影响时，其横截面内的正应力分布也有剪力滞后或负剪力滞后的现象出现。

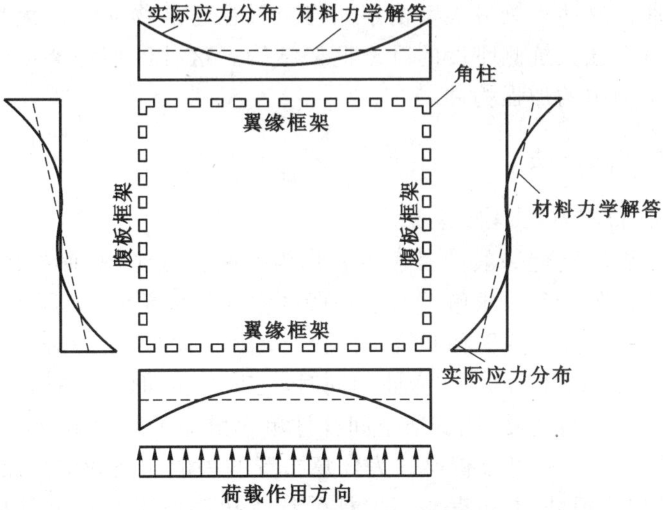

图 5-52 框筒结构底部柱内正应力分布

由于剪力滞后效应的影响，使得角柱内的轴力加大，而远离角柱的柱子则由于剪力滞后效应仅有较小的应力，不能充分发挥材料的作用，也减小了结构的空间整体抗侧刚度。为了减少剪力滞后效应的影响，在结构布置时要采取一系列措施，如减小柱间距，加大窗裙梁的刚度，调整结构平面使之接近于正方形，控制结构的高宽比等。

在筒体结构中，侧向力所产生的剪力主要由其腹板部分承担；对于筒中筒结构，则主要由外筒的腹板框架和内筒的腹板部分承担。外力所产生的总剪力在内外筒之间的分配与内外筒之间的抗侧刚度比有关，且在不同的高度，侧向力在内外筒之间的分配比例是不同的。一般来说，在结构底部，内筒承担了大部分剪力，外筒承担的剪力很小，例如在深圳国贸中心大厦的底层，外筒承担的剪力占外荷载总剪力的27%，内筒承担的剪力占总剪力的73%。

侧向力所产生的弯矩则由内外筒共同承担。由于外筒柱离建筑平面形心较远，故外筒柱内的轴力所形成的抗倾覆弯矩极大。在外筒中，翼缘框架又占了其中的主要部分，角柱也发挥了十分重要的作用。而外筒腹板框架柱及内筒腹板墙肢的局部弯曲所产生的弯矩极小。例如在深圳国贸中心大厦的底层，为平衡侧向力所产生的弯矩，外框筒柱内轴力所形成的弯矩占50.4%，内筒墙肢轴力所形成的弯矩占40.3%，而外框筒柱和内筒墙肢的局部弯曲所产生的弯矩仅占2.7%和6.6%。

由以上的分析可以看出，在框筒结构或筒中筒结构中，尽管受到剪力滞后效应的影响，翼缘框架柱内的应力比按材料力学方法计算的结果要小，但翼缘框架对结构抵抗侧向力仍有十分重要的作用，这说明结构仍有十分强的空间整体工作性能，从而达到节省材料，降低造价的目的。这就是框筒结构或筒中筒结构被广泛地应用于高层建筑的主要原因。

框筒结构或筒中筒结构在侧向力作用下的侧向位移曲线呈弯剪型，这是因为在侧向力作用下，腹板框架将形成剪切型的侧向位移变形曲线，而翼缘框架一侧受拉、一侧受压的受力状态则将形成弯曲型的变形曲线，内筒也将发生弯曲型的变形曲线，共同工作的结果将使整个结构的侧向位移曲线呈弯剪型。

在高层建筑中，通常每隔数层就有一个设备层，布置水箱、空调机房、电梯机房或安置一些其他设备。这些设备层在立面上一般没有或很少有布置门窗洞口的要求，因此，可以利用该设备层的高度，布置一些强度和刚度都很大的水平构件(桁架或现浇钢筋混凝土大梁)，即形成水平加强层(或称为刚性层)的作用，这些水平构件既连接建筑物四周的柱子，又将核心筒和外柱连接起来，可约束周边框架和核心筒的变形，减少结构在水平荷载作用下的侧移量，并使各竖向构件的变形趋于均匀，减少楼盖结构的翘曲。这些大梁或大型桁架如与布置在建筑物四周的大型柱子或钢筋混凝土井筒整体连接，便形成具有强大抗侧刚度的巨型框架结构。这种巨型框架结构可以作为独立的承重结构，也可作为筒体结构中的加强构件。

5.6.3 筒体结构的计算方法

5.6.3.1 空间杆系-薄壁柱矩阵位移法

空间杆系-薄壁柱分析法是把一般的梁柱单元作为空间杆件考虑，而把内筒、角柱等部位的单元作为空间薄壁杆件，用矩阵位移法求解。对于一般的空间杆件单元，如图5-53所示，每个杆端有6个自由度，即沿x、y、z三个方向的平移和绕x、y、z三个方向的转角。对于空间开口薄壁杆件单元，如图5-54所示，在一般情况下，杆件在弯曲的同时，还将产生扭转，且杆件横截面不再保持平面而发生翘曲，每个杆端有7个自由度，比普通空间杆件单元增加了双力矩所产生的扭转角。空间杆系-薄壁柱矩阵位移法的优点是可以分析梁柱为任意布置的一般的空间框架结构或筒体结构，可以分析平面为非对称的结构或荷载，并可获得薄壁柱受约束扭转所引起的翘曲应力。但节点位移未知量较多，程序较复杂，计算时间长是其缺点。

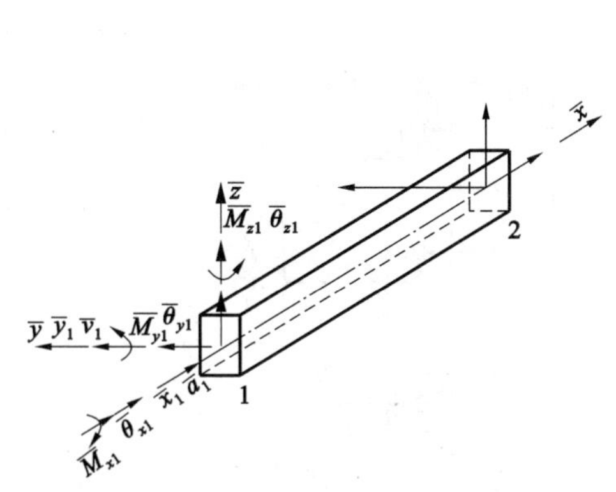

图 5-53　一般的空间杆件单元

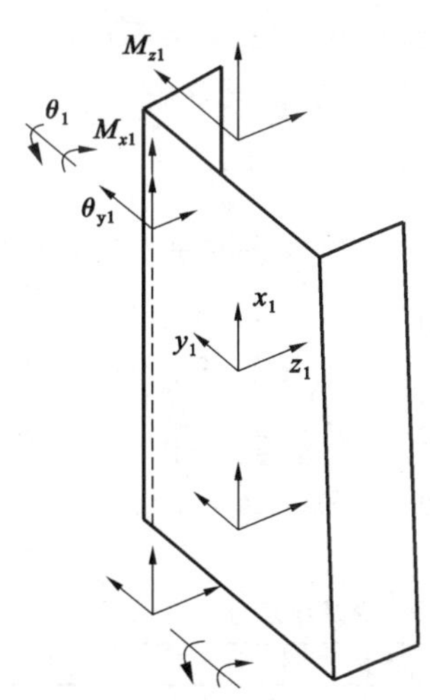

图 5-54　空间开口薄壁杆件单元

5.6.3.2　平面展开矩阵位移法

通过对矩形平面的框筒结构或筒中筒结构受力性能的分析可知，在侧向力作用下，筒体结构的腹板部分主要抗剪，翼缘部分的轴力形成弯矩作用主要抗弯；筒体结构的各榀平面单元主要在其自身平面内受力，而在平面外的受力则很小。因此，可采用如下两点基本假定：① 对筒体结构的各榀平面单元，可略去其出平面外的刚度，而仅考虑在其自身平面内的作用，因此，可忽略外筒的梁柱构件各自的扭转作用；② 楼盖结构在其自身平面内的刚度可视为无穷大，因此，在对称侧向力作用下，在同一楼层标高处的内外筒的侧移量应相等，楼盖结构在其平面外的刚度则可忽略不计。

对于图 5-55(a)所示的筒中筒结构，在对称侧向力作用下，整个结构不发生整体扭转，并且内外筒各榀结构出自身平面的作用及外筒的梁柱构件各自的扭转作用与筒中筒结构的主要受力作用相比，均小得多而可忽略不计。另外，又因楼盖结构出平面的刚度小，可略去它对内、外筒壁的变形约束作用，因而，可进一步把内外筒分别展开到同一平面内，分别展开成带刚域的平面壁式框架和带门洞的墙体，并相互间用简化成连杆楼面结构体系相连。由于该筒中筒结构在双向都为轴对称，因此，可取四分之一平面的结构来分析。而对称轴上的有关边界条件则需按筒中筒结构的变形及其受力特点来确定。

在对称侧向力作用下，在翼缘框架的对称轴即 A—A 轴处，框架平面内既不产生水平位移，也不产生转角，只会出现竖向位移。因此，在各层的梁柱节点上，力学模式中应有两个约束。在内筒的翼缘墙的对称轴即 F—F 轴处，同样亦应设置图 5-55(b)所示的约束。在对称侧向力作用下的腹板框架的对称轴即 C—C 轴处，由于腹板框架此时的变形及其受力情况都是反对称的，因此，在对称轴 C—C 处的柱的轴向力应为 0，但在此处会产生腹板框架平面内的侧向位移与相应的转角。因此，在各层的相应节点上，应设置一个竖向约束。同理，在内筒的腹板墙的对称轴 D—D 处，亦应设立相应的竖向约束。由于楼盖结构在其自身平面内的刚度为无限大，且忽略了筒壁的出平面的作用，所以作用在结构某层上的侧向力，其荷载作用点可简化到该层外筒的腹板框架或内筒的腹板墙上的任一节点。基于同样的理由，把楼盖结构简化成轴向刚度为无穷大的、与内外筒以铰相连的连杆，以保证内外筒结构的侧向位移在各楼层处一一相同。

这里有一个很重要的问题是在展开成平面结构时对角柱的处理。随着空间结构的平面化，L 形角柱应展开成分属于两榀正交平面壁式框架的两根边柱（以下简称虚拟角柱）。角柱分开后，在每一楼层处用一仅能传递竖向剪力的虚拟机构[图 5-55(c)]将它们连接起来，以保持两个虚拟角柱的竖向变形一致而相互之间又不传递水平力及弯矩。同样，在内筒展开成平面结构时，在两相邻筒壁之间，亦在每一楼层处设置虚拟单元，以保证两相邻筒壁在原交结面上的竖向变形一致而相互之间又不传递水平力。

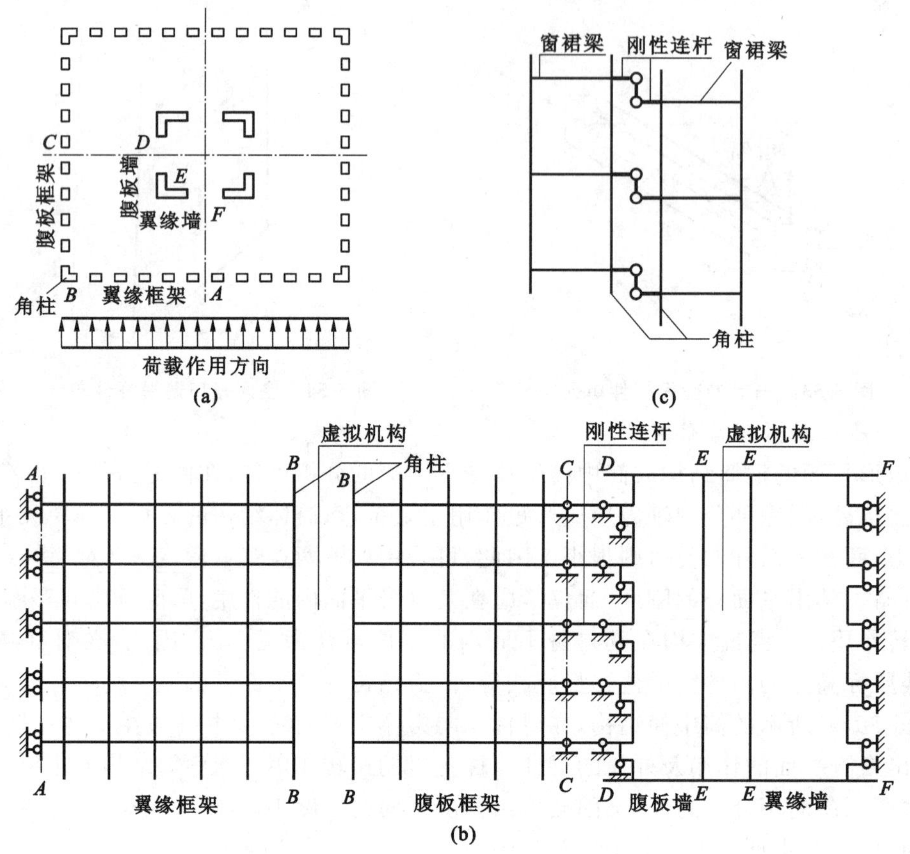

图 5-55　筒中筒结构的平面展开矩阵位移法

在把实际角柱分成两个虚拟角柱以后，虚拟角柱刚度的取值通常有以下两种方法。第一种方法是，当计算虚拟角柱的轴向刚度时，其截面积取实际角柱截面积的一半；当计算虚拟角柱的弯曲刚度时，其惯性矩可取实际角柱在相应方向上的惯性矩。第二种方法是，从虚拟角柱的简化力学模式，根据在相同荷载作用下变形相等的原则，导出虚拟角柱的轴向刚度与抗弯刚度的计算公式。

把筒中筒这一空间结构简化成平面结构后，可利用分析平面结构的方法和电算程序进行计算，计算工作量大为减少。

5.6.3.3　等效弹性连续体能量法求解

等效弹性连续体能量法是基于楼板在其平面内的刚度为无限大和框筒的筒壁在其自身平面外的作用很小，只考虑其平面内作用的基本假定，把框筒结构简化成由四榀等效的正交异性弹性板所组成的实腹筒体，用能量法求解。

如同通常的实际情况那样，在整个建筑物高度内，梁和柱的间距都可以认为是相等的。此外，为了在分析中可简化公式推导，在整个建筑物高度内，梁与柱的横截面也都假定是不变的。于是由密集柱和窗裙梁所组成的每榀框架都可用一榀等厚的正交异性弹性板来等效，从而把框筒结构等效成一个无孔实腹筒体(图 5-56)，并可利用能量法求解。等效正交异性弹性板的刚度特征值可通过弹性板与实际结构的变形等效条件来导出。

在轴向力作用(图 5-57)的情况下，对于每个开间，如果能满足

$$AE = dtE_{eq} \tag{5-60}$$

式中 A——每根柱的截面面积；

E——材料的弹性模量；

d——柱距；

t——等效板厚；

E_{eq}——等效弹性模量。

则框架与墙板两者在轴力作用下的荷载变形关系将会相等。

若取等效板的截面面积 dt 和柱子截面面积 A 相等，则

$$E_{eq} = E \tag{5-61}$$

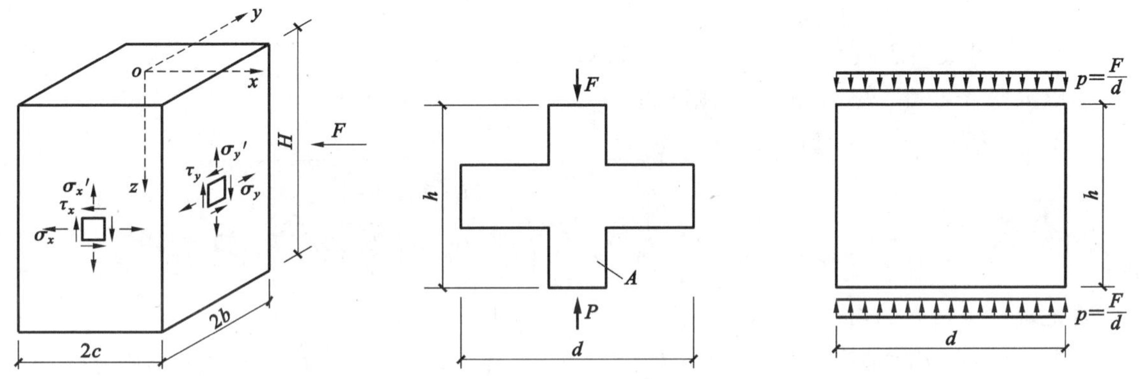

图 5-56 等效无孔实腹筒体

图 5-57 等效正交异性弹性板的轴向刚度特征值

等效墙板的剪切模量应按壁式框架与等效墙板在承受相同的剪力 V 时，两者能发生相等的水平位移这一条件来选择(图 5-58)。今假定在图示的壁式框架中，柱中的反弯点都在层高的中间，梁内的反弯点都在梁的跨中，这样，整个壁式框架的受力与变形特性就可取一个梁柱单元来进行研究。由于柱的间距很小，窗裙梁的截面又相对较高，相对于柱的层高与梁的跨度来说，就必须加以考虑梁柱节点区的刚域。这时，可假定梁柱单元在每个节点处存在着短的刚臂，其宽度等于柱宽，其高度等于梁高。

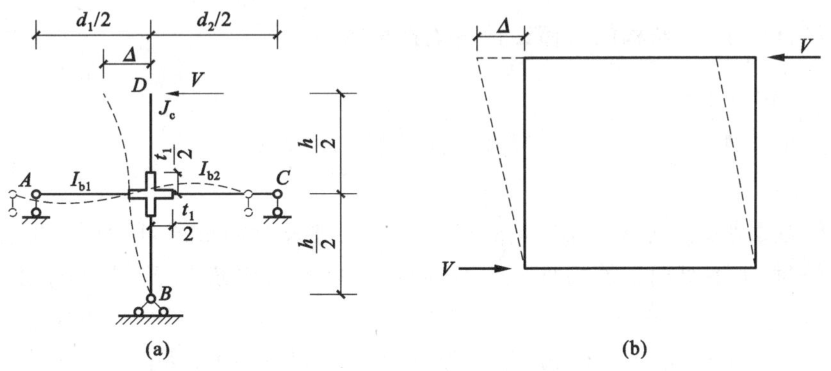

图 5-58 等效正交异性弹性板的剪切刚度特征值

框架梁柱单元上的受力及边界约束条件如图 5-58(a)所示。如果水平剪力值为 V，作用于节点 D，最终的水平位移是 Δ，可得出剪力与位移之间的关系为：

$$V\frac{h}{2}=\frac{6EI_c}{e^2}\left(1+\frac{t_2}{e}\right)\frac{\Delta}{1+\dfrac{2\dfrac{I_c}{e}\left(1+\dfrac{t_2}{e}\right)^2}{\dfrac{I_{b1}}{l_1}\left(1+\dfrac{t_1}{l_1}\right)^2+\dfrac{I_{b2}}{l_2}\left(1+\dfrac{t_1}{l_2}\right)^2}} \tag{5-62}$$

其中:

$$e=h-t_2,\quad l_1=d_1-t_1,\quad l_2=d_2-t_1$$

对于具有同样开间宽度,承受同样大小的剪力 V 的等效墙板[图 5-58(b)],它的荷载与位移间的关系是

$$\Delta=\frac{V}{GA}h \tag{5-63}$$

式中 G——等效板的剪变模量;

A——每根柱的截面面积,亦即等效板的截面面积。

由以上两式可得,等效板的剪切刚度为:

$$GA=\frac{12EI_c}{e^2}\left(1+\frac{t_2}{e}\right)\frac{1}{1+\dfrac{2I_c\left(1+\dfrac{t_2}{e}\right)^2}{e\left[\dfrac{I_{b1}}{l_1}\left(1+\dfrac{t_1}{l_1}\right)^2+\dfrac{I_{b2}}{l_2}\left(1+\dfrac{t_1}{l_2}\right)^2\right]}} \tag{5-64}$$

若把其中一根梁的惯性矩设为 0,则这个关系式可用于边柱。

一般来说,在实际结构工程中,常用 $I_{b1}=I_{b2}=I_{b3}$,$d_1=d_2=d$,$l_1=l_2=l=d-t_1$,则

$$GA=\frac{12EI_c}{e^2}\left(1+\frac{t_2}{e}\right)\frac{1}{1+\dfrac{l}{e}\cdot\dfrac{I_c\left(1+\dfrac{t_2}{e}\right)^2}{I_b\left(1+\dfrac{t_1}{l}\right)^2}} \tag{5-65}$$

等效墙板的总剪切刚度 GA 等于各个柱的等效剪切刚度 GA 值的总和。

这样,就把实际为密柱深梁的框筒结构等效为厚度为 t、等效弹性模量为 E、等效剪变模量为 G 的封闭实腹筒,并可根据能量法进一步求解。

5.6.4 框筒(筒中筒)结构的截面设计与构造要求

5.6.4.1 混凝土

筒体结构应采用现浇混凝土结构,混凝土强度等级不宜低于 C30。

5.6.4.2 外框筒

外框筒梁的截面承载力设计方法、截面尺寸限制条件及配筋形式可参照一般框架梁进行。当梁采用普通配筋时,上下纵向钢筋的直径均不应小于 16 mm,腰筋直径不应小于 10 mm;腰筋间距不应大于 200 mm。箍筋直径,非抗震设计时,不应小于 8 mm,抗震设计时不应小于 10 mm。箍筋间距,非抗震设计时,不应大于 150 mm;抗震设计时,不应大于 100 mm 且沿梁长不变;当梁内设交叉暗撑时,箍筋间距不应大于 200 mm。

当梁的跨高比小于 1 时,宜配置交叉暗撑,如图 5-59 所示。每肢交叉暗撑的总面积按下式计算:

非抗震设计时

$$A_s = \frac{V_b}{2f_y \sin\alpha} \tag{5-66a}$$

抗震设计时

$$A_s = \frac{V_b \gamma_{RE}}{2f_y \sin\alpha} \tag{5-66b}$$

式中 V_b——梁的剪力设计值；

α——暗撑与水平线的夹角。

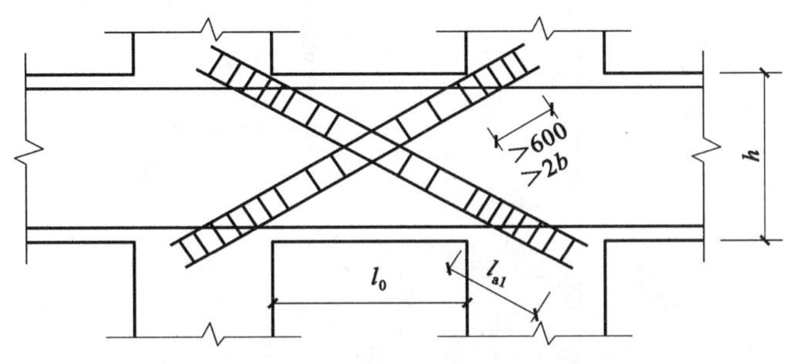

图 5-59 窗裙梁配置交叉斜筋

交叉暗撑纵向钢筋每个方向不少于 4 根，直径不小于 14 mm，并用直径不小于 8 mm 的矩形箍筋或螺旋形箍筋绑扎成小柱状，箍筋间距不应大于 150 mm。

配置交叉暗撑的梁，截面宽度不宜小于 400 mm。当框筒梁和内筒连梁的跨高比大于 1 且小于 2 时，可不设交叉暗撑但宜增配对角斜向钢筋。对角斜向钢筋或暗撑纵向钢筋伸入竖向构件的长度不应小于 l_{a1}，非抗震设计时 l_{a1} 取 l_a，抗震设计时 l_{a1} 宜取 $1.15l_a$。

5.6.4.3 核心筒墙肢

核心筒墙肢墙体稳定，且外墙厚度不应小于 200 mm，内墙厚度不应小于 160 mm，必要时可设置扶壁柱或扶壁墙。

计算核心筒墙肢正截面(压、弯)承载力时宜考虑墙身分布钢筋与翼缘的作用，按双向偏心受压计算。计算核心筒墙肢斜截面受剪承载力时，仅考虑与剪力作用方向平行的肋部的面积，不考虑翼缘部分的作用。当核心筒洞口之间的墙肢截面高度与厚度之比小于 4 时，宜按框架柱进行截面设计。

墙肢应进行墙身平面外正截面受弯承载力校核，以验算竖向分布钢筋的配筋量。此时，墙身轴向力取竖向荷载作用产生的轴向力与风荷载或地震作用产生的轴向力的组合计算，偏心距不应小于墙厚的 1/10。

墙肢的水平竖向分布钢筋不应少于两排，其最小配筋率等相关构造要求按剪力墙的构造要求采用。

5.6.4.4 外框筒柱

外框筒柱的正截面(压、弯)承载力按双向偏心受压计算。前面已经提到，在侧向力作用下，角柱起着特别重要的作用，为保证角柱的承载力，计算时取用的角柱在两个方向上的受压偏心距均不应小于边长的 1/10。

外框筒柱的轴压比限值、抗剪截面限制条件及配筋构造要求，详见有关参考文献，此处不再赘述。

5.6.4.5 楼盖结构

筒体结构的楼盖常采用双向密肋楼盖、单向密肋楼盖，或采用预应力楼盖，以获得较好的结构刚度，又能减小楼盖结构高度。当采用普通肋梁楼盖时，楼盖主梁不宜搁置在核心筒或内筒的连梁上。

筒体结构的楼盖外角宜设置双层双向钢筋，见图5-60。单层单向配筋率不宜小于0.3%，钢筋的直径不应小于8 mm，间距不应大于150 mm，配筋范围不宜小于外框架(或外筒)至内筒外墙中距的1/3和3 m。

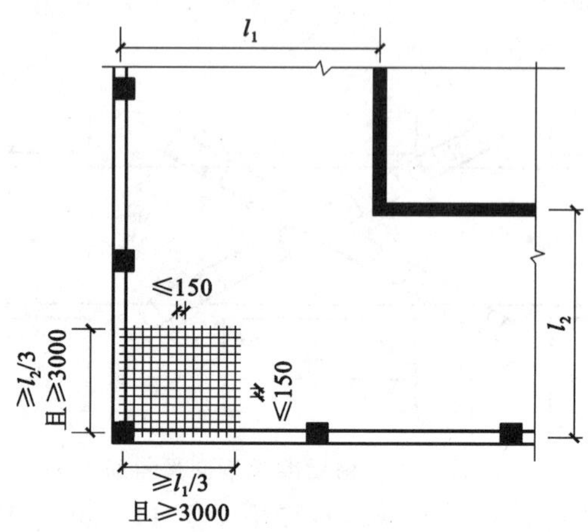

图5-60 筒体结构的楼盖外角设置双层双向钢筋

典型例题

【例5-1】 多层和高层房屋的混凝土结构体系有哪几种？各种结构体系的适用范围如何？

【答】 高层建筑混凝土结构的结构体系有：框架结构体系、剪力墙结构体系、框架-剪力墙体系、筒体结构体系。框架结构体系的优点：能适应较大空间的建筑平面要求，结构构件类型少，设计、施工简单。框架结构体系的缺点：抗侧移刚度小，在水平荷载作用下，水平侧移大，故不适用于高度太大的建筑。剪力墙结构体系的优点：抗侧移刚度大，空间整体性强，在水平荷载作用下，水平位移小，适用于高度大，开间较小的建筑。剪力墙结构体系的缺点：不能满足大空间房屋的需要，平面布置不灵活。框架-剪力墙结构体系的优点：综合了框架和剪力墙结构的优点，抗侧移刚度大，平面布置灵活。

【例5-2】 比较框架结构、剪力墙结构、框架-剪力墙结构的水平位移曲线，各类结构的变形有什么特点？

【答】 框架结构：下部层间侧移较大，愈到上部层间侧移愈小，总体呈剪切变形。

剪力墙结构：上部层间侧移较大，愈到底部层间侧移愈小，其变形以弯曲变形为主。

框架-剪力墙结构：使剪力墙的下部变形加大而上部变形减小，使框架下部变形减小而上部变形加大。两者的协同工作使结构的层间变形趋于均匀。当剪力墙数量相对较少时，结构的变形将以框架结构的剪切变形为主；当剪力墙数量相对较多且设置合理时，结构的变形将以剪力墙结构的弯曲变形为主。

【例5-3】 简述框架-剪力墙结构的受力特点。

【答】 ① 在水平荷载作用下，结构的上部分剪力墙被框架推进，框架被剪力墙拉出，使两者具有统一的侧移；而在结构的下部分，则是剪力墙被框架拉出，框架被剪力墙推进，达到两者变形相互协调。② 由于框架和剪力墙之间的变形协调作用，剪力墙负担了大部分剪力(70%～90%)，框架只负担小部分剪力，使得框架上部和下部各层柱所受的剪力趋于均匀而受力更合理。

案例分析

试用分层法计算图 5-61 所示框架在竖向荷载作用下的弯矩，并绘制弯矩图。图中括号内数值为相对线刚度值。

【解】 首先将整个框架(图 5-61)分解成图 5-62 所示的两个开口框架，并将二层柱的线刚度乘以系数 0.9 予以折减。然后用弯矩分配法分别对两个开口框架进行计算，此时，除底层柱外，柱的弯矩传递系数取为 0.33。

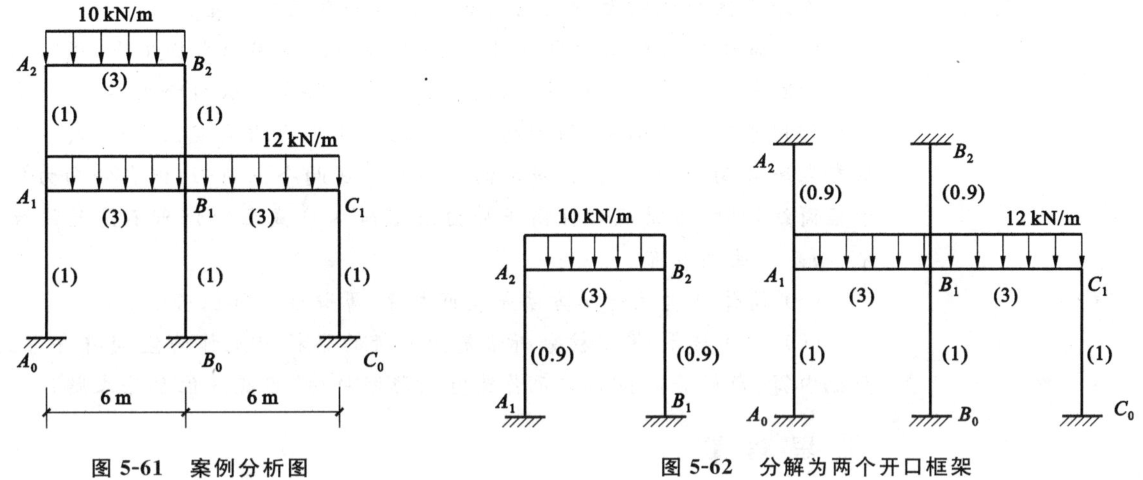

图 5-61 案例分析图　　　　图 5-62 分解为两个开口框架

最后，将两个开口框架的计算结果叠加，则得整个框架的弯矩图(图 5-64)，如 A 柱 A_2 端的弯矩 $M_{A2}=11.25+2.18=13.43$(kN/m)。由弯矩图知，节点弯矩都是不平衡的，如节点 A_2，梁端弯矩为 13.43 kN/m，节点不平衡弯矩为 2.18 kN/m，再将此不平衡弯矩做一次分配，得梁、柱端弯矩为 12.89 kN/m。整个框架的弯矩图如图 5-64 所示。

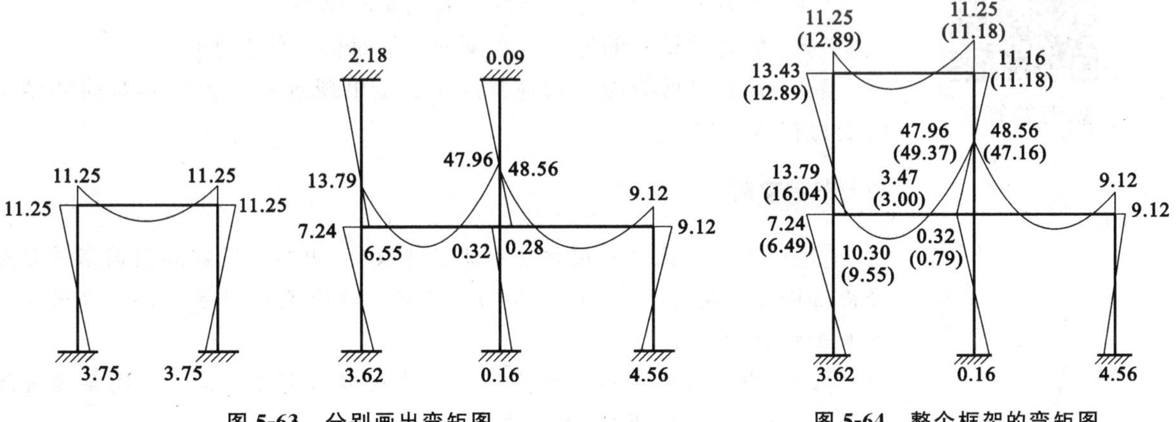

图 5-63 分别画出弯矩图　　　　图 5-64 整个框架的弯矩图

知识归纳

(1) 高层建筑结构的受力特点：随着高度的增加，水平力产生的内力和位移迅速增大，竖向荷载和水平力在基底处产生的内力大大增加，结构自重对结构受力的影响越来越大。高层建筑结构体系有框架结构体系、剪力墙结构体系、框架-剪力墙结构体系、筒体结构体系，以及巨型框架结构体系。高层建筑结构布置时需要注意其平面布置，竖向布置建筑高宽比限值和变形缝等。

(2) 钢筋混凝土剪力墙的布置应符合构造要求。水平力作用下剪力墙内力和水平位移计算时用到的基本假定有内力和位移按弹性方法计算，楼盖在自身平面内刚度无限大，平面外弯曲刚度可忽略不计。考虑各抗侧力结构的共同工作。

(3) 框架-剪力墙结构的布置原则：剪力墙应均匀、分散地布置在结构单元的平面上，每片剪力墙刚度不应太大，剪力墙应尽可能对称地布置在结构单元平面上，并且布置在结构单元平面周边以增强结构对扭转的抵抗能力。在地震区应以增大侧向刚度和抵抗水平力优先布置。

(4) 筒体结构在侧向力作用下的受力特点：在侧向力作用下，框筒结构的受力既相似于薄壁箱形结构，又有其自身的特点。从材料力学可知，当侧向力作用于箱形结构时，箱形结构截面内的正应力均呈线性分布，其应力图形在翼缘方向为矩形，在腹板方向为一拉一压两个三角形；但当侧向力作用于框筒结构时，框筒底部柱内正应力沿框筒水平截面的分布不是呈线性关系，而是呈曲线分布。

(5) 筒体结构的计算方法是空间杆系-薄壁柱矩阵位移法。

(6) 空间杆系-薄壁柱分析法是把一般的梁柱单元作为空间杆件考虑，而把内筒、角柱等部位的单元作为空间薄壁杆件，用矩阵位移法求解。

思考题

5-1 高层建筑结构内力和位移计算时，一般采用哪些简化假定？

5-2 高层钢筋混凝土结构的抗震等级如何确定？与哪些因素有关？

5-3 在水平力作用下，剪力墙结构的内力和水平位移计算采用了哪些假定？

5-4 影响剪力墙受力性能的主要因素有哪些？

5-5 剪力墙结构的等效抗弯刚度计算时根据什么条件等效？

5-6 什么是剪力滞后效应？为什么会出现这些现象？其对筒体结构的受力有何影响？

思考题答案

参考文献

[1] 中华人民共和国住房和城乡建设部，中华人民共和国国家质量监督检验检疫总局. GB 50010—2010 混凝土结构设计规范. 北京：中国建筑工业出版社，2010.

[2] 中华人民共和国住房和城乡建设部. JGJ 3—2010 高层建筑混凝土结构技术规程. 北京：中国建筑工业出版社，2011.

[3] 中华人民共和国住房和城乡建设部，中华人民共和国国家质量监督检验检疫总局. GB 50011—2010 建筑抗震设计规范. 北京：中国建筑工业出版社，2010.

[4] 东南大学，同济大学，天津大学. 混凝土结构(中册)：混凝土结构与砌体结构设计. 5版. 北京：中国建筑工业出版社，2012.

附 录

附录 1 民用建筑楼面均布活荷载标准值及其组合值、频遇值和准永久值系数

附录 2 等截面等跨连续梁在常用荷载作用下的内力系数表

附录 3 双向板弯矩、挠度计算系数

附录 4 钢筋混凝土结构伸缩缝最大间距

附录5　单阶柱柱顶反力与水平位移系数

附录6　《砌体结构设计规范》(GB 50003—2011)的有关规定

附录7　电动桥式起重机基本参数 50～500/50 kN 一般用途电动桥式起重机基本参数和尺寸系列(ZQ1-62)

附录8　规则框架承受均布及倒三角形分布水平力作用时反弯点的高度比

附录9　混凝土结构设计规范(GB 50010—2010)

附录10　建筑结构荷载规范(GB 50009—2012)

附录11　厂房建筑模数协调标准(GB 50006—2010)

附录12　砌体结构设计规范(GB 50003—2011)

附录13　建筑抗震设计规范(GB 50011—2010)

附录14　高层建筑混凝土结构技术规程(JGJ 3—2010)

附录15 房屋建筑制图统一标准(GB 50001—2010)

附录16 建筑制图统一标准(GB 50104—2010)

附录17 习题库